●収録内容一覧

■2025年度中学受験用

城西川越中学校

3年間スーパー過去問

入試問題と解説・解答の収録内容

2024年度 総合一貫１回	算数・社会・理科・国語
2024年度 特別選抜１回	算数・国語
2024年度 特別選抜２回	社会・理科
2023年度 総合一貫１回	算数・社会・理科・国語
2023年度 特別選抜１回	算数・国語
2023年度 特別選抜２回	社会・理科
2022年度 総合一貫１回	算数・社会・理科・国語

※2024・2023年度の特別選抜２回は算数・国語の問題もありますが，編集の都合上，本誌においては社会・理科のみ収録しております。

合格を勝ち取るための
『スーパー過去問』の使い方

本書に掲載されている過去問をご覧になって，「難しそう」と感じたかもしれません。でも，多くの受験生が同じように感じているはずです。なぜなら，中学入試で出題される問題は，小学校で習う内容よりも高度なものが多く，たくさんの知識や解き方のコツを身につけることも必要だからです。ですから，初めて本書に取り組むさいには，点数を気にしすぎないようにしましょう。本番でしっかり点数を取れることが大事なのです。

過去問で重要なのは「まちがえること」です。自分の弱点を知るために，過去問に取り組むのです。当然，まちがえた問題をそのままにしておいては意味がありません。

本書には，長年にわたって中学入試にたずさわっているスタッフによるていねいな解説がついています。まちがえた問題はしっかりと解説を読み，できるようになるまで何度も解き直しをしてください。理解できていないと感じた分野については，参考書や資料集などを活用し，改めて整理しておきましょう。

このページも参考にしてみましょう！

◆どの年度から解こうかな 「入試問題と解説・解答の収録内容一覧」

本書のはじめには収録内容が掲載されていますので，収録年度や収録されている入試回などを確認できます。

※著作権上の都合によって掲載できない問題が収録されている場合は，最新年度の問題の前に，ピンク色の紙を差しこんでご案内しています。

◆学校の情報を知ろう!! 「学校紹介ページ」

このページのあとに，各学校の基本情報などを掲載しています。問題を解くのに疲れたら息ぬきに読んで，志望校合格への気持ちを新たにし，再び過去問に挑戦してみるのもよいでしょう。なお，最新の情報につきましては，学校のホームページなどでご確認ください。

◆入試に向けてどんな対策をしよう？「出題傾向＆対策」

「学校紹介ページ」に続いて，「出題傾向＆対策」ページがあります。過去にどのような分野の問題が出題され，どのように対策すればよいかをアドバイスしていますので，参考にしてください。

◇別冊「入試問題解答用紙編」

本書の巻末には，ぬき取って使える別冊の解答用紙が収録してあります。解答用紙が非公表の場合などを除き，（注）が記載されたページの指定倍率にしたがって拡大コピーをとれば，実際の入試問題とほぼ同じ解答欄の大きさで，何度でも過去問に取り組むことができます。このように，入試本番に近い条件で練習できるのも，本書の強みです。また，データが公表されている学校は別冊の１ページ目に過去の「入試結果表」を掲載しています。合格に必要な得点の目安として活用してください。

本書がみなさんの志望校合格の助けとなることを，心より願っています。

株式会社　声の教育社　編集部

城西川越中学校

所在地	〒350-0822　埼玉県川越市山田東町1042
電　話	049-224-5665（代）
ホームページ	https://www.k-josai.ed.jp
交通案内	JR埼京線・川越線・東武東上線「川越駅」西口，JR高崎線「桶川駅」西口，西武新宿線「本川越駅」東口，東武東上線「坂戸駅」南口よりスクールバス

くわしい情報はホームページへ

トピックス

★特別選抜入試と総合一貫入試第一回は，受験会場を選択可（参考：昨年度）。
★特別選抜入試では総合一貫クラスへのスライド合格制度あり（参考：昨年度）。

創立年 平成4年　男子校　高校募集あり

応募状況

年度	募集数			応募数	受験数	合格数	倍率
2024	特別	①	約25名	150名	147名	48名	3.1倍
		②		139名	107名	65名	1.6倍
	総合	①	約60名	179名	176名	134名	1.3倍
		②		175名	83名	71名	1.2倍
		③		72名	15名	7名	2.1倍
		④		30名	4名	2名	2.0倍
2023	特別	①	約25名	129名	128名	43名	3.0倍
		②		116名	86名	63名	1.4倍
	総合	①	2科	174名	172名	133名	1.3倍
		②	約15名	151名	83名	72名	1.2倍
		③	4科	94名	27名	18名	1.5倍
		④	約45名	20名	4名	1名	4.0倍

教育方針

心豊かな人間の育成：多彩な学校行事や課外活動を通して積極的に人間を磨き上げるとともに，集団の中における自覚を促し，周囲と調和をはかることの大切さを教えます。生徒一人ひとりが生きる意義や自己の可能性を実感できるように，さまざまな問題提起や助言をします。

個性・学力の伸長：生徒一人ひとりの個性を大切に育みます。学習も個々の力に合わせてさまざまな形態で指導します。授業以外でも，「基礎力補習」から応用力の向上や実践演習に至るまで多くの「課外講習」があります。生徒の目標を実現できるように日々丁寧に指導を行います。

入試情報（参考：昨年度）

【総合一貫入試第一回】（２科・４科）
試験日時：2024年１月10日　８：50集合
合格発表：2024年１月10日　23：00（HP）
【特別選抜入試第一回】（２科）
試験日時：2024年１月10日　14：50集合
合格発表：2024年１月10日　23：00（HP）
【特別選抜入試第二回】（２科・４科）
試験日時：2024年１月11日　８：50集合
合格発表：2024年１月11日　23：00（HP）
【総合一貫入試第二回】（２科）
試験日時：2024年１月11日　14：50集合
合格発表：2024年１月11日　23：00（HP）
【総合一貫入試第三回】（２科・４科）
試験日時：2024年１月20日　８：50集合
合格発表：2024年１月20日　16：00（HP）
【総合一貫入試第四回】（２科）
試験日時：2024年２月５日　８：50集合
合格発表：2024年２月５日　16：00（HP）

※特別選抜入試から優先的に特別選抜クラスへの合格者を決定します。
※総合一貫入試の第二回と第四回は標準学力重視型の入試です。

2024年春の主な大学合格実績

東北大，筑波大，東京外国語大，埼玉大，東京農工大，東京都立大，慶應義塾大，早稲田大，上智大，東京理科大，明治大，青山学院大，立教大
※2024年４月５日現在

編集部注一本書の内容は2024年4月現在のものであり，変更されている場合があります。正式な情報は，学校のホームページ等で必ずご確認ください。

算数 出題傾向＆対策

◆基本データ（2024年度総合一貫１回）

試験時間／満点	50分／100点
問題構成	・大問数…４題 計算・応用小問１題（８問）／応用小問１題（３問）／応用問題２題 ・小問数…18問
解答形式	答えだけを書く形式のほか，求め方を書く問題もある。
実際の問題用紙	Ａ４サイズ，小冊子形式
実際の解答用紙	縦約297mm×横約400mm

◆出題傾向と内容

▶過去３年の出題率トップ３
１位：四則計算・逆算17％　２位：角度・面積・長さ11％　３位：速さ６％
▶今年の出題率トップ３
１位：四則計算・逆算，角度・面積・長さ14％　３位：構成・分割11％

計算問題では，小数・分数の四則計算のほか，くふうすれば簡単に解ける問題もあります。

応用小問では，場合の数，濃度，図形の合同を利用した面積の問題などが出されています。

応用問題では，速さ（流水算など），割合といった数量分野がメインになっています。また，図形分野も角度，長さ，面積，体積を求めさせる基本的な問題のほかに，図形の規則性をからめたものなど応用力を必要とする問題もありますが，それほど複雑な問題が出るわけではありません。

◆対策～合格点を取るには？

まず，毎日の計算練習で計算力をしっかりと身につけましょう。

計算の過程をきちんとノートに書き，答え合わせのときに，どんなところでミスしやすいかを発見するようにつとめること。

数の性質，割合と比では，はじめに教科書にある重要事項を整理し，類題を数多くこなして，基本的なパターンを身につけましょう。

図形では，求積問題を中心に学習しましょう。

特殊算については，参考書などにある「○○算」というもの（20単元ほど）の基本を学習し，公式をスムーズに活用できるようになりましょう。

分野＼年度		2024		2023		2022
		総合１	特選１	総合１	特選１	
計算	四則計算・逆算	◎	◎	◎	●	●
	計算のくふう	○	○	○		
	単位の計算	○				
和と差	和差算・分配算					
	消去算					
	つるかめ算					
	平均とのべ	○				○
	過不足算・差集め算					
	集まり		○	○		
	年齢算					
割合と比	割合と比	○				
	正比例と反比例					
	還元算・相当算	○		○	○	○
	比の性質					
	倍数算					
	売買損益			○	○	○
	濃度	○	○	○		
	仕事算					
	ニュートン算					
速さ	速さ			○		○
	旅人算		○	○	○	
	通過算					
	流水算				○	
	時計算					
	速さと比				○	
図形	角度・面積・長さ	◎	◎	◎	○	◎
	辺の比と面積の比・相似				○	
	体積・表面積	○		○		
	水の深さと体積				○	○
	展開図		○			
	構成・分割	○	◎	○		
	図形・点の移動					
表とグラフ						○
数の性質	約数と倍数					
	N進数					
	約束記号・文字式					
	整数・小数・分数の性質	○	○	○		
規則性	植木算					
	周期算	○			○	
	数列				○	
	方陣算					
	図形と規則			○		○
場合の数		○		○	○	○
調べ・推理・条件の整理			○		○	○
その他						

※　○印はその分野の問題が１題，◎印は２題，●印は３題以上出題されたことをしめします。

社会　出題傾向＆対策

◆基本データ(2024年度総合一貫１回)

試験時間／満点	理科と合わせて50分／50点
問題構成	・大問数…２題 ・小問数…23問
解答形式	語句の記入と記号選択がほとんどだが記述もある。
実際の問題用紙	Ａ４サイズ，小冊子形式
実際の解答用紙	縦約297mm×横約400mm

分野＼年度		2024 総合1	2024 特選2	2023 総合1	2023 特選2	2022
日本の地理	地図の見方	○			○	
	国土・自然・気候	○	○	○	○	○
	資源	○		○		○
	農林水産業		○	○	○	
	工業	○	○		○	
	交通・通信・貿易		○	○	○	
	人口・生活・文化	○	○			○
	各地方の特色					○
	地理総合					★
世界の地理		○		○		○
日本の歴史（時代）	原始～古代	○	○	○	○	○
	中世～近世	○	○	○	○	○
	近代～現代	○	○	○	○	○
日本の歴史（テーマ）	政治・法律史					
	産業・経済史					
	文化・宗教史					
	外交・戦争史					
	歴史総合			★	★	★
世界の歴史						
政治	憲法	○				
	国会・内閣・裁判所		○	○	○	
	地方自治				○	
	経済		○			
	生活と福祉	○		○		
	国際関係・国際政治	○		○	○	○
	政治総合	★	★			
環境問題					○	
時事問題		○	○	★		○
世界遺産					○	○
複数分野総合		★	★		★	★

※　原始～古代…平安時代以前，中世～近世…鎌倉時代～江戸時代，近代～現代…明治時代以降
※　★印は大問の中心となる分野をしめします。

◆出題傾向と内容

地理・歴史・政治(時事をふくむ)の各分野から，まんべんなく出題されています。

●**地理**…日本のある都道府県の自然や産業を述べた文章から，特ちょう的な地理をはじめ，工業地帯・地域，農産物などについて出題されています。問題は基本レベルですが，各地方について，自然・気候をはじめ産業とその歴史的な背景など，かたよりない知識が必要です。

●**歴史**…各時代に関する史料から人物や事件について出題されているため，それぞれの時代におけるはば広い知識(史料や戦い，政策など)が必要です。また，外交史をはじめ，重要な人物名や政策，条約などは確実に理解しておくことが大切です。

●**政治**…その年に起きた重大ニュースの表から，語句や数字の穴うめをはじめとする時事に関する問題が出題されました。国内・海外での大きな事件やできごとについての知識はもちろん，政治・経済に関する理解力も問う内容となっています。

◆対策～合格点を取るには？

設問事項が広範囲にわたっているので，不得意分野をつくらないことが大切です。問題集を解いていて自分の弱点分野が見つかったら，すぐに教科書や参考書に立ち返り，理解できるまで復習することを心がけましょう。

地理分野では，地図とグラフを参照しながら，白地図作業帳を利用して地形と気候をまとめ，そこから産業のようすへと広げていってください。なお，世界地理は，小学校で取り上げられることが少ないため，日本とかかわりの深い国については，参考書などを使ってまとめておきましょう。

歴史分野では，教科書や参考書を読むだけでなく，自分で年表を作って覚えると学習効果が上がります。それぞれの分野ごとに記入らんを作り，重要なことがらを書きこんでいくのです。また，資料集などで，史料写真や歴史地図にも親しんでおくとよいでしょう。

政治分野では，日本国憲法の基本的な内容，特に政治のしくみが憲法でどう定められているかを中心に勉強してください。また，時事問題も見られるので，テレビ番組や新聞などでニュースを確認し，ノートにまとめておきましょう。中学受験用の時事問題集に取り組むのも効果的です。

理科　出題傾向＆対策

◆基本データ(2024年度総合一貫1回)

試験時間／満点	社会と合わせて50分／50点
問題構成	・大問数…4題 ・小問数…23問
解答形式	記号選択，適語や数値の記入が中心である。そのほかに，記述問題なども見られる。
実際の問題用紙	A4サイズ，小冊子形式
実際の解答用紙	縦約297mm×横約400mm

分野＼年度		2024		2023		2022
		総合1	特選2	総合1	特選2	
生命	植物	★	○		○	★
	動物		○	★	○	
	人体					
	生物と環境				○	
	季節と生物					
	生命総合					
物質	物質のすがた		★			
	気体の性質					○
	水溶液の性質	★			○	○
	ものの溶け方				○	
	金属の性質					
	ものの燃え方					○
	物質総合					★
エネルギー	てこ・滑車・輪軸					★
	ばねののび方	★				
	ふりこ・物体の運動			★		
	浮力と密度・圧力	○				
	光の進み方		★			
	ものの温まり方					
	音の伝わり方					
	電気回路				★	
	磁石・電磁石					
	エネルギー総合					
地球	地球・月・太陽系			★		○
	星と星座		○		○	○
	風・雲と天候	○	○			○
	気温・地温・湿度					
	流水のはたらき・地層と岩石					○
	火山・地震	○			○	○
	地球総合	★				★
実験器具						
観察						
環境問題						○
時事問題						○
複数分野総合			★		★	

※　★印は大問の中心となる分野をしめします。

◆出題傾向と内容

試験時間に対して，問題量は標準的です。なお，さまざまな分野からの小問集合が出題されることもあります。また，海洋プラスチック問題などの環境問題や時事問題も出題されているので，注意が必要です。

●生命…植物のはたらき，ヒトの神経，動物の分類，ヒトのからだのつくり，沖縄の生物などが出題されています。

●物質…気体の発生と性質，水素燃料について，水溶液の性質と中和反応，水溶液の電気分解などが取り上げられています。総合的な問題が出されることもあります。

●エネルギー…水と金属の温まり方，てんびんのつり合い，ふりこの運動，光の進み方，電気回路，発光ダイオードなどが出題されています。また，力のつり合いに関する計算問題がよく見られます。

●地球…火成岩と堆積岩，流水のはたらき，太陽・月・地球，惑星と衛星，星座，天気，自然災害などが出題されています。

◆対策～合格点を取るには？

各分野からまんべんなく出題されていますから，すべての内容について基礎的な知識をはやいうちに身につけ，そのうえで問題集で演習をくり返しながら実力アップをめざしましょう。

「生命」は，身につけなければならない基本知識の多い分野ですが，楽しみながら確実に学習する心がけが大切です。

「物質」では，気体や水溶液，ものの溶け方に重点をおいて学習してください。そのさい，中和反応や濃度など，表やグラフをもとに計算する問題にも積極的に取り組んでください。

「エネルギー」は，かん電池のつなぎ方や方位磁針のふれ方，磁力の強さなどの出題が予想される単元ですから，学習計画から外すことのないようにしましょう。

「地球」では，太陽・月・地球の動き，季節と星座の動き，天気と気温・湿度の変化，地層のでき方などが重要なポイントです。

なお，環境問題や身近な自然現象に日ごろから注意をはらうことや，テレビの科学番組，新聞・雑誌の科学に関する記事，読書などを通じて多くのことを知ることも大切です。

国語 出題傾向&対策

◆基本データ(2024年度総合一貫1回)

試験時間/満点	50分/100点
問題構成	・大問数…4題 文章読解題2題/資料読解題1題/知識問題1題 ・小問数…23問
解答形式	記号選択や適語・適文の書きぬきが多く見られるが,文章中のことばを使ってまとめる記述問題も数問出題されている。
実際の問題用紙	A4サイズ,小冊子形式
実際の解答用紙	縦約297mm×横約400mm

◆出題傾向と内容

▶近年の出典情報(著者名)
説明文:池内 了 石毛直道 外山滋比古
小 説:中村 航 藤野恵美 中沢けい

●読解問題…説明文·論説文または随筆と小説·物語文が1題ずつ出題されています。説明文·論説文の設問内容を見ると,接続語や指示語の理解,語句や文脈の理解,あてはまることばをとらえる空らん補充,文章全体にかかわる内容一致の問題などです。小説·物語文では,語句の理解,登場人物の心情の読み取り,理由を説明する問題などが出されています。

●知識問題…熟語,慣用句,ことわざ,文学作品の知識など,はば広い分野から出題されています。

◆対策~合格点を取るには?

本校の国語は,読解力を中心にことばの知識や漢字力もあわせ見るという点では,実に標準的な問題ということができますが,その中でも大きなウェートをしめるのは,長文の読解力です。したがって,読解の演習のさいには,以下の点に気をつけましょう。①「それ」や「これ」などの指示語は何を指しているのかを考える。②段落や場面の構成を考える。③筆者の主張や登場人物の性格,心情の変化などに注意する。④読めない漢字,意味のわからないことばが出てきたら,すぐに辞典で調べる。

また,知識問題は,漢字·語句(四字熟語,慣用句,ことわざなど)の問題集を一冊仕上げるとよいでしょう。

分野 ＼ 年度			2024		2023		2022
			総合1	特選1	総合1	特選1	
読解	文章の種類	説明文・論説文	★	★	★	★	★
		小説・物語・伝記	★	★	★	★	★
		随筆・紀行・日記					
		会話・戯曲					
		詩					
		短歌・俳句					
	内容の分類	主題・要旨	○	○	○	○	○
		内容理解	○	○	○	○	○
		文脈・段落構成		○			○
		指示語・接続語	○	○	○	○	○
		その他	○	○	○	○	○
知識	漢字	漢字の読み		○	○	○	○
		漢字の書き取り	○	○	○	○	○
		部首・画数・筆順					
	語句	語句の意味	○	○	○	○	○
		かなづかい					
		熟語		○	★	○	○
		慣用句・ことわざ	★	○	○	○	★
	文法	文の組み立て					
		品詞・用法					
		敬語	○				
	形式・技法				○		
	文学作品の知識			○		○	○
	その他						
	知識総合						
表現	作文						
	短文記述						
	その他						
放送問題							

※ ★印は大問の中心となる分野をしめします。

2024 年度 城西川越中学校

【算　数】〈総合一貫第１回試験〉（50分）〈満点：100点〉

《注　意》① 定規・コンパス・分度器は使用できません。
② 解答用紙に【求め方】と書いてあるところは，求め方や計算式も書いて答えを記入しなさい。
それ以外は答えのみを記入しなさい。

1 次の $\square$ に当てはまる数を答えなさい。

(1) $3 + \frac{3}{2} \div \frac{1}{3} \div \left(10 - 1\frac{5}{6} \times 3\right) = \square$

(2) $\left\{7 - \left(1 + \frac{1}{2}\right) \times 4\right\} \div \left(5 + 1\frac{1}{2}\right) = \square$

(3) $6 \times 6 \times 7.03 + 8 \times 8 \times 7.03 - 10 \times 10 \times 7.03 = \square$

(4) 算数のテストが５回あり，４回までの平均点が 88.5 点でした。５回までの平均点がちょうど 90 点となるのは，５回目の得点が $\square$ 点のときです。

(5) Ｂ中学校の生徒数は，Ａ中学校の生徒数より５％少なく，Ｃ中学校の生徒数はＡ中学校の生徒数より５％多く，546 人でした。このとき，Ｂ中学校の生徒数は $\square$ 人です。

(6) ある日の相《そう》場《ば》で，アメリカの通貨である１ドルが 149.6 円，オーストラリアの通貨である１オーストラリアドルが 93.5 円でした。このとき，160 オーストラリアドルはアメリカの $\square$ ドルです。

(7)　ある中学校の入学試験では，国語，算数，理科，社会，英語の５教科のうち３教科を選んで受験することになっています。この３教科の選び方の組み合わせは全部で □ 通りあります。

(8)　$\dfrac{A}{B \times B \times B} = \dfrac{1}{150}$ が成り立つような，

最も小さい整数 A，B は A = □，B = □ です。

2　次の各問いに答えなさい。

(1)　次の図のように正三角形を折り返したとき，角度㋐の大きさは何度ですか。

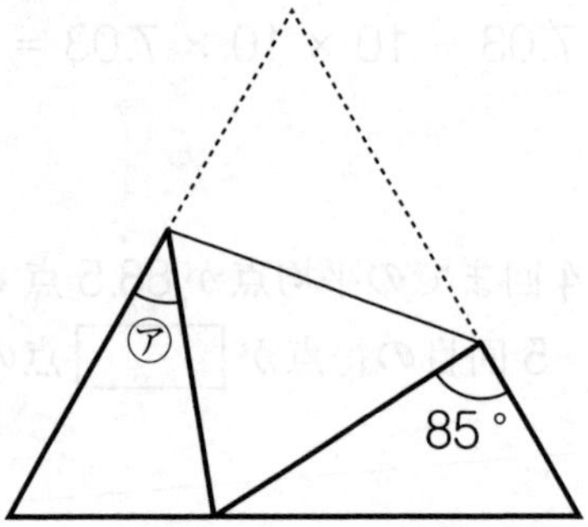

(2)　次の図は１辺が６ cm の正方形と半径６ cm のおうぎ形２つを組み合わせたものです。このとき，斜線《しゃせん》部分の面積は何 cm^2 ですか。ただし，円周率は 3.14 とします。

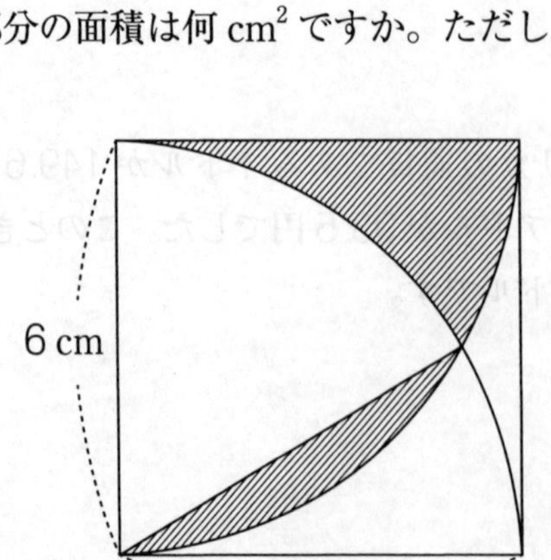

⑶　次の図のような１辺の長さが12 cmの立方体ABCD－EFGHを，３点D，I，Jを通る平面で切ります。ただし，I，Jはそれぞれ辺AE，辺CGの真ん中の点です。

（i）　切り口の形として正しいものを１つ選び，その番号を答えなさい。

①正三角形　　②ひし形　　③台形　　④正六角形

（ii）　切ったあと，点Hを含むほうの立体の体積は何cm^3ですか。

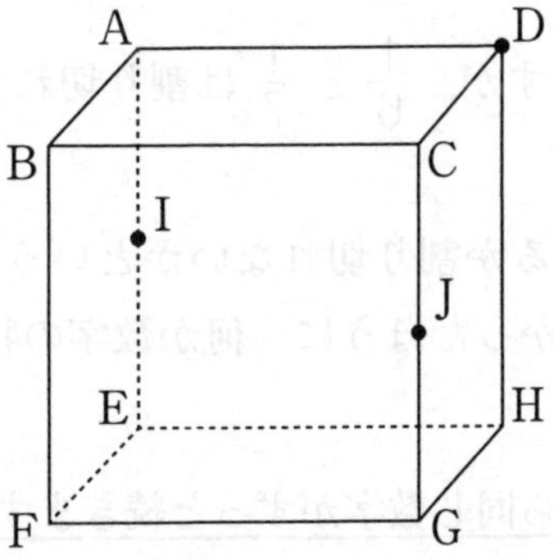

3　食塩水が1000 gあります。この食塩水を300 g流したあと，300 gの水を加えたところ14％の濃度の食塩水になりました。このとき，次の問いに答えなさい。

⑴　水を加えたあとの食塩水の中に入っている食塩の量は何gですか。

⑵　もとの食塩水の濃度は何％ですか。

⑶　もとの食塩水1000 gのうち，何gか流し，代わりに流した食塩水と同じ量の水を加えると，12％の濃度になりました。流した分の食塩水の量は何gですか。

4　二人の会話文を読んで次の問いに答えなさい。

先生：　分数を小数に直してみると，特徴のある小数が見つかります。
そこで初めに，$\frac{1}{5}$，$\frac{1}{6}$，$\frac{1}{7}$ を計算して特徴を探してみましょう。

生徒：　はい。$\frac{1}{5}$ は割り切れますが，$\frac{1}{6}$ と $\frac{1}{7}$ は割り切れません。

先生：　そうですね。割り切れるか割り切れないかというのも特徴の一つです。
ところで，割り切れなかったほうに，何か数字の特徴が見つかりませんか？

生徒：　$\frac{1}{6}$ は (ア) 小数第２位から同じ数字がずっと続きます が，$\frac{1}{7}$ はそうなりません。

先生：　$\frac{1}{7}$ は小数第何位まで計算しましたか？

生徒：　小数第３位です。

先生：　もう少し先まで計算してみたら，何か見えてくるかもしれません。小数第８位まで計算してみましょう。

生徒：　できました。0.14285714 です。

先生：　どうですか？何か特徴は見つかりませんか？

生徒：　$\frac{1}{6}$ のときは同じ数字がずっと続きますが，$\frac{1}{7}$ のときは，数字のカタマリが繰り返される感じがします。

先生：　そうですね。$\frac{1}{7}$ は 142857 というカタマリが繰り返し出てきます。
つまり $\frac{1}{7}$ = 0.142857142857142857……というわけですね。
このように同じ数字が繰り返し現れる小数のことを循環《じゅんかん》小数と呼んでいます。
今日はこの循環小数を使って勉強しようと思います。

先生：　$\frac{1}{7}$を小数に直したとき，繰り返される数字のカタマリ 142857 には同じ数字が含まれませんでしたが，いつでもそうというわけではありません。

$\frac{1}{91}$を小数に直したとき，(イ) 繰り返される数字のカタマリ の中に同じ数字が含まれます。

生徒：　繰り返されることが分かれば，途中から計算しなくてもよくなりますね。

先生：　そうですね。この考えを使えば，例えば 0.123123123…… という小数は，123 というカタマリが繰り返し登場するので，小数第 10 位は 1 ということになります。小数第 10 位までに 1 は 4 回登場していますね。

生徒：　$\frac{1}{91}$を小数に直したとき，10 回目の 1 が登場するのは，小数第 （ウ） 位です。

先生：　では，$\frac{1}{91}$を小数に直したとき，30 回目の 0 が登場するのは，小数第何位かな？

生徒：　1 と違って 0 はカタマリの中に何度か出てくるから…あと，整数部分も含めて数えないといけないから小数第 （エ） 位です。

先生：　整数部分のこともよく気がつきましたね。その通りです。

(1)　下線部（ア）について，同じ数字とありますがその数字を答えなさい。

(2)　下線部（イ）について，繰り返される数字のカタマリとありますが，1 ÷ 91 を計算したときに繰り返される数字のカタマリを答えなさい。

(3)　（ウ） に当てはまる数字を答えなさい。

(4)　（エ） に当てはまる数字を答えなさい。

【社　会】〈総合一貫第１回試験〉（理科と合わせて50分）〈満点：50点〉

《注　意》漢字で書くべきところは，漢字で解答しなさい。

1　次のＡ～Ｄを読んで、後の問いに答えなさい。

Ａ　九州地方の中心には、阿蘇《あそ》山の噴火で火山灰や溶岩がふき出したあとにできた、大きなくぼ地があります。こうした地形を（　１　）と呼びます。九州南部の①鹿児島湾《わん》は、連なった（　１　）に海水が入ってできた湾で、現在でも桜島は火山活動が活発です。そのためさまざまな②災害を引きおこすことがあります。

　一方、九州の北部には③福岡県から佐賀県南部まで広がる筑紫《つくし》平野があり、南部と比べると地形はなだらかです。このため、九州北部には人口が多く分布しています。

　また、大分県の八丁原《はっちょうばる》発電所をはじめ、多くの④地熱発電所が九州にはあり、地下にある高温の熱水や蒸気を利用して発電が行われています。

問１　（　１　）に当てはまる語句を答えなさい。

問２　下線部①に関して、鹿児島に関連する歴史上のできごととして、最も適当なものを１つ選び、記号で答えなさい。

ア　承久の乱後、朝廷を監視するために六波羅探題が設置された。

イ　戦国時代には、戦国大名である伊達氏が支配していた。

ウ　鹿児島出身の松平定信は、江戸時代に寛政の改革を行った。

エ　1877年に、西郷隆盛を中心とした鹿児島の士族が西南戦争をおこした。

問３　下線部②に関して述べた文の正誤の組み合わせとして、最も適当なものを1つ選び、記号で答えなさい。

Ⅰ　多くの都道府県や市区町村では、地震や川の氾濫《はんらん》などによる被害を予測したハザードマップがつくられている。

Ⅱ　災害時に、国や都道府県が被災者の救助や支援を行うことを共助という。

ア　Ⅰ－正　Ⅱ－正　　イ　Ⅰ－正　Ⅱ－誤

ウ　Ⅰ－誤　Ⅱ－正　　エ　Ⅰ－誤　Ⅱ－誤

問４　下線部③に関して、福岡県には古代に大宰府と呼ばれる役所がありました。大宰府に関して述べた文の正誤の組み合わせとして、最も適当なものを１つ選び、記号で答えなさい。

Ⅰ　百済を救援《きゅうえん》するために戦った壬申の乱の後に設置された。

Ⅱ　遣唐使の停止を訴えたことでも知られる菅原道真が、追放された場所である。

ア　Ⅰ－正　Ⅱ－正　　イ　Ⅰ－正　Ⅱ－誤

ウ　Ⅰ－誤　Ⅱ－正　　エ　Ⅰ－誤　Ⅱ－誤

問５　下線部④に関して、地熱発電に限らず、再生可能エネルギーを利用した発電は世界各地で行われています。再生可能エネルギーとして、**適当でないもの**を１つ選び、記号で答えなさい。

ア　火力　　　　イ　バイオマス　　ウ　風力　　　　エ　太陽光

B　現在の⑤愛知県にあたる尾張《おわり》の小さな戦国大名だった織田信長は、駿河《するが》の大名である今川義元を破ったのち勢力を広げました。その後、⑥室町幕府の将軍足利義昭と対立し、京都から義昭を追放しました。

　信長は、⑦仏教勢力や他の大名を武力で支配し全国統一を目前としていましたが、1582年におきた（　２　）で家臣の明智光秀に背《そむ》かれ、自害しました。

問６　（　２　）に当てはまる語句を答えなさい。

問７　下線部⑤に関して、以下のグラフは阪神工業地帯、京葉工業地域、中京工業地帯、瀬戸内工業地域の製造品出荷額等の構成（2020年）を表しています。愛知県が属する工業地帯・工業地域のグラフとして、最も適当なものを１つ選び、記号で答えなさい。

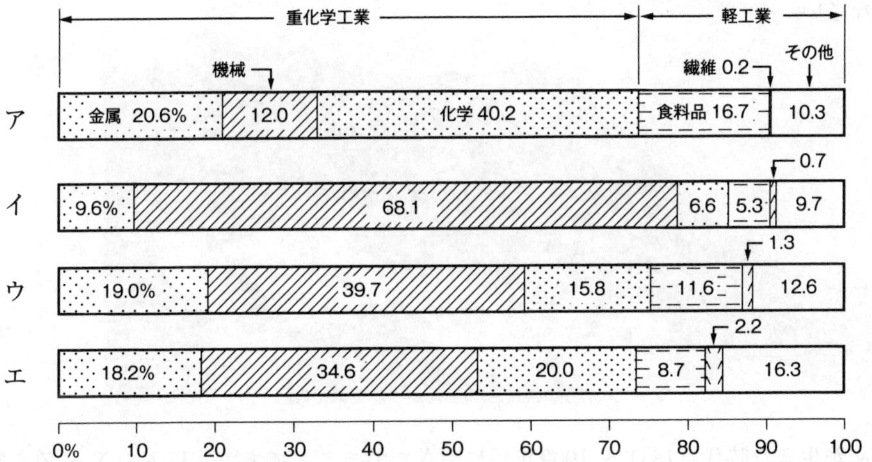

（『日本国勢図会　2023/24』）

問８　下線部⑥に関して、最も適当なものを１つ選び、記号で答えなさい。

ア　銀閣を建てた足利義政が将軍のとき、京都で応仁の乱がおきた。

イ　将軍が国を治めることの由来を説明するために、『日本書紀』がつくられた。

ウ　足利尊氏が始めた日明貿易で、日本は莫大《ばくだい》な利益を得た。

エ　執権が将軍を補佐《ほさ》する形で政治が行われた。

問９　下線部⑦に関して述べた文の正誤の組み合わせとして、最も適当なものを１つ選び、記号で答えなさい。

Ⅰ　織田信長は、仏教勢力を排除《はいじょ》するために、延暦寺を焼き打ちした。

Ⅱ　現在のインドでは、ほとんどの人が仏教を信仰している。

ア　Ⅰ－正　Ⅱ－正　　イ　Ⅰ－正　Ⅱ－誤
ウ　Ⅰ－誤　Ⅱ－正　　エ　Ⅰ－誤　Ⅱ－誤

C　⑧伊藤博文が生きた時代は、江戸時代の封建《ほうけん》的な国家から近代国家へと移る時期であり、特に⑨明治維新期にはさまざまな政策が行われました。また、日本は⑩日清戦争や日露戦争で勝利し、国民の間には大国意識が生まれ、アジア諸国に対する優越《ゆうえつ》感が強まりました。日露戦争後、伊藤博文は⑪韓国で役人をしていましたが、1909年に韓国の青年によって暗殺されました。

問10　下線部⑧に関して、以下の設問に答えなさい。

⑴　伊藤博文は現在の山口県が出身地です。山口県の位置として、適当なものを１つ選び、記号で答えなさい。

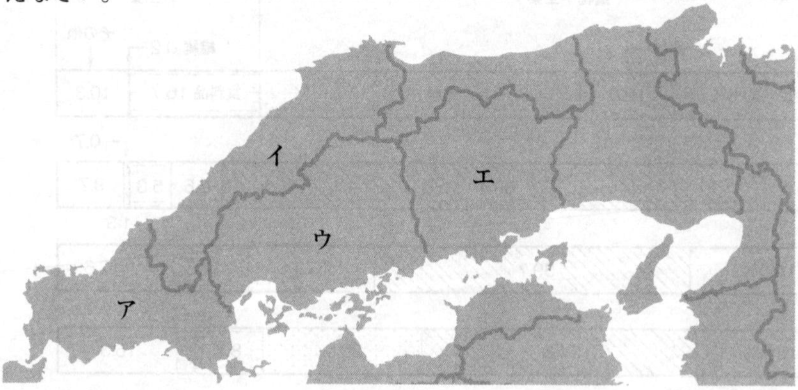

⑵　伊藤博文が生きた時代（1841 ～ 1909年）におきたできごとである、以下のＸ～Ｚを年代の古い順に並べたものとして、適当なものを１つ選び、記号で答えなさい。

Ｘ　天皇が国の元首《げんしゅ》として統治すると定められた、大日本帝国憲法が発布《はっぷ》された。

Ｙ　岩倉具視を全権大使とする岩倉使節団が欧米に派遣された。

Ｚ　大老の井伊直弼が朝廷の許可を得ないまま条約を結んだ。

ア　Ｘ→Ｙ→Ｚ　　イ　Ｘ→Ｚ→Ｙ　　ウ　Ｙ→Ｘ→Ｚ
エ　Ｙ→Ｚ→Ｘ　　オ　Ｚ→Ｘ→Ｙ　　カ　Ｚ→Ｙ→Ｘ

問11　下線部⑨に関して、政府は収入を安定させるために、土地所有者が地価の３％を現金で納める税制度の改革を行いました。このことを何というか答えなさい。

問12　下線部⑩に関して述べた文として、最も適当なものを１つ選び、記号で答えなさい。

ア　日清戦争の開戦前に、日本はイギリスと同盟を結んだ。

イ　日清戦争後の三国干渉によって、日本は台湾を返還した。

ウ　歌人の与謝野晶子は、日露戦争の開戦に賛成した。

エ　日露戦争の講和条約の内容に反対する人々によって、日比谷焼き打ち事件がおきた。

問13　下線部⑪に関して、現在日本と韓国が領有権を争っている地域として、適当なものを１つ選び、記号で答えなさい。

ア　尖閣諸島　　イ　北方領土　　ウ　竹島　　エ　南鳥島

D　⑫東北地方の中央には、⑬青森県から⑭栃木県までのびる奥羽《おうう》山脈が南北に連《つら》なり、その西に出羽《でわ》山地、東に北上《きたかみ》高地がのびています。北上高地の東の三陸海岸では、海岸まで山や谷がせまり、入り江が連なる（　３　）が形成されています。また、三陸海岸の沖には、寒流と暖流がぶつかる潮目があり、多くの魚が集まる漁場になっています。

問14　（　３　）に当てはまる地形の名称を答えなさい。

問15　下線部⑫に関して、以下の設問に答えなさい。

⑴　東北地方ではやませという風が吹きます。やませに関して述べた文とやませが吹く方向の組み合わせとして、最も適当なものを1つ選び、記号で答えなさい。

Ⅰ　やませの影響で、夏でも気温の低い日が続くことがある。

Ⅱ　あたたかく乾いた風であるため、からっとした日が続く傾向にある。

ア　Ⅰ・ⅰ

イ　Ⅰ・ⅱ

ウ　Ⅱ・ⅰ

エ　Ⅱ・ⅱ

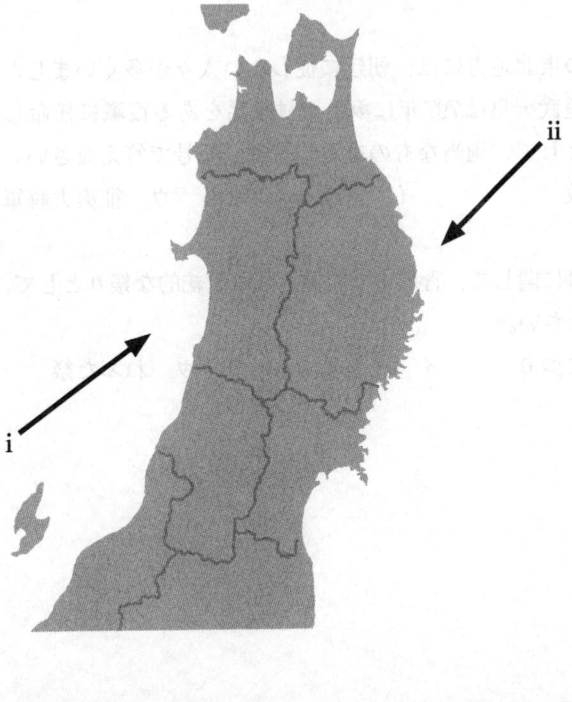

⑵　以下の図は、仙台（宮城県）、松本（長野県）、金沢（石川県）、那覇（沖縄県）の気温と降水量を示したものです。仙台に当たるものとして、最も適当なものを１つ選び、記号で答えなさい。

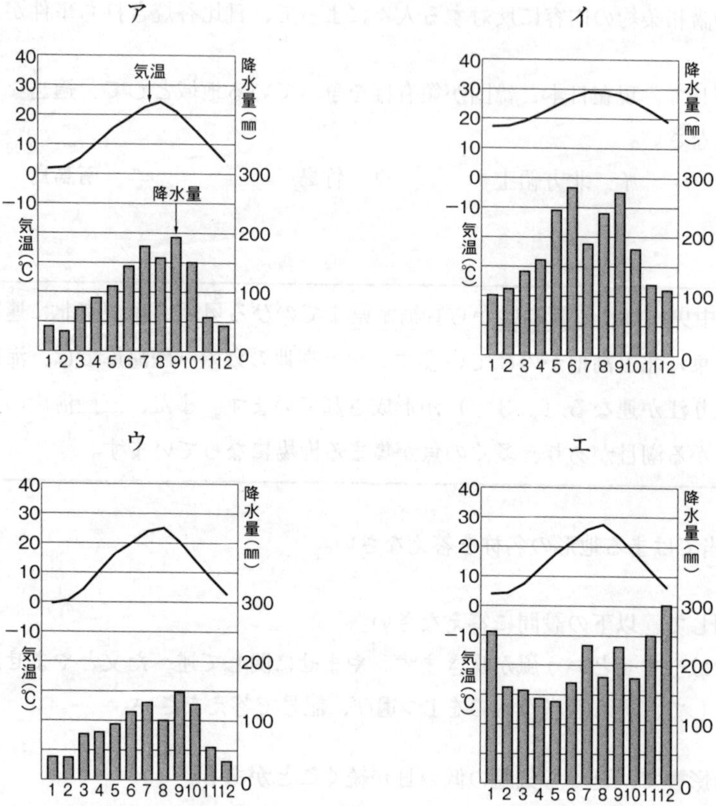

（『日本国勢図会　2023/24』）

⑶　古代の東北地方には、朝廷に従わない人々が多くいました。このような人々を従わせるために、桓武天皇は797年に坂上田村麻呂をある役職に任命し、東北地方に派遣しました。その役職として、適当なものを１つ選び、記号で答えなさい。

ア　摂政　　　イ　守護　　　ウ　征夷大将軍　　　エ　太政大臣

問16　下線部⑬に関して、青森市で開催《かいさい》される伝統的な祭りとして、最も適当なものを1つ選び、記号で答えなさい。

ア　竿燈《かんとう》まつり　　　イ　花笠《はながさ》まつり　　　ウ　ねぶた祭　　　エ　七夕まつり

問17　下線部⑭に関して、以下は栃木県宇都宮駅前の２万５千分の１地形図です。この地形図から読み取れる内容として、最も適当なものを１つ選び、記号で答えなさい。なお、作題の都合上、この地形図は拡大しています。

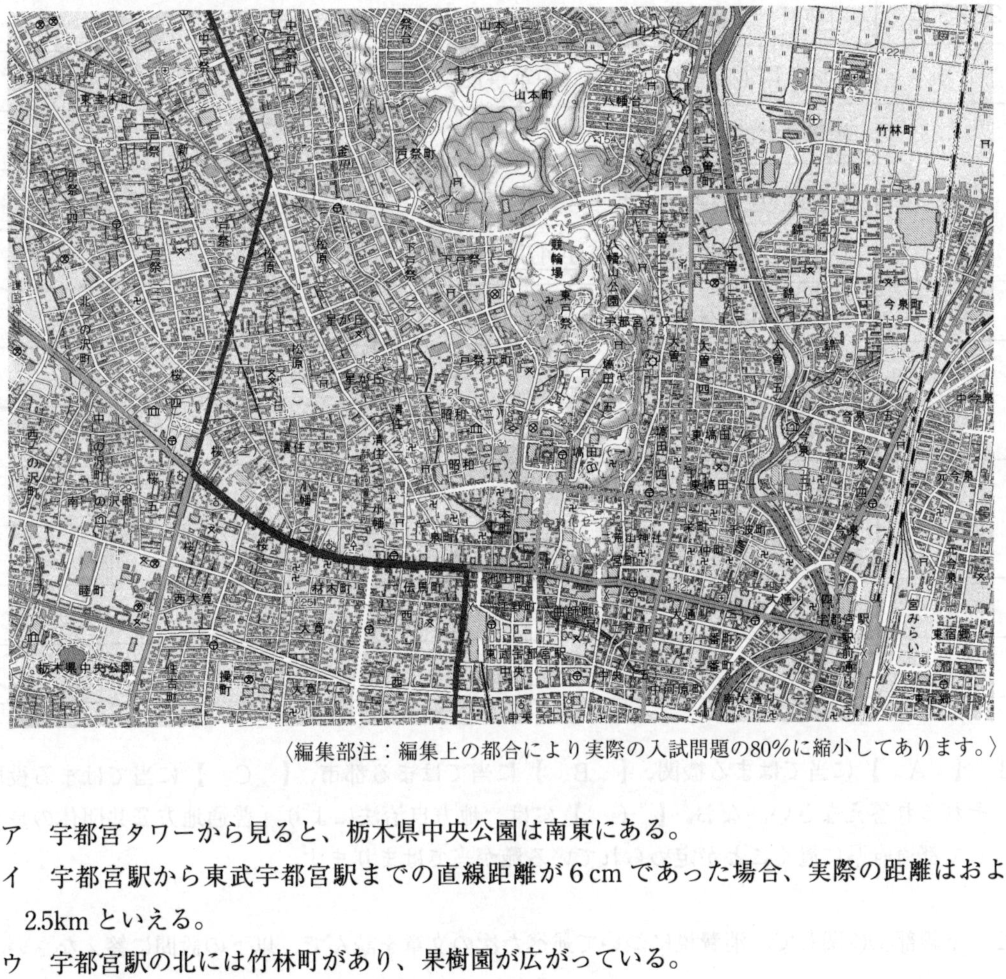

〈編集部注：編集上の都合により実際の入試問題の80％に縮小してあります。〉

ア　宇都宮タワーから見ると、栃木県中央公園は南東にある。

イ　宇都宮駅から東武宇都宮駅までの直線距離が６cmであった場合、実際の距離はおよそ2.5kmといえる。

ウ　宇都宮駅の北には竹林町があり、果樹園が広がっている。

エ　宇都宮駅から競輪場にかけて、土地の高さは高くなっている。

2 次の表を見て、後の問いに答えなさい。

2023年２月から2023年８月までの主なニュース

2023年	できごと
2月	ロシアによるウクライナへの軍事侵攻《しんこう》開始から１年
3月	東日本大震災から12年
	岸田首相が出生率の向上を目指し、育児休業制度を改革する考えを表明
	①令和５年度の国家予算が可決・成立
4月	「こども政策の司令塔」として【　A　】が発足
5月	②日本国憲法施行から76年
	G7サミットが【　B　】で開催
6月	改正マイナンバー法が可決・成立
	③防衛力財源確保特別措置《そち》法が可決・成立
7月	TPPの閣僚《かくりょう》会議を開催
8月	埼玉県【　C　】選挙を実施

問１　【　A　】に当てはまる機関、【　B　】に当てはまる都市、【　C　】に当てはまる役職をそれぞれ答えなさい。なお、【　C　】には、地方自治法により「普通地方公共団体の長」として都道府県に置くことが定められている職が当てはまります。

問２　下線部①に関して、消費税について述べた次の文章を読んで、以下の設問に答えなさい。

> 1989年、商品の販売やサービスの提供に対して税金を納める消費税の導入や所得税の減税などを含む大幅な税制の改革が行われました。その後、消費税率は数度に渡って引き上げられ、2019年から【　X　】%に変わりました。この税率引き上げと同時に消費税の軽減税率制度が導入され、対象品目の税率は【　Y　】%に設定されています。

⑴　【　X　】【　Y　】に当てはまる数値をそれぞれ答えなさい。

(2)　二重線部に関して、軽減税率が適用される場面として、最も適当なものを1つ選び、記号で答えなさい。

ア　ドラッグストアで医薬品を購入し、自宅で服用する。

イ　コンビニエンスストアで弁当を購入し、自宅で食べる。

ウ　書店で小説を購入し、電車内で読む。

エ　レストランでハンバーグを注文し、店内で食べる。

問3　下線部②に関して、日本国憲法について説明した以下のⅠ～Ⅲのうち、正しいものの組み合わせとして、最も適当なものを1つ選び、記号で答えなさい。

Ⅰ　第9条では、戦争の永久放棄《ほうき》や、自衛隊の保持を明記している。

Ⅱ　天皇の助言と承認に基づいて、内閣が国事行為を行うことを規定している。

Ⅲ　憲法改正には、国民投票を行う必要があることを定めている。

ア　Ⅰ　　イ　Ⅱ　　ウ　Ⅲ　　エ　ⅠとⅡ

オ　ⅠとⅢ　　カ　ⅡとⅢ　　キ　ⅠとⅡとⅢ

問4　下線部③に関して、この法案は与党の賛成多数により成立しました。2023年6月時点で与党に含まれる政党として、適当なものを**2つ**選び、記号で答えなさい。

ア　日本共産党　　イ　公明党　　ウ　自由民主党

エ　日本維新の会　　オ　立憲民主党

問5　以下は、2023年のできごとに関する4名の生徒の発言です。発言の内容が正しい生徒として、最も適当なものを1人選び、記号で答えなさい。

佐藤くん：ロシアとウクライナをめぐる問題をニュースで目にすることが多かったね。ロシアは戦後設立された国際連盟の安全保障理事会において、常任理事国を務めているよ。

鈴木くん：6月には改正マイナンバー法が可決・成立したよね。この改正法では、運転免許証を廃止してマイナンバーカードと一体化することが規定されているよ。

高橋くん：7月にはTPPにイギリスが加入することが決定したね。TPPには日本も参加しているから、日本にも影響がありそうだね。

田中くん：夏には各地で熱中症警戒アラートが発令されたね。最高気温が30度以上の日は夏日、35度以上の日は真夏日と呼ばれているよ。

ア　佐藤くん　　イ　鈴木くん　　ウ　高橋くん　　エ　田中くん

問６　波線部に関して、以下の設問に答えなさい。

(1)　以下の図１は育児休業取得率の推移、図２は第１子出生年別にみた第１子出産前後の妻の就業変化をあらわしています。図１および図２から読み取ることができる内容として、最も適当なものを１つ選び、記号で答えなさい。

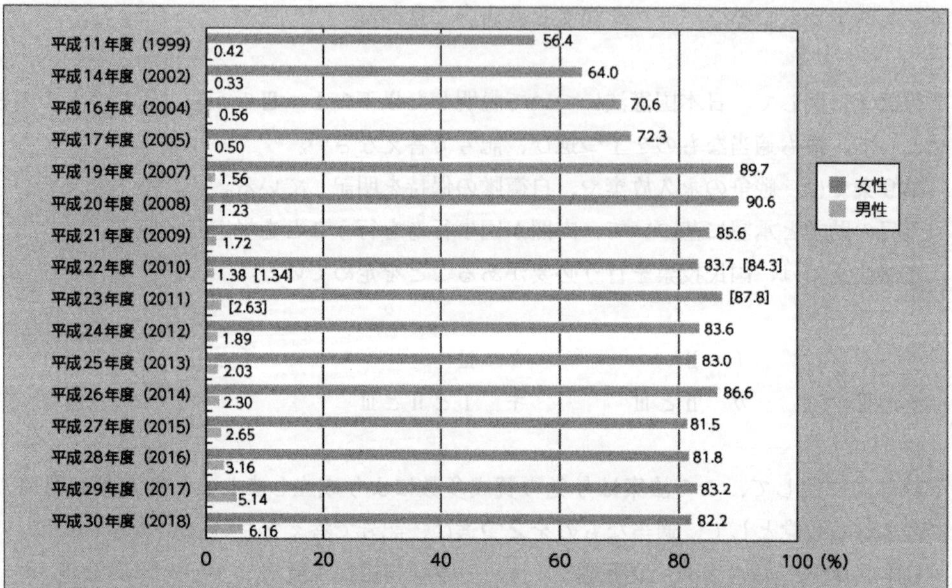

出典：厚生労働省「雇用均等基本調査」
（※）　平成26年度調査においては、平成24年10月１日から平成25年９月30日までの１年間。
（注）　平成22年度及び平成23年度の［　］内の比率は、岩手県、宮城県及び福島県を除く全国の結果。

図１　育児休業取得率の推移

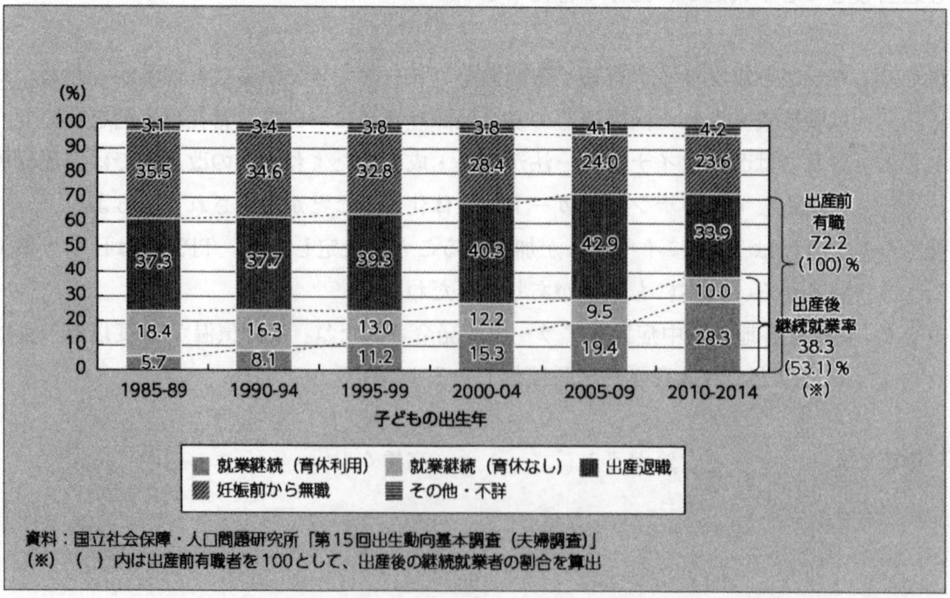

資料：国立社会保障・人口問題研究所「第15回出生動向基本調査（夫婦調査）」
（※）（　）内は出産前有職者を100として、出産後の継続就業者の割合を算出

図２　第１子出生年別にみた第１子出産前後の妻の就業変化

（出典：厚生労働省）

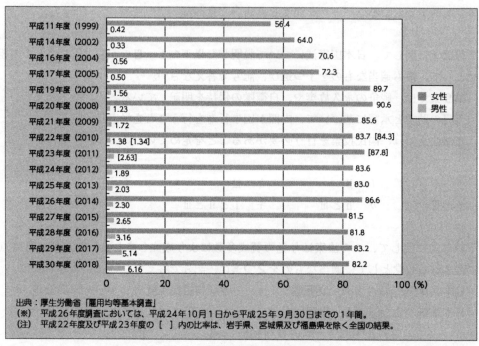

ア　男性に育児休業の取得が認められるようになったのは、21世紀に入ってからである。

イ　2012年以降、男女ともに育児休業の取得率は、一貫して上昇している。

ウ　2005～09年に第１子を出産した女性に着目すると、出産時の年齢が高い女性ほど、育児休業を取得している割合が高くなっている。

エ　2010～14年に第１子を出産した女性に着目すると、出産前に働いていた女性のうち、出産により退職をした女性は、半数を超えていない。

(2)「男性の育児休業取得率が上昇すれば、出生率は上昇する」という主張を、あなたは支持しますか、それとも支持しませんか。解答欄の「支持する」もしくは「支持しない」のどちらかを丸で囲った上で、その理由を述べなさい。

【理　科】〈総合一貫第１回試験〉（社会と合わせて50分）〈満点：50点〉

《注　意》漢字で書くべきところは，漢字で解答しなさい。

1　発芽について調べるため、【実験１】と【実験２】を行いました。次の各問いに答えなさい。

【実験１】

ある植物の種子を図のＡ～Ｆの条件で数日間置きました。Ｂ以外は室温（23℃）で実験しました。

図

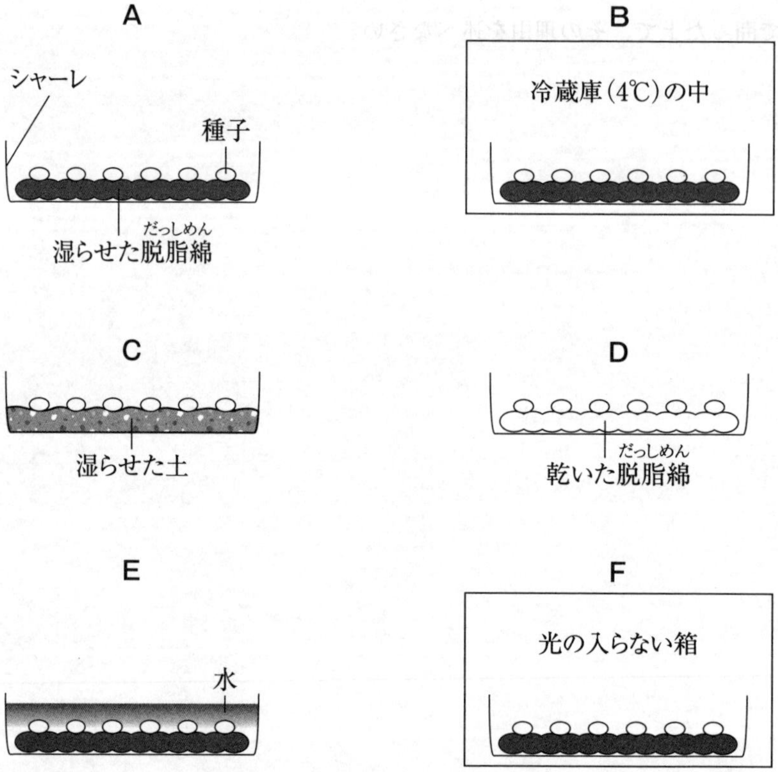

（条件の説明）

Ａ…水で湿らせた脱脂綿に種子をのせ、蛍光灯の光を当てた。

Ｂ…水で湿らせた脱脂綿に種子をのせ、暗い冷蔵庫（4℃）の中に入れた。

Ｃ…水で湿らせた土に種子をのせ、蛍光灯の光を当てた。

Ｄ…乾いた脱脂綿に種子をのせ、蛍光灯の光を当てた。

Ｅ…脱脂綿に種子をのせ、種子全体が浸かるまで水を入れ、蛍光灯の光を当てた。

Ｆ…水で湿らせた脱脂綿に種子をのせ、光の入らない箱に入れた。

数日後、種子の状態を確認したところ、次の【結果】となりました。

【結果】

条件	A	B	C	D	E	F
	発芽した	発芽 しなかった	発芽した	発芽 しなかった	発芽 しなかった	発芽した

問１　水・土・室温の３つの要素が種子の発芽に必要であるかどうかを調べるためには、【実験１】のどの条件を比べる必要がありますか。水・土・室温のそれぞれについて、図のＡ～Ｆの条件から２つずつ選び、記号で答えなさい。

問２　【実験１】の結果から、この種子の発芽に**必要がなかった**要素はどれですか。次の（ア）～（オ）からすべて選び、記号で答えなさい。

（ア）水　　（イ）光　　（ウ）土　　（エ）空気　　（オ）室温

【実験２】

発芽してすぐの種子を空気で満たしたビニール袋に入れ、気体がもれないように口をしばりました。室温（23℃）で１日放置したところ、①ビニール袋の内側に水滴がみられました。また、ビニール袋の中の気体を石灰水に通したところ、②石灰水が白くにごりました。一方、空気を石灰水に通しても白くにごりませんでした。

問３　【実験２】で石灰水を白くにごらせた気体は何ですか。

問４　【実験２】の下線部①と②の結果から、種子は何を行っていたと考えられますか。次の（ア）～（エ）から正しいものを１つ選び、記号で答えなさい。

（ア）光合成　　（イ）呼吸　　（ウ）蒸散　　（エ）硝《しょう》化

2　たろう君とけやき君の次の会話文を読み、各問いに答えなさい。

たろう「昨日の夜、地震があったよね？マンションの10階で寝ていたけれど、驚いて起きちゃったよ。」

けやき「ニュースの地震速報を見たら、川越は①震度２だったよ。」

たろう「②あれで震度２！？もっと大きいと思っていた。」

けやき「茨城県内の震源地付近では震度５弱の地点もあったよ。」

たろう「地震の規模を表す③マグニチュードはいくつだったんだろう？」

けやき「マグニチュードは5.5だったよ。」

たろう「日本では、地震や洪水などの自然災害が多いよね。」

けやき「④2019年の台風19号では、入間川が氾濫《はんらん》したよね。」

たろう「⑤台風が来るって聞いて強い風が吹くことを心配していたけれど、まさか雨があんなに怖いとは思っていなかったよ。」

けやき「今後さらに強い台風が来たら、どうすれば良いのかな？」

たろう「前日に家族みんなで標高の高い山に逃げるのはどうかな？」

けやき「でも、高いところに逃げると、今度は土砂崩れが怖いよね。」

たろう「⑥災害の被害予想や避難場所等をまとめた地図が様々な自治体から作られているよ。調べてみよう。」

問１　下線部①について、現在、震度は何段階に分けられていますか。次の（ア）～（エ）から正しいものを１つ選び、記号で答えなさい。

（ア）５段階　　（イ）７段階　　（ウ）10段階　　（エ）20段階

問２　下線部②について、実際にたろう君のいた部屋は震度２より大きく揺れていました。その理由として正しいものはどれですか。次の（ア）～（エ）から１つ選び、記号で答えなさい。

（ア）夜だったから　　（イ）マンションの10階にいたから
（ウ）気圧が低かったから　　（エ）寒かったから

問３　下線部③について、マグニチュードが１大きくなるごとに地震の規模（震源から放出されたエネルギーの大きさ）は約32倍になります。マグニチュードが２大きくなると、地震の規模はおよそ何倍になりますか。

問４　下線部④について、この台風で大雨の原因となった「積乱雲が帯のように連なっている部分」のことを何と言いますか。次の（ア）～（エ）から正しいものを１つ選び、記号で答えなさい。

（ア）台風の目　　（イ）温暖前線　　（ウ）蜃気楼《しんきろう》　　（エ）線状降水帯

問５　下線部⑤について、日本付近で風と雨が特に強いのは、一般に台風の中心から見てどの方角ですか。次の（ア）～（エ）から正しいものを１つ選び、記号で答えなさい。

（ア）東　　（イ）西　　（ウ）南　　（エ）北

問６　下線部⑥について、このような地図を何と言いますか。次の（ア）～（エ）から正しいものを１つ選び、記号で答えなさい。

（ア）ウェザーマップ　　（イ）ワールドマップ
（ウ）ハザードマップ　　（エ）ツーリストマップ

3 次の文章を読み、各問いに答えなさい。

〔編集部注…ここには，西新井駅で発生した，強アルカリ性の洗剤が入ったアルミ製の缶が化学反応によって破裂して，女性がけがを負った事件に関する記事がありましたが，著作権上の都合により掲載できません。なお，下線部は以下の部分に引かれていました。〕

・強アルカリ性の洗剤の可能性が高いことが分かりました。破裂した缶はアルミ製だったこと

2023年5月9日　NHK　NEWS　WEBより一部抜粋
※アルミ製…アルミニウム製品のこと

問1　アルミニウムやマグネシウムなどの金属と、塩酸などの酸を反応させたとき、発生する気体は何ですか。次の（ア）～（エ）から正しいものを1つ選び、記号で答えなさい。

（ア）二酸化炭素　（イ）水素　（ウ）酸素　（エ）アンモニア

問2　問1で答えた気体は、水上置換法を用いて集めることができます。水上置換法で集めることのできる気体の性質として、正しいものはどれですか。次の（ア）～（ウ）から1つ選び、記号で答えなさい。

（ア）水に溶けやすく、空気よりも重い
（イ）水に溶けやすく、空気よりも軽い
（ウ）水に溶けにくい

問3　問1で答えた気体の性質として、正しいものはどれですか。次の（ア）～（エ）から1つ選び、記号で答えなさい。

（ア）空気中に約80％含まれている
（イ）自動車から出る排気ガスに含まれる
（ウ）プールの水を消毒するために使われた
（エ）気体に火を近づけると、ポンと音を立てて燃える

問４　一般的に金属と酸性の水溶液が反応することはあっても、金属とアルカリ性の水溶液は反応しません。しかし、例外としてアルミニウムは下線部のように、アルカリ性である水酸化ナトリウム水溶液と反応して、気体を発生しながら溶けます。このとき発生する気体は何ですか。次の（ア）～（エ）から正しいものを１つ選び、記号で答えなさい。

（ア）二酸化炭素　（イ）水素　（ウ）酸素　（エ）アンモニア

問５　家庭用洗剤である塩素系漂白剤や酸性洗剤には、「まぜるな危険」の表示が義務付けられています。塩素系漂白剤と酸性洗剤を混ぜることにより発生した有害な塩素ガスによって、1980年代に死亡事故が起きたことがきっかけです。塩素系漂白剤は簡単に塩素が発生しないように、通常どのような性質にして販売されていますか。次の（ア）～（ウ）から正しいものを１つ選び、記号で答えなさい。

（ア）酸性　（イ）中性　（ウ）アルカリ性

問６　塩素の説明として正しいものはどれですか。次の（ア）～（エ）から１つ選び、記号で答えなさい。

（ア）空気中に約80％含まれている
（イ）自動車から出る排気ガスに含まれる
（ウ）プールの水を消毒するために使われた
（エ）気体に火を近づけると、ポンと音を立てて燃える

問７　文章中のアルミ製の缶が破《は》裂《れつ》した理由を簡単に説明しなさい。

4　10gのおもりをつり下げると2cmのびるばねを使って、実験を行いました。ばねののびは、ばねに加えた力に比例します。次の各問いに答えなさい。

図１のようにばねの先に円柱をとりつけます。はじめに、円柱を容器の水の中に全部入れて、一度容器の底につけてから、ばねの上のはし**点A**をゆっくりと一定の速さで上げていきました。このときの容器の底から円柱の底までの距離と、ばねののびを下のグラフに表しました。ただし、円柱が水面から出たときに水面の位置は変わらず、容器の底から円柱の底がわずかに浮いたときの距離を0cmとします。

図１

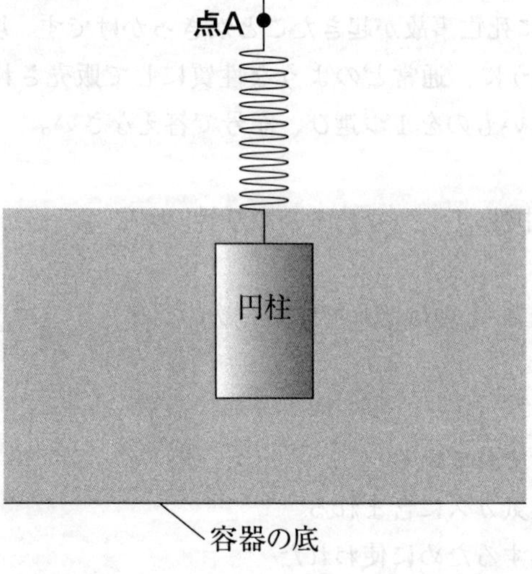

グラフ

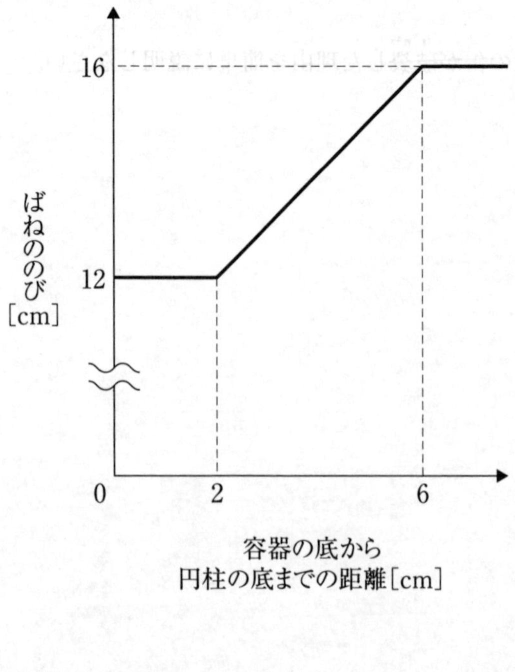

問１　円柱のおもさは何gですか。

問２　容器の底から円柱の底が3cm上がったとき、ばねの引く力は何gですか。

問３　容器の底から円柱の底がわずかに浮いたときから、円柱を4cm上げました。その間に**点A**を何cm持ち上げましたか。

問４　円柱のたての長さは何cmですか。

次に、図１で使ったものと同じばねを図２と図３のようにつなげて、容器の底から円柱の底までの距離とばねののびを調べる実験を行いました。

図２

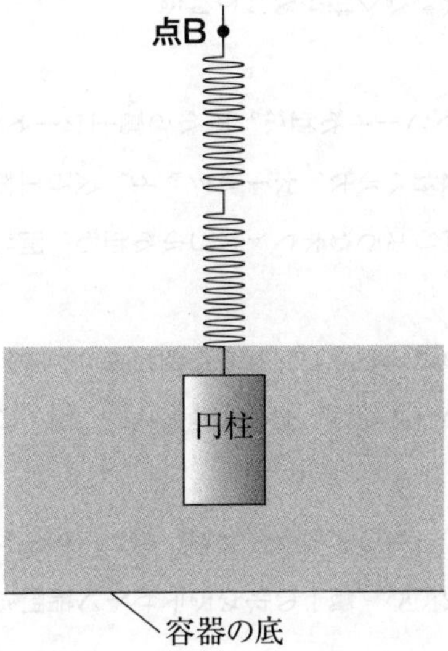

図３

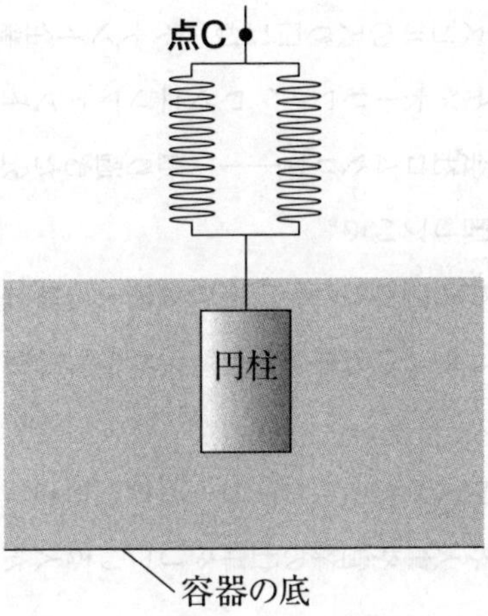

問５　図２で、容器の底から円柱の底がわずかに浮いたときから、円柱を4cm上げました。その間に**点B**を何cm持ち上げましたか。

問６　図３で、容器の底から円柱の底がわずかに浮いたときから、円柱を4cm上げました。その間に**点C**を何cm持ち上げましたか。

【国　語】〈総合一貫第一回試験〉（五〇分）〈満点：一〇〇点〉

《注　意》指定された字数で解答する際は、特別な指定がない限り、句読点や記号も一字とします。
ただし、ふりがなを書く必要はありません。

一　次の文章を読み、後の問いに答えなさい。

日々、銀行口座の残高が減り、気力は削られていった。

転職活動を始めて三ヶ月になるが、良い結果はさっぱりでない。この状態が続いたら、自分はどうなってしまうのだろう……。

パーカーのフードを深く被り、遠山健一《とおやまけんいち》は人波を避けながら歩いた。

街にいる人のうち、何者でもないのは自分だけだ。高校生の集団、スーツ姿の会社員、レジを打つ店員、工事現場の作業員、定年後と思われる老人──。彼らは自分のことを、どこの誰だと説明できるだろう。それができない自分の行く末だけが、［　Ｉ　］、ゆらゆらと頼りなく揺らめいている。

不安だ、と、健一は思った。

左にあるオフィスビルの入り口には、テナント企業を示すプレートが並ぶ。下から富士《ふじ》マーケティング、青木《あおき》クリニック、ケイオーリフト、ワンエレファント、株式会社ハルガ、オールミット、久石《ひさいし》工業、ムテキコンテンツ、株式会社ロムクリア──。通り過ぎた先にも、同じようなオフィスビルが並び、同じようにいくつもの会社が入居している。

健一の住むこの名古屋《なごや》市だけで、十万を超える事業所があるらしかった。大小の差はあっても、それぞれの事業所には、それぞれの仕事がある。それぞれの従業員たちはみんな、社会を構成する一員として立派に働いている。

［　II　］気分で入ったそのコーヒーショップも、全国チェーンの大きな会社だ。カウンターで働く人たちの他にも、経理や人事や営業の仕事をしている人がいるのだろう。健一の求めるデザイン部門も、あるかもしれない。

早くどこかの会社に入って、デザインの仕事がしたい……。

パーカーのフードを外して見回した店内に、デザインされてないものなどなかった。コーヒーのカップにも、メニュー表にも、商品を宣伝するＰＯＰにも、感じのよいデザインが施《ほどこ》されている。店員の帽子やエプロンや、椅子《いす》やテーブルやゴミ入れや、カウンターで注文している客の服やカバンも、すべて誰かがデザインしたものだ。

世界にはこんなにデザインが溢《あふ》れているのに、自分はこの三ヶ月、その仕事をまったくできていない。①この状態がいつまで続くのか、目処《めど》も何もない。キャリアは一年を超え、ようやくデザイナーという肩書きに慣れてきたところなのに……。

「お待たせしました－。ご注文をどうぞ－」

「……ホットコーヒーの、……Ｓで」

自分の順番が回ってきたので、健一は久しぶりに声をだした。

「はい。サイズはＳでよろしかったでしょうか？」

健一の声が小さかったのか、スタッフに聞き返された。

「……はい。Ｓで」

「ホットコーヒーのＳ、ありがとうございます」

居心地の悪さを感じながら会計をし、コーヒーを受け取った。席について、周りを見回し、誰も自分に注意を払っていないことを確かめる。

不安だ、と、健一はコーヒーカップを見つめた。

就職できないのも不安だし、今コーヒーを飲んだら熱すぎて火傷《やけど》するんじゃないか、というのも不安だ。自分が頼んだのはコーヒーのＳだが、そのＳは【　Ｘ　】のＳと思われているんじゃないか、だからスタッフがＳを強調したんじゃないか、と、あり得ないことまで心配してしまう。

まさかこんなことになるなんて……。

健一にとって②**それ**は、Ａ**青天の霹靂**《へきれき》だった。迷ったり悔やんだり、ということではなく、ただ当たり前にあった一本の道が、突然途切れてしまったのだ。

デザインの専門学校をでた健一は、広告制作会社「アド・プラネッツ」、略してアドプラに勤めていた。社員総勢十数人の小さな会社だが、不況のなかでも、なんとかうまくやっていたし、この先もここで働くものだと思っていた。

終身雇用の時代はとっくに終わったと知っているけれど、そもそも健一にとって未来とは、一年後とか、せいぜい三、四年後のことだ。指示された仕事をやって、やり直しを求められたらやり直して、ＯＫがでたら終わりで、ときどき褒《ほ》められることがある。仕事とはそんな感じのことの繰り返しで、その先に何があるかなんて、あまり考えたことがない。

あるとき、アドプラのメイン顧客《クライアント》が、テレビのニュースに取りあげられるような不祥事《ふしょうじ》を起こした。仕事をしているとそういうこともあるのか、という、ぼんやりした感想を健一は持った。

その日を境に、アドプラの仕事量が、わかりやすく減っていった。やがて一人、二人と社員が辞めていき、しかも優秀と思われる人から順に辞めるので、何か普通ではないことが起こっている、と理解が追いついてきた。

このままではまずいのかもしれない。でも新人に毛が生えたような自分に、できることなどない。うっすらとした不安のなか、辞めた先輩デザイナーの仕事を引き継ぎ、健一はそれまでよりもかえって忙しい生活を送っていた。

「なので遠山くん、パイプ椅子を用意しておいてもらえる？」

「はい、了解です」

その日、会社全体で、ミーティングがあるということだった。

社員全員となると大会議室でも椅子が足りなくて、これまでだったら五、六個、椅子を運び込む必要があった。だけど今は退職してしまった人がいるので、一、二個で足りそうだ。

夕方、外回りの営業の人が会社に戻ってくると、マネージャーの号令で、全員がばらばらと会議室に入った。ほどなくして入ってきた社長の権田《ごんだ》に続いて、もう一人、かっちりしたダークスーツ姿の男性が姿を見せた。

あれは誰だろう、と社長の隣に座ったその人を観察したが、見覚えがなかった。社長に目を戻すと、いつになく緊張した表情をしている。

「……今日、みなさんに、集まってもらったのには、理由があります」

震える声で言った社長は、おもむろに立ちあがった。

「……実は、この会社は今日で倒産します。大変申し訳ない」

深々と頭を下げる社長を、唖然《あぜん》として見つめた。

「残念ながら……、会社の資金が続かなくなり……、今後の事業継続は、断念せざるを、得ません」

［Ⅲ］気分だった。会社というものは倒産することがある、とは知ってはいたが、その瞬間がこんなふうに訪れるなんて、想像すらしていなかった。

「質問は、後ほど受けつけますので、まずは説明をさせてください」

ゆっくりと着席した社長は、手元の資料に目を落とした。

「債務総額は、約九千万円です。債務超過の主な理由は売上減・利益減による資金不足になります」

気丈《きじょう》に振る舞っている、というのだろうか。最初こそ声を震わせていた社長だが、そこからはB凛《りん》とした態度で説明を続けた。

「本日をもって、株式会社アド・プラネッツは倒産となり、社員のみなさんを解雇せざるを得ません。給与はこの後、給与明細とともに手渡しします。予告のない解雇になるので、解雇手当一ヶ月分を、給与に加えて支給します」

メモを取るべきなのかもしれないが、それをする者は誰もいなかった。

「離職票は、この場に間に合わなかったので、数日後に郵送します。みなさんはそれをハローワークに持参し、失業手続きをし、失業手当等を受けとってください。退職金についても、共済から支払われますので、それぞれ手続きをお願いします」

社長の説明はよどみなく続いた。

会社にある私物を、本日中に整理し持ち帰ってほしい。この後は、社長の代理人である弁護士が会社の倒産処理をする。明日以降は、代理人の立ち会いがなければ会社に入れない。継続中の仕事をどうするかは、役員が得意先と調整する。例えばフリーランスとして継続して参加するかどうか、当人の都合で決めてよい―。

「このたびは、わたしの力不足でこのようなことになり、大変申し訳ないと、思っています。しかしこれ以上事業を続けていくと、損失ばかりが膨《ふく》らみ、みなさんに給与を支払えなくなるおそれがあったので、倒産を決断しました。どうか理解してください」

隣に座る先輩のため息が聞こえた。健一は呆然《ぼうぜん》と社長の顔を見ていたが、半分位の社員は下を見ている。

「補足説明をさせていただきます」

ずっと黙っていたダークスーツ姿の男が口を開いた。

「当職がこの会社の破産処理を受任した、弁護士の鈴村《すずむら》と申します。これ以降、権田社長は当事者能力を失い、この会社の管理責任者は、当職になります」

当職というのは聞き慣れない言葉だったが、当方とか小生《しょうせい》とか吾輩《わがはい》とか、そういう類いの言葉だろう。

「権田社長は、会社の借り入れ債務の連帯保証を個人でしており、つまり、個人財産を供出して、今回の責任を取られています。社員の給与や解雇手当が支給されないまま倒産するケースも多いなか、この会社で、それが支払われるのは、経営者の努力の結果として、認めていただけると幸いです」

隣でそれを聞く社長は、じっと目を閉じていた。

「それでは、質疑応答に移ります。ご不明点のある方は、挙手願います」

ご不明点、と言われても、健一にはわからないことだらけだった。一体、どうしてこんなことになってしまったのか……。明日から自分はどうすればいいのか……。というより今、怒るべきか、悲しむべきか、自分の気持ちがよくわからない。

先輩たちも同じようで、会議室内はざわつくばかりだった。だがやがていくつか、失業手当に関してと、退職金についての質問があった。会社都合での解雇だから、失業手当はすぐにでるらしい。退職金についても、アドプラは退職金共済を利用しているため、少ないながらも規定どおりの額が支払われる。

今日この後の、私物の搬出《はんしゅつ》についての質問もでた。今日中に持ち帰るのは不可能だという人がいて、後日、弁護士の立ち会いのもと会社を開けることが決まった。あとはメールアドレスがいつまで使えるか、とか、継続中の仕事についての確認が続いた。

二十時近くになると質問も出尽くし、③会議は終了となった。

〈中略〉

不安だ、と健一は思う。

自分はいまだ、どこにも、何にも、所属できていないし、その見込みもない。失業手当は、今月で給付が終わってしまう。

忘れていたコーヒーに口をつけると、すでに冷めてしまっていた。自分は一体、ここで何をしているんだろう……。

健一はぼんやりと、今日ここに来た理由を思いだした。

登録した転職サイトの求人案件には、あらかた応募し尽くしてしまった。だから今日は、駅などに置いてあるタウン誌の求人広告を探しにきた。場合によっては、アルバイトをしなければならないし、あらゆるタウン誌を集めようと、街にでてみたのだ。

駅やコンビニで集めた多くのタウン誌が、健一のリュックに入っていた。冷めたコーヒーを口にしながら、取りだしたそれを、ぱらぱらとめくってみる。

そんなに都合よく目指す求人は見つからないだろうな、と思っていたのだが、そのとおりだった。めくってもめくっても、契約社員やアルバイトの募集が多くて、健一が目指すものはない。二冊目も、三冊目も、同じような感じだ。だけど――、

――デザイナー募集　即戦力求ム　服装自由。

サハラ砂漠の真ん中で、ふいに金貨を拾ったような気分だった。誌面の片隅《かたすみ》の切手一枚分くらいの④小さな広告だったが、「デザイナー募集」の文字が輝いて見える。

信じられない気分だったが、考えている暇はない、とも思った。広告にはメールアドレスだけが書いてある。t、e、n、s、h、i……と、そのアドレスをベタ打ちし、広告を見て応募した、ということだけを書く。

ぴろりーん、と、スマートフォンがメールの送信完了を告げた。

もっと長い文章を書けばよかったのかもしれないが、誰かに先を越されたくなかった。だけどどうだろう……。たまたまこの求人を見て、デザイナーの応募をする人間が、何人もいるとは思えない。これは会社の求人広告というより、家庭教師募集とか、迷い犬探してます、とか、そういうものに似た匂いがする。

ぴろりーん、と音がして、スマートフォンがメール受信を伝えた。さっきメールをだしてから、まだ一分も経っていなかったが、それは確かに、健一に宛《あ》てた返事だった。

――明日の十四時にお越しください。

まじでか、と健一は思った。

十数文字の簡素な返事だったが、金貨に続いて［Ⅳ］気分になった。この三ヶ月近く、誰にも必要とされなかった自分がついに、誰かに必要とされている！

だけどこれ本当なんだろうか、と、疑いの気持ちが湧《わ》いたあたりで、今度は住所の書かれたメールが届いた。

坂戸《さかど》通り一―一―一　秀徳《しゅうとく》レジデンス一〇一号――。

さっきのメールからまだ十数秒しか経っていないし、住所の他には何も書かれてなかった。もしかしたら、先方も急いでいるのかもしれない。

健一は慌てて、明日の十四時に指定の住所に伺う旨《むね》を、返信した。

この三ヶ月は、なんの進展もなかったが、一分か二分で、こんなに話が進むこともある。

残っていたコーヒーを飲み干し、健一は立ちあがった。もしかしたらコーヒーのSは、【　Y　】のSなのかもしれない、などとバカなことを考えながら。

（中村航『広告の会社、作りました』ポプラ社）

問一　［Ⅰ］～［Ⅳ］に当てはまる言葉として最も適当なものを、次のア～オの中から一つずつ選び、それぞれ記号で答えなさい。ただし、同じ記号は一度しか選べません。

ア　雷撃を浴びたような　　イ　逃げるような
ウ　宝箱を掘り当てたような　　エ　ろうそくの炎のように
オ　ほっぺたが落ちるように

問二　――部①「この状態」について説明した次の文章の空らんに入る言葉を、それぞれ本文中から指定字数で抜き出しなさい。

〔　a　七字　〕をしたいけれども、転職活動の結果が〔　b　七字　〕ので、〔　c　二字　〕だと感じている状態。

問三　【　X　】・【　Y　】に当てはまる言葉の組み合わせとして最も適当なものを、次のア～オの中から一つ選びなさい。

ア　【　X　】サイズ　【　Y　】採用　　イ　【　X　】失業者　【　Y　】失格者
ウ　【　X　】採用　【　Y　】失業者　　エ　【　X　】失格者　【　Y　】サイズ
オ　【　X　】失業者　【　Y　】採用

問四　――部②「それ」とありますが、その内容を「会社」という言葉を必ず用いて説明しなさい。

問五　――部A「青天の霹靂」、B「凛とした」の本文中の意味として最も適当なものを、次のア～オの中から一つずつ選び、それぞれ記号で答えなさい。

A「青天の霹靂」

ア　よく晴れた日
イ　心の中に隠しごとが全くないこと
ウ　無罪であることが明らかになること
エ　急に生じた大事件
オ　急な雷鳴

B「凛とした」

ア　おどおどした様子
イ　しっかりした様子
ウ　たるんだ様子
エ　勇ましい様子
オ　他人行儀な様子

問六　――部③「**会議**」とありますが、会議が行われている時、健一はどのようなことを考えていましたか。説明しなさい。

問七　――部④「**小さな広告**」とありますが、次の**ア**～**エ**について、これを見た健一の気持ちとして当てはまるものには○を、当てはまらないものには×を、それぞれ答えなさい。

ア　とにかくすぐに応募する必要があるという気持ち。
イ　デザイナーの仕事をあきらめなければならないという気持ち。
ウ　仕事内容や条件を確認してから、じっくり考えようという気持ち。
エ　希望通りの募集があったことに、びっくりする気持ち。

二　次の文章を読み、後の問いに答えなさい。

サルからヒトへ

一八七一年にダーウィンが人間の進化論（『人間の起源』）を発表したとき、多くの人々は人間がサルから進化してきたことに嫌悪感をもち、なかなか受け入れようとしませんでした。多くの論争がありましたが、結局、具体的な証拠がそろってはじめて、①彼の主張が受け入れられるようになりました。ニュートン力学が近代物理学の基礎となったように、ダーウィンの進化論が近代生物学の出発点となったといえるでしょう。人類は、二本足で歩行する類人猿から、まずホミニッド（ホモ、ラテン語で「人間」を意味する）へと進化し、ホモ・ハビリス（「器用な人」猿人）、ホモ・エレクトス（「立つ人」原人）を経て、ホモ・サピエンス（「賢い人」現代人の祖先）となりました。いずれも、骨の化石（脳の大きさや背丈）、道具（石器の精度や種類）、生活（集団の大きさや住居）など、残された遺品を調べることにより、段階的に進化してきたことがわかってきたのです。

さて、人類の最初の科学は、いったい何なのでしょうか。

ある人は、道具の使用ではなく、道具の「製作」が科学の始まりと主張しています。ラッコでもサルでも道具を使っていますから、積極的に道具を作ることの方に科学の芽があるという意見です。もっとも、チンパンジーは、小枝の葉を取り払った長い枝でシロアリの巣をつつくそうですから、これも道具の製作になるのかもしれませんが。およそ二〇〇万年前のヒトに、ホモ・ハビリス（器用な人）という名がついたのは、石器を工夫したあとがはっきりわかるからです。一〇〇万年前ころには、尖った石器を作ってナイフとし、それで象や野牛の牙《きば》や骨を削ってより鋭い道具を作っていました。この道具により、②ヒトはそれまでハイエナのように死んだ動物を食べていた時代から、積極的に狩りをするようになったのです。

人類最初の「ハイテク革命」

また、「火の使用」が科学の始まりと主張する人もいます。火を手に入れたのは、雷で起こった森の火事のような偶然だったのでしょう。しかし、その火を使って(ア)ダンをとり、動物の皮をなめして着物とし、食べ物を料理するようになったことは大きな変化です。また、火の使用によって、鉄や銅を溶かすような化学反応を手にするようになりました。アシモフは、火の使用こそ人類最初の「ハイテク革命」だと言っています。およそ五〇万年くらい前のことです。

興味深いことに、死者を弔《とむら》うという「宗教」が生まれたのも、洞窟《どうくつ》の壁に絵を描くという「芸術」が生まれたのも、五〇万年から二〇万年前くらいで、火の使用とほぼ同時なのです。精神世界の発達が急速に進んだのでしょう。

時間と空間の区切りと天文学

道具や火は具体的な物そのもので、生活と密着しています。では、目には見えない抽象的な「時間」を測るようになったのは、いつごろでしょうか。むろん、一日の長さは太陽の運動で、一月の長さは月の満ち欠けでわかりますから、その長さはかなり昔から知っていたに違いありません。問題は、一日をさらに細かく測る時計をどのように工夫したかということです。

そのヒントについては、既に紀元前四〇〇〇年のころに気づかれていました。朝から昼にかけて樹の影が短くなってゆき、いつも同じ方向で最も短くなってから、夕方に近づくにつれだんだんに長くなってゆくからです。その影は右回りで動き、いつも同じ速さで動くこともわかってきました。それなら、地面に棒を差し込み（これを「ノモン」といいます）、回りに円を描いて影がどの位置にくるかで時間がわかることになります。③**「日時計」が発明されたのです**。私たちの時計の針が右回りになっているのは、日時計が北半球のエジプトで発明されたから、と考えられます（南半球では日影は左回りに動きます）。エジプト人は、影が映る円を一二に分割したので、昼間一二時間、一日二四時間となりました。

この日時計の発明は、もう一つ重要な発見につながりました。ノモンの影が最も短くなるときの太陽の方向を南、影の方向を北、それに直角で太陽が登る方向を東、太陽が沈む方向を西と、空間を決まった方向に区切ることができるようになったからです。こうして、時間と空間という、座標系が決まりました（現在使われている日時計は、いつも影の長さが同じになるように、ノモンを北の方向に傾けてあります。この日時計は、紀元前七〇〇年ころにエジプトで使われるようになったそうです）。

一年を区切る

一方、季節がゆっくり変化しつつ、数百日で繰り返す一年の区切り方は、一日単位では数が多くて面倒です。そこで月の満ち欠けを数え、満月から満月までの二九日または三〇日を一月とすれば、一年はほぼ一二カ月に区切れるので数えやすくなります。こうして、月の満ち欠けを基準とする暦がつくられました。これを「太陰暦」と呼んでいます。［　A　］、一年は地球が太陽の回りを一周する時間ですから、月の満ち欠けと直接関係がありません。だから、一二カ月の年や一三カ月の年があり、(イ)**フクザツ**になってしまいます。

エジプトでは、約三六五日ごとに規則的にナイル川が氾濫《はんらん》することに気がついていました。また、同じ季節に、東の空からシリウスが昇り始めることも知っていました。地球から見れば星が貼りつけられているように見える天球を、太陽が一回りする時間ということになりますね。この間に新月が一二回あることから一年を一二カ月とし、一月を三〇日と等配分したため、五日分だけを最後の月に押しつけました。これを「太陽暦」といい、現在私たちが使っている暦（カレンダー）の原型になっています。少しずつ修正がありましたが、本質的には、エジプトで発明された暦が五〇〇〇年間も使われてきたというわけです。

一週間はなぜ七日か

一日・一月・一年という時間の区切りは、太陽や月の運動から得られました。いわば、天文学がもとになっているのです。では、もう一つの時間の区切りである「一週間」は、どのような理由で七日となったのでしょうか。人間は、適当な間隔で休みをとらないと疲れて仕事の(ウ)**ノウリツ**が上がりません。そこで一週間ごとに「安息日」をもうけたのですが、それが七日になったのは、やはり天体の動きが関係しています。私たちの肉眼で見て、遠くの星に対して動いているように見える星は、太陽と月、そして水星・金星・火星・木星・土星の五つの惑星ですね。そこで、この宇宙は、地球が中心にあり、そのまわりを七つの星が回っていると考えました。それ以外の星は天球に固定され、天球全体がゆっくり回転していると想像したのです。だから、「一週間は七日」は、紀元前一八〇〇年頃の※1バビロニア人たちの宇宙観（この「天動説」は一七世紀まで信じられていました）を反映しているといえるでしょう。

このように、人の生活に役立てようと暦がつくられましたが、それは、月や太陽の動き、惑星の運動、星の見える位置などのくわしい観測が基礎になっているのです。天文学が「最古の科学」といわれるのはこのためです。

天文学と占星術

七つの動く星が天球上を動く場所は決まっており（なぜだかわかりますか）、ギリシャ時代に、その(エ)ミチスジが一二の星座に分けられました。そうすると、太陽は、ほぼ一カ月ずつかけて星座を移っていくことになります。また他の惑星も星座をゆっくりわたってゆきます。その位置関係から、惑星や星がおよぼす効果をあれこれ想像したのが「占星術」です。このように歴史をたどってみると、占星術から天文学が生まれたのではなく、天文学に寄生して占星術が生まれたことがわかると思います。そして、現在では、地球の歳《さい》差《さ》運動（地球の自転軸の方向がコマのように首ふり運動をすること）のため、ギリシャ時代から星座一つ分だけ太陽や惑星の方向がずれていて、占星術の※2種本《たねほん》の星座の位置とは異なっています。さらに、天王星、海王星、冥王星《めいおうせい》という三つの惑星が発見されたのに占星術には登場しません。それなのに、なぜ今も占星術を信じている人が多いのでしょうか。

数学の始まり

私たちは、通常一〇進法を使っています。一、十、百、千という数え方や、一から十までが何度も繰り返す数え方です。手の指の数が十本のため、最も直感的に数えやすいからですね。また、計算も簡単です。ところが、④**時間や角度では、一二とか（その倍数の二四や）六〇が単位になっていますね**。イギリスでは、かつてお金の数え方も一二進法でした（日本では、エトが一二で一回りしますね）。

なぜ、そんな数え方をしているのかは、エジプトやバビロニアで天文学が大いに発展したことから理解できると思います。エジプト人やバビロニア人は、数学にも大きな寄与をしたのです。科学と数学の発展が、二人三脚であるよい証拠ですね。

エジプトでは、ピラミッドの建設やナイル川の氾濫後の土地の境界線の引き直しのために、幾《き》何《か》学《がく》が発展しました。日時計を発明して、方向を正確に定めることができたからです。ピラミッドの底辺の正方形は、正確に東西南北に平行になっています。また、日時計の影の動きを一二等分したのでした。一方、バビロニア人たちは、六〇進法で数の体系をつくっていました。時間の、六〇秒で一分、六〇分で一時間という、六〇が一つとなって次の単位に上がる数え方のことです。角度も同じ六〇進法になっています。時間は、太陽の方向や天球上の動きという、角度の測定と深く関連しているからです。

[B]、なぜ、一二とか六〇という数が選ばれたのでしょうか。その理由は、これらの数が多くの数で割り切れるからです。一二なら、二、三、四、六ですね。六〇は、さらに一〇、一二、一五、三〇でも割り切れます。古代の人にとっては、割り切れない数は分数で表さなければならないので、やっかいに感じたのでしょう。また、一年はほぼ一二カ月で、一カ月はほぼ六〇の半分の三〇日です。一二や六〇が、天の運動と何か関係があると考えたからかもしれません。

その他の文化の起源

ギリシャ時代になるまでに、いくつかの学問やその基礎的な部分が開発されていました。ここでは、おもしろそうな分野をいくつか紹介しましょう。

紀元前二六〇〇年ころ、高さ六〇メートルものピラミッドが造られています。これは、いわば建築学の始まりといえるでしょう。最も大きいクフ王のピラミッドは、底辺の一辺が二三三メートルあり、高さは一四七メートルもあります。これは、東京ドームをはるかに越える大きさです（エジプトの王を「ファラオ」と呼ぶのは、「大きな家」を意味するエジプト語をギリシャ語に翻訳したものです）。こんなにも巨大なピラミッドの建設のためには、巨大な石（一個重さ二トン半）を持ち上げる道具、それを運ぶ船やトロッコのような道具の発明があったと思われます。周辺の技術が発達してこそ、巨大な建築が可能になるのですから。

お酒を作る技術は、紀元前一〇〇〇〇年ころには発見されていました。果物が腐ったり、米や小麦が水につかったりしたとき、お腹がへったり喉《のど》が乾いた誰かが、思わず飲んだら味がよく、心地よい気分になったことで偶然見つけたのでしょう。アルコールは、酵母の作用で米や麦や果物が、糖とでんぷんに分解されたときにできるとわかったのは、ずっと後のことですが、お酒つくりは四〇〇〇年の歴史があるのです（なんと、紀元前一八〇〇年ころ、ビールを飲み過ぎた酔っぱらいが犯した犯罪を処罰する規則が議論されていたそうです）。[C]、小麦を粉に引いて水を加え、同じく酵母を入れてしばらく置くとパンができます。こうして、(オ)コクモツを食べやすくする発酵の技術が始まったのです。

文字の発明がもたらしたもの

一方、文字の発明は文化の伝達・記録にとって欠かせないものです。文字が初めて発明されたのは紀元前三五〇〇年くらいですが、徐々に一定の様式に統一され、簡略化されて人々の間に（むろん、ごく少数ですが）広がってきました。文字が発明されると、書物が作られ、書物を集めた図書館が建設されました。図書館に集められたさまざまな書物から、私たちは歴史を解読できるようにもなったのです。そのため、文字が発明されて以後を「有史時代」、文字がなかった時代を「先史時代」と呼んでいます。紀元前一五〇〇年までに、世界中で三種の文字が確立しています。エジプトの※3パピルスに書かれた象形《しょうけい》文字（ヒエログリフ）、バビロニアの粘土板に刻まれた楔形《くさびがた》文字、そして中国の亀の甲《こう》や牛の骨に記された漢字の原型（甲骨《こうこつ》文字）です。いまだに使われているのは漢字だけで、はじめの二つの文字はあまりにフクザツなので使われなくなりました。

文字によって、まず書かれたのは物語でした。それまでは、口伝えに語られてきた物語（口承《こうしょう》文学）が文字に書きとめられ、いつでも楽しめるようになりました。※4シュメールの王ギルガメシュが不死の薬草を探し求めて旅をする物語は、紀元前二五〇〇年に書かれたと考えられています。エジプトでは、パピルスにさまざまな病気の治療法（魔術的な方法とともに、病気に効く植物や動物の処置も書かれている）が記録されています。薬学・医学の始まりといえますね。中国では、天文気象や軍事行動などについて、帝《みかど》が占った内容や結果が書かれています。[D]政治資料です。

むろん、文字が発明されたとき、同時に数の書き方も発明されました。数字の発明が、数学そして科学の基礎になったことは言うまでもありません。しかし、はじめ数字は記録のためにのみ使われ、計算はソロバンのような道具を通じてしか行われませんでした。その理由は、ゼロ（０）を知らなかったからです。ゼロには二つの役割があります。一つは何もないことを示し、もう一つは位《くらい》取りに使われます。紙の上で計算するためには、位取りのゼロを知らなければなりませんね。[E]、紀元前四〇〇年ころ、インドでゼロが発見されるまで、⑤**数字は計算には使われなかったのです**。

このように、文字は人々の文化の中身を豊かにし、知的な可能性を広げました。そのような歴史の背景のもとに、ギリシャの文化が花開いたのです。

（池内了『科学の考え方・学び方』岩波書店）

※１「バビロニア」……現在のイラク南部に当たる地域。
※２「種本」……本を書く際に、参考にするための原本。
※３「パピルス」……古代エジプトで用いられた一種の紙。
※４「シュメール」……バビロニア南部に当たる地域。

問一　――部(ア)～(オ)のカタカナを漢字に改めなさい。

問二　――部①**「彼の主張」**とありますが、これを具体的に述べている部分を以下の空らんに当てはまるように、本文中から十三字でぬき出しなさい。

[　　　　]という主張。

問三　――部②**「ヒトはそれまで～なったのです」**とありますが、それはなぜですか。説明しなさい。

問四　――部③**「『日時計』が発明されたのです」**とありますが、これによってどのようなことが可能になりましたか。「～こと。」に続く形で、本文中から二つぬき出しなさい。

問五　A ～ E に当てはまる言葉として最も適当なものを次のア～オの中から一つずつ選び、それぞれ記号で答えなさい。ただし、同じ記号は一度しか選べません。

ア　いわば　　イ　だから　　ウ　では　　エ　ところが　　オ　また

問六　――部④「時間や角度では～いますね」とありますが、その理由として最も適当なものを、次のア～オの中から一つ選び、記号で答えなさい。

ア　手の指の数が十本のため、最も直感的に数えやすいから。
イ　ピラミッドの底辺の正方形は、正確に東西南北に平行になっているから。
ウ　一二や六〇は、多くの数で割り切ることができるから。
エ　割り切れない数は、整数で表さなければならないから。
オ　一二や六〇は、天の運動と何も関係が無いと考えられたから。

問七　――部⑤「数字は計算には使われなかったのです」とありますが、それはなぜですか。十字以上二十字以内で説明しなさい。

問八　本文の内容に合うものを、次のア～オの中から一つ選び、記号で答えなさい。

ア　現在のカレンダーのもとになった「太陰暦」は、一年を一二カ月、一月を三〇日と等配分し、五日分だけを最後の月に押し付けたものである。
イ　クフ王のピラミッドは、底辺の一辺が一四七メートルあり、高さは二三三メートルもある。
ウ　酵母を利用して小麦を食べやすくする技術は、ギリシャ時代の前に始まっていた。
エ　紀元前一五〇〇年までに、パピルスには楔形文字が書かれ、粘土板には象形文字が刻まれた。
オ　死者を弔う「宗教」や、洞窟の壁に絵を描くという「芸術」は、火の使用からしばらくして生まれた。

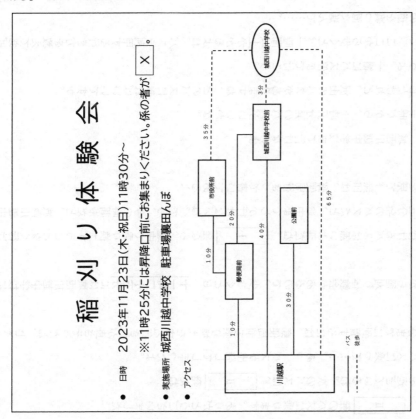

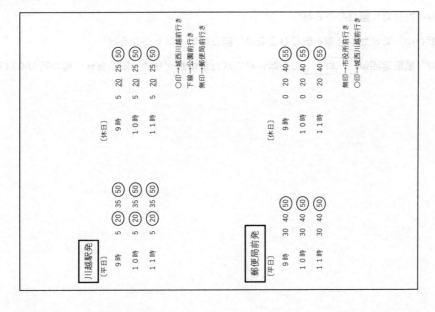

三　【資料①】、【資料②】、【会話文】を読んで、後の問いに答えなさい。

【資料①】稲刈り体験会のチラシ

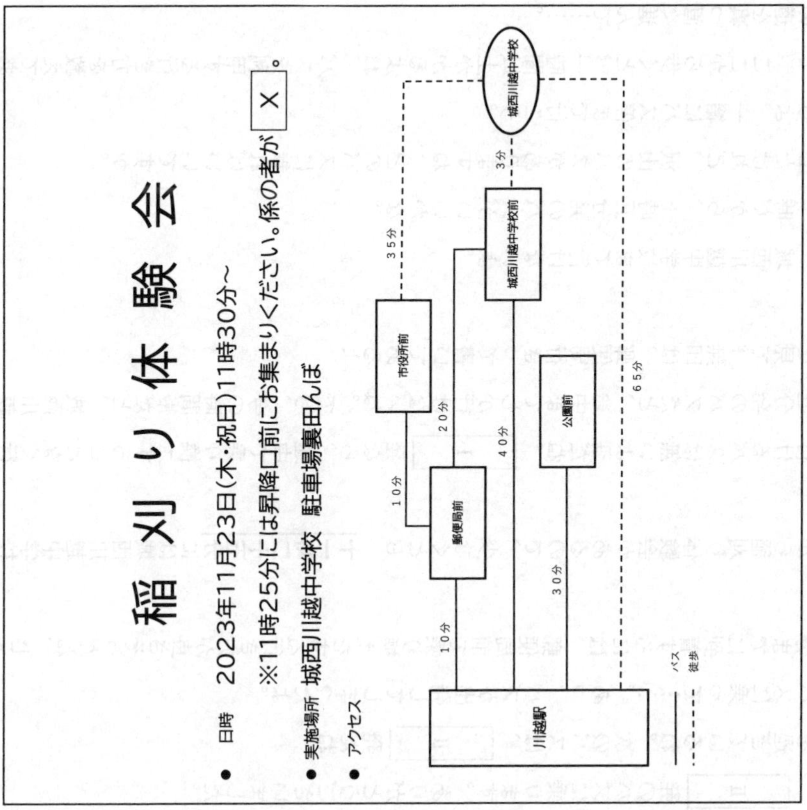
稲刈り体験会
● 日時　2023年11月23日(木・祝日)11時30分～
※11時25分には昇降口前にお集まりください。係の者が X 。
● 実施場所　城西川越中学校　駐車場裏田んぼ
● アクセス
川越駅
郵便局前
市役所前
公園前
城西川越中学校前
城西川越中学校
10分
10分
20分
35分
40分
30分
65分
3分
バス
徒歩

【資料②】バス時刻表

川越駅発

（平日）					（休日）				
9時	5	(20)	35	(50)	9時	5	20	25	(50)
10時	5	(20)	35	(50)	10時	5	20	25	(50)
11時	5	(20)	35	(50)	11時	5	20	25	(50)

○印→城西川越前行き
下線→公園前行き
無印→郵便局前行き

郵便局前発

（平日）				（休日）				
9時	30	40	(50)	9時	0	20	40	(55)
10時	30	40	(50)	10時	0	20	40	(55)
11時	30	40	(50)	11時	0	20	40	(55)

無印→市役所前行き
○印→城西川越前行き

【会話文】

小学生　川越駅から、城西川越中学校まで行きたいのですが、行き方が分からなくて……。教えてもらえますか？

Aさん　もちろん。この道を真っ直ぐ進んで……。

Bさん　ちょっと待って。ここから歩くと、一時間以上かかるよね。バスを利用する行き方を教えてあげた方がいいと思うよ。一緒にバス停まで行こう。

小学生　バス停に到着したけれど、沢山のバスがありますね。どのバスに乗ればいいですか。

Aさん　現在の時刻は十時だから、十時五分発のバスがいいかな。

Bさん　このバスだと、城西川越中学校まで行けないよ。

Aさん　どうして？

Bさん　時刻表の右下を見て。無印は、郵便局行きって書いてあるよ。

Aさん　本当だ。十時五分発のバスだと、途中までしか行けないね。でも、今の時間帯だと、城西川越中学校まで一本で行けるバスは無いようだね。［Ⅰ］発なら、途中で乗り換えすることなく行けそうだね。

小学生　十一時三十分から稲刈り体験会があるので、少なくとも、**十一時二十五分**には城西川越中学校に到着したいです。

Aさん　十一時二十五分までに到着するには、郵便局前で乗り換えをする行き方が良さそうだね。じゃあ、十時五分発のバスに乗って……。あっ、バスが出発してしまったよ。

Bさん　もう十時五分を過ぎているね。次のバスは、［Ⅱ］発だね。

小学生　わかりました。［Ⅱ］発のバスに乗ります。ありがとうございました。

Bさん　まだバスが来るまで時間があるから、郵便局前発のバスの時刻表も確認しておこう。

Aさん　十時四十分発のバスがいいかな。でも今日は観光客が多いから、郵便局から市役所前までの道が特に混んでいそうだよね。間に合うかな。

Bさん　［Ⅲ］発なら、バスはその道を使わないから、間に合うんじゃないかな。

小学生　わかりました。郵便局前を［Ⅲ］に出発するバスに乗り換えようと思います。ありがとうございました。

問一　【会話文】の［Ⅰ］、［Ⅱ］、［Ⅲ］に当てはまる時間として最も適当なものを、次のア～オの中からそれぞれ一つずつ選び、それぞれ記号で答えなさい。

［Ⅰ］
ア　九時二十分　イ　九時五十分　ウ　十時二十分
エ　十時五十分　オ　十一時二十分

［Ⅱ］
ア　十時二十分　イ　十時二十五分　ウ　十時三十五分
エ　十時四十分　オ　十時五十分

［Ⅲ］
ア　十時五十分　イ　十時五十五分　ウ　十一時
エ　十一時二十分　オ　十一時三十分

問二　【資料①】の［Ｘ］に当てはまる敬語表現として最も適当なものを、次のア～オの中から一つ選び、記号で答えなさい。

ア　ご案内になられます　イ　おいでになります　ウ　ございます
エ　いらっしゃいます　オ　ご案内します

問三　【会話文】に――部「十一時二十五分」とありますが、この時間に「小学生」はどの場所にいるように指示をされていますか。【資料①】からぬき出しなさい。

四　次の①～⑤の［　］に当てはまる漢字一字をそれぞれ書き、慣用表現を完成させなさい。また、意味として最も適当なものを、後のア～オの中から一つずつ選び、それぞれ記号で答えなさい。

①　雨降って［　］固まる
②　［　］とすっぽん
③　一［　］千秋
④　あとは野となれ［　］となれ
⑤　井の中の蛙大［　］を知らず

ア　非常に待ち遠しいこと。
イ　比べられないほど、差があまりにも大きいこと。
ウ　もめごとが起こったあとは、前よりもよい状態になるということ。
エ　狭い知識や考えにとらわれて、広い世界があることを知らないこと。
オ　目先のことが解決すれば、あとはどうなってもかまわないということ。

2024年度
城西川越中学校　▶解説と解答

算　数　＜総合一貫第１回試験＞（50分）＜満点：100点＞

解　答

1 (1) 4　(2) $\frac{2}{13}$　(3) 0　(4) 96点　(5) 494人　(6) 100ドル　(7) 10通り　(8) $A=180$，$B=30$　2 (1) 35度　(2) $9.42cm^2$　(3) (i) ②　(ii) $864cm^3$　3 (1) 140 g　(2) 20%　(3) 400 g　4 (1) 6　(2) 010989　(3) 56　(4) 85

解　説

1 四則計算，計算のくふう，平均とのべ，相当算，割合と比，単位の計算，場合の数，素数の性質

(1) $3+\frac{3}{2}\div\frac{1}{3}\div\left(10-1\frac{5}{6}\times3\right)=3+\frac{3}{2}\times\frac{3}{1}\div\left(10-\frac{11}{6}\times3\right)=3+\frac{9}{2}\div\left(\frac{20}{2}-\frac{11}{2}\right)=3+\frac{9}{2}\div\frac{9}{2}=3+1=4$

(2) $\left\{7-\left(1+\frac{1}{2}\right)\times4\right\}\div\left(5+1\frac{1}{2}\right)=\left(7-1\frac{1}{2}\times4\right)\div6\frac{1}{2}=\left(7-\frac{3}{2}\times4\right)\div\frac{13}{2}=(7-6)\div\frac{13}{2}=1\times\frac{2}{13}=\frac{2}{13}$

(3) $A\times C+B\times C=(A+B)\times C$となることを利用すると，$6\times6\times7.03+8\times8\times7.03-10\times10\times7.03=36\times7.03+64\times7.03-100\times7.03=(36+64-100)\times7.03=0\times7.03=0$

(4) （平均点）＝（合計点）÷（回数）より，（合計点）＝（平均点）×（回数）となるから，４回までの合計点は，$88.5\times4=354$（点）とわかる。また，５回までの平均点が90点になるのは，５回までの合計点が，$90\times5=450$（点）になるときなので，５回目の得点が，$450-354=96$（点）のときである。

(5) Ｃ中学校の生徒数は546人であり，これはＡ中学校の生徒数の，$1+0.05=1.05$（倍）にあたる。よって，Ａ中学校の生徒数は，$546\div1.05=520$（人）とわかる。また，Ｂ中学校の生徒数はＡ中学校の生徒数の，$1-0.05=0.95$（倍）にあたるから，Ｂ中学校の生徒数は，$520\times0.95=494$（人）である。

(6) １オーストラリアドルが93.5円なので，160オーストラリアドルは，$93.5\times160=14960$（円）である。また，１ドルは149.6円だから，これをドルに換算《かんさん》すると，$14960\div149.6=100$（ドル）になる。

(7) ５教科のうち，受験しない２教科を選ぶのと同じことなので，$\frac{5\times4}{2\times1}=10$（通り）とわかる。

(8) 150を素数の積で表すと，$150=2\times3\times5\times5$となる。そこで，右の図のように，分母と分子に2を２個，3を２個，5を１個かけると，分母の2，3，5の個数がどれも３個になる。すると図のようにまとめることができるから，最も小さい整数は，$A=180$，$B=30$とわかる。

$$\frac{1}{150}=\frac{1}{2\times3\times5\times5}$$
$$=\frac{1\times(2\times2\times3\times3\times5)}{2\times3\times5\times5\times(2\times2\times3\times3\times5)}$$
$$=\frac{180}{(2\times3\times5)\times(2\times3\times5)\times(2\times3\times5)}$$
$$=\frac{180}{30\times30\times30}$$

2 角度，面積，分割，体積

(1) 下の図１で，同じ印をつけた角の大きさはそれぞれ等しい。はじめに，●印２個の大きさの和は，180－85＝95(度)だから，●印１個の大きさは，95÷２＝47.5(度)になる。すると，○印１個の大きさは，180－(60＋47.5)＝72.5(度)なので，○印２個の大きさの和は，72.5×２＝145(度)とわかる。よって，㋐の角度は，180－145＝35(度)と求められる。

(2)　下の図２で，★印の図形と☆印の図形は合同だから，斜線《しゃせん》部分の面積はおうぎ形BCDの面積と等しくなる。また，AB，BD，DAの長さはすべて６cmなので，三角形ABDは正三角形である。よって，角DBCの大きさは，90－60＝30(度)だから，おうぎ形BCDの面積は，$6\times6\times3.14\times\frac{30}{360}$＝３×3.14＝9.42(cm²)と求められる。

図１

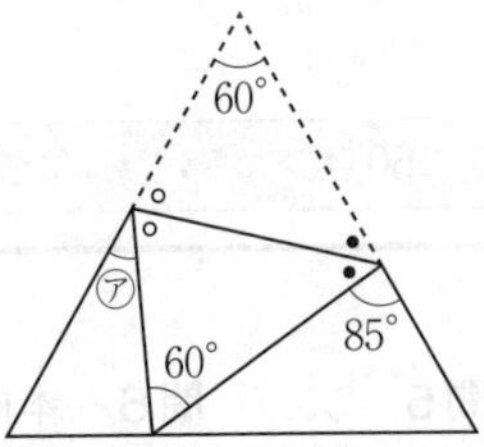

図２

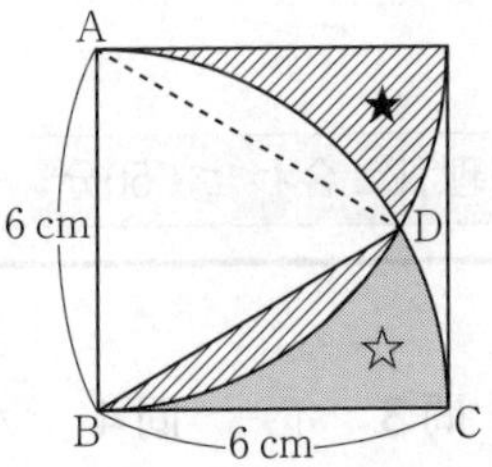

図３

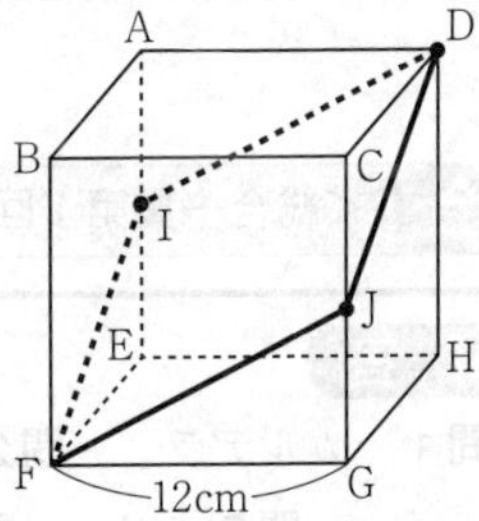

(3)　(i)　上の図３のように，ＤとＩ，ＤとＪはそれぞれ同じ平面上にあるので，直接結ぶことができる。次に，Ｉを通りDJに平行な線，Ｊを通りDIに平行な線を引くと，切り口は図３の四角形DIFJになる。ここで，この四角形の４つの辺の長さはすべて等しいから，この四角形はひし形(…②)である。なお，２本の対角線DFとIJの長さは等しくないので，この四角形は正方形ではない。

(ii)　ひし形DIFJで立方体が合同な２つの立体に分かれるから，点Ｈを含《ふく》むほうの立体の体積は，もとの立方体の体積の半分になる。よって，12×12×12÷２＝864(cm³)と求められる。

３　濃度《のうど》

(1)　水を加えたあとの食塩水の重さは，はじめと同じ1000ｇである。また，この食塩水の濃度は14％だから，(食塩の重さ)＝(食塩水の重さ)×(濃度)より，この食塩水の中に入っている食塩の重さは，1000×0.14＝140(ｇ)とわかる。

(2)　水を加えても食塩の重さは変わらないので，水を加える直前の食塩水の中に入っていた食塩の重さも140ｇである。また，この食塩水の重さは，1000－300＝700(ｇ)だから，この食塩水の濃度は，140÷700×100＝20(％)と求められる。よって，もとの食塩水の濃度も20％である。

(3)　(1)，(2)と同様に考える。水を加えたあとの食塩水の中に入っている食塩の重さは，1000×0.12＝120(ｇ)なので，水を加える直前の食塩水の中に入っていた食塩の重さも120ｇとなる。また，この食塩水の濃度は20％だから，この食塩水の重さを□ｇとすると，□×0.2＝120(ｇ)と表すことができる。よって，□＝120÷0.2＝600(ｇ)だから，流した食塩水の重さは，1000－600＝400(ｇ)である。

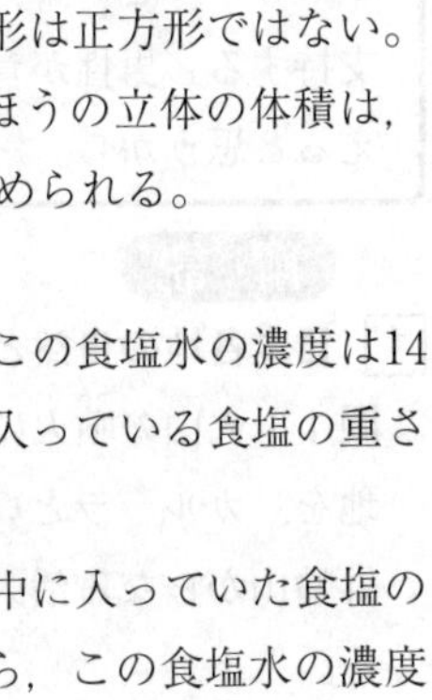

４　周期算

(1)　$\frac{1}{6}$を小数に直すと，$\frac{1}{6}$＝１÷６＝0.1666…となる。よって，小数第２位から６がずっと続く。

(2)　「１÷91」を途中《とちゅう》まで計算すると，右のようになる。すると，小数第６位まで計算したあとは再び「１÷91」を計算することになる。よって，「１÷91」を計算すると{０１０９８９}のカタマリが繰《く》り返されることになる。

(3)　１つのカタマリの中に１は１個あるから，10回目の１が登場するのは，10個目のカタマリの中の２番目である。よって，６×(10－１)＋２＝56より，10回目の１が登場するのは小数第56位とわかる。

(4)　30回目の０は，整数部分を除いて小数部分だけで考えると，30－１＝29(回目)になる。また，１つのカタマリの中に０は２個あるので，29÷２＝14余り１より，小数部分に29回目の０が登場するのは，14＋１＝15(個目)のカタマリの中の１番目とわかる。よって，６×14＋１＝85より，整数部分も含めて30回目の０が登場するのは小数第85位と求められる。

社　会　＜総合一貫第１回試験＞（理科と合わせて50分）＜満点：50点＞

解　答

1 **問１**　カルデラ　**問２**　エ　**問３**　イ　**問４**　ウ　**問５**　ア　**問６**　本能寺の変　**問７**　イ　**問８**　ア　**問９**　イ　**問10**　(1)　ア　(2)　カ　**問11**　地租改正　**問12**　エ　**問13**　ウ　**問14**　リアス海岸　**問15**　(1)　イ　(2)　ア　(3)　ウ　**問16**　ウ　**問17**　エ　**2** **問１**　**A**　こども家庭庁　**B**　広島　**C**　知事　**問２**　(1)　**X**　10　**Y**　８　(2)　イ　**問３**　ウ　**問４**　イ，ウ　**問５**　ウ　**問６**　(1)　エ　(2)　(例)　支持する／男性が育児により参加するようになれば，出産・育児に対して前向きになる夫婦が増えると思うから。

解　説

1 **日本各地の自然と歴史についての問題**

問１　火山の噴火《ふんか》によって火山灰や溶岩がふき出した後に火口部分が落ちこんでできた大きなくぼ地を，カルデラという。阿蘇《あそ》山は，熊本県東部に位置する，高岳《たかだけ》・中岳など５つの中央火口丘《かこうきゅう》と外輪山からなる活火山で，東西約17km，南北約25kmにおよぶ世界最大級のカルデラを形成している。

問２　征韓《せいかん》論に敗れて故郷の鹿児島県に帰っていた西郷隆盛は，武士の特権をうばわれたことに不満を持つ士族たちの中心となり，1877年に西南戦争を起こしたが，近代的な装備で組織された政府軍によって，半年でしずめられた(エ…○)。なお，六波羅探題が設置されたのは京都府(ア…×)，伊達《だて》氏が支配していたのは東北地方南部である(イ…×)。松平定信は江戸に生まれ，白河藩(現在の福島県)の藩主を務めたことでも知られる(ウ…×)。

問３　多くの都道府県や市区町村で，地震《じしん》，洪水《こうずい》，高潮，津波，土砂災害，火山噴火などの災害ごとに，危険区域，被害予測，避難《ひなん》場所などを記したハザードマップがつくられている(Ⅰ…正)。災害時に，国や地方公共団体が被災者の救助や援助をすることを「公助」，地域の人々で協力し助け合うことを「共助」，自分の身を自分で守ることを「自助」という(Ⅱ…誤)。

問４　大宰府《だざいふ》は，663年に日本が百済《くだら》の復興を助けるために唐《とう》(中国)・新羅《しらぎ》連合軍と戦った白村江《はくすきのえ》の戦いの後，九州の守りを固めるために整備されたと考えられている(Ⅰ…誤)。菅原道真は，天皇に重く用いられて右大臣となり，894年に遣唐使の廃止《はいし》を進言した。その後，藤原氏によって無実の罪を着せられて大宰府に流され，その地で亡くなった(Ⅱ…正)。

問5　太陽光，風力，バイオマス，地熱，波力，潮力などのエネルギーは，一度利用してもくり返しつくり出すことが可能であり，今ある資源を減らさずに利用し続けることができるため，再生可能エネルギーと呼ばれる。

問6　織田信長の家臣であった明智光秀は，1582年に中国地方で毛利氏の家来と戦う羽柴《はしば》秀吉(後の豊臣秀吉)を支援するために出発したが，行き先を変え，京都の本能寺に泊まっていた信長をおそった。この事件を本能寺の変という。

問7　中京工業地帯は，自動車生産がさかんな愛知県豊田市周辺と，愛知県から三重県にかけての伊勢湾《いせわん》沿岸に発達した工業地帯で，機械工業が製造品出荷額等の約３分の２を占《し》める(イ…○)。なお，アは京葉工業地域，ウは阪神工業地帯，エは瀬戸内工業地域のグラフである。

問8　1467年，足利義政が室町幕府の第８代将軍だったとき，あと継ぎをめぐる争いに，守護大名であった細川氏と山名氏の対立などが加わり，諸国の有力大名が東西両軍に分かれて争う応仁の乱が起こった(ア…○)。なお，『日本書記』がつくられたのは奈良時代である(イ…×)。日明《にちみん》貿易を始めたのは足利義満である(ウ…×)。室町時代の将軍を補佐する役職は管領《かんれい》である(エ…×)。

問9　織田信長は，古代から仏教勢力の一大拠点《きょてん》であり，数千の僧兵《そうへい》を抱えて戦国大名に並ぶ軍事力を持つ比叡山延暦寺《ひえいざんえんりゃくじ》が自分に従わなかったため，1571年に焼き打ちした(Ⅰ…正)。現在のインドでは，国民の約80％がヒンドゥー教を信仰している(Ⅱ…誤)。

問10　(1)　山口県は中国地方の西端《せいたん》に位置し，関門海峡《かいきょう》を挟《はさ》んで九州の福岡県と隣《とな》り合っている(ア…○)。なお，イは島根県，ウは広島県，エは岡山県である。　(2)　Ｘは1889年(大日本帝国憲法の発布)，Ｙは1871～73年(岩倉使節団の派遣)，Ｚは1858年(日米修好通商条約の調印)のことなので，年代の古い順にＺ→Ｙ→Ｘとなる。

問11　明治政府は国の収入を安定させるため，1873年に地租改正を行った。全国の土地を調査して，土地の価格である地価を決定し，それらを記した地券を土地所有者にあたえ，土地所有者に地価の３％を現金で納めさせた。

問12　日露戦争の講和条約(ポーツマス条約)では，ロシアから賠償《ばいしょう》金を得ることができなかったため，内容に不満を持つ人々が日比谷公園で抗議《こうぎ》集会を開き，警察署や新聞社を焼き打ちした(エ…○)。なお，日英同盟が結ばれたのは，日露戦争(1904～05年)の開戦前の1902年のことで，日清《にっしん》戦争の開戦は1894年のことである(ア…×)。三国干渉《かんしょう》によって日本が清(中国)に返還《へんかん》したのは，台湾ではなく遼東《りょうとう》半島である(イ…×)。与謝野晶子《よさのあきこ》は日露戦争に従軍する弟を思い，反戦的な詩『君死にたまふことなかれ』をよんだ(ウ…×)。

問13　竹島(島根県隠岐《おき》の島町)は隠岐諸島の北西に位置する島で，1950年代に大韓民国(韓国)が自国の支配下にあると一方的に宣言して現在も武力支配をしているため，韓国との間で領土問題になっている。

問14　山地が沈《しず》みこんだところに海水が入りこんでできた，岬《みさき》と入り江がノコギリの歯のように入り組んだ海岸をリアス海岸といい，三陸海岸(青森県～宮城県)をはじめ，若狭《わかさ》湾沿岸(福井県・京都府)，志摩《しま》半島(三重県)，宇和海・豊後《ぶんご》水道沿岸(愛媛県・大分県)などでも発達している。

問15　(1)　東北地方の太平洋側では，梅雨期から盛夏にかけて，冷たく湿《しめ》ったやませと呼ばれる北東風(ⅱ)が吹《ふ》く。やませが長く続くと，夏でも気温の低い日が続き，冷害の原因となる(Ⅰ…○)。

(2)　仙台(宮城県)は，６～10月の降水量が多く，冬は乾燥《かんそう》して降水量が少ない太平洋側の気候に属する(ア…○)。なお，イは那覇(沖縄県)で南西諸島の気候，ウは松本(長野県)で内陸の気候，エは金沢(石川県)で日本海側の気候の特徴《とくちょう》がそれぞれ見られる。　(3)　征夷《せいい》大将軍は，蝦夷《えみし》と呼ばれた東北地方の人々を武力で従わせる任務の役職で，797年に坂上田村麻呂が桓武天皇によって任命された。なお，源頼朝が朝廷からこの称号《しょうごう》をあたえられ，鎌倉幕府を開いて以降，武士の棟梁《とうりょう》を示すようになった。

問16　青森市で毎年８月２～７日に開催《かいさい》される伝統的な祭りは，ねぶた祭である。ねぶた祭は，「ねぶた」と呼ばれる紙貼《ば》りの人形・動物などに明かりをともしたものを屋台や車にのせた山車《だし》で知られる(ウ…○)。なお，アは秋田県，イは山形県，エは宮城県で開催される祭りである。

問17　特にことわりのないかぎり，地形図上では上が北となる。「宇都宮駅」の少し西に位置する水準点の標高は112.1m，「県庁」の北に位置する水準点の標高は136.9m，「競輪場」に近い「宇都宮タワー」付近の三角点の標高は158.6mであるので，「宇都宮駅」から「競輪場」にかけて，土地の高さは高くなっていると判断できる(エ…○)。なお，「宇都宮タワー」から見ると，地形図左下に位置する「栃木県中央公園」は南西にある(ア…×)。地図上の長さの実際の距離《きょり》は(地形図上の長さ)×(縮尺の分母)で決められる。この地形図の縮尺は25000分の１なので，地形図上で約６cmの実際の距離は，６×25000＝150000(cm)＝1.5(km)となる(イ…×)。「竹林町」周辺には，果樹園(ó)ではなく水田(ıı)が広がっている(ウ…×)。

2　**2023年２月から2023年８月までの主なニュースについての問題**

問１　**A**　こども家庭庁は，内閣府の外局として2023年４月１日に発足した行政機関で，子どもの権利が守られ，子どもの健やかな成長が保障されるように，内閣府が担当してきた少子化対策や厚生労働省が担当してきた児童虐待《ぎゃくたい》防止・保育に関する業務を引き継いでいる。　**B**　2023年５月19日から21日にG７広島サミットが開催され，岸田首相ほか，アメリカ，イギリス，フランス，ドイツ，カナダ，イタリアの首脳，ウクライナのゼレンスキー大統領などが出席した。　**C**　地方自治法では，普通地方公共団体の長として，第139条に「都道府県に知事を置く」と定められている。

問２　(1)，(2)　消費税は，所得によらず全員に同じ税率が課せられるので，所得の少ない人ほど負担感が大きくなる。この負担を軽減するため，2019年に税率が10％に引き上げられたとき，酒類や外食を除く飲食料品と定期購読《こうどく》している新聞の税率には軽減税率が取り入れられ，対象品目の税率は８％に設定された。

問３　日本国憲法第９条では，自衛隊の保持を明記していない(Ⅰ…×)。第７条において，内閣の助言と承認《しょうにん》により，天皇が国事行為《こうい》を行うことを規定している(Ⅱ…×)。第96条では，憲法改正の承認について，「特別の国民投票又《また》は国会の定める選挙の際行われる投票において，その過半数の賛成を必要とする」と定めている(Ⅲ…○)。

問４　政権を担当する政党を与党という。2012年12月から2024年１月現在まで，自由民主党(自民党)と公明党が与党となっている。

問５　2023年７月，イギリスがTPP(環《かん》太平洋経済連携《れんけい》)協定に加入することが決定した(ウ…○)。なお，佐藤くんの発言は「国際連盟」ではなく「国際連合」(ア…×)，鈴木くんの発言は「運転免許証」ではなく「健康保険証」が正しい(イ…×)。田中くんの発言について，最高気温が25度以上の日を夏日，30度以上の日を真夏日，35度以上の日を猛暑日という（エ…×）。

問６　(1)　図２では，2010～14年に第１子を出産した女性で，出産前に働いていた女性（出産前有職）のうち，出産後も働いている女性の割合（出産後継続就業率）は53.1％であると示されているので，出産により退職をした女性は46.9％となり，半数を超《こ》えていない（エ…○）。なお，図１より，20世紀にあたる1999年に0.42％の男性が育児休業を取得している（ア…×）。図１より，2012年以降，男性の育児休業取得率は上昇し続けているが，女性の育児休業取得率は80％台で上下している（イ…×）。図１および図２には，出産時の年齢《ねんれい》についての内容は示されていない（ウ…×）。　(2)　「支持しない」理由としては，「近年は男性の育児休業取得率がわずかながらも上昇傾向《けいこう》にあるのに対し，2015年以降の出生率は低下傾向にあるから。」などが解答例として考えられる。

理　科　＜総合一貫第１回試験＞（社会と合わせて50分）＜満点：50点＞

解　答

[1] **問１**　**水**…Ａ，Ｄ　**土**…Ａ，Ｃ　**室温**…Ｂ，Ｆ　**問２**　(イ)，(ウ)　**問３**　二酸化炭素　**問４**　(イ)　[2] **問１**　(ウ)　**問２**　(イ)　**問３**　およそ1000(1024)倍　**問４**　(エ)　**問５**　(ア)　**問６**　(ウ)　[3] **問１**　(イ)　**問２**　(ウ)　**問３**　(エ)　**問４**　(イ)　**問５**　(ウ)　**問６**　(ウ)　**問７**　(例)　洗剤とアルミニウムの反応によって気体が生じ，密閉された缶の内部の圧力が高まったから。　[4] **問１**　80ｇ　**問２**　65ｇ　**問３**　６cm　**問４**　４cm　**問５**　８cm　**問６**　５cm

解　説

[1] 種子の発芽についての問題

問１　種子の発芽に必要な要素を確かめるには，調べたい要素の条件だけを変え，それ以外の条件はそろえて観察をする。よって，発芽に水が必要かどうかを調べるには，水以外の条件が同じＡとＤを比べればよい。同様に，土が必要かどうかはＡとＣ，室温（適切な温度）が必要かどうかはＢとＦを比べればよい。

問２　実験１の結果と問１より，水と室温は発芽に必要で，土は発芽に必要でないとわかる。また，ＡとＥから空気が必要で，ＡとＦから光は発芽に必要でないとわかる。よって，この種子の発芽に必要がなかった要素は，光と土といえる。

問３　石灰水を白くにごらせるのは二酸化炭素である。二酸化炭素は空気より少し重く，水に少しだけ溶《と》け，水に溶けると炭酸水になる。

問４　下線部①では水が，下線部②では二酸化炭素が放出されたことが確かめられる。植物は，呼吸を行うときに水と二酸化炭素を放出するため，種子も呼吸を行っていたと考えられる。

[2] 地震《じしん》，自然災害についての問題

問１　地震による揺《ゆ》れの大きさは，０～４，５弱，５強，６弱，６強，７の10段階の震度で表される。

問２　建物が揺れるとき，地面に近い低い階よりも高い階の方が，横に揺れて戻《もど》ってくるまでの幅《はば》が大きくなるため，マンションの10階で感じる揺れの大きさは地上に比べて大きくなる。なお，時間の違《ちが》いや気圧，気温の違いが地震の揺れの感じ方を変化させることはほとんどない。

問３　マグニチュードが２大きくなると，地震の規模は，マグニチュードが１大きくなるときより，さらに約32倍大きくなる。したがって，地震の規模は，32×32＝1024(倍)より，およそ1000倍になる。

問４　発達した積乱雲が帯のように連なっている部分を線状降水帯という。線状降水帯では次々と発生した積乱雲が群をなし，数時間にわたってほぼ同じ場所に雨を降らし続ける。

問５　台風は，発達した低気圧で，中心に向かって反時計回りに風が強く吹《ふ》いている。日本付近で北向きに進む台風の東側(右側)は，台風が進路に沿って動く向きと，台風の中心に向かって吹き込む風の向きが同じため，西側などに比べて雨や風が強くなりやすい。

問６　地震や火山のふん火，河川のはんらんや洪水《こうずい》などの自然災害に対して，考えられる被害《ひがい》や避《ひ》難《なん》の方法などを地図にまとめたものをハザードマップという。

３　水溶液《すいようえき》と気体の性質についての問題

問１　塩酸などの強い酸性の液体は，アルミニウムやマグネシウムなどの金属と反応して，水素を発生させる。

問２　水上置換《ちかん》法は，水に溶けにくい気体を集めるのに適している。水上置換法には純粋な気体を集めることができ，発生した気体の量が分かりやすいという特徴《とくちょう》がある。なお，水に溶けやすく空気よりも軽い気体は上方置換法で，水に溶けやすく空気よりも重い気体は下方置換法で集める。

問３　水素に火を近づけると，ポンと音を立てて燃える。なお，空気中に約80％含《ふく》まれているのは，ちっ素，自動車から出る排気《はいき》ガスに含まれているのは二酸化炭素など，プールの水を消毒するために使われているのは塩素である。

問４　アルミニウムと強いアルカリ性の水酸化ナトリウム水溶液を反応させると，アルミニウムが溶けて，水素が発生する。

問５　塩素系漂白剤《ひょうはくざい》の主成分は次亜《あ》塩素酸ナトリウムという物質で，酸性の水溶液と反応することで有害な塩素が発生する。このとき，すぐに分解して塩素ガスにもどらないよう強いアルカリ性の状態にして販売《はんばい》されている。

問６　問３の解説を参照のこと。

問７　アルミニウム製の缶《かん》が破裂《はれつ》したのは，アルミニウムと酸性の洗剤が反応して気体が発生し，缶の内部の圧力が高まったことが理由として考えられる。ほかにも，アルミニウムと酸性の洗剤が反応して缶の一部が溶けたことなども原因といえる。

４　力のつり合いについての問題

問１　グラフより，容器の底から円柱の底までの距離《きょり》が６cm以上になったとき，ばねののびは16cmのまま変化しないことから，このとき円柱全体は水から出ていることがわかる。よって，円柱を空気中でつり下げるとばねが16cmのびるので，円柱の重さは，$10\times\frac{16}{2}=80$(g)である。

問２　グラフで，容器の底から円柱の底までの距離が２cmから６cmまで，６－２＝４(cm)上がると，ばねののびは，16－12＝４(cm)大きくなっている。よって，容器の底から円柱の底までの距離が２cmから６cmの間は，円柱を上げた距離が１cm上がるごとに，ばねののびも１cm大きくなることがわかる。したがって，容器の底から円柱の底が３cm上がったとき，ばねののびは，12＋１×(３－２)＝13(cm)になる。このときばねが引く力の大きさは，$10\times\frac{13}{2}=65$(g)と求められる。

問３　円柱を底から４cm上げたとき，ばねののびは，はじめと比べて，１×（４－２）＝２(cm)大きくなる。よって，点Ａを持ち上げる距離は，円柱が上がる距離にばねののびを加えて，４＋２＝６(cm)になる。

問４　円柱の上部が水面から出はじめてから，円柱全体が水から出るまでの間，円柱にはたらく浮《ふ》力《りょく》はしだいに小さくなり，ばねののびは大きくなっていく。グラフを見ると，容器の底から円柱の底までの距離が２cmから６cmの間だけばねののびに変化が見られることから，円柱のたての長さは，６－２＝４(cm)とわかる。

問５　ばねが１本の場合，円柱を４cm上げたときのばねののびは，円柱を上げる前ののびより，１×（４－２）＝２(cm)大きくなる。図２では，ばねが直列に２本つながっていて，それぞれが２cmずつのびるので，点Ｂを持ち上げた距離は，４＋２×２＝８(cm)である。

問６　図３では，ばねが並列につながっているので，ばねにかかる力は左右のばねに半分ずつかかり，ばねののびは図１のときの半分になる。よって，このとき点Ｃを持ち上げた距離は，４＋２÷２＝５(cm)と求められる。

国　語　＜総合一貫第１回試験＞（50分）＜満点：100点＞

解　答

一 **問１**　Ⅰ　エ　Ⅱ　イ　Ⅲ　ア　Ⅳ　ウ　**問２**　**a**　デザインの仕事　**b**　さっぱりでない　**c**　不安　**問３**　オ　**問４**　(例)　会社が倒産したこと。　**問５**　**A**　エ　**B**　イ　**問６**　(例)　会社が倒産することなど想像していなかったので，どうしてこんなことになってしまったのか，明日から自分はどうすればいいのかだけでなく，自分の気持ちすらもよくわからないということ。　**問７**　ア　○　イ　×　ウ　×　エ　○　**二** **問１**　下記を参照のこと。　**問２**　人間がサルから進化してきた(という主張。)　**問３**　(例)　尖った石器を作ってナイフとして，それを使って象や野牛の牙や骨を削り，より鋭い道具を作ったから。　**問４**　一日をさらに細かく測る(こと。)／空間を決まった方向に区切る(こと。)　**問５**　**A**　エ　**B**　ウ　**C**　オ　**D**　ア　**E**　イ　**問６**　ウ　**問７**　(例)　位取りのゼロを知らなかったから。　**問８**　ウ　**三** **問１**　Ⅰ　エ　Ⅱ　イ　Ⅲ　イ　**問２**　オ　**問３**　昇降口前　**四**　(漢字，意味の順で)　①　地，ウ　②　月，イ　③　日，ア　④　山，オ　⑤　海，エ

●漢字の書き取り

二 **問１**　(ア)　暖　(イ)　複雑　(ウ)　能率　(エ)　道筋　(オ)　穀物

解　説

一　**出典：中村航《なかむらこう》『広告の会社，作りました』。**失業中で，仕事探しがうまくいかずに焦《あせ》っていた健《けん》一《いち》は，デザイナー募集の広告を見つけ応募したところ面接の日程が送信されてきたため，前向きな気持ちになる。

問１　Ⅰ　健一は，「自分の行く末」が，空気の流れにつれてゆらゆらと動く「ろうそくの炎《ほのお》のよ

う」に，「頼《たよ》りなく揺《ゆ》らめいている」と感じた。　Ⅱ　まわりにいる人々は，「社会を構成する一員として立派に働いている」のに，自分だけはそうではない，と思うとつらくなり，健一は，それらの人々から「逃《に》げるような」気分でコーヒーショップに入った。　Ⅲ　勤めている会社が「今日で倒産します」と社長に告げられ，健一は「雷撃《らいげき》を浴びたような」ショックを受けた。　Ⅳ　デザイナーを募集する広告を見つけたとき，健一は幸運だと思い，「サハラ砂漠《さばく》の真ん中で，ふいに金貨を拾ったような気分」になった。そのアドレスにメールを送信すると，すぐに面接時間を告げるメールが返ってきた。健一にとって，そのメールは，金貨よりもはるかに価値のある「宝箱」のように感じられたのである。

問２　**a～c**　デザイナーとして働いていた健一は，会社が倒産したために，その仕事を失ってしまった。健一は，以前のように「デザインの仕事」がしたかったが，転職活動がうまくいかず，「良い結果はさっぱりでない」ので，「不安」を感じていたのである。

問３　X　健一は，自分が失業中であることを気にするあまり，コーヒーショップのスタッフが，コーヒーのサイズを表す「S」を，「失業者」の頭文字の「S」であると受け取ったのではないか，と「あり得ないことまで心配」したのである。　Y　三ヶ月間，新しい仕事を探し続けて，初めて面接の約束を取りつけたので，健一は，急に楽観的な気持ちになり，コーヒーの「S」は「採用」の頭文字の「S」ではないか，などと「バカなこと」を考えていた。

問４　健一にとって，自分が勤めていた会社が突然《とつぜん》倒産したことは，「青天の霹靂《へきれき》」だったのである。

問５　**A**　「青天の霹靂」は，晴れた日にとどろく雷鳴のこと。“全く予想できなかった，突然のできごと，急に受けた衝撃《しょうげき》”という意味。　**B**　「凛とした」は，きりりと引きしまって，堂々としているさま。ここでは，きっぱりとした態度で倒産を告げる社長の態度を言っている。

問６　健一は，「会社というものは倒産することがある，とは知ってはいたが，その瞬間《しゅんかん》がこんなふうに訪れるなんて，想像すらしていなかった」のである。そのため，倒産という事実を知らされた健一は，会議の間，「どうしてこんなことになってしまったのか」も，「明日から自分はどうすればいいのか」もわからず，それ以前に，「今，怒《おこ》るべきか，悲しむべきか，自分の気持ちがよくわからない」ままだったのである。

問７　**ア～エ**　健一は三ヶ月間，転職先を探し続けていたが見つからなかったのに，タウン誌で自分が望んでいたとおりの求人広告を見つけて，喜ぶと同時に驚《おどろ》いた。よって，エは正しい。健一は，「信じられない気分だったが，考えている暇《ひま》はない」と思い，すぐに応募したのだから，アは合い，ウは合わない。健一が，もし面接に受かれば，デザイナーの仕事を続けられるので，仕事をあきらめる必要はない。よって，イはふさわしくない。

二　**出典：池内了《いけうちさとる》『科学の考え方・学び方』**。人類が段階的に進化してきたことを紹介《しょうかい》し，それとともに，人類の科学がどのように発展してきたかを考察した文章である。

問１　(ア)「暖をとる」は，体を暖めること。暖かくすること。　(イ)　構造や関係がこみ入っていて，簡単に理解したり，説明したりできないさま。　(ウ)　一定時間にすることができる仕事の割合。仕事のはかどり具合。　(エ)　通っていく道。コース。　(オ)　人類が主食とする植物の総《そう》称《しょう》。米・麦・粟《あわ》・豆など。

問２　ダーウィンの進化論は，「人間がサルから進化してきた」という主張だと受け取られたために，多くの人々は，それを受け入れようとしなかった。

問３　ヒトが，「積極的に狩《か》りをするようになった」のは，「尖《とが》った石器を作ってナイフとし，それで象や野牛の牙《きば》や骨を削ってより鋭《するど》い道具を作」れるようになったからである。

問４　人間は，「日時計」を発明したことによって，「目には見えない抽象《ちゅうしょう》的な『時間』を測る」ようになり，「一日をさらに細かく測る」ことができるようになった。また，日時計の発明によって，東西南北がきちんと定められ，「空間を決まった方向に区切ることができるようになった」のである。

問５　**Ａ**「月の満ち欠けを基準とする暦《こよみ》」は「太陰暦《たいいんれき》」だが，「一年は地球が太陽の回りを一周する時間」なので，「月の満ち欠けと直接関係」はない。よって，前のことがらを受けて，後に対立することがらを述べるときに用いる「ところが」が合う。　**Ｂ**「時間や角度では，一二とか(その倍数の二四や)六〇が単位になって」いるのは，「エジプトやバビロニアで天文学が大いに発展した」からだという内容を受けて，「なぜ，一二とか六〇という数字が選ばれたのでしょうか」という問いを提示しているので，前のことがらを受けて，それをふまえながら次のことを導く働きの「では」が入る。　**Ｃ**「アルコールは，酵母《こうぼ》の作用で米や麦や果物が，糖とでんぷんに分解されたときにできる」とあり，さらに，「小麦を粉に引いて水を加え，同じく酵母を入れてしばらく置くとパンができ」ると発酵の技術が説明されている。よって，あることがらに次のことがらをつけ加える働きの「また」がふさわしい。　**Ｄ**「中国では，天文気象や軍事行動などについて，帝《みかど》が占った内容や結果が書かれて」おり，それらは「政治資料」だとあるので，“言ってみれば”という意味の「いわば」がよい。　**Ｅ**　前には「紙の上で計算するためには，位取りのゼロを知らなければ」ならなかったが，昔の人類は「ゼロ(０)を知らなかった」とあり，後には「数字は計算には使われなかった」と述べられているので，前のことがらを理由・原因として，後にその結果をつなげるときに用いる「だから」が合う。

問６「時間や角度では，一二とか(その倍数の二四や)六〇が単位になって」いるが，「一二とか六〇という数が選ばれた」のは，「これらの数が多くの数で割り切れるから」である。

問７　数字を用いて，「紙の上で計算するためには，位取りのゼロを知らなければ」ならないが，「紀元前四〇〇年ころ，インドでゼロが発見されるまで」の人類はゼロを知らなかったので，「数字は計算には使われなかった」のである。

問８「現在私たちが使っている暦(カレンダー)の原型になっ」たのは，「太陰暦」ではなく，「太陽暦」だと述べられているので，アは正しくない。クフ王のピラミッドは，「底辺の一辺が二三三メートルあり，高さは一四七メートル」もあると述べられているので，イも合わない。「ギリシャ時代になるまでに」，お酒つくりやパンづくりなどのような，「穀物を食べやすくする発酵の技術」が生まれていたとあるので，ウは合う。エジプトの象形《しょうけい》文字はパピルスに書かれ，バビロニアの楔《くさびがた》形文字は粘土板《ねんどばん》に刻まれていたとあるので，エは正しくない。「火の使用」が始まったのは，「およそ五〇万年くらい前のこと」であり，「死者を弔《とむら》うという『宗教』が生まれたのも，洞窟《どうくつ》の壁《かべ》に絵を描くという『芸術』が生まれたのも，五〇万年から二〇万年前くらいで，火の使用とほぼ同時」とあるので，オは合わない。

三　資料の読解，敬語の知識

問１　Ⅰ～Ⅲ　この日は，十一月二十三日の祝日なので，休日の時刻表を見なければならない。城西川越《かわごえ》中学校前まで「一本で行けるバス」で，十時台に出るのは，十時五十分発のバスである。よって，Ⅰにはエが入る。小学生は，十一時二十五分には目的地に到着していたいのだが，そのバスに乗ると，到着時間は十一時三十三分になってしまう。「十一時二十五分までに到着するには，郵便局前で乗り換《か》えをする行き方が良さそう」であり，郵便局前に向かう次のバスは十時二十五分発である。よって，Ⅱにはイが入る。そのバスに乗れば，郵便局前には十時三十五分には到着し，十時四十分発のバスに乗ることができる。そのバスに乗れば，十一時二十五分ちょうどに目的地に着くことができるが，「郵便局から市役所前までの道が特に混んでいそう」なので，遅《おく》れるおそれがある。その後の十時五十五分発のバスに乗れば，十一時十八分には目的地に着くことができるので，Ⅲにはイがふさわしい。以上からＢさんはそのバスに乗ることを勧め，小学生も同意したのである。

問２　「係の者」は，学校にとって身内の者なので，ア，イ，ウ，エのような尊敬表現を用いるのは正しくない。謙譲《けんじょう》表現「ご～します」を用いるのが正しく，オがよい。

問３　資料①に，参加者は，「昇降《しょうこう》口前にお集まりください」とある。

四　ことわざの知識

①「雨降って地固まる」は，“悪い事態が起きても，それが解決すると，かえって以前よりも状《じょう》況《きょう》が改善されるものである”という意味。　②「月とすっぽん」は，違《ちが》いが大きすぎて比べものにならないことのたとえ。　③「一日千秋」は，“一日が千年にも感じられるほど待ち遠しい”という意味。　④「あとは野となれ山となれ」は，“今さえやり過ごせれば，後はどうなろうとかまわない”という意味。　⑤「井の中の蛙《かわず》大海を知らず」は，限られた知識や経験にとらわれて，視野が狭《せま》くなってしまうことのたとえ。

2024年度 城西川越中学校

【算　数】〈特別選抜第１回試験〉（50分）〈満点：100点〉

《注　意》① 定規・コンパス・分度器は使用できません。
② 解答用紙に【求め方】と書いてあるところは，求め方や計算式も書いて答えを記入しなさい。それ以外は答えのみを記入しなさい。

1　次の □ に当てはまる数を答えなさい。

(1)　$32 - 12 \div \{(6 + 2 \times 3) \div 3 - 1\} = \square$

(2)　$\dfrac{7}{12} \div 1.75 + \dfrac{5 \times (7 - 4)}{4} \times 2\dfrac{2}{9} - 1\dfrac{2}{3} = \square$

(3)　$46 \times 36 + 23 \times 37 - 69 \times 17 + 230 \times 3 = \square$

2　次の各問いに答えなさい。

(1)　30人のクラスで，A：「川越市に住んでいますか」，B：「通学に電車を使っていますか」という２つの質問をしたところ，Aに「はい」と答えたのは11人，Bに「はい」と答えたのは17人，両方に「いいえ」と答えたのは５人でした。このとき，両方に「はい」と答えた人数を求めなさい。ただし，質問に対する答えは「はい」か「いいえ」のどちらかとし，無回答の人はいないものとします。

(2)　12％の食塩水200ｇと６％の食塩水を何ｇか混ぜると，10％の食塩水ができました。この10％の食塩水の重さは何ｇですか。

(3)　西暦において，４で割り切れる年は閏《うるう》年とします。ただし，100で割り切れる年は閏年ではないとしますが，400で割り切れる年は閏年とします。西暦1900年から西暦2500年までに，閏年は何回ありますか。

(4)　次の図は，面積が６cm^2 の正六角形６個と，合同な二等辺三角形６個を組み合わせたものです。これら12個の図形の面積の総和は何cm^2 ですか。

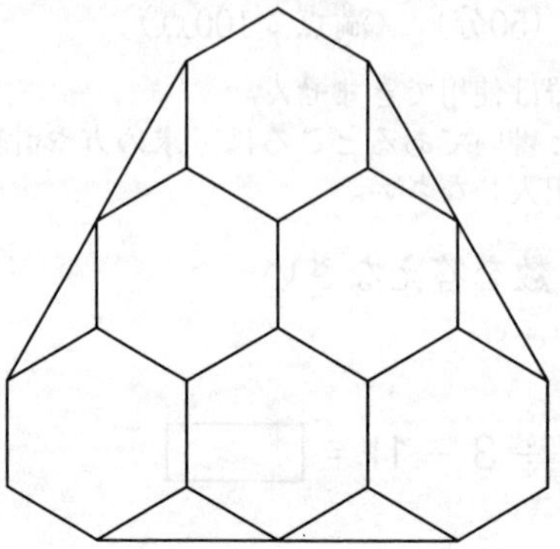

(5)　次の図は，１辺の長さが10 cm の正方形の中に，半径が５cm の円と半径が５cm の扇形４つを重ね合わせたものです。このとき，斜線部分の面積は何cm^2 ですか。ただし，円周率は3.14とします。

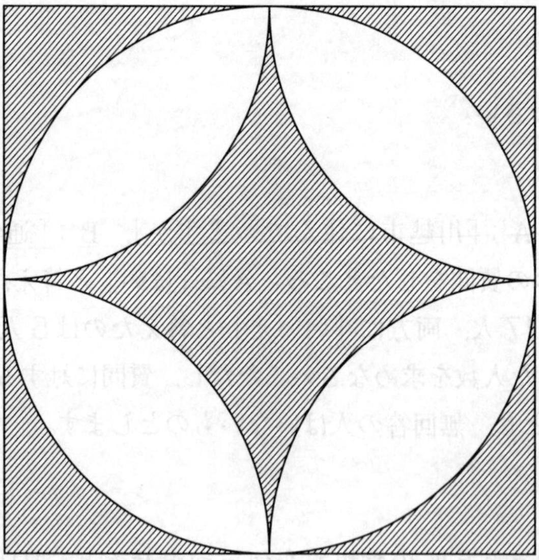

3 太郎と次郎の兄弟は，家からの道のりが1400 m である学校まで登校するのに，毎朝８時に２人一緒に家を出て，一定の速さで歩いて８時 20 分に着きます。ある朝，太郎が寝坊したので，次郎が８時に家を出た後，太郎は５分遅れて家を出ました。次郎はいつもと同じ速さで歩き，太郎は次郎に追いつくまでは分速 140 m で走り，その後は次郎と同じ速さで歩きました。太郎が次郎に追いついたとき，母が次郎の忘れ物を届けに自転車で家を出て，太郎と次郎の通った道を通って追いかけました。母は忘れ物を次郎に渡してすぐにもと来た道を引き返し，家に戻りました。母は行きも帰りも同じ速さで自転車をこぎ，家に着いたのは，太郎と次郎が学校に着いた時刻と同じでした。このとき，次の問いに答えなさい。

(1) 次郎の歩く速さは分速何 m ですか。

(2) 太郎が次郎に追いついた時刻は８時何分ですか。

(3) 母が自転車をこいだ速さは分速何 m ですか。

4 ①，②，③，……を次のような規則にしたがった計算で得られる数とします。

①＝6 × 1，
②＝①＋6 ×（1 ＋ 2），
③＝②＋6 ×（1 ＋ 2 ＋ 3），
⋮

このとき，次の問いに答えなさい。

(1) ④を求めなさい。

(2) ④＝△ ×（△＋ 1）×（△＋ 2），⑤＝□ ×（□＋ 1）×（□＋ 2）となる整数△，□をそれぞれ求めなさい。

(3)　⑲を求めなさい。

(4)　$1+(1+2)+(1+2+3)+\cdots\cdots+(1+2+3+\cdots\cdots+30)$ を求めなさい。

5　図１のように，１辺の長さが１cm である立方体を８個すき間なく合わせて，大きな立方体を作ります。次に，図２のように，図１で作った立方体を４つ合わせて，図３のような立体を作ります。太郎は，図３の立体を，３点 A，B，C を通る平面で切断したときにできる切り口の面積の総和を求めようとしています。

次の太郎と先生の会話を読み，あとの問いに答えなさい。

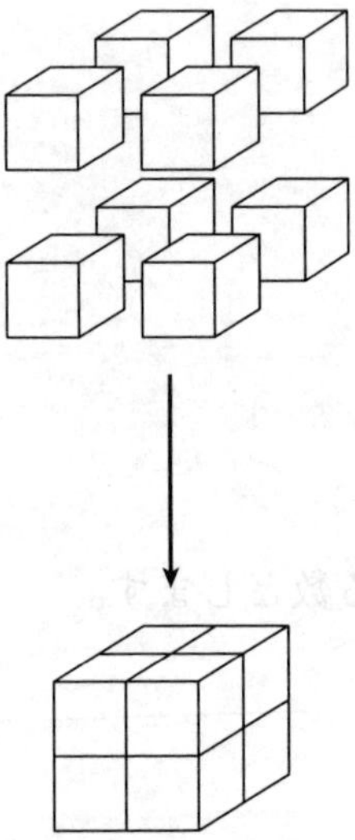

図１

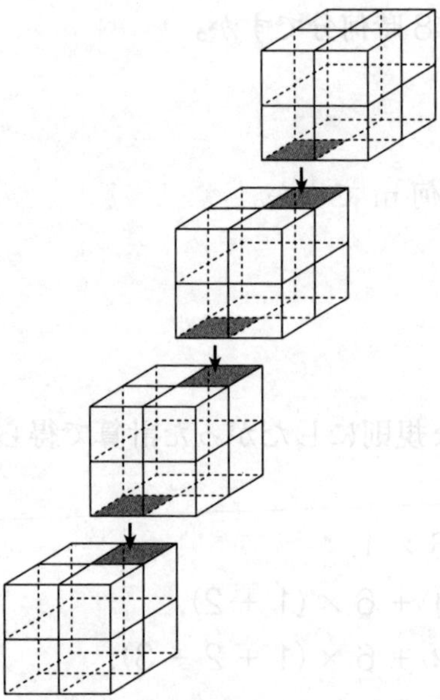

図２

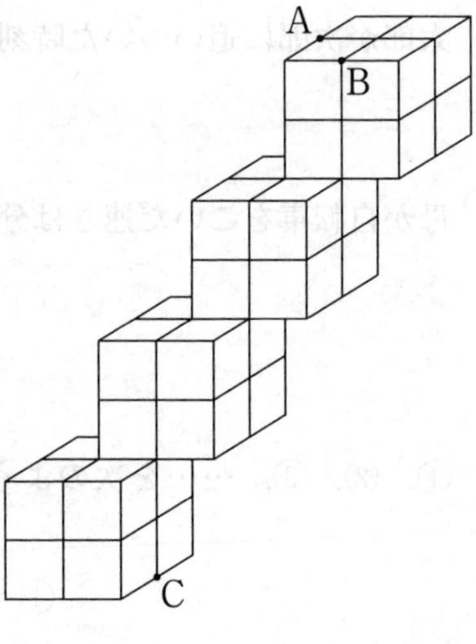

図３

先生：課題は順調ですか。

太郎：取っかかりはつかめているのですが，ある部分の面積が分からないのです。

先生：どの部分でしょうか。

太郎：図４の立体アを見ていただけますか。これは１辺の長さが２cmの立方体で，２点D，Fはそれぞれ辺の真ん中の点を表しています。このとき，３点D，E，Fを通る平面で切断したときにできる切り口の面積を求めたいのです。

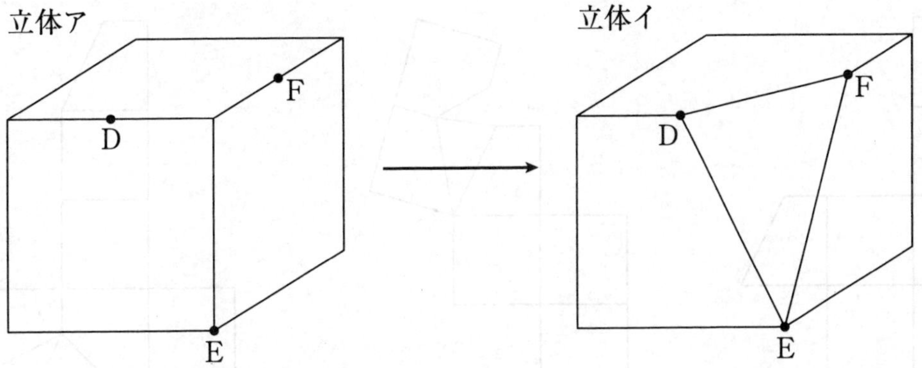

図４

先生：つまり，図４の立体イにおける三角形DEFの面積を求めようとしているわけですね。それなら，立体イの展開図を考えてみてください。補助線を適当に引けば，三角形DEFと合同な三角形が見つかるので，簡単に面積が求まりますよ。

太郎：分かりました。がんばってみます。

⑴　次の各図について，立体イの展開図として当てはまるものには○，当てはまらないものには×で答えなさい。

（あ）

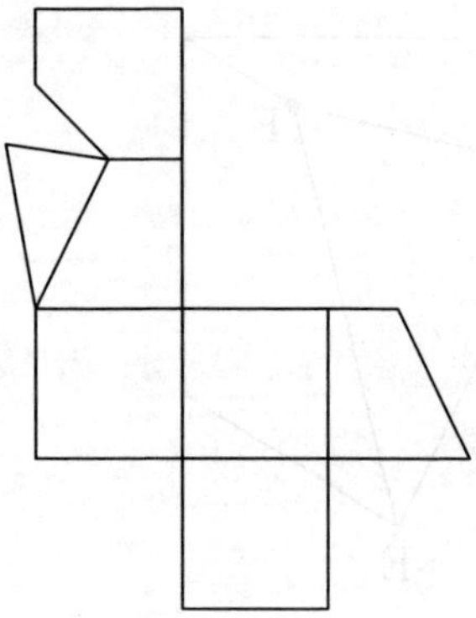

（い）

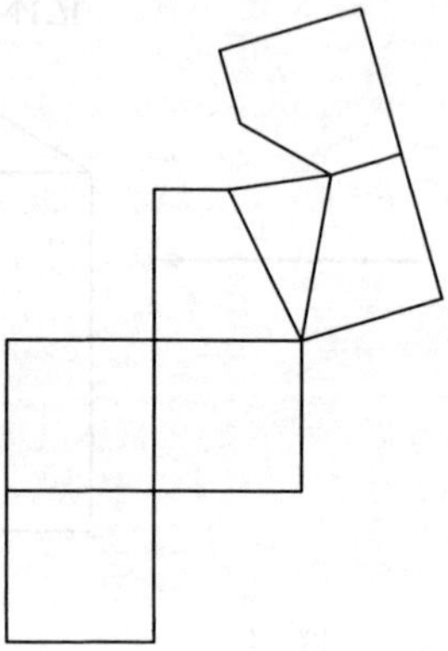

（う）

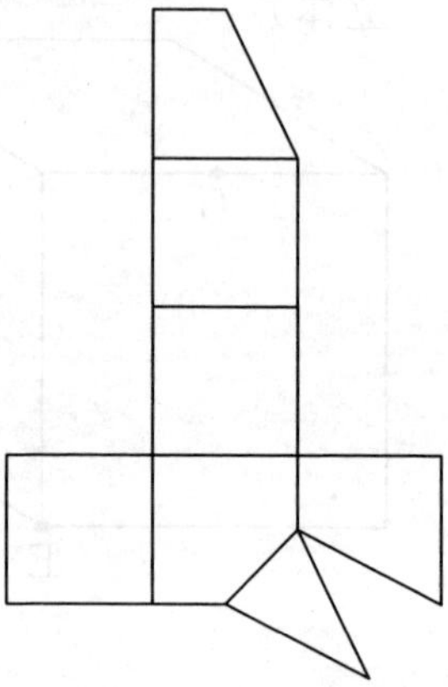

（え）

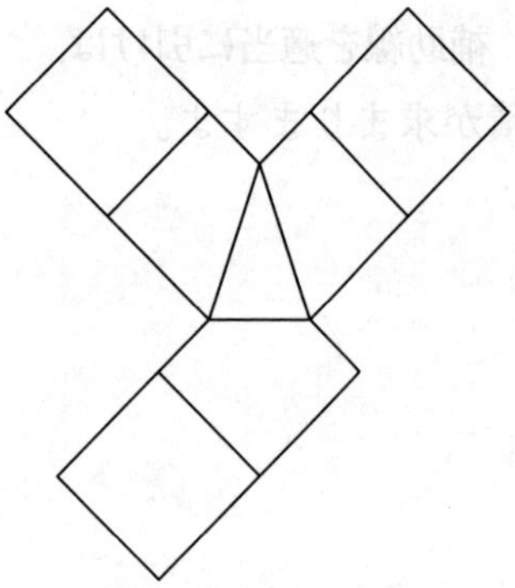

（お）

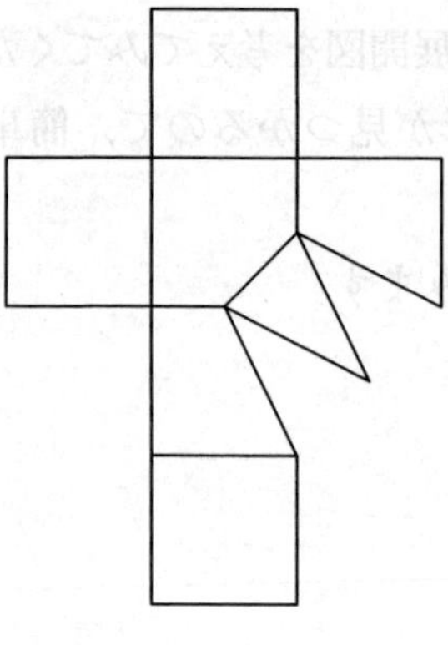

（か）

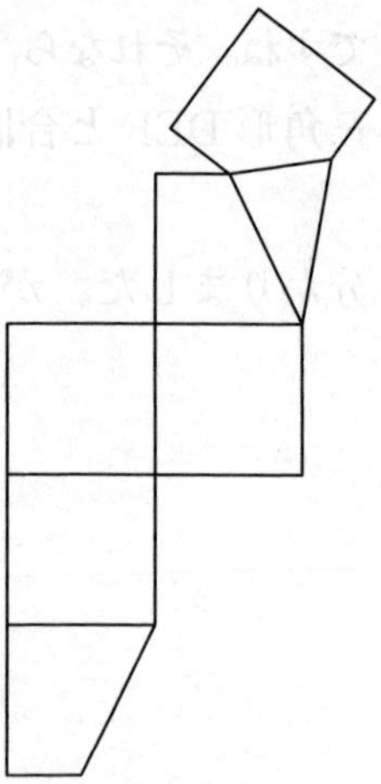

⑵　立体イにおける三角形DEFの面積は何 cm^2 ですか。

⑶　図３の立体を，３点A，B，Cを通る平面で切断したときにできる切り口の面積の総和は何 cm^2 ですか。

【国　語】〈特別選抜第一回試験〉（五〇分）〈満点：一〇〇点〉

《注　意》指定された字数で解答する際は、特別な指定がない限り、句読点や記号も一字とします。
ただし、ふりがなを書く必要はありません。

一　次の文章を読んで、後の問いに答えなさい。

「さて、帰りますか」

前田ひかりが歩き出したので、俺たちもそれに従う。

最寄《もより》駅は阪急電車の上牧《かんまき》駅なのだが、歩くと結構な距離だ。淀川《よどがわ》は大阪を貫くように流れており、河川敷にはいくつかの駅から行くことができる。最初は中津《なかつ》駅で降りようと話していたのだがそのあたりはひとが多そうだということで、淀川河川公園の公式サイトやグーグルマップで調べた結果、より上流で、運動施設やバーベキュー場などのない空白地帯とでもいうべき場所をロケ地に選んだのだった。

風が吹き、川辺の草が［　A　］と揺れる。

俺はちらりと横目で前田ひかりを見た。

カメラを構えていないときの彼女は、①こちらを見向きもしない。

自主制作の映画なんて、つまらなくて、痛々しくて、黒歴史になることはわかりきっている。

俺はイケメンでもなければ、演技力があるわけでもない。なのに、なにゆえ、前田ひかりの映画に出演する羽目になったのかといえば、引っ越してきたばかりで友達が皆無だったからである。

高校二年の冬、そろそろ大学受験に向けて本腰を入れようかと思っていたところに、親父の転勤が決まった。俺が東京で通っていたのはそれなりに有名な私立校だったので、転入試験を受けるとなると高校のレベルが下がる可能性が高く、できれば転校はしたくなかった。それに、引っ越し先が大阪だというのも懸念材料だった。テレビに出ているお笑い芸人たちのトークによると、大阪では面白いやつが最強であり、自分のようにコミュニケーション能力に難のある人間には厳しい世界のように思えたのだ。だが、父親は単身赴任を選ばず、家族三人での引っ越しを命じた。

転校初日、自己紹介をしたときに「趣味は映画鑑賞です」などと言わなくてもいいことを付け加えてしまった。

そこに食いついてきたのが、前田ひかりである。

「私も映画めっちゃ好きやねん。なあ、どんな映画が好きなん？」

休み時間に女子からそんなふうに声をかけられて、舞い上がるなというほうが無理な話だ。しかも、前田ひかりは制服をオシャレっぽく着こなして、a屈託のない笑顔を見せており、自分とはちがう階層にいる女子のように思えた。

「えっ、いや、どんな映画って……」

咄嗟《とっさ》には答えられず、言葉を濁《にご》したのだが、前田ひかりは逃がしてくれなかった。

そもそも、この「どんな映画が好きなのか」という質問は、実にやっかいである。有名な映画を答えると浅いやつだと思われてしまうリスクがあり、だからといってマニアックなものを答えて相手に怪訝《けげん》な顔をされては話がつづかない。マイ・フェイバリット・リストが存在していないわけではないが、それはこの内面と深く結びついており、安易に他人に晒《さら》せるようなものではなく、扱いは慎重にならざるを得ないのだ。

「邦画も観るし、ハリウッド系とか、古いのも観るけど。前田さんは？」

あえて具体的なタイトルはあげず、質問を返すことで、相手の出方をうかがう。

はたして、どれくらいのレベルで映画について話せる相手なのか……。

「私もなんでも観るよー。それこそ、ヒッチコックとかビリー・ワイルダーとか、昔のモノクロ映画も好きやし、マーベルとかのアメコミ原作も観るし、岩井俊二《いわいしゅんじ》作品やったら『スワロウテイル』がいっちゃん好きかな」

その返答に、俺は目を見開いた。

こいつ、思いっきりマウンティングしてきやがった！

どうせ『花とアリス』とか『リップヴァンウィンクルの花嫁』とかあたりから入って遡《さかのぼ》ったんだろうに、そんな昔の作品をドヤ顔で言ってくるとは、いい根性じゃねえか。

その瞬間、俺は女子に話しかけられてドギマギしている自分を忘れ、一介の映画好きとして挑まれた戦いに負けるわけにはいかないという気になり、なんだか熱く語っているうちに、気がつくと、前田ひかりが自主制作している映画の手伝いをすることになっていたのだった。

そう、はじめは手伝いのつもりであった。助手的な立場というか、雑用を引き受けるのだとばかり思っていたのだ。

それが、よもや、主演をさせられるとは……。

今日の撮影現場は、高校のグラウンドである。

だれもいない教室の片隅で、ブレザーから学ランに着替えて、ヘアスプレーで髪をがちがちに固め、廊下に出る。

教室のドアを開けると、有村舞が立っていた。

「いま、教室ってだれもおらへん？」

「ああ」

「じゃあ、着替えてくるから見張っててくれる？」

「わかった」

有村舞が教室に入ったあと、ドアの前で[B]立っていると、廊下を通りすぎる女子たちがこちらを指さしてくすくす笑った。

この学校の制服ではなく、背中に派手な昇り龍の刺繍が入った学ランを着ているのだから、奇異の目にさらされるのも仕方ない。

教室のドアが開き、おなじように学ランに着替えた有村舞が出てくる。

「(2)有村さんって女優志望なわけ？」

俺が話しかけると、有村舞は素《す》っ頓狂《とんきょう》な声を出した。

「へ？　女優？　あたしが？」

目をまんまるにして、片手を大きく振る。

「ないないない！　なにゆってんの、そんなん、無理に決まってるやん！」

「いや、でも、いつも主演やってるから、てっきり、そうなのかと」

これまでに前田ひかりが作った映画は短編を含めて三本で、どれも有村舞が主演だった。ぱっと見では、有村舞はべつに美人だという印象は受けない。若干、目が離れており、カエルっぽい顔だ。だが、映像になると、不思議な安定感があった。ほかの女子やおそらく前田ひかりの家族だろうと思われるおばさんやおじさんが脇役として出ていて、みんな演技が壊滅的であるなか、有村舞だけは安心して見ていられた。

女優というのは、なにも飛び抜けて美人でなければならないわけではない。むしろ、美人ばかりだとキャスティングがおかしくなる。有村舞には自然な演技力があるので、プロを目指していてもおかしくはないと思った。

「だって、ほかにひと、おらへんし」

並んで歩きながら、有村舞は言う。

「ほんまは、ひかりちゃんにも、ほかの子で撮りたいっていう気持ちがあると思うねん」

「そうか？　むしろ、有村のおかげで、前田の映画はもってるようなものだと」

はっきり言って、前田ひかりに映画監督としての才能があるとは思えなかった。

それでも、どうにか作品として見られるレベルであるのは、有村舞の存在感によるところが大きい。

「ひかりちゃん、ずっと、映画に出てくれる男の子を探してたんよ。いつも放送部とか演劇部とかの子に手伝ってもらうんやけど、みんな女子ばっかりやから」

なるほど。それで、転校してきたばかりの俺が目をつけられたというわけか。

「この番長の映画もずっとやりたかったみたいで、うちの弟に頼みこんだりもしたんやけど、最後のシーンがネックで断られたんよね……。引き受けてくれて、ほんま、ありがとう」

有村舞はわざわざ立ち止まり、こちらを向いて、礼を言った。

「それ、有村が言うことか。前田に礼を言われるならまだしも」

俺が歩き出すと、有村舞もそれにつづく。

「あたしがうれしいから。あと、ごめんねって謝っとく。ひかりちゃんが強引に誘ったせいで、迷惑してへん？」

実際のところ、ものすごく迷惑していた。

前田ひかりに声をかけられたことにより、クラスの男子と話す機会を失い、俺は転校初日から友達づくりに失敗したのだった。いまとなっては、もう男子のどのグループにも入れる気がしない。

こんなバカバカしい映画に出演しているのは、ある意味、自暴自棄になっているからだと言えた。

引っ越しをせず、あのまま東京の高校に通っていれば、新しい友達を作る必要もなく、平穏な学校生活を送って、受験勉強にも集中できただろう。それなのに、高校二年という時期に転校させた両親へのあてつけ、憂《う》さ晴らし。俺は残りの高校生活をまっとうに過ごすことを諦《あきら》めたのだ。

「あたし、中学のとき、友達ひとりもおらへんかってん」

俺に友達ができていないことを気遣っているつもりか、有村舞はそんなことを言う。

「目立つグループの女子に嫌われちゃって、だれも話しかけてくれへんようになって。でも、高校ではひかりちゃんっていう親友ができたから、すごくうれしくって。ひかりちゃんが映画を撮りたいって言うから、あたしが出てるけど、もし、ほかに演技のうまいひとがおったら、そのひとが出たらいいと思うし。ほんまやったら、あたしは裏方の人間やから」

下駄箱で靴を履《は》き替えながら、有村舞はそんな言葉を口にした。

「それを言うなら、俺こそ裏方の人間だ」

いや、裏方ですらない。

これまでは鑑賞者だった。

映画は好きだったが、自分で作ろうなんて考えたこともなかった。観ているだけなら、好き勝手に批評できる。だが、作る側になれば、無傷ではいられない。

俺はいま、己の行いがどれだけ③**愚かなもの**であるか、きちんと自覚できている。映画に出ている自分なんて、恥ずかしくて直視できないだろう。黒歴史になることは確定で、眠る前に思い出しては布団を被《かぶ》って［　C　］喚《わめ》きたくなるに決まっているのだ。

グラウンドに出ると、前田ひかりのすがたがあった。

カメラを構えて、校舎を見あげている。

俺たちに気づいて、前田ひかりはカメラを構えたまま、こちらを向いた。

「はい、それじゃ、今日のシーンへの意気込みを語ってください」

インタビュー口調なのは、メイキングを撮っているつもりなのだろう。

「えっと、精一杯やるだけです！」

有村舞が真面目に答える。

俺も渋々といった感じで口を開く。

「まあ、監督がうまく撮ってくれるんじゃないっすか」

ちなみに、今日の撮影はキスシーンだ。これまでお互いを宿敵だと思っていたふたりが、異性として惹《ひ》かれ合うようになり、共闘の末、結ばれる……。キスシーンで終わるなんて、なんともベタな演出である。

前田ひかりは三脚を設置して、カメラを固定した。［Ⅰ］

「舞はここに立って」

有村舞をスタンバイさせると、向き合った前田ひかりは代役をしながら、俺に演技指導を行う。

「最初に、こうやって、お互い拳をこつんって感じで、軽くぶつけあう。そんで、つぎに、見つめあって、舞が目を閉じるから、こんな感じで手を肩に置いて、顔を近づける。おっけ？」

もちろん、本当にキスをするわけではなく、寸止めである。

撮影する角度で、うまくごまかすのだ。

「ああ、わかった」

前田ひかりと入れ替わるようにして、俺は有村舞の正面に立つ。［Ⅱ］

「三方向から撮りたいから、かなり何度もやってもらうことになるんやけど」

前田ひかりの言葉に、有村舞は元気に片手をあげる。

「はーい、がんばります」

カメラが三台あれば、一台は有村舞の顔、一台は俺の顔、一台は横から全体像を撮るというように、おなじシーンをさまざまなカット割りで撮影することができる。だが、実際には一台しかないので、異なる視点からの映像を撮るためにはカメラを移動させて、演技を繰り返すしかない。

前田ひかりの「アクション！」という声に合わせ、俺は指示されたとおりの動きをする。

映画が完成したら試写会をするつもりだと、前田ひかりは話していた。前の学校にいたころなら、絶対にだれにも見られたくないと考えただろう。だが、ここには俺のことを冷やかすような友人も知人もいない。まわりの人間にどう思われるかを悩む必要はない。やれと指示されたからやる。それだけだ。

「カット！ うん、いい感じ。舞、めっちゃ可愛いって、ほんま！ 今度はもうちょっと、こっちに体を傾けてくれる？ そうそう、それでばっちりやわ。よし、そんじゃ、もう一回」

それから、俺は何度も何度も、有村舞の顔に自分の顔を近づけた。

余計なことは考えず、ただ演技に集中する。

「カット！ おっけー、おっけー。ではでは、カメラの位置、変えるから」

この撮影のため、昨日の夜から食事に気をつけ、こまめにフリスクを口に入れ、弁当を食べたあとは念入りに歯磨きをして、直前にはミント味のガムを噛《か》んでおいた。それでもいちおう、至近距離のときはできるだけ息を止めておく。

「カット！ ふたりとも、お疲れ！ 最後、こっちの角度から撮るから」

前田ひかりはカメラを俺たちの真横にセットすると、また「アクション！」と声をかける。

経験というのは、実に不思議なものだ。 **Ⅲ**

撮った映像を確認して、前田ひかりは「うーむむ……」とつぶやき、わずかに首を傾《かし》げる。しばらくなにか考えこんでいたようだが、ぱっと顔をあげて、俺たちのほうを見た。

「どうせやったら、ほんまにキスしてみいひん？」

はあ？ なにを言い出すんだ、こいつ。

俺はぎょっとして、有村舞へと目を向ける。

有村舞も目をまるくしており、俺と視線が合うと、困ったように笑った。 **Ⅳ**

「舞が嫌やったら、無理にとは言わへんけど。なんか、ふたり、いい雰囲気やし、ここは一発、ほんまにやっちゃうのもアリかなと思って」

一発とか、軽々しく言うな！ 本当に下品で、図々《ずうずう》しくて、デリカシーに欠ける女だ。

「どう？ 舞、チャレンジしてみるのもええと思わへん？」

前田ひかりはそんなことを言って、有村舞に迫っていく。

「えっと、それは……。えーと、えーと、う、ううん……」

有村舞は β逡巡した挙句、こくりとうなずいた。

「わかった、がんばる」

「いえーい、さすがは舞！　じゃ、さっそく、本番いくよー」

おい、待てよ！　がんばる、じゃねえだろ！　そんなにあっさり決めていいのか！ V

「ちょっと、待て。俺の意見は？」

俺が口を挟むと、前田ひかりはきょとんとした顔でこちらを見た。

「そんなん、きみにとっては撮影でキスできてラッキーって感じやねんから、なんも問題ないやろ？」

なんという言われようだ。

ああ、本当に、この女、めちゃくちゃ腹が立つ！

なにがムカつくって、前田ひかりの言葉はあながち間違いではなく、それどころか図星であり、即座に否定できなかったところだ。

ああ、そうだ、そうだとも。一瞬、その気になった。なんてラッキーな展開だと思った。このまま流されてしまえ、と心のなかで悪魔がささやいた。役得だ。④千載一遇のチャンス。こんな機会でもなければ、女子とキスすることなんて……。

だが、どう考えても、まずいだろう。

好きでもない相手とキスをさせられるなんて、有村舞がかわいそう過ぎる。それに、俺だって……。

だいたい、前田ひかりは有村舞のことをなんだと思っているんだ。友達というより、自分に都合のいい駒としか考えていないのではないか。

そして、有村舞よ。おまえも、おまえだ。いくら唯一の友達だからって、言われるままになってるんじゃねえよ！

だが、その気持ちは痛いほど理解できた。

俺と有村舞は、似た者同士だ。

自分の内側に信じるものがなく、孤独をおそれている。親友が望むなら、その期待に応《こた》えたい。もし、俺が有村舞の立場なら、おなじようにうなずいてしまっていたかもしれない。⑤だからこそ、流されるわけにはいかなかった。

「俺はお断りだ。実際にする必要ないだろう。ここは演出でうまく見せろよ」

すると、前田ひかりは不服そうに口をとがらせた。

「えー、ちょっと信じられへんねんけど。せっかくキスできるチャンスやのに、アホなんちゃう」

「だから、有村の気持ちを考えろって」

「舞はええって言ってるやん」

「おまえが無理に言わせてるんだろうが」

「そんなことないって。ねっ、舞？」

前田ひかりが顔を向けると、有村舞は大きくうなずく。

「うん！　あたしなら、やれるから」

俺は深く溜息《ためいき》をついたあと、有村舞から目をそらして、前田ひかりのほうを見た。

「じゃあ、俺の気持ちを考えろよ」

「男子的には、キスできてラッキー、やろ？　それ以外になにがあるっていうん？」

解《げ》せぬとでも言いたげな前田ひかりの態度に、俺は苛立《いらだ》ちを抑えきれない。

「あのな、男だからって安易にひとまとめにするな。人間に対する理解がそんなに浅くて、いい映画が作れると思うのか？　もっと他人の気持ちを考えろ！　想像力を使えよ！」

こいつは俺のことなんか見ちゃいない。

名前を覚えているかすら怪しいものだ。

自分の作る映画にしか興味がなくて、自己中心的で、傲慢《ごうまん》で、本当にいまいましい……。

「とにかく、俺はもう降りる。おまえの映画にはこれ以上つきあえない」

俺はそう言い残して、教室に戻った。

その後、前田ひかりは俺に一切、話しかけてこなかった。

映画に出ないなら、用はないということだろう。

有村舞はなにか言いたげにこちらを［ D ］見ていたが、俺はあえて気づかないふりをした。

そして、降板宣言から二週間ほど経《た》ったある日のこと……。

土曜の夜、なにをするというでもなくスマホをいじっていると、前田ひかりからメッセージが届いた。

そこには「明日の午前十時、河原で待つ」とだけ書かれていた。

（藤野恵美『淀川八景』内「趣味は映画」文藝春秋）

問一　空欄 A ～ D に当てはまる言葉として最も適当なものを、次の①～⑤の中から一つずつ選び、それぞれ番号で答えなさい。

①　ちらちら　②　うずうず　③　わあわあ　④　さわさわ　⑤　ぼんやり

問二　～～部α「屈託」β「逡巡した」の意味として最も適当なものを次のア～オの中からそれぞれ選び、記号で答えなさい。

α　屈託

ア　おそろしいこと
イ　なにげないこと
ウ　悩ましいこと
エ　ほほえましいこと
オ　落ち着いていること

β　逡巡した（する）

ア　周回する
イ　ためらう
ウ　にこにこする
エ　びっくりする
オ　悲しい思いをする

問三　――部①「こちらを見向きもしない」とありますが、同じ内容で「俺」の主観がより込められた二文続きの表現を本文中から抜き出し、最初と最後の五字を答えなさい。

問四　——部②「有村さんって女優志望なわけ？」について次の各問いに答えなさい。

(i)「俺」がそのように考えた理由として最も適当なものを次のア〜オの中から一つ選び、記号で答えなさい。

ア　有村さんはとびぬけて美人ではないものの、自然な美しさがあり、誰と比べても問題なく女優を目指せると思ったから。
イ　有村さんは今までに二度も主演をしており、女優という仕事に強い憧れがあるに違いなく、才能もあると感じていたから。
ウ　有村さんは映像の中では安定感のある存在で、自然な立ち振る舞いもできているので、当然その道を目指しているのだと思い込んだから。
エ　有村さんは、何人もいるひかりの女友達の中で、特別美人ではないのに選ばれているのだから、実際は演技の世界で生きていきたいのだろうと感じたから。
オ　有村さんは、友達がいない中でも映画に出演しているということは、それだけ演技に対する思いが強いのだろうと思ったから。

(ii)「有村さん」はなぜ映画に出ているのか、説明しなさい。

問五　——部③「愚かなもの」について次の問いに答えなさい。

(i) なぜ「俺」は自分の行動を「愚か」と考えるのか。その理由を、
「〇〇〇〜　のに　〇〇〇〜　から」という形で説明しなさい。

(ii) その心境を端的に表した四字熟語を本文中から抜き出して答えなさい。

問六　——部④「千載一遇」とありますが、次の１〜４の意味にふさわしく、——部④と同じように数を表す漢字を二つ用いた四字熟語をそれぞれ答えなさい。

１　一人でも圧倒的な強さを誇ること
２　生涯で一度だけ出会うこと
３　きわめて時間が短いこと
４　いろいろな種類があって、その違いも様々であること

問七　——部⑤「だからこそ、流されるわけにはいかなかった」とありますが、その理由として最も適当なものを次のア～オの中から一つ選び、記号で答えなさい。

ア　有村さんが雰囲気に流されてしまっているからこそ、自分が流されてしまうと有村さんの気持ちを受け入れざるを得なくなってしまうから。
イ　有村さんは前田ひかりの要請にこたえざるを得ない状況なのだからこそ、自分が有村さんへの気持ちを隠しながら受け入れてしまうのはフェアじゃないから。
ウ　前田ひかりの要請を受け入れてしまう有村さんの気持ちは痛いほどわかるからこそ、俺自身の気持ちも含めて大切なことなんだということを前田ひかりに分からせたいから。
エ　有村さんは一人の人間として尊重されるべきだからこそ、俺自身はラッキーでいいとしても、なんとしてもこの流れを阻止して有村さんにいいところを見せたいから。
オ　前田ひかりへの気持ちを理解してもらえないことは仕方ないからこそ、きちんと説明をして自分に対してなんとか好意を持ってほしいと思っているから。

問八　本文中のある部分には、以下の文が抜けています。これが入る部分として最も適当な箇所を空欄 Ⅰ ～ Ⅴ の中から一つ選び、記号で答えなさい。

こんなに至近距離で女子と見つめあうことも、肩に触れることも、回数を重ねるうちに、すっかり慣れてきた。

問九　この文章の表現の特徴として最も適当なものを次のア～オの中から一つ選び、記号で答えなさい。

ア　様々な視点から物語が語られ、複層的な心情を読み取ることができる。
イ　思春期特有の男女の心理が描かれることで、読者の共感を得ようとしている。
ウ　新しい言葉が多く使われることで、リアリティを無くし観念的な描写になっている。
エ　会話の中に漢語が多用されていることで、登場人物の年齢がわかりやすくなっている。
オ　二人の会話が方言で交わされることで、その地域のことが想像しやすくなっている。

二　次の文章を読んで、後の問いに答えなさい。

平和のもとで、京都、大坂、江戸の三都や、各地の城下町が都市として発展していきます。都市は商人、職人、武士を居住者としており、農民はいません。都市は、貨幣を媒体とした消費生活の場です。街道や、国内航路の交通通信手段が整備され、都市はネットワークとして結ばれていました。

一七世紀後半から一八世紀にさしかかる頃になると、都市における町人文化が成熟します。それは、文治政治に転向した将軍綱吉の時期にあたり、「元禄文化」といわれます。

「元禄文化」の形成にあたっては、当時経済の中心地であり、江戸にくらべると歴史的文化の(a)**チクセキ**があった京都、大坂の(b)**シンコウ**商人たちの力が(c)**寄与**したといわれます。文芸でこの時期を代表するのは、①**上方では井原西鶴と近松門左衛門、江戸では松尾芭蕉**といったところでしょうか。

近松は「侍は利益を捨てて名を求め、町人は名を捨てて利益を取り金銭をためる、是が道と申すもの」「死ぬるまで金銭をためる、是が道と申すもの」(『寿《ねびきの》門松』)と述べています。

「武」の本質は徹底した現実主義、合理主義であったはずですが、「忠」や「公」の観念が強化されるにつれ、「たてまえ」や政治的価値が優先される行動原理にしたがうようになります。官学となった朱子学は、その理論的根拠を提供しました。

庶民が利益を追うのにたいして、武士たる者は実利よりも「義理」をたっとび、名を惜しむ。そこで、武士の行動は庶民よりも正しい……という倫理観にもとづいて、武士の優越性を正当化し、そのような規範にしたがって行動することが要請されました。②**「武士[　　　]」ということわざにも通じるプライドのたかさをほこる、やせ我慢の論理、あるいは恥の文化とでもいうべき論理**です。

それにたいして、近松は名を捨てても利益を追求するのが「町人道」あるいは「商人道」であると開き直っています。「ほんね」としての人間性を認め、現世的な欲望を肯定するのが都市の町人文化のようです。そこで、禁欲的な③**武士の文化**にたいして、④**町人文化**は享楽的な性格をもっています。

町人文化は、秩序維持という公的価値観よりも、個人や家族の幸福という私的価値観を重視するのです。「天下国家のため」といった「たてまえ」からはなれ、無目的で、無階層的な大衆文化としての性格がつよいのです。

天下統一ののち、「武」の原理が立ちむかうべき対象がなくなり、太平の世の中が続き、武士は体制秩序の現状維持につとめるだけで、日本は国家目的をもたない社会になりました。社会の成長期がおわり、成熟期をむかえたのが元禄時代です。そこで育った町人文化は、無目的、無規範、消費的で、「あそび」や享楽を肯定する性格をもつものです。

このような町人文化と、形骸化したとはいえ「武」の原理をおもんじる武士の文化は対照的です。そうだからといって、町人文化が「文」の原理にささえられていたわけではありません。幕藩体制という組織化された集団に所属し、「公」に殉じるべきであるという規範をもつ武士にたいして、「私」を重視する性格がつよかったのが町人文化なのです。それは、日本における大衆文化の先駆けをなすものでした。

近代以前の世界における娯楽や芸術は、貴族や宮廷など社会の上層をしめる人びとの文化と、労働や共同体の行事に密着して民衆のなかから形成された民俗文化にわけることができます。この貴族的文化と民俗的文化という階級対立をこえて、画一的に流行としてひろがっていくのが大衆文化です。一般に、大衆文化は近代産業がもたらした大衆消費社会の成立を前提とし、マスメディアを媒体として普及するものとされています。レコードや放送によって流行歌がはやることなどが、その例です。それをささえる大衆とは、組織化された集団ではなく、政治的に無関心な傾向がつよく、受動的であり、消費的で、情報に敏感であるとされます。欧米における大衆社会化が顕著になったのが一九二〇年代からであるといいます。

近代以前の東アジア世界の歴史のなかで、大衆社会化の動きがあらわれたのは江戸時代の日本だけです。世界史上まれな長期間持続する平和な時代のなかで、西欧の市民社会に対比されるような、都市社会の成熟が達成されたのは、日本だけだったのです。この江戸時代の大都市は、大衆としての人口をもっていましたし、現代の産業社会のような大量生産、大量消費ではなかったが、消費活動がきわめて活発であり、(d)瓦版や絵草子の辻売りがなされ、情報化のすすんだ場所でした。そこで、経済的実力を蓄えた商人や日銭のはいる職人たちが、「お上」をXパトロンとはしない、商業的で消費的な自分たちの文化を形成するようになったのです。それは、日本的市民社会の成立と考えることができます。

元禄時代の西欧は、まだ身分制の社会でした。ファッションや流行は、宮廷や貴族の館で創出され、それが民衆にとりいれられるという、身分の上の者から下の者へという一方向の道筋をたどったのです。ところが、江戸時代の日本では、士農工商という身分秩序の下層に位置づけられた商人と職人が中核となってつくりあげた都市の流行が、農民や武士に普及する道筋をとったのです。江戸時代の衣服や髪形のスタイルは、都市の歌舞伎や文楽などの劇場や遊郭を起源地としています。ファッションの発信地である劇場、遊郭をささえたのは商人や職人たちでした。衣食住、芸能、美術などで、現在に継承されている⑤「伝統的日本文化」と称されるもののおおくは、江戸時代の都市における町人文化に起源するものです。その例のひとつとして、劇場について考えてみましょう。

町人文化は、「あそび」を肯定します。「あそび」は消費的行動であり、「武」の論理からすれば無目的な浪費であり、秩序を(e)イツダツした反社会的な行動ということになります。江戸時代の都市では、物見遊山、芝居見物、寄席、遊里に出かけ、歌舞音曲の稽古事などの「あそび」を享楽する民衆が出現しました。

室町幕府や徳川幕府、そして各藩は能楽者をYおかかえにしていましたが、お城や藩邸の能舞台での、能楽を見物できる人びとは限られていました。能は武士の芸能だったのです。

それにたいして、歌舞伎、人形浄瑠璃は大衆の舞台芸術として発達しました。一七世紀の終わり頃には、興行制度が確立し、大都市には常設の劇場があったのです。興行とは、不特定多数の観客から見物料を徴収して、商業としての演芸を成立させるシステムです。世界のなかで、興行がはやくから発達したのが日本です。中国では近代になって欧米からの影響で常設の劇場が成立しましたが、それ以前は一時的な仮小屋で演劇をしていましたし、興行制度も確立していなかったそうです。

ヨーロッパで常設の劇場が成立したのは、シェークスピアが活躍した時代にあたる、一六世紀末から一七世紀初頭にかけてのことであるといいます。その頃の劇場や俳優は国王や貴族をパトロンにしていました。フランスの喜劇作者のモリエールは、国王のおかかえ劇団の座付き作者であったし、モリエールをかかえていたルイ一四世は、フランスの諸劇団の統合をはかり、そのために王立劇場を建設しました。それがのちのコメディー・フランセーズです。そのような事情は音楽でもおなじで、ヨーロッパで歴史の古いオペラ座、バレエ団、交響楽団には王立であったものがおおく、大作曲家も王や貴族のおかかえでした。それにたいして、江戸時代の都市では、特定のパトロンに従属しない演芸活動が成立したのです。

演芸に親しむ社会環境が確立すると、観客としてだけではなく、素人が歌舞音曲などの芸事を習うようになります。諸芸のお稽古は、家元制度を盛んにしました。茶道や生け花など社会の上層の人びとの稽古事の家元だけではなく、さまざまな大衆的な遊芸を教える師匠たちが市中に稽古屋をひらくようになったのです。芸の上達におうじて家元は免許状を発行します。これらの芸事は、プロになるための修業ではなく、「あそび」として習うことでした。「芸が身をたすけるほどの不幸せ」とは、没落して、免許状を役だてなくてはならない状況をさすことばです。

「あそび」は経済的余裕のある権力者の特権であると考えられがちですが、江戸時代の中頃からは民衆が「あそび」にはげんだのです。大衆が「あそび」にうつつをぬかすことができるほど、成熟した社会になっていたのです。

この江戸時代の大衆文化は都市を起源地として、地方の農民層にもひろがっていきます。旅回りの一座が村々を訪れて芝居の興行をするようになっただけではありません。農民たちが素人芝居をおこない、そのための舞台を村につくるようになったのです。商業活動としての興行ではなく、自分たちの楽しみとして芝居を演じ、それが村の行事として定着したのです。地芝居、村芝居、農村歌舞伎などといわれる、このような農村の演劇活動が、江戸、京都、大坂の芝居興行をささえる底辺をなしていたのです。一九世紀はじめの文化・文政時代から明治時代の中頃までの一〇〇年間が⑥農村歌舞伎の最盛期であったといわれます。現在でも全国に数百棟の農村歌舞伎の舞台の遺構が残っています。

〈中略〉

くどくなるかも知れませんが、町人文化のもうひとつの例証として、江戸時代における外食産業を、外国の例と比較しながら検討してみましょう。

料理屋、レストランなど家庭外での食事が可能な施設が成立するためには、社会的分業が確立し、貨幣経済が発達した社会であることを前提とします。一八世紀の世界をみわたしたところ、そのような条件をみたして外食文化が確立していたのは、中国、西欧、日本くらいのものです。

世界でいちばん古くから飲食店が発達したのは中国です。前漢の時代から各地に酒を売ったり、料理を食べさせる施設ができていました。唐代の長安の都には居酒屋があったことが唐詩にでてきますし、中央アジア系の民族がエスニック料理を商う店もありました。にぎやかな街道の両側には居酒屋と食堂が並んでおり、旅人に飲食を供したことが記録されています。飲食業が都市と街道から発達することは、西欧、日本でもおなじです。

中国の飲食業が大発展するのは宋代です。貴族が実権をにぎっていた身分制社会が崩壊し、上層の庶民が士大夫階級に成長してゆき、商業がさかんになったのが、宋の時代です。

北宋の首都である汴京《べんけい》のにぎわいを記録した『東京夢華録《とうけいむかろく》』や絵巻物の『清明上河図《せいめいじょうかず》』によると、道に面して茶店、居酒屋、料理屋が並んでおり、早朝から深夜まで営業していました。仕出し専門の料理店、北方料理の店、南方料理の店、四川料理の店、油餅店、胡餅店といったように専門化した料理店も出現していました。酒楼、酒店という一流の高級料亭だけでも七二軒あり、そのなかには妓女数百人が待機して、小部屋で歌舞を楽しみながら飲食ができる店や、食器はすべて銀器でそろえた店もあると記されています。現代につながる中国の外食文化は、宋代にだいたいのところが形成されてしまったと考えられます。

朝鮮半島での外食文化の形成はあたらしいことです。日本とおなじように、朝鮮王朝でも士農工商賤という身分差別がありました。中国や近世の日本の場合には、権力と富の分離が進行し、身分的には下層である商人が支配階級よりも裕福になる現象が認められます。しかし、李氏朝鮮王朝では、支配階級に富と権力が集中し、徹底した儒教思想による国家運営のもとで、金銭をとりあつかうことや商業活動は蔑視されてきました。両班は金銭を手にすることをいやがり、箸でつまんで貨幣を受け渡しするほどでした。朝鮮王朝の前半期には貨幣経済が普及せず、農民は穀物や布を交換手段として使っていたのです。このような状況のもとでは外食業は発達しません。

一九世紀の終わり頃まで、旅人は居酒屋兼旅籠《はたご》である酒幕《チュマク》や商人宿兼問屋の客主《ケクチュ》で外食をし、官吏は官営の旅館である駅《ヨク》で腹ごしらえをするか、地方の有力者の家に泊まったのです。ほかには、遊興施設である妓楼で酒食ができたくらいのものです。一八八五～八六年頃、ソウルに最初の料理屋ができたといわれますが、それは軽食堂のたぐいであったろうとされます。本格的な朝鮮料理を供する料理屋ができるのは、二〇世紀初頭のことです。

中世のフランスでは、オーベルジュ（英語のインにあたる）という旅籠と、タヴェルヌ（英語のタヴァーン）という居酒屋がありました。オーベルジュは都市の城壁の外にあり、食料を持参した旅人を宿泊させる施設で、タヴェルヌは都市の内部にある酒を飲ませる店でしたが、両者ともしだいに食事を提供するようになります。一六世紀末のパリで、本来は酒を飲む施設であるキャバレーが高級料理店化する傾向があったといいます。 A 、一七世紀にコーヒーを飲ませるカフェが流行し、そこで軽食を供するようになります。

B 、おおすじとしてみた場合、レストランの出現以前の西欧の外食施設は美食としての高級料理を食べさせるものではなく、日常の民衆の食べ物を供するところでした。洗練された最上の料理は、宮廷や貴族の館でしか味わえなかったのです。最上の食材と、それを加工するための洗練された調理技術をもつ料理人、上等な食事を楽しむにふさわしいダイニングルームと豪華な食器、優雅にサービスをする給仕人などは、王侯貴族に独占されていたのです。

人間を身分によって差別せず、貨幣を価値基準のよりどころとして、支払う金額におうじてモノやサービスを提供するのが商業です。家庭外での飲食に金をかけることを惜しまない富裕な社会階層が成長しないことには、めし屋や居酒屋以上の美食を供する商業施設は成立しません。富裕になった市民が、身分的不平等をなくし、身分差を資産差に置き換えたのが、ブルジョワジーによる革命です。

フランス大革命のあと、貴族の館で働いていた料理人や給仕人が失職し、都市でレストランを開業することになります。それが、ヨーロッパ各地にひろがって、西欧のレストラン文化が成立したのです。

［　C　］、絶対王政が崩壊し、市民社会が成立することによって、料金を支払う能力さえあれば、万人が楽しみとしての外食をすることが可能になったのです。

市民革命を経験しなかったにもかかわらず、西欧とほぼ同時期に、日本の料亭文化が成立しました。その経過を、ごく簡単にたどってみましょう。

日本の外食施設は旅籠と茶屋（茶店）からはじまります。いずれも起源は一五世紀にまでさかのぼりますが、さかんになったのは江戸時代になってからのことです。旅籠、茶屋ともに、街道と都市から発達します。旅人の宿泊施設である旅籠は、街道のほか、江戸時代のはじめには、主要な都市のなかに旅籠町を形成するようになります。

出島のオランダ商館付きの医師であったケンペルは一六九一(元禄四)年と、その翌年に商館長にしたがって長崎から江戸までの旅行をしました。その記録である『江戸参府旅行日記』には、「この国の街道には毎日信じられないほどの人間がおり、二、三の季節には住民の多いヨーロッパの都市の街路とおなじくらいの人が街道に溢れている」と記しています。

世界史上まれな平和が長続きし、パックス・トクガワーナ（徳川氏による平和）と称された江戸時代になると、安全に旅行ができ、仕事のための旅のほかに、民衆が物見遊山の旅行にでかけるようになりました。

［　D　］、食事が旅の楽しみのひとつとされるようになり、各地の旅籠で名物の料理や食べ物が供されるようになります。その系譜をひくのが、現在の料理旅館です。

茶屋の発達も、旅行や社寺参詣をする人口の増大と関係をもちます。茶屋は街道や社寺の門前町での休憩所としてもうけられますが、そこで、茶と茶菓子のほかに、餅、酒、簡単な料理を売るようになり、料理茶屋という料亭化した店も出現します。

現在の高級料亭にあたる外食施設ができたのは、京都、大坂が先駆けをなし、江戸では一八世紀後半になると著名な料亭が続出します。書画を飾った立派な座敷で、庭を眺めながら、技巧を凝らした料理を楽しむ施設である高級な料理茶屋の顧客は富裕な商人たちでした。［　E　］、江戸では現在でいう社用族も高級料亭のだいじなお客でした。江戸の高級料亭を留守居茶屋といいます。各藩が江戸屋敷においた留守居役とよばれる重臣たちが、藩の外交の会談の場として利用したり、大商人とのネゴシエーションをするのに使ったからです。料亭政治や、商談を料亭ですることのＺはしりです。

［　F　］、手軽に食べられる民衆むけの外食店が、都市に発達したのも江戸時代のことです。『徳川禁令考』によると、一八〇四（文化元）年における江戸の市街には六一六五軒の食べ物商売の店があったと記録され、⑦人口約一七〇人に一軒の飲食店があったことになります。膨大な数にのぼると思われる行商の食べ物売りや、芝居町と吉原の食べ物屋は、この記録には記載されていないので、実際にはもっとおおくの店があったはずです。幕末の『守貞漫稿』には、一八六〇（万延元）年に江戸府内のそば屋三七六三軒の会合があったと記録されていますが、この集会には行商の夜鷹そばは参加していません。

行商の食べ物屋も考慮にいれたとき、一九世紀前半の江戸の市街には、おびただしい数の外食施設が集中しており、おそらく当時の世界で、飲食店がもっとも高密度に集中していた都市であったと考えられます。京都、大坂よりも江戸の飲食店の密度がたかかった理由として、参勤交代や出稼ぎによる単身男性人口が異常にたかかった都市であることと、日銭の現金収入がある職人のおおい都市であったことがあげられます。にぎりずし、そば、天ぷらは江戸の町に起源する食べ物ですが、それらは屋台でも食べられる手軽なスナック食品でもあったのです。

都市の飲食店がおおくなると、食べ歩きを楽しむグルメや、地方からやってきた人びとにたいするレストラン・ガイドが、一八世紀後半から刊行されることになります。この種の刊行物は一枚刷りで、相撲の番付に擬した形式で店の格付けをしたものがおおいのですが、一八五二（嘉永五）年刊の『江戸名物酒飯手引草』は携帯に便利なように小冊子の書物の体裁をとっています。それには、五九四軒の有名飲食店を、料理、茶漬け、蒲焼き、すし、そばなどのカテゴリーに分類し、店のアドレスが記載されています。その頃の江戸には約一〇〇〇軒の蒲焼き屋があったそうですが、どういう基準で選んだのかはわかりませんが、九〇軒の蒲焼き屋がこの本に載せられています。西欧で有名なミシュランのレストラン・ガイドの出るまえのことです。「一億総グルメ」といわれるようになった一九八〇年代から、レストラン・ガイドや食味随筆の本が多数出版されるようになりますが、そのはしりは江戸時代後半にまでさかのぼるのです。

この江戸時代の都市における外食業の発達の歴史に、中国や西欧の影響は認められません。それは町人たちがつくりあげたものです。京都の宮廷は経済的に困難な状況にあるいっぽう、有職故実にとらわれて、あたらしい料理をつくりだすことはありませんでした。将軍や大名の献立をみても、さほど美食をしているとは思えません。一般の武士はあまり豊かではなかったし、上級武士も禁欲思想のたてまえにとらわれていました。現在に続く洗練された日本料理が完成したのは江戸時代ですが、その担い手は町方料理人であり、それを賞味したのは富裕な町人たちです。

食べ物ばかりではなく、⑧**近世日本の都市文化をつくりあげた主役は町人です。**京都の宮廷は経済的にも政治的にも衰退しており、有職故実にとらわれて、江戸時代には文化的創造力を失っていました。武士は政治権力は保持していましたが、江戸時代の中頃になると経済力はおとろえ、都市の住人でありながら禁欲的道徳律にしばられて、消費的な都市文化になじまなかったのです。

日本社会の経済的基盤をにぎった商人たちと、貨幣経済システムに全面的に依存していた職人たちが都市の文化をつくりあげたのです。外食文化が急速に発達した一八世紀は、町人が社会の実質的な主人公となって、実力を発揮するようになった時代です。そう考えることによって、市民革命はなくても、この頃に西欧のレストランにあたる料理茶屋が発達するいっぽう、各種のスナックを食べさせる外食施設が都市に出現するという現象を説明することができます。

ただし、江戸時代の外食文化は、京都、大坂、江戸の三都を中心として発展したことに留意する必要があります。この三つの都市は特定の領主に所属しない幕府の直轄地で、封建体制からの自由度がたかかった場所です。日常生活のあらゆる場面で貨幣を使用する都市型の消費経済の発達は、米の物納を租税の基本とする地方大名の経済的基盤をおびやかすものです。封建体制のしめつけがきびしい場所では、飲食業が発達せず、また藩令で料理茶屋の営業が禁止され、明治時代になってはじめて料理屋ができた地方の城下町もあったのです。

（石毛直道『サムライニッポン　文と武の東洋史』中央公論新社）

問一　――部(a)〜(e)のカタカナは漢字に、漢字はひらがなに改めなさい。

問二　――部①「上方では井原西鶴と近松門左衛門、江戸では松尾芭蕉」とありますが、Ⅰ井原西鶴、Ⅱ近松門左衛門、Ⅲ松尾芭蕉の作品を、次のア〜カの中から一つずつ選び、それぞれ記号で答えなさい。

ア『春雨物語』　イ『曽根崎心中』　ウ『日本永代蔵』　エ『玉勝間』
オ『南総里見八犬伝』　カ『野ざらし紀行』

問三　――部X・Y・Zの本文中での意味として最も適当なものを、次のア〜オの中から一つずつ選び、それぞれ記号で答えなさい。

X「パトロン」

ア　後援者
イ　有権者
ウ　幼馴染
エ　指導者
オ　先駆者

Y「おかかえ」

ア　対象の人物が広範囲に及ぶこと
イ　肌身離さず携帯していること
ウ　人を雇って専属にしておくこと
エ　事前に予約をしておくこと
オ　人に催促をして急かすこと

Z「はしり」

ア　なめらかな動き
イ　逃亡すること
ウ　出回っていないもの
エ　物事のはじまり
オ　初めてのできごと

問四　[A]～[F]に当てはまる語として最も適当なものを、次のア～カの中から一つずつ選び、それぞれ記号で答えなさい。

ア　しかし　イ　ただし　ウ　すると　エ　すなわち　オ　いっぽう
カ　また

問五　――部②「『武士[　　　]』ということわざにも通じるプライドのたかさをほこる、やせ我慢の論理、あるいは恥の文化とでもいうべき論理」とありますが、[　　]に入る最も適当な言葉を、次のア～オの中から一つ選び、記号で答えなさい。

ア　に二言なし
イ　は相身互い
ウ　は食わねど高楊枝
エ　は戦略坊主は方便
オ　は渡りもの

問六　――部③「武士の文化」、――部④「町人文化」とありますが、それぞれどのような特徴をもっていますか。その説明として最も適当なものを、次のア～オの中から一つ選び、記号で答えなさい。

ア　武士の文化は「忠」や「公」の観念に影響を受けたのに対し、町人文化は「私」や「道」の観念に影響を受けた特徴をもつ。
イ　武士の文化は「義理」や「たてまえ」を前提とするのに対し、町人文化は「合理性」や「政治性」を前提とする特徴をもつ。
ウ　武士の文化は「ほんね」を肯定するのに対し、町人文化はプライドを高くもつことを肯定する特徴をもつ。
エ　武士の文化は個人や家族の幸福を重視するのに対し、町人文化は組織化された集団の利益を重視する特徴をもつ。
オ　武士の文化は「武」の原理や義理を重んじるのに対し、町人文化は名を捨てて利益を追求し「あそび」を肯定する特徴をもつ。

問七　――部⑤「『伝統的日本文化』」とは、江戸時代にどのような形で成立したものと言えますか。次の文の空欄に合うように、本文中から三十三字で抜き出し、最初と最後の五字を答えなさい。

江戸時代に[　　　　　　　]した形で成立した。

問八 ——部⑥「農村歌舞伎」は、どのように成立したのですか。本文中の言葉を用いて四十字以上、五十字以内で答えなさい。

問九 ——部⑦「人口約一七〇人に一軒の飲食店があった」とありますが、江戸の市街にこれだけ多くの飲食店があった理由を述べた部分を、本文中から二つ抜き出して答えなさい。

問十 ——部⑧「近世日本の都市文化をつくりあげた主役は町人です」とありますが、「町人」とはどのような人を指しますか。本文中から十九字と二十三字で抜き出して答えなさい。

問十一 筆者は演芸や食事などの商業活動をどのように定義していますか。それを表す一文を本文中から探し、最初の五字を抜き出して答えなさい。

問十二 文章の内容と合致しないものを、次のア～オの中から一つ選び、記号で答えなさい。

ア 天下統一を成し遂げ、政治的価値観が優先される武士は目的を見失ってしまい、それにより社会の成長期がおわったため、「武」の原理は形骸化してしまった。

イ 江戸時代の外食業の発達の歴史に中国や西欧の影響は認められないが、中国のようにアジアの料理を扱う店や西欧のように貴族に向けたサービスをする店が既にできていた。

ウ 「あそび」を肯定する町人文化が社会環境を変容させ、大衆に向けた稽古場の家元制度をつくりあげたことで家元は免許状を発行するが、その免許状は役に立たない方がよい。

エ 世界でいちばん古くから飲食店が発達したのは中国だが、金銭を取りあつかうことを蔑視しており、西欧では料金を払う能力さえあれば外食施設を利用することが可能になった。

オ 江戸時代に京都、大坂、江戸の三都の外食文化が発展したのは、幕府の直轄地であり封建制からの自由度が高く、町人が社会の実質的な主人公となる環境だからである。

2024年度

城西川越中学校　▶解説と解答

算　数　＜特別選抜第１回試験＞（50分）＜満点：100点＞

解　答

1 (1) 28　(2) 7　(3) 2024　2 (1) 3人　(2) 300 g　(3) 146回　(4) 42 cm^2　(5) 43cm^2　3 (1) 分速70m　(2) 8時10分　(3) 分速210m　4 (1) 120　(2) △＝4，□＝5　(3) 7980　(4) 4960　5 (1) (あ) ×　(い) ○　(う) ○　(え) ×　(お) ○　(か) ×　(2) 1.5cm^2　(3) 12cm^2

解　説

1 四則計算，計算のくふう

(1) 32－12÷｛(6＋2×3)÷3－1｝＝32－12÷｛(6＋6)÷3－1｝＝32－12÷(12÷3－1)＝32－12÷(4－1)＝32－12÷3＝32－4＝28

(2) $\frac{7}{12}\div1.75+\frac{5\times(7-4)}{4}\times2\frac{2}{9}-1\frac{2}{3}=\frac{7}{12}\div1\frac{3}{4}+\frac{5\times3}{4}\times\frac{20}{9}-\frac{5}{3}=\frac{7}{12}\div\frac{7}{4}+\frac{15}{4}\times\frac{20}{9}-\frac{5}{3}=\frac{7}{12}\times\frac{4}{7}+\frac{25}{3}-\frac{5}{3}=\frac{1}{3}+\frac{25}{3}-\frac{5}{3}=\frac{21}{3}=7$

(3) $A\times B+A\times C=A\times(B+C)$となることを利用すると，46×36＋23×37－69×17＋230×3＝23×2×36＋23×37－23×3×17＋23×10×3＝23×72＋23×37－23×51＋23×30＝23×(72＋37－51＋30)＝23×88＝2024

2 集まり，濃度《のうど》，整数の性質，構成，面積

(1) 図にまとめると右の図1のようになる。図1で，アの部分の人数は，30－(17＋5)＝8(人)だから，両方に「はい」と答えた人数(太線部分の人数)は，11－8＝3(人)とわかる。

図1

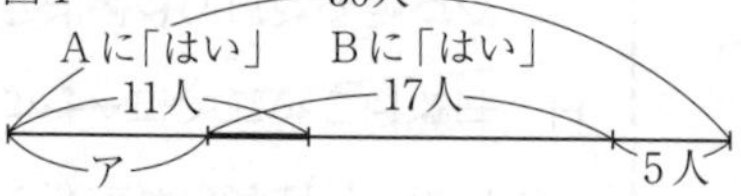

(2) 6％の食塩水の重さを□gとして図に表すと，下の図2のようになる。図2で，ア：イ＝(12－10)：(10－6)＝1：2なので，200：□＝$\frac{1}{1}$：$\frac{1}{2}$＝2：1となる。よって，□＝200×$\frac{1}{2}$＝100(g)と求められるから，できた10％の食塩水の重さは，200＋100＝300(g)である。

(3) はじめに，1900から2500までの4の倍数の個数を求める。1899÷4＝474余り3，2500÷4＝625より，1900から2500までの4の倍数の個数は，625－474＝151(個)となる。次に，1900から2500までの100の倍数の個数を求める。これは19から25までの整数の個数と等しいから，25－19＋1＝7(個)とわかる。よって，1900年から2500年までに4の倍数の年は151回あるが，そのうちの7回

図2

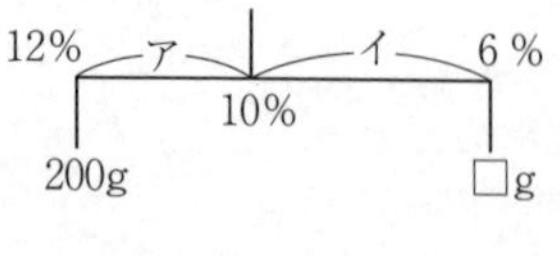

図3

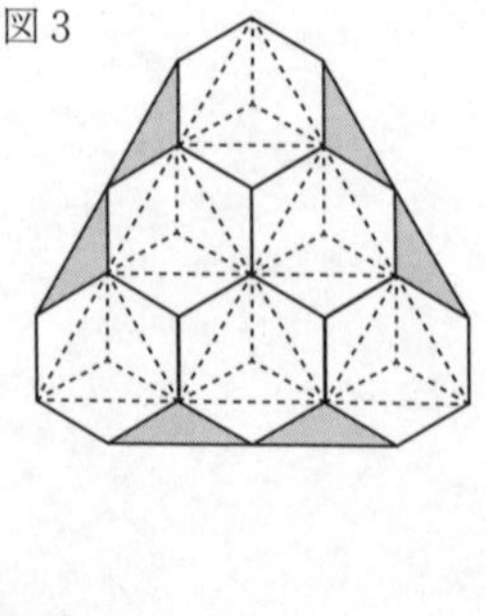

図4

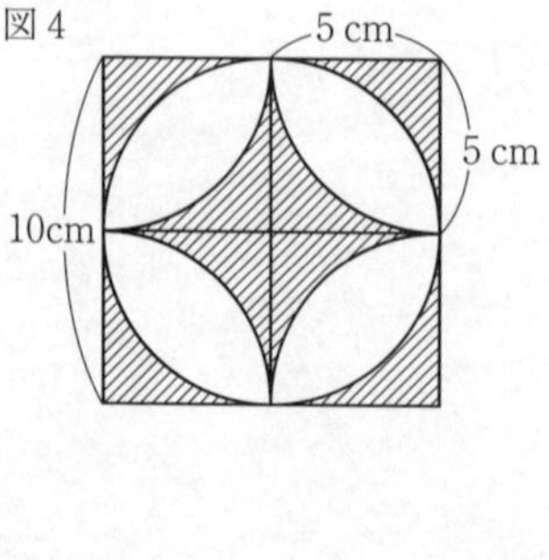

は閏年《うるうどし》ではない。ただし，400の倍数の年である2000年と2400年の２回は閏年なので，閏年の回数は，151－７＋２＝146(回)である。

(4)　問題文中の図形は，上の図３のように合同な二等辺三角形に分けることができる。この二等辺三角形１個の面積は，６÷６＝１(cm^2)であり，二等辺三角形の個数の合計は，６×６＋６＝42(個)だから，図３の図形の面積は，１×42＝42(cm^2)とわかる。

(5)　問題文中の図形の斜線《しゃせん》部分は，上の図４のように合同な８個の図形に分けることができる。１辺５cmの正方形の面積は，５×５＝25(cm^2)であり，半径が５cmで中心角が90度の扇《おうぎがた》形の面積は，$5\times5\times3.14\times\frac{90}{360}=19.625$(cm^2)なので，斜線部分１個の面積は，25－19.625＝5.375(cm^2)となる。よって，斜線部分の面積の合計は，5.375×８＝43(cm^2)と求められる。

3　旅人算

(1)　３人の進行のようすをグラフに表すと，右のようになる。次郎は20分で1400m歩いたから，次郎の歩く速さは分速，1400÷20＝70(m)である。

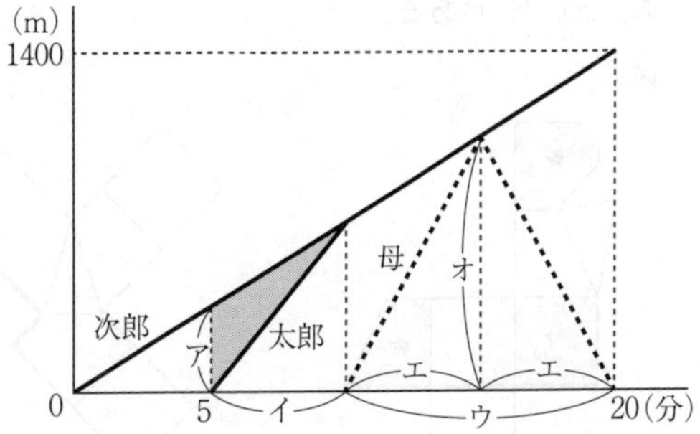

(2)　次郎が５分で歩いた道のり(ア)は，70×５＝350(m)である。また，グラフのかげをつけた部分では太郎と次郎の間の道のりは１分間に，140－70＝70(m)の割合で縮まるので，太郎が家を出てから次郎に追いつくまでの時間(イ)は，350÷70＝５(分)とわかる。よって，太郎が次郎に追いついた時刻は，８時＋５分＋５分＝８時10分である。

(3)　グラフのウの時間は，20－10＝10(分)である。また，母が行きと帰りにかかった時間は同じだから，エの時間は，10÷２＝５(分)である。よって，母が次郎に追いついたのは次郎が家を出てから，10＋５＝15(分後)なので，その間に次郎が歩いた道のり(オ)は，70×15＝1050(m)とわかる。したがって，母は５分で1050m進んだから，母の速さは分速，1050÷５＝210(m)と求められる。

4　条件の整理

(1)　①～⑤を計算すると，右の図１のようになる。よって，④は120である。

図１

①＝６×１＝６
②＝６＋６×(１＋２)＝24
③＝24＋６×(１＋２＋３)＝60
④＝60＋６×(１＋２＋３＋４)＝120
⑤＝120＋６×(１＋２＋３＋４＋５)＝210

(2)　連続する３個の整数の積を求めると，小さい順に，１×２×３＝６，２×３×４＝24，３×４×５＝60，４×５×６＝120，５×６×７＝210，…となる。よって，④＝４×５×６，⑤＝５×６×７と表すことができるから，△は４，□は５である。

(3)　(2)から，Ⓝ＝N×(N＋１)×(N＋２)と表せるので，⑲＝19×20×21＝7980となる。

図２

①	＝		６×１
②	＝	①	＋６×(１＋２)
③	＝	②	＋６×(１＋２＋３)
⋮	⋮	⋮	⋮
㉚	＝	㉙	＋６×(１＋２＋３＋…＋30)

(①～㉚の和)＝(①～㉙の和)＋６×{１＋(１＋２)＋(１＋２＋３)＋…＋(１＋２＋３＋…＋30)}

(4)　①～㉚を表す式をたてに並べて書き，これら30個の式を加えると，上の図２のようになる。この式で，｛　｝の中の値を求めればよい。また，「①～㉚の和」から「①～㉙の和」をひくと㉚になるので，この式は，㉚＝６×(求める値)と表すことができる。さらに，㉚＝30×31×32だから，求める値は，30×31×32÷６＝4960とわかる。

5　立体図形—展開図，分割，面積

(1)　下の図①で，(あ)の展開図を組み立てると，★印の面と☆印の面がそれぞれ向かい合う。すると，★印の２つの面が重なってしまうから，展開図として当てはまらない。また，(え)の展開図を組み立てると太線の辺が重なるが，これは長さが異なるので，展開図として当てはまらない。同様に，(か)の展開図を組み立てると，太線の辺が重ならないから，展開図として当てはまらない。ほかの３つの展開図は条件に合うので，展開図として当てはまるものは，(い)，(う)，(お)，当てはまらないものは，(あ)，(え)，(か)である。

図①

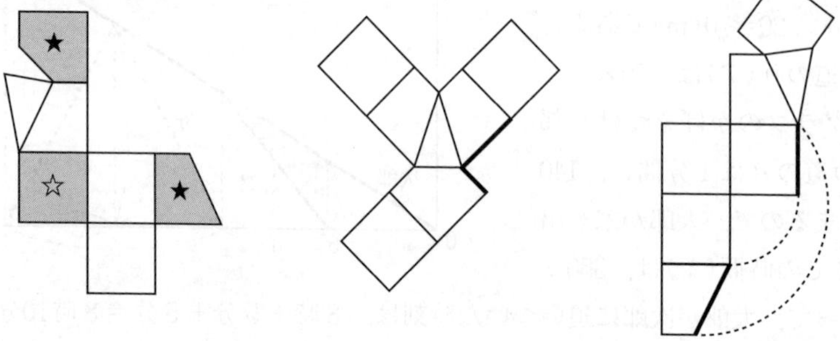

(あ)　(え)　(か)

図②

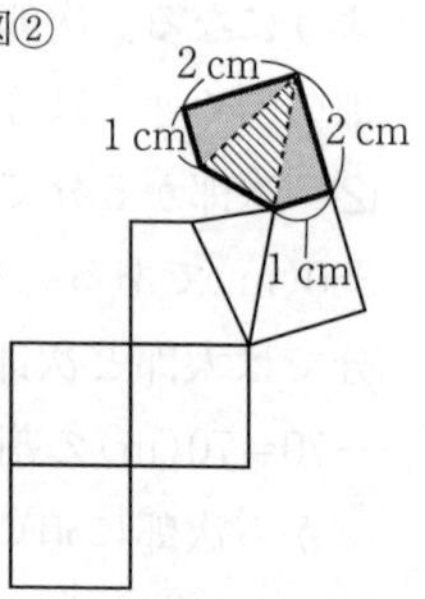

(い)

(2)　たとえば，(い)の展開図に上の図②のように補助線を引くと，斜線部分が三角形DEFと合同になる。ここで，太線部分の面積は，２×２－１×１÷２＝3.5(cm^2)であり，かげをつけた２つの三角形の面積の和は，２×１÷２×２＝２(cm^2)だから，三角形DEFの面積は，3.5－２＝1.5(cm^2)と求められる。

(3)　はじめに，１辺が１cmの立方体を，たて方向に５個，横方向に５個，高さ方向に８個並べた直方体を考える。すると，A，B，Cの位置は下の図③のようになるので，A，B，Cを通る平面で切断したときの切り口は太線のような六角形になる。ここで，A，Bを通る直線とCを通る直線

図③

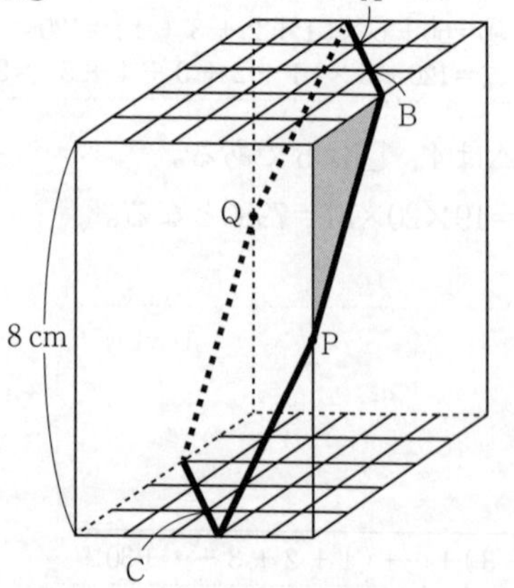

図④

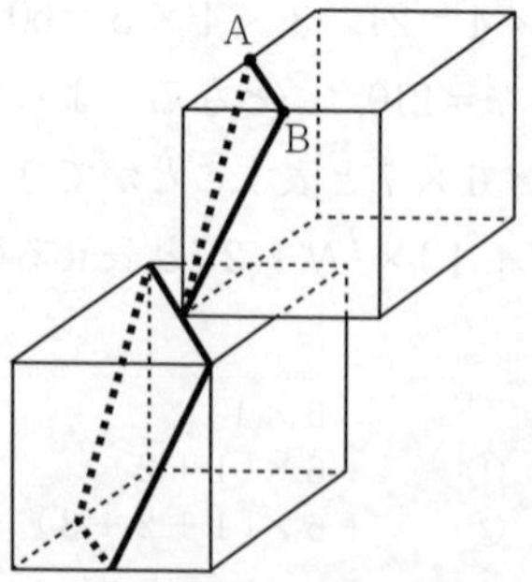

図⑤

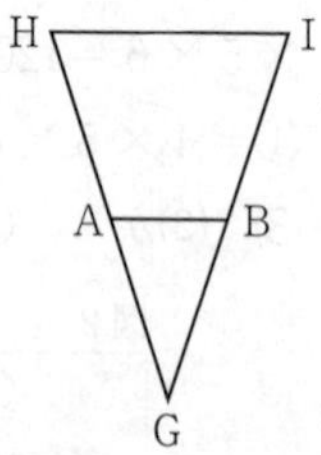

の位置関係から，Ｐ，Ｑは辺の真ん中の点になることがわかるから，かげをつけた三角形の直角をはさむ２辺の比は，$2:(8\div2)=1:2$となる。よって，問題文中の図３について，上半分の切り口は上の図④のようになることがわかる。次に，図④の２つの切り口を組み合わせると，上の図⑤のようになる。図⑤で，三角形GABと三角形GHIは相似であり，相似比は$1:2$なので，面積の比は，$(1\times1):(2\times2)=1:4$とわかる。さらに，三角形GABの面積は(2)で求めた1.5cm^2だから，三角形GHIの面積は，$1.5\times\frac{4}{1}=6$ (cm^2)と求められる。図３の下半分についても同様に考えると，切り口の面積の総和は，$6\times2=12$(cm^2)となる。

国　語　＜特別選抜第１回試験＞（50分）＜満点：100点＞

解　答

□一 問１　A　④　B　⑤　C　③　D　①　問２　α　ウ　β　イ　問３　こいつは俺〜いものだ。　問４　(i)　ウ　(ii)　(例)　友達がいなかった有村さんにとって，ひかりは親友であり，親友の望みにこたえたいと考えているから。　問５　(i)　(例)　自分にとって黒歴史になるのはわかりきっているのに，両親へのあてつけのために出演しているだけだから。　(ii)　自暴自棄　問６　１　一騎当千　２　一期一会　３　一朝一夕　４　千差万別(十人十色)　問７　ウ　問８　Ⅲ　問９　イ　□二 問１　(a)，(b)，(e)　下記を参照のこと。　(c)　きよ　(d)　かわらばん　問２　Ⅰ　ウ　Ⅱ　イ　Ⅲ　カ　問３　X　ア　Y　ウ　Z　エ　問４　A　カ　B　ア　C　エ　D　ウ　E　イ　F　オ　問５　ウ　問６　オ　問７　商人と職人〜武士に普及　問８　(例)　商業活動としてではなく，民衆が自分たちの楽しみとして芝居を演じるようになった。　問９　参勤交代や出稼ぎによる単身男性人口が異常にたかかった都市であること／日銭の現金収入がある職人のおおい都市であったこと　問10　日本社会の経済的基盤をにぎった商人たち／貨幣経済システムに全面的に依存していた職人たち　問11　人間を身分　問12　イ(エ)

●漢字の書き取り

□二 問１　(a)　蓄積　(b)　新興　(e)　逸脱

解　説

□一 **出典：藤野恵美《ふじのめぐみ》「趣味《しゅみ》は映画」(『淀川《よどがわ》八景』所収)**。なりゆきで前田ひかりが撮《と》る映画の主演を務めることになった「俺《おれ》」が，共演の有村舞とのキスシーンの撮影《さつえい》をきっかけに，その映画を降板するまでのいきさつを描《えが》いた文章である。

問１　A　風が吹《ふ》いて，川辺の草が揺《ゆ》れて音を立てたのだから，「さわさわ」が合う。　B　「俺」は，有村が着替《きが》えをするのをドアの前でただ待っていたので，「ぼんやり」が選べる。　C　「俺」は，いずれ自分が映画に出ていたことを思い出して，恥《は》ずかしさのあまり，大声をあげて「喚《わめ》きたくなるに決まっている」と考えているのだから，「わあわあ」がよい。　D　有村は，「なにか言いたげ」に，「俺」のほうを「見て」いたのだから，「ちらちら」が合う。

問２　α　「屈託《くったく》」は，ある一つのことにとらわれて，くよくよすること。　β　「逡巡《しゅんじゅん》」は，決断することができずに，ぐずぐずすること。

問３　前田ひかりは，「自分の作る映画にしか興味がなく」，「俺」という人間には全く興味を示さなかった。そのため「俺」は，ひかりが「俺のことなんか見ちゃいない」，「名前を覚えているかすら怪《あや》しいものだ」と感じているのである。

問４　(i)　有村は，「べつに美人だという印象は受けない」が，「映像になると，不思議な安定感」があり，「自然な演技力がある」ので，「俺」は，彼女《かのじょ》が女優志望であっても不思議はない，と考えたのである。よって，ウが選べる。　(ii)　有村は，中学のとき，友達が一人もいなかったが，「高校ではひかりちゃんっていう親友ができたから，すごくうれしくって。ひかりちゃんが映画を撮りたいって言うから，あたしが出てる」と言っている。

問５　(i)「俺」は，映画に出演することが，自分にとって「黒歴史になること」はわかっていた。それなのに，「高校二年という時期に転校させた両親へのあてつけ，憂《う》さ晴らし」のためだけに映画に出ていたのである。「俺」は，自分でも，そんな「己の行い」が愚《おろ》かなものであることはわかっていたのである。　(ii)「俺」は，「残りの高校生活をまっとうに過ごすことを諦《あきら》め」て「自暴自棄《じき》」になり，前田の映画に出演していたのである。「自暴自棄」は，“自分には価値がないと思いこみ，やけになる”という意味。

問６　**１**「一騎《いっき》当千」は，抜群の実力を持つ勇者のこと。“一人の騎兵で千人の敵と戦うことができる”という意味。　**２**「一期一会」は，一生に一度しか出会うことがないような不思議な縁《えん》のこと。　**３**「一朝一夕」は，非常に時間が短いことのたとえ。　**４**「千差万別」は，“さまざまな違《ちが》いがある”という意味。「十人十色」は，“人によって意見や考え方，好みなどはさまざまに違うものである”という意味。

問７　有村は，「唯一《ゆいいつ》の友達」である前田の「期待に応《こた》えたい」と思って，本当にキスをしてもいい，と言った。有村のそんな気持ちがよくわかるからこそ，「俺」は，キスをためらう自分の気持ちをふくめて，「他人の気持ちを考えろ」と前田に言ったのである。よって，ウが選べる。

問８「俺」は，映画に出演しているうちに，有村と何度も間近に接してきた。「経験というのは，実に不思議なもの」であり，「至近距離《きょり》で女子と見つめあうことも，肩《かた》に触《ふ》れることも，回数を重ねるうちに，すっかり慣れてきた」のである。

問９「俺」は，初対面の前田に好きな映画を聞かれて，初めのうちは警戒《けいかい》していたが，前田がマウンティングを取ってきたことに反発して，映画について熱く語ってしまった。また，中学生のときに友だちがいなかった有村は，前田が自分の親友になってくれたことに感謝して，前田の期待に応えようと努力し続けている。キスシーンを撮るときに，本当にキスをしてはどうか，と提案されて，「俺」は，一瞬《いっしゅん》喜んだが，やはり好きでもない相手とキスをするわけにはいかないと思い返して，結局映画を降板した。思春期の男女特有の，不器用だが繊細《せんさい》で，傷つきやすい心情がきめ細かく描かれており，読者が感情移入しやすいように工夫された文章である。

二　**出典：石毛直道《いしげなおみち》『サムライ　ニッポン　文と武の東洋史』**。江戸《えど》時代に発展した都市の町人文化を，ほかの文明圏《ぶんめいけん》における同時代の文化と比較《ひかく》しながら考察した文章である。

問１　(a)　たくわえること。　(b)　それまであったものに対して，新しいものがさかんになること。　(c)　ある変化に影響《えいきょう》を与《あた》えること。貢献《こうけん》すること。　(d)　江戸時代に木版印刷された，時事的な話題などを取り扱《あつか》った印刷物。　(e)　本来の道筋や決められた枠組《わくぐ》みから外れること。

問２　Ⅰ　井原西鶴《いはらさいかく》は，江戸時代前期の浮世《うきよ》草子作家。ほかに，浮世草子『世間胸算用』などの作品がある。　Ⅱ　近松門左衛門は，江戸時代前期の浄瑠璃・歌舞伎《かぶき》作者。ほかに，浄瑠璃『国性《こくせん》爺合戦《やかっせん》』などの作品がある。　Ⅲ　松尾芭蕉《まつおばしょう》は，江戸時代前期の俳人。ほかに，俳諧《はいかい》紀行文『おくのほそ道』などの作品がある。　なお，『春雨物語』は，上田秋成《うえだあきなり》の読本。『玉勝間』は，本居宣長《もとおりのりなが》の随筆《ずいひつ》。『南総里見八犬伝』は，滝沢馬琴《たきざわばきん》の読本。

問３　**X**「パトロン」は，芸術家や芸能人などに経済的な支援《しえん》を与える人のこと。　**Y**「おかかえ」は，人をやとって専属にすること。　**Z**「はしり」は，あるものごとや現象のはじめになったもののこと。

問４　**A**「一六世紀末のパリで，本来は酒を飲む施設《しせつ》であるキャバレーが高級料理店化する傾向《けいこう》」があり，さらに「一七世紀にコーヒーを飲ませるカフェが流行し，そこで軽食を供するように」なったとあるので，あることがらに次のことがらをつけ加える働きの「また」がよい。　**B**　前に「キャバレーが高級料理店化する傾向があった」とあり，後には「おおすじとしてみた場合，レストランの出現以前の西欧《せいおう》の外食施設は美食としての高級料理を食べさせるものではなく，日常の民衆の食べ物を供するところ」だったとあるので，前のことがらを受けて，それに反する内容を述べるときに用いる「しかし」が合う。　**C**「フランス大革命のあと，貴族の館で働いていた料理人や給仕人が失職し，都市でレストランを開業することになり」，「それが，ヨーロッパ各地にひろがって，西欧のレストラン文化が成立した」とあり，それを「絶対王政が崩壊《ほうかい》し，市民社会が成立することによって，料金を支払《しはら》う能力さえあれば，万人が楽しみとしての外食をすることが可能になった」と，言いかえて説明しているので，“別の言葉で言いかえると”という意味の「すなわち」が選べる。　**D**　前には「江戸時代になると，安全に旅行ができ，仕事のための旅のほかに，民衆が物見遊山の旅行にでかけるように」なったとあり,後には「食事が旅の楽しみのひとつとされるようになり，各地の旅籠《はたご》で名物の料理や食べ物が供されるように」なったとあるので，前のことがらに続いて後のことが起こることを表す「すると」が入る。　**E**「高級な料理茶屋の顧客《こきゃく》は富裕《ふゆう》な商人たち」だったが，例外もあり，「江戸では現在でいう社用族も高級料亭のだいじなお客」だったと述べられているので，前のことがらに，ある条件や例外をつけ加えなければならない場合に用いる「ただし」がよい。　**F**　江戸時代には，「現在の高級料亭にあたる外食施設ができた」が，他方で，「手軽に食べられる民衆むけの外食店が，都市に発達したのも江戸時代のこと」だとあるので，“前に述べたことと同時に”という意味の「いっぽう」が合う。

問５「武士は食わねど高楊枝《たかようじ》」は，“武士というものは，どんなに貧しくて食事ができなくても，腹一杯《いっぱい》食べているように振《ふ》る舞《ま》わなければならないものである”という意味のことわざ。「高楊枝」は，悠々《ゆうゆう》と食後の楊枝を使うこと。なお，「武士に二言なし」は，“武士は一度言ったことは必ず守るものである”という意味。「武士は相身互《たが》い」は，“同じ立場にある者は，互いに助け合うべきである”という意味。「武士は戦略坊主《ぼうず》は方便」は，“どんな立場の人間でも，人間はうそをついてしまうものである”という意味。「武士は渡《わた》りもの」は，“武士は主君をたびたび代えて渡り歩くものである”という意味。

問６　武士は，「実利よりも『義理』をたっとび，名を惜《お》し」み，「『武』の原理をおもんじ」た。一方，町人は，「名を捨てて利益を取り金銭をためる」ので，町人文化は，「『あそび』や享楽《きょうらく》を肯《こう》定《てい》する性格」を持っていたのである。よって，オが選べる。

問７「伝統的日本文化」は，「士農工商という身分秩序《ちつじょ》の下層に位置づけられた商人と職人が中《ちゅう》核《かく》となってつくりあげた都市の流行が，農民や武士に普及《ふきゅう》する道筋」を取る，という形で成立したのである。

問８　「農村歌舞伎」は，「農民たちが素人芝居《しばい》をおこない，そのための舞台を村につくるようになった」ことから始まった。それは，「商業活動としての興行ではなく，自分たちの楽しみとして芝居を演じ，それが村の行事として定着した」のである。

問９　江戸に，飲食店が高密度に集中していたのは，一つには，江戸が，「参勤交代や出稼《でかせ》ぎによる単身男性人口が異常にたかかった都市」だったからである。もう一つには，「日銭の現金収入がある職人のおおい都市であった」からである。

問10　町人とは，「日本社会の経済的基盤《きばん》をにぎった商人たち」と「貨幣《かへい》経済システムに全面的に依存《いぞん》していた職人たち」のことである。

問11　筆者は，「演芸や食事などの商業活動」は，身分に関係なく，お金さえ払えば楽しめるものと考えている。すなわち，「人間を身分によって差別せず，貨幣を価値基準のよりどころとして，支払う金額におうじてモノやサービスを提供するのが商業」なのである。

問12　天下統一ののち，「武士は体制秩序の現状維持《いじ》につとめるだけで，日本は国家目的をもたない社会」になり，社会の成長期が終わるとともに，「『武』の原理が立ちむかうべき対象」もなくなってしまったとあるので，アは本文に合致《がっち》する。江戸時代の日本に，「アジアの料理を扱う店」や「貴族に向けたサービスをする店」が存在したとは述べられていないので，イは合わない。「町人文化は，『あそび』を肯定」し，「演芸に親しむ社会環境《かんきょう》が確立する」と，「素人が歌舞音曲などの芸事を習うように」なり，「家元制度」がさかんになった。「あそび」として芸を身につけたのに，生きるために免許《めんきょ》状を役立てるのは「没落《ぼつらく》」を意味すると述べられているので，ウは合う。李氏朝《りしちょう》鮮《せん》王朝では，「金銭をとりあつかうことや商業活動」が蔑視《べっし》されたとあるが，中国でも，同様であったかは述べられていないので，エは合わない。江戸時代の外食文化が，「京都，大坂，江戸の三都を中心として発展した」のは，この三つの都市が，「特定の領主に所属しない幕府の直轄《ちょっかつ》地で，封建《ほうけん》体制からの自由度がたかかった」からだとあるので，オは合致する。

2024年度 城西川越中学校

【社　会】〈特別選抜第２回試験〉（理科と合わせて50分）〈満点：50点〉

《注　意》漢字で書くべきところは，漢字で解答しなさい。

1　『東海道五十三次』についての資料と説明文を読み、後の問いに答えなさい。

資料Ⅰ

資料Ⅱ

資料Ⅲ

資料Ⅳ

資料Ⅴ

『東海道五十三次』は、（　①　）が1832～33年にかけて描いた②東海道の宿場町《しゅくばまち》の風景や風俗《ふうぞく》の版画です。各地の名所や宿場の様子が描かれ、旅に憧《あこが》れる庶民の人気を得ました。また、（　①　）や③葛飾北斎の絵は、西洋で「ジャポニズム」の流行を巻きおこし、ゴッホやモネにも影響を与えました。

資料Ⅰは、「神奈川宿《しゅく》」のもので、現在の④横浜市神奈川区付近にあたり、近くには神奈川湊《みなと》がありました。

資料Ⅱは「⑤箱根宿」の様子を描いたものです。承久の乱の際《さい》、⑥鎌倉幕府は箱根に関所を設置したという記録が残っており、箱根の関所の起源《きげん》ともされています。江戸時代には、その箱根や群馬県の碓氷峠《うすいとうげ》から東側が⑦関東を指すようになり、現在の関東地方の由来《ゆらい》となっています。

資料Ⅲは「荒井宿《あらいしゅく》」の様子を描いたものです。「荒井宿」は⑧浜名湖の西岸の宿場で、「新居」とも表記されます。参勤交代の大名が水面を行く様子が描かれています。「明応《めいおう》の大地震」という⑨地震が⑩室町時代におきると、浜名湖は水面が沈下《ちんか》し外海と直接つながるようになりました。これ以降は渡船《わたりぶね》で往来《おうらい》するようになりました。

資料Ⅳは、桑名《くわな》城の⑪城下町でもある「桑名宿」の様子を描いたものです。伊勢《いせ》の海を船が行き交《か》っている様子が描かれています。⑫尾張から⑬木曽三川を越え、ここから伊勢国（現在の三重県）に入ります。

資料Ⅴは、江戸からの最終地点であり、西の起点でもある「三条大橋」です。東海道最終の宿場である大津から逢坂山《おうさかやま》を越え、⑭鴨川にかかる三条大橋を渡ると、都の⑮平安京へと入っていきます。

問１　（　①　）に当てはまる人物を答えなさい。

問２　下線部②に関して、東海道という名称は、古代の律令国家が行政区分した際に用いられていました。古代の律令政治について述べた文として、最も適当なものを１つ選び、記号で答えなさい。

ア　中央の政治は二官八省が置かれ、神祇《じんぎ》官が決めた政策にもとづいて、八省が実際に政治を行った。

イ　地方は国・郡・里に分けられ、地方の豪族がそれぞれ国司・郡司・里長に任命され、政治を行った。

ウ　律令国家では、６年ごとに作られる戸籍にもとづき口分田が与えられ、死ぬと国に返す班田収授法がとられた。

エ　地方の特産物を納める租や都で10日間働く調、口分田にかける庸などを農民は負担しなければならなかった。

問３　下線部③に関して、葛飾北斎の作品として、適当なものを１つ選び、記号で答えなさい。

ア

イ

ウ

エ

問４　下線部④に関して、横浜から東京にかけて京浜工業地帯が広がっています。次のグラフは、京浜工業地帯・関東内陸工業地域・北陸工業地域・北九州工業地帯の製造品出荷額等の構成（2020年）をあらわしたものです。京浜工業地帯をあらわしたものとして、最も適当なものを1つ選び、記号で答えなさい。

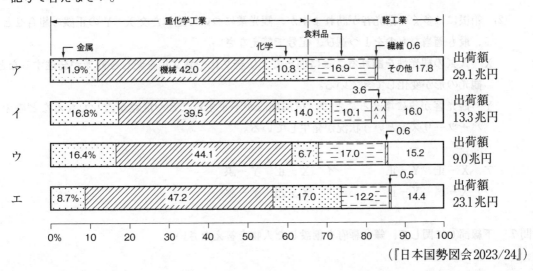

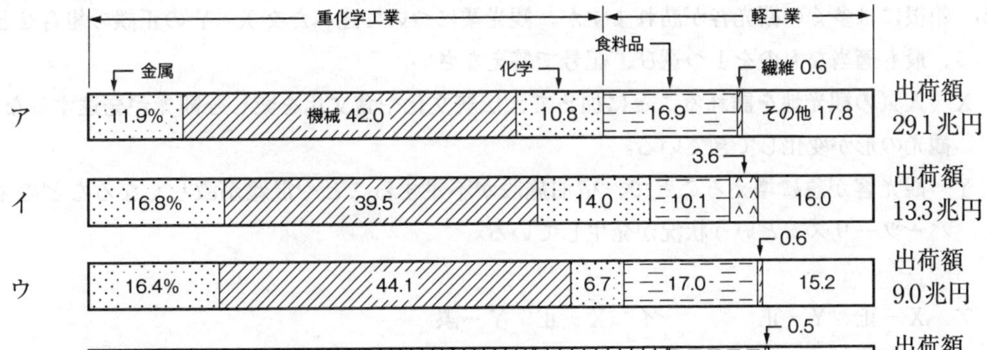

（『日本国勢図会2023/24』）

問５　下線部④に関して、以下の設問に答えなさい。

(1)　横浜港は、1858年にアメリカとの間に結んだ条約によって開港されました。この条約を何というか答えなさい。

(2)　次のグラフは、横浜港・東京港・千葉港・大阪港の主要貿易品目（2021年）をあらわしたものです。横浜港をあらわしたものとして、最も適当なものを１つ選び、記号で答えなさい。

ア

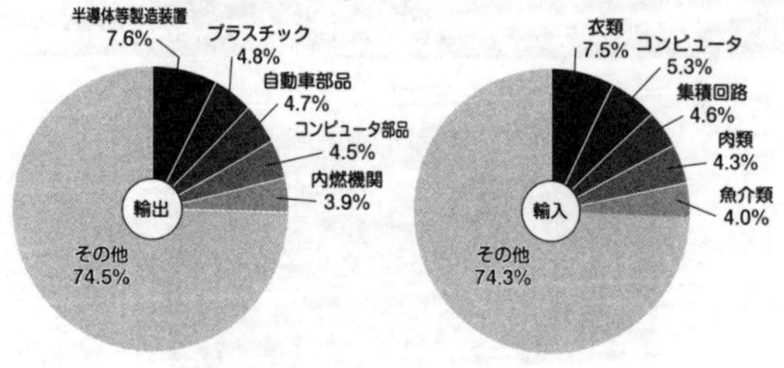

イ

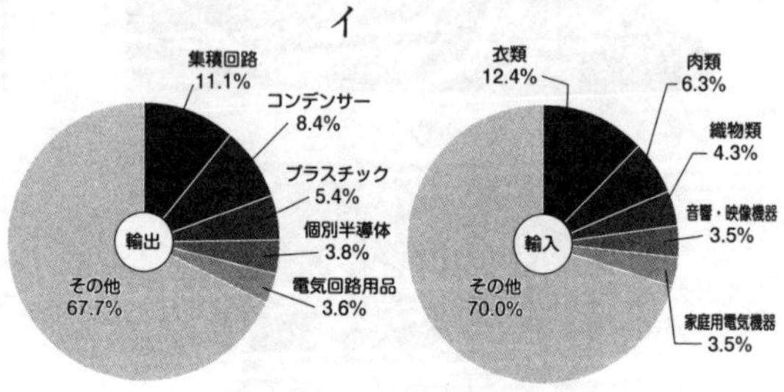

ウ

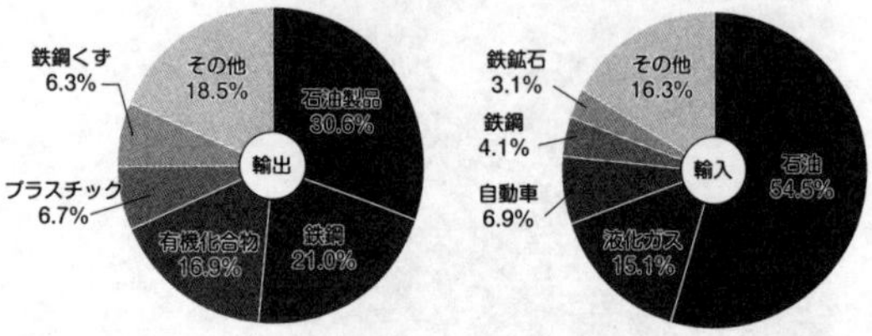

エ

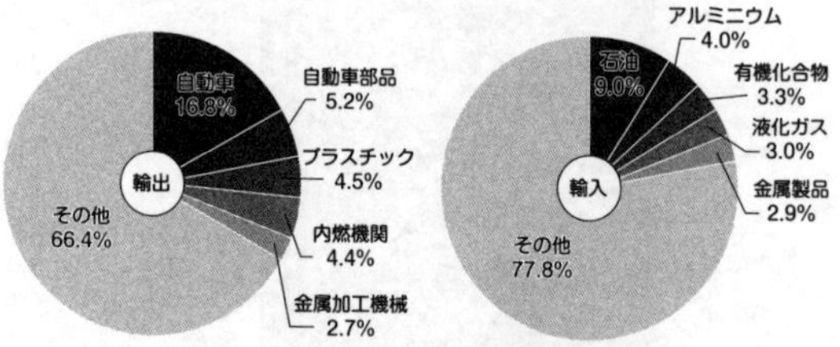

（『日本国勢図会2023/24』）

問６　下線部⑤に関して、以下の設問に答えなさい。

(1)　温泉地としても有名な箱根は、かつて夏目漱石をはじめ多くの作家たちが訪れた地でもあります。夏目漱石の作品として、**適当でないもの**を１つ選び、記号で答えなさい。

ア『坊ちゃん』　イ『たけくらべ』　ウ『こころ』　エ『吾輩は猫である』

(2)　箱根には多くの観光客が訪れますが、観光業について述べた文Ｘ・Ｙの正誤の組合せとして、最も適当なものを１つ選び、記号で答えなさい。

Ｘ　人気の観光地を訪れることに加えて、伝統文化や食文化を楽しむ観光が発達するなど、観光の形が変化してきている。

Ｙ　観光客が急に増えることで、宿泊施設が不足することや混雑が激しくなるなどのオーバーツーリズムという状況が発生している。

ア　Ｘ－正　Ｙ－正　　イ　Ｘ－正　Ｙ－誤

ウ　Ｘ－誤　Ｙ－正　　エ　Ｘ－誤　Ｙ－誤

問７　下線部⑥に関して、鎌倉幕府を創設した人物を答えなさい。

問８　下線部⑦に関して、関東平野について述べた文として、**適当でないもの**を１つ選び、記号で答えなさい。

ア　流域面積が日本一である利根川が越後山脈から流れ出し、関東平野をほぼ南東に流れている。

イ　都市の住民向けに新鮮な農産物を生産する近郊農業が、千葉県や茨城県などで行われている。

ウ　富士山などから噴出《ふんしゅつ》した火山灰が積もってできた関東ローム層が広がっている。

エ　会社や学校が多い東京では、周辺の県から多くの人が通勤・通学をしているので、昼間人口より夜間人口の方が多くなっている。

問９　下線部⑧に関して、浜名湖は養殖地として有名ですが、養殖業について述べた文Ｘ・Ｙの正誤の組合せとして、最も適当なものを1つ選び、記号で答えなさい。

Ｘ　養殖業とは、魚介類をいけすなどで育てて出荷する漁業のことである。

Ｙ　沖合漁業や沿岸漁業は衰退《すいたい》しており、現在国内の漁獲量は養殖業が1位である。

ア　Ｘ－正　Ｙ－正　　　イ　Ｘ－正　Ｙ－誤

ウ　Ｘ－誤　Ｙ－正　　　エ　Ｘ－誤　Ｙ－誤

問10　下線部⑨に関して、地震やその被害について述べた文Ｘ・Ｙの正誤の組合せとして、最も適当なものを１つ選び、記号で答えなさい。

Ｘ　日本列島で地震が多く発生しているのは、プレートの境界付近に位置しているからである。

Ｙ　海岸近くの埋め立て地などでは、液状化現象がおき被害が出ることがある。

ア　Ｘ－正　Ｙ－正　　　イ　Ｘ－正　Ｙ－誤

ウ　Ｘ－誤　Ｙ－正　　　エ　Ｘ－誤　Ｙ－誤

問11　下線部⑩に関して、京都の室町に建てた「花の御所《ごしょ》」と呼ばれる屋敷に幕府を移した将軍は誰か答えなさい。

問12　下線部⑪に関して、**城下町でないもの**を１つ選び、記号で答えなさい。

ア　小田原　　　イ　川越　　　ウ　堺　　　エ　松本

問13　下線部⑫に関して、尾張について述べた文Ｘ・Ｙの正誤の組合せとして、最も適当なものを１つ選び、記号で答えなさい。

Ｘ　馬借や農民たちが徳政令を求めて一揆をおこした。

Ｙ　織田信長によって安土城が築かれ、ここを本拠地に全国統一を進めた。

ア　Ｘ－正　Ｙ－正　　　イ　Ｘ－正　Ｙ－誤

ウ　Ｘ－誤　Ｙ－正　　　エ　Ｘ－誤　Ｙ－誤

問14　下線部⑬に関して、次の図は木曽三川の断面図です。このように木曽三川の下流では、集落を水害から守るために、周囲を囲んだ堤防がつくられています。このような集落の名称として、適当なものを１つ選び、記号で答えなさい。

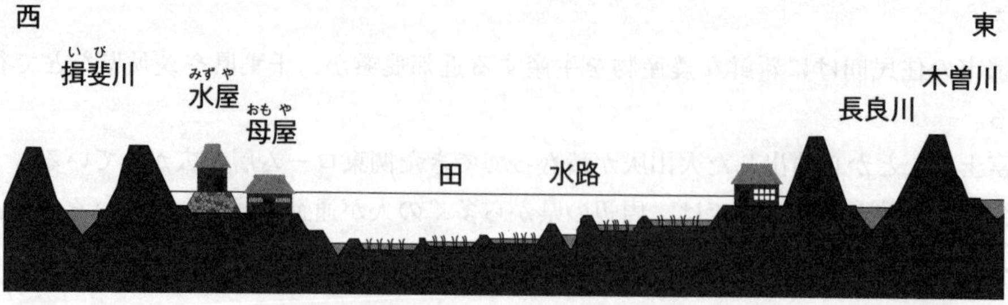

ア　輪中　　　　イ　環濠集落　　　　ウ　台地　　　　エ　高地性集落

問15　下線部⑭に関して、以下の設問に答えなさい。

⑴　鴨川は古代よりたびたび洪水が発生しており、院政を始めた上皇は「双六《すごろく》の賽《さい》」や「延暦寺の僧侶」と並んで、「鴨川の水」が自身の言うことを聞かないものとしていました。その上皇とは誰か答えなさい。

⑵　鴨川は、琵琶湖を水源とする淀川水系の河川の一つです。琵琶湖では、1960年頃から工場の排水や生活排水により赤潮が発生するなど、水質が悪化していました。1960年頃にあった公害について述べた文X・Yの正誤の組合せとして、最も適当なものを１つ選び、記号で答えなさい。

X　四大公害病をめぐる裁判では、いずれも被害者側が勝利し、企業に責任があるとされた。

Y　公害に対して国は、1967年に環境基本法を、1971年に環境庁をつくり、公害をなくす努力を続けている。

ア　X－正　Y－正　　　　イ　X－正　Y－誤
ウ　X－誤　Y－正　　　　エ　X－誤　Y－誤

問16　下線部⑮に関して、以下の設問に答えなさい。

⑴　京都の伝統工芸品として、適当なものを１つ選び、記号で答えなさい。

ア　九谷焼　　　　イ　清水焼　　　　ウ　南部鉄器　　　　エ　加賀友禅

⑵　平安京について述べた文X・Yの正誤の組合せとして、最も適当なものを１つ選び、記号で答えなさい。

X　聖武天皇によって、寺院勢力の強かった奈良から都が移され、律令政治の立て直しが進められた。

Y　極楽浄土を再現しようとする貴族たちによって、平等院鳳凰堂や中尊寺金色堂が平安京内に建てられた。

ア　X－正　Y－正　　　　イ　X－正　Y－誤
ウ　X－誤　Y－正　　　　エ　X－誤　Y－誤

2　次のＡ君と先生の会話文を読んで、後の問いに答えなさい。

Ａ君：物価の優等生と言われた卵の値段も上がっているというニュースで、昨日近所のスーパーがTVで取り上げられていました。

先生：卵価格の上昇は、ロシアによるウクライナ侵攻《しんこう》で、ニワトリのエサになるトウモロコシなどの価格上昇に加えて、鳥インフルエンザの感染拡大で卵の出荷数が減っていることが原因です。

Ａ君：最近①物価が上昇していると言われますね。ウクライナ侵攻が原因なのでしょうか。

先生：実は、ウクライナ侵攻の前年春ごろから物価が上昇し始めていたことが分かっています。様々な要因があると考えられていますが、新型コロナウイルスのパンデミックによる供給網《きょうきゅうもう》の分断が主な要因であると考えられています。

Ａ君：そうなんですね。

先生：総務省統計局が毎月発表している消費者物価指数では、約600品目のモノやサービスの価格が集計され、全体として発表されています。2022年度は前年度に比べて3.2％上昇していました。

Ａ君：ガソリンが高いってお母さんがよく言っています。②お金の価値が下がっているんですね。

先生：そうですね。③600品目の中でも特にガソリンや都市ガス、灯油が価格上昇しています。実は、私たちが購入するモノ・サービスのうち約４割は価格が変わっていないそうです。これが何を意味するかというと、輸入に頼っている商品の価格は上がっても、それが国内価格に上乗せされていないということです。

Ａ君：それは、企業が経営努力をしている証であって、良いことだと思うのですが。

先生：IMF（国際通貨基金）による2022年の物価上昇率の予測値で、日本は192ヶ国中最下位となっています。2000年からこれまで、④消費税率が上がった2014年を除き、ずっと最下位に近いようです。

Ａ君：日本の経済状況が近年良いということは聞きません。それならば、物価上昇率が低いことは良いことではないのかもしれませんね。

先生：物価上昇は世界的に問題になっています。人々の生活を圧迫する物価上昇に対して、多くの国の中央銀行は、金融を引き締めて対策しています。しかし、日本は物価上昇率が低いため金融を引き締めることができません。

Ａ君：【　※　】

先生：その通り。世界的な物価上昇を前にして、日本人もある程度の物価上昇は仕方ないことだという風に意識が変わっているようです。これは世界最下位の物価上昇率を上げるチャンスかもしれません。

Ａ君：物価が上がっても、賃金が上がらなければ生活は厳しくなりますね。

先生：日本は長らく物価が上がらなかったので、賃金を上げる必要がありませんでした。消費者が物価の上昇を受け入れ、企業が価格を上げることができれば、賃金を上げる機運《きうん》が高まります。例えば、2013年に示された⑤日本銀行が目標とする物価上昇率を多くの日本人が認めることができれば、良い方に進むかもしれません。失われた30年とも言われる日本経済の停滞《ていたい》から抜け出せるかどうかの岐路《きろ》に立たされています。

（参考：渡辺努（2022）『世界インフレの謎』講談社）

問１　下線部①に関して、物価が継続して下落することを何というか、**カタカナ**で答えなさい。

問２　下線部②に関して、2024年７月前半をめどに、日本の紙幣《しへい》が変わります。新紙幣に採用された人物の説明と紙幣の組合わせとして、適当なものを１つ選び、記号で答えなさい。

１　生涯《しょうがい》を通じて女性の地位向上と女子教育に尽力《じんりょく》した教育家

２　黄熱病《おうねつびょう》研究に尽力した細菌学者

３　破傷風《はしょうふう》を予防・治療する方法を開発した微生物学者

４　生涯で約500もの企業の設立・育成に関わった「近代日本経済の父」

ア　１－1000円札　　イ　２－2000円札　　ウ　３－5000円札　　エ　４－10000円札

問３　下線部③に関して、ガソリン価格は上昇しているものの、2022年１月以降、政府の政策によって一定程度押し下げられていました。この政策についての説明として、最も適当なものを１つ選び、記号で答えなさい。

ア　ガソリンが一定の価格まで上昇したため、自動的にガソリンへの課税の一部をやめた。

イ　ガソリンが一定の価格まで上昇したため、燃料油の元売り会社に補助金を出した。

ウ　ガソリンが一定の価格まで上昇したため、各家庭に、ガソリン代の高騰分を支給した。

エ　ガソリンが一定の価格まで上昇したため、公定価格を設定し価格の変動をおさえた。

問４　下線部④に関して、2014年４月に、消費税は何％から何％に上がりましたか。その組合わせとして、適当なものを１つ選び、記号で答えなさい。

ア　０％から３％へ　　イ　３％から５％へ　　ウ　５％から８％へ　　エ　８％から10％へ

問５　【　※　】に当てはまる文章として、最も適当なものを１つ選び、記号で答えなさい。

ア　金融引き締めは、人々の経済活動を活発にさせ、社会に活力をもたらしますからね。

イ　金融引き締めは、企業の経済活動を抑制する代わりに、政府の公共事業を活発にしますからね。

ウ　金融引き締めは、景気を後退させ、人々の所得を減らしてしまいますからね。

エ　金融引き締めは、行き過ぎるとバブル経済を発生させ、再び景気が悪化する恐れがありますからね。

問６　下線部⑤に関して、日本銀行の総裁は内閣が任命しますが、国会が同意しなければなりません。次の国会に関する文章のうち、**適当でないもの**を１つ選び、記号で答えなさい。

ア　国会は、内閣が作った予算案を審議して予算を決定する。

イ　各議院の総議員の３分の２以上の賛成で憲法の改正を国民に提案し、国民投票にかけることができる。

ウ　国会は、国権の最高機関であり、唯一の立法機関である。

エ　参議院は、衆議院に比べて任期は４年と短いが、解散はない。

問７　これからの日本にとって、**会話文中の「先生」が理想だと考える**物価と賃金の循環《じゅんかん》は次のア～エの図のどれにあたると考えられますか。最も適当なものを１つ選び、記号で答えなさい。ただし、[1]～[4]という順番で循環することとします。

ア

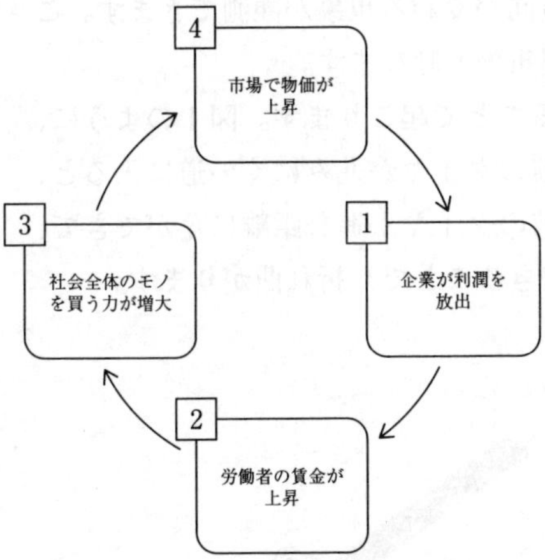

イ

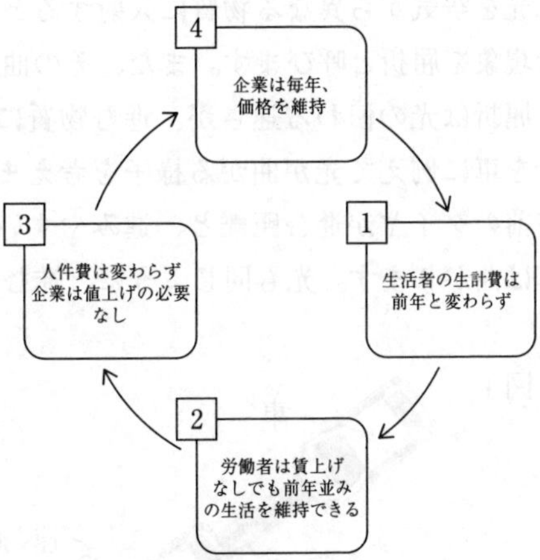

ウ

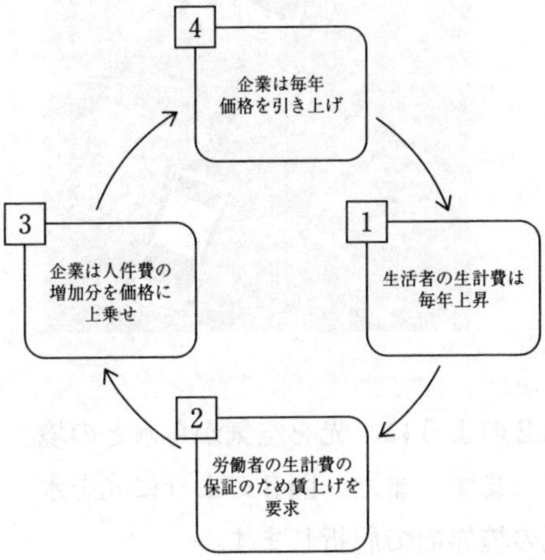

エ

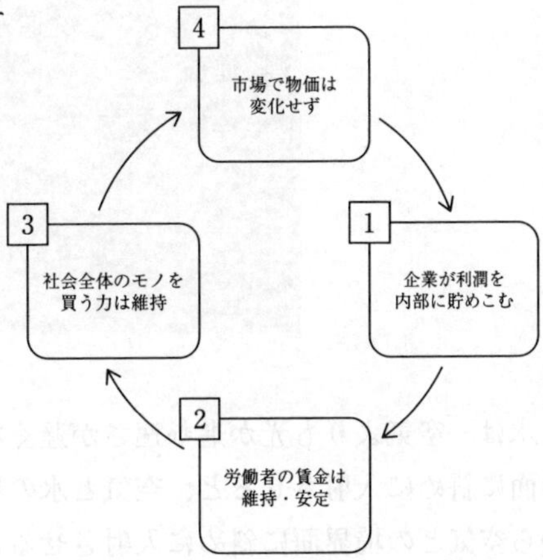

問８　波線部分に関して、従来、企業が価格を上げないことは、経営努力の結果だと考えられる傾向がありました。しかし、企業が価格を上げる必要があるのに価格を上げなかった場合は、どこかに問題が生じていたはずです。その問題とは、どのような問題だと思いますか。あなたの考えを述べなさい。

【理　科】〈特別選抜第２回試験〉（社会と合わせて50分）〈満点：50点〉

《注　意》漢字で書くべきところは，漢字で解答しなさい。

1　次の文章を読み、各問いに答えなさい。

光を空気から異なる物質に入射すると、光の進行方向が変わる現象が観測できます。この現象を屈折と呼びます。また、その曲がり具合を屈折率と呼びます。

屈折は光の伝わる速さが、進む物質によって異なることで起こります。図１のように、光を車に例えて光が曲がる様子を考えます。車の右前のタイヤが進みにくい道に入ると、右前のタイヤが進む距離と、進みやすい道にある左前のタイヤが進む距離に差ができて、車は曲がります。光も同じように、進む速さに差ができることで、折れ曲がります。

図１

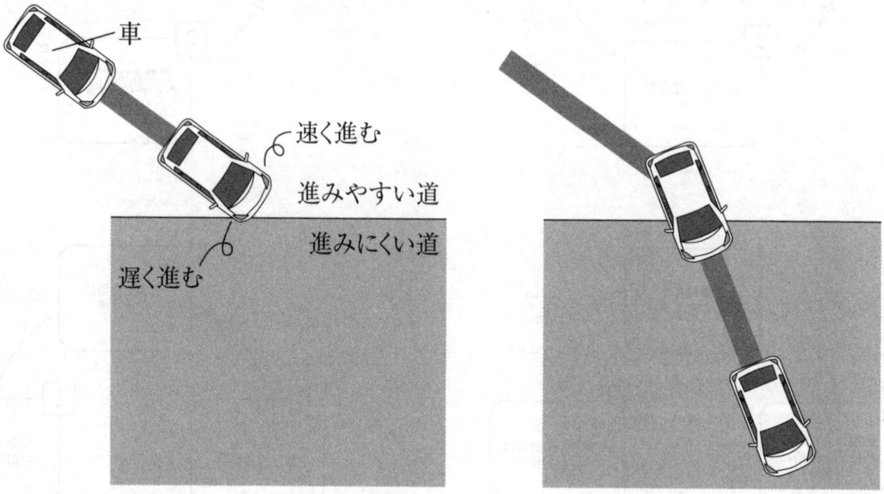

水は、空気よりも光が進む速さが遅くなります。図２のように、光を空気から水との境界面に斜めに入射させると、空気と水の境界面で屈折します。また、図３のように光を水から空気との境界面に斜めに入射させると、水と空気の境界面で屈折します。

図２

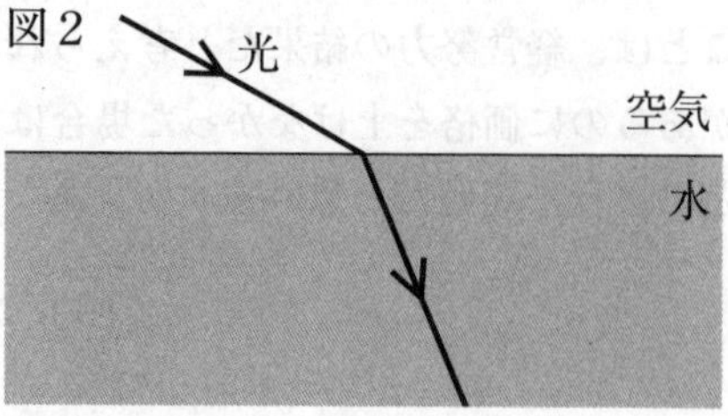

図３

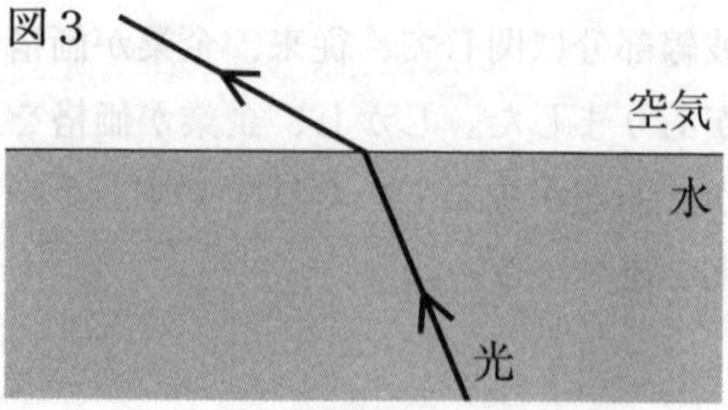

問１　光を空気からガラスとの境界面に斜めに入射させると、光の曲がる角度は空気から水に入射した場合と比べてどのようになりますか。ただし、水と比べて、ガラスの屈折率は大きいものとします。

問２　図４のように光を発するもの（光源）を水中に置いて、光を水から空気に向かって入射しました。このとき、光の進む道筋はどのようになりますか。次の（ア）～（エ）から正しいものを１つ選び、記号で答えなさい。

図４

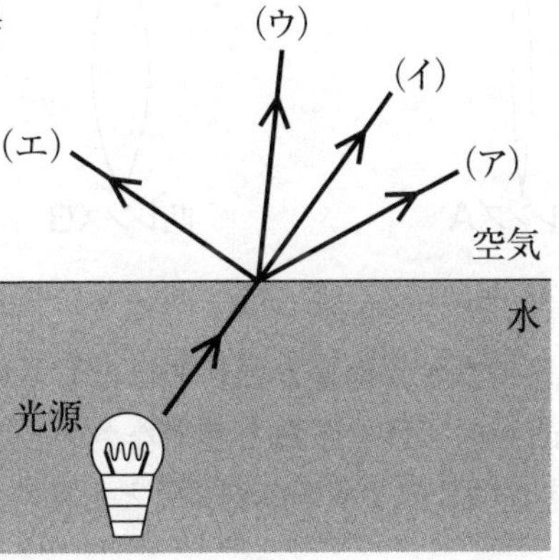

光の屈折を利用したものにレンズがあります。図５のように、中央が厚いレンズが凸《とつ》レンズです。また、凸レンズの中心を通る線が光軸となります。光軸に平行な光を凸レンズに当てると、光は焦点に集まります。焦点と凸レンズの中心との距離が焦点距離です。

図５

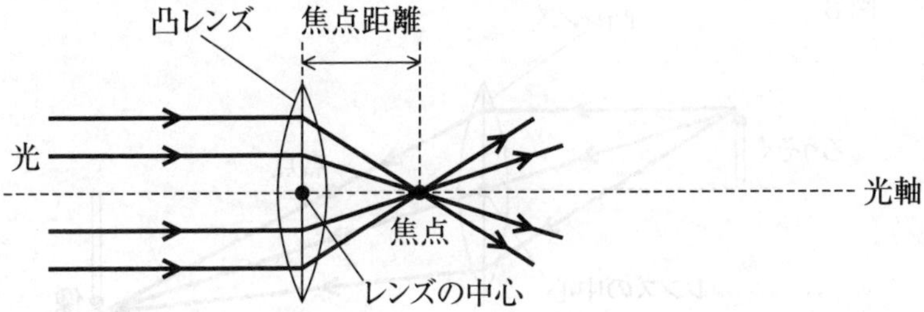

問３　図６のようにろうそくから出た光がろうそくと凸レンズの間の焦点を通過して、凸レンズで屈折したときの光の進む道筋はどのようになりますか。次の（ア）～（ウ）から正しいものを１つ選び、記号で答えなさい。

図６

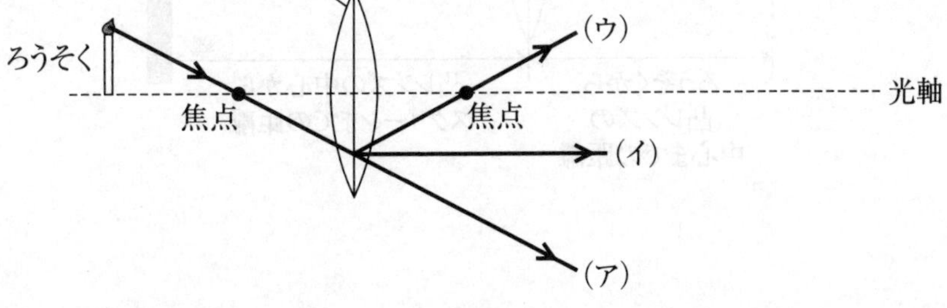

次に、図7のように、同じ物質でできた、レンズの端と中央の厚さの差が小さい凸レンズ**A**と、厚さの差が大きい凸レンズ**B**について、焦点距離の違いを考えます。

図7

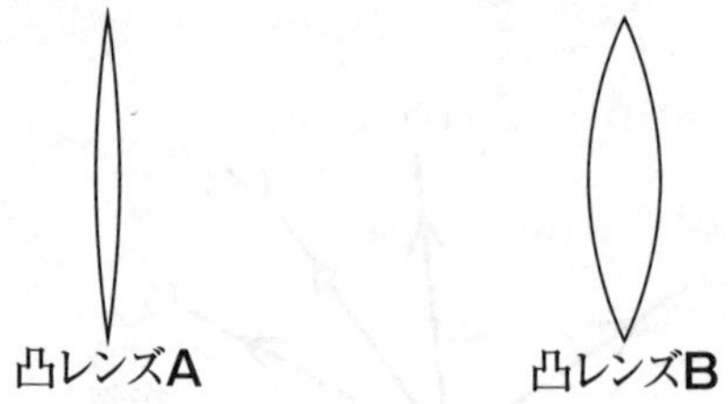

問4　凸レンズ**A**と凸レンズ**B**で、焦点距離が長いのはどちらのレンズと考えられますか。凸レンズ**A**なら**A**、凸レンズ**B**なら**B**と答えなさい。また、そのことを調べるには、どのような実験をすればよいですか。結果とともに答えなさい。

図8のように、ろうそくから出た光が凸レンズに入射すると、凸レンズを通過した光が集まる場所には像が作られます。この場所にスクリーンを置くと、像をうつし出すことができます。そこで城西太郎君は、ろうそくから凸レンズの中心までの距離と、凸レンズの中心からスクリーンまでの距離と、焦点距離の関係を調べる実験を行いました。

図8

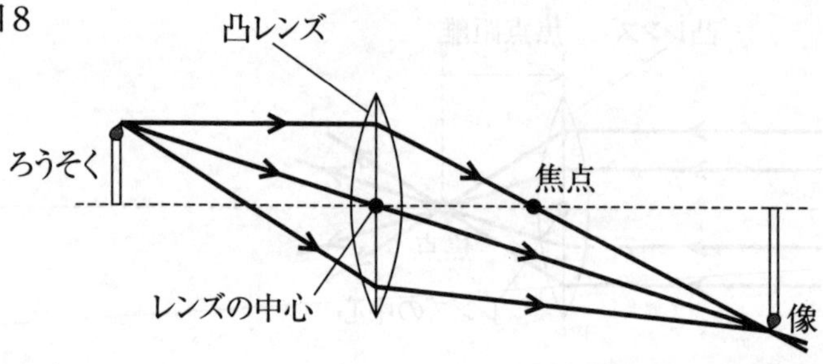

【実験】

図9

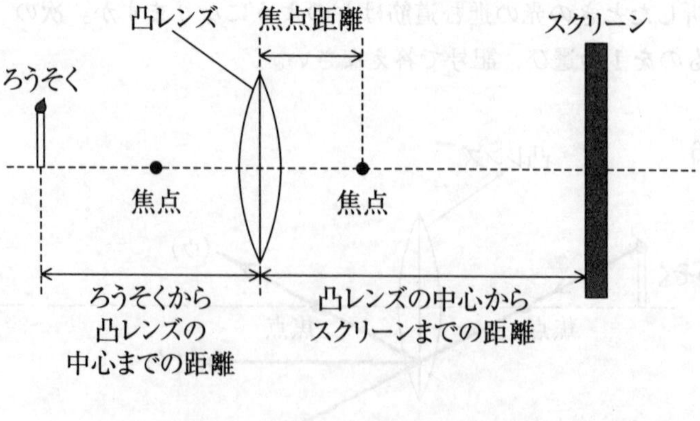

操作１　図９のように、ろうそくと凸レンズ、スクリーンを一直線に並べる。

操作２　ろうそくから凸レンズの中心までの距離を11cm ～30cmの間で変えて、はっきりとした像がうつるときの、レンズの中心からスクリーンまでの距離を調べる。

【実験】の結果をまとめたところ、次の【結果】となりました。

【結果】

ろうそくから凸レンズの中心までの距離［cm］	11	12	14	15	20	30
凸レンズの中心からスクリーンまでの距離［cm］	110	60	35	30	20	15

問５　【実験】で用いた凸レンズの焦点距離は何cmですか。

問６　図10のように、凸レンズの下半分を黒い紙で隠すと、スクリーンにうつる像はどのようになりますか。次の（ア）～（カ）から正しいものを１つ選び、記号で答えなさい。またその理由を答えなさい。

図10

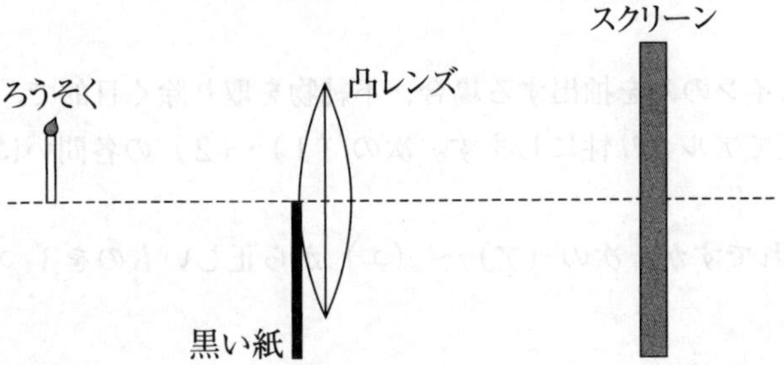

（ア）像の上半分が消える。　（イ）像の下半分が消える。

（ウ）像の右半分が消える。　（エ）像の左半分が消える。

（オ）像の形は変わらず、明るくなる。　（カ）像の形は変わらず、暗くなる。

2　次の文章を読み、各問いに答えなさい。

紅茶やコーヒーには、カフェインと呼ばれる物質が入っています。カフェインを摂取すると、眠気が覚めて一時的に集中力が上がる効果があります。その一方で、過剰に摂取するとめまいや不眠などの症状があらわれます。

カフェインを過剰に摂取すると健康に悪い影響があることから、国によって、１日あたりの摂取量の目安が定められています。

問１　体重が40kgの12歳の少年が紅茶を飲むとき、何mLで１日あたりの摂取量の目安を超えてしまいますか。ただし、100mLの紅茶には30mgのカフェインが含まれているものとし、12歳の少年であれば1日あたりの摂取量の目安は、体重1kgにつき3mgとします。

カフェインを過剰に摂取することを抑《おさ》えるために、紅茶からカフェインを抽出《ちゅうしゅつ》する研究が行われています。

※抽出・・・カフェインなどの目的の物質が含まれる混合物に、その物質をよく溶かす液体を加え、その液体に目的の物質を溶かして取り出すこと。

問２　紅茶からカフェインのみを抽出する場合、不純物を取り除く目的で、濃度の高い紅茶に物質**X**を加えてアルカリ性にします。次の（１）・（２）の各問いに答えなさい。

（１）物質**X**はどれですか。次の（ア）～（エ）から正しいものを１つ選び、記号で答えなさい。

（ア）塩酸　　　（イ）水酸化ナトリウム水溶液
（ウ）食塩水　　（エ）エタノール

（２）紅茶がアルカリ性になったことを確認するには、どのような方法をすればよいですか。結果まで含めて簡単に説明しなさい。

スーパーやコンビニエンスストアに行くと、カフェインが含まれていない紅茶が売られています。問２の方法では、紅茶がアルカリ性に変わっているため、飲むことには適していません。そこで、温度と圧力を高くした二酸化炭素に、紅茶の茶葉のカフェインを溶かして、取り除く方法が使われています。温度と圧力を高くした二酸化炭素は、気体と液体の両方の性質を持った状態になり、このような状態を超臨界流体《ちょうりんかいりゅうたい》と呼びます。図は、二酸化炭素の状態図を表しています。状態図とは、物質の状態（固体、液体、気体）が変化する温度や圧力の関係をグラフにしたものです。横軸《よこじく》は温度を、縦軸《たてじく》は圧力を表しています。固体、液体、気体の境界線はそれぞれ曲線**AB**、曲線**BC**、曲線**BD**であり、この境界線上は複数の状態が存在することを意味します。

図

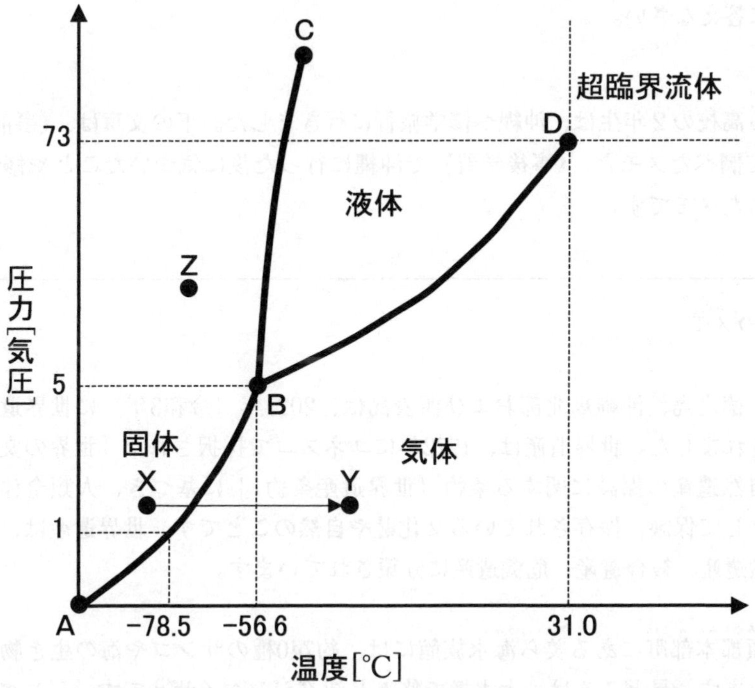

※図は状態図の特徴を強調して示しており、圧力や温度の目盛りは正確ではありません。

問３　温度が18℃、圧力が１気圧のとき、二酸化炭素はどのような状態ですか。図を参考に、固体、液体、気体のいずれかで答えなさい。

問４　図の点**X**から点**Y**に二酸化炭素の状態を変化させました。次の（１）・（２）の各問いに答えなさい。

（１）　この変化のことを何といいますか。次の（ア）～（オ）から正しいものを１つ選び、記号で答えなさい。

（ア）凝縮　（イ）蒸発　（ウ）凝固　（エ）融解　（オ）昇華

（２）　問４の（１）と同じ変化を示した文はどれですか。次の（ア）～（エ）から正しいものを１つ選び、記号で答えなさい。

（ア）コップに水を注いで一晩放置したところ、水の量が少し減った。
（イ）冬の朝、窓を見ると窓の内側に水滴がついていた。
（ウ）アイスクリームを机の上に出していたら、アイスクリームが溶けた。
（エ）冷凍庫に入れておいた氷が、数ヶ月後に少し小さくなった。

問５　図の点**Z**から圧力を一定にしながら少しずつ温度を上げていき、31℃になったところで加熱をやめました。このとき、二酸化炭素の状態は温度の上昇に伴《ともな》い、どのように変化しますか。「曲線**BC**」「曲線**BD**」の２語を用いて説明しなさい。

3　次の各問いに答えなさい。

埼玉県のある高校の２年生は、沖縄へ修学旅行に行きました。下の文章は、《事前学習》で沖縄について調べたメモと、《事後学習》で沖縄に行った後に気づいたことや修学旅行の感想をまとめたメモです。

> 《事前学習》のメモ
>
> ○奄美大島、徳之島、沖縄島北部および西表島は、2021年（令和3年）に世界遺産として登録されました。世界遺産は、1972年にユネスコで採択された「世界の文化遺産および自然遺産の保護に関する条約（世界遺産条約）」に基づき、人類全体のための遺産として保護、保存されている文化財や自然のことです。世界遺産は、文化遺産、自然遺産、複合遺産、危機遺産に分類されています。
>
> ○沖縄県国頭郡《くにがみぐん》本部町《もとぶちょう》にある美《ちゅ》ら海《うみ》水族館には、約740種のサンゴや海の生き物が飼育されています。見どころは、大水槽で悠々と泳ぐジンベイザメです。ジンベイザメは成長すると10～20mになり、魚類では最大種で、世界の熱帯から亜熱帯の海にかけて生息しています。
>
> ○沖縄本島には約2,000の鍾乳洞《しょうにゅうどう》があり、それらは沖縄の方言でガマと呼ばれます。ガマは太平洋戦争末期、沖縄に暮らしていた人々が防空壕《ごう》として利用するため避難した場所でした。また、日本軍の陣地や、負傷兵の病院としても使われました。

問１　日本では2024年（令和6年）１月までに、世界自然遺産に登録されている場所が、奄美大島、徳之島、沖縄島北部および西表島の他に４か所あります。世界自然遺産として、**誤っている地域**はどこですか。次の（ア）～（オ）から１つ選び、記号で答えなさい。

（ア）知床　（イ）白神山地　（ウ）小笠原諸島
（エ）富士山　（オ）屋久島

問２　沖縄の島々や沖縄の近海に多く生息している動物の組合せとして、正しいものはどれですか。次の（ア）～（カ）から１つ選び、記号で答えなさい。

（ア）シマエナガ・ツキノワグマ　（イ）ヤンバルクイナ・イリオモテヤマネコ
（ウ）ライチョウ・ニホンカモシカ　（エ）アホウドリ・オオサンショウウオ
（オ）トキ・コビトカバ　（カ）シラコバト・ガラパゴスゾウガメ

問３　平和学習の一環で訪れたガマには、写真１のように鍾乳洞の天井から垂れ下がった鍾乳石《しょうにゅうせき》が見られました。写真１の鍾乳洞の鍾乳石は、３年で1mm成長します。この鍾乳石が2.5mまでのびるには、最低何年かかると考えられますか。

写真１

《事後学習》のメモ

○夕食を終えたあと、宿泊していた部屋の窓の外に見えた夜空は、埼玉より多くの星が輝いており、とてもきれいでした。夜空にオリオン座が見られました。

○最近はコンクリートでつくられた家が多く建てられていますが、沖縄に古くからある民家は、赤瓦《あかがわら》の屋根で平屋の家屋、そして、家屋の周辺が石垣やフクギなどの屋敷林で囲まれていました。

○羽田空港から那覇空港まで行きの便の飛行時間は2時間40分でしたが、那覇空港から羽田空港までの帰りの便の飛行時間は2時間20分でした。調べてみると、荷物や乗客の乗り降りの時間や気象条件などにもよりますが、年間を通じて行きの便の飛行時間より帰りの便の飛行時間の方が短いことが分かりました。これは（　X　）ためです。

○沖縄本島の北部、東側の海岸を流れる慶佐次川の両側にはマングローブが生い茂っていました。マングローブは、海水と淡水が混じり合う潮間帯《ちょうかんたい》に生息する植物の総称で、写真２のようにヒルギの仲間で林がつくられています。ヒルギの仲間は海水に浸《つ》かっても枯れない不思議な樹木です。

※ヒルギ…熱帯や亜熱帯に分布する常緑高木

写真２

問４　沖縄で見られたオリオン座について、正しいものはどれですか。次の（ア）～（ク）から１つ選び、記号で答えなさい。

（ア）夏の北の空をながめており、オリオン座は埼玉に比べて低い位置に見られた。
（イ）夏の北の空をながめており、オリオン座は埼玉に比べて高い位置に見られた。
（ウ）夏の南の空をながめており、オリオン座は埼玉に比べて低い位置に見られた。
（エ）夏の南の空をながめており、オリオン座は埼玉に比べて高い位置に見られた。
（オ）冬の北の空をながめており、オリオン座は埼玉に比べて低い位置に見られた。
（カ）冬の北の空をながめており、オリオン座は埼玉に比べて高い位置に見られた。
（キ）冬の南の空をながめており、オリオン座は埼玉に比べて低い位置に見られた。
（ク）冬の南の空をながめており、オリオン座は埼玉に比べて高い位置に見られた。

問５　沖縄で見られる赤瓦の屋根のすき間は、写真３のように石灰・稲わら・水からつくられた漆喰《しっくい》で固められています。赤瓦の屋根のすき間を漆喰で固める理由は何ですか。平屋の家屋が多いこと、家屋の周辺が石垣やフクギなどの屋敷林で囲まれていることを踏まえて簡単に説明しなさい。

写真３

問６　（　Ｘ　）に当てはまる文章として、正しいものはどれですか。次の（ア）～（エ）から１つ選び、記号で答えなさい。

（ア）日本の上空には偏西風が吹いているため、西から東へ向かう飛行機は追い風となりスピードが上がり、東から西へ向かう飛行機は向かい風となりスピードが下がる

（イ）日本の上空には偏西風が吹いているため、東から西へ向かう飛行機は追い風となりスピードが上がり、西から東へ向かう飛行機は向かい風となりスピードが下がる

（ウ）日本の上空には偏東風が吹いているため、西から東へ向かう飛行機は追い風となりスピードが上がり、東から西へ向かう飛行機は向かい風となりスピードが下がる

（エ）日本の上空には偏東風が吹いているため、東から西へ向かう飛行機は追い風となりスピードが上がり、西から東へ向かう飛行機は向かい風となりスピードが下がる

問７　海水に浸かっても枯れないヒルギの仲間には花や葉、根に特徴がある種類が多く、種子にも特徴があります。写真４のように、果実の中にある種子は、果実がまだ樹木についている状態で発芽、成長して細長くなります。このような種子を胎生《たいせい》種子といい、約30cmの長さまで成長します。この胎生種子は、図のように先端の方向に根を伸ばし、果実があった方向に芽を出します。また、海水と淡水が混じり合う潮間帯は川の水が少なくなると、酸素の少ない泥水《どろみず》となります。ヒルギの仲間の種子が図のような形になる利点は何ですか。簡単に説明しなさい。

写真４

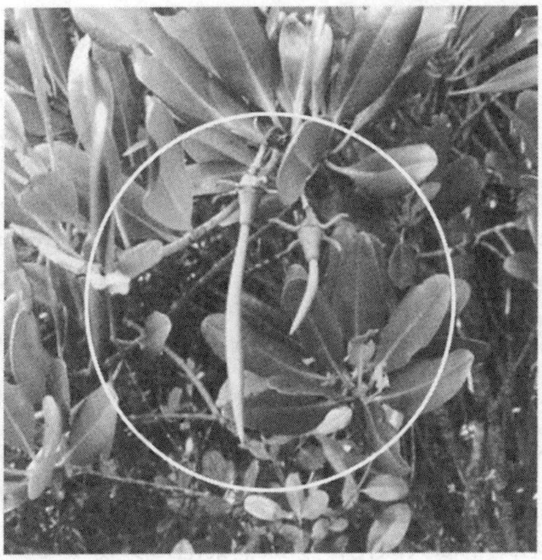

図

2024年度

城西川越中学校 ▶解説と解答

社 会 ＜特別選抜第２回試験＞（理科と合わせて50分）＜満点：50点＞

解 答

1 問１ 歌川広重 問２ ウ 問３ ア 問４ エ 問５ (1) 日米修好通商条約 (2) エ 問６ (1) イ (2) ア 問７ 源頼朝 問８ エ 問９ イ 問10 ア 問11 足利義満 問12 ウ 問13 エ 問14 ア 問15 (1) 白河上皇 (2) イ 問16 (1) イ (2) エ 2 問１ デフレーション 問２ エ 問３ イ 問４ ウ 問５ ウ 問６ エ 問７ ウ 問８ (例) 人件費を削減するために，労働者にサービス残業をさせたり，膨大な仕事量を少ない人員でまかなっていたりした可能性がある。

解 説

1 『東海道五十三次』の資料と説明文についての問題

問１ 歌川広重は，江戸の町人たちをにない手とする化政文化が栄えた19世紀前半に活躍《かつやく》した浮世《うきよ》絵《え》師である。江戸と京都を結んだ東海道中の53の宿場の風景を，1832～33年にかけて描《えが》いた『東海道五十三次』が代表作となっている。

問２ 律令政治下では，班田収授《しゅうじゅ》法により６年ごとに戸籍《こせき》がつくられ，６歳《さい》以上の男女に国から口分田が支給された。口分田は男子に２段，女子にはその３分の２が与《あた》えられ，死ぬと国に返すことになっていた(ウ…○)。なお，神祇《じんぎ》官と太政《だいじょう》官の二官のうち，政策を決めるのは太政官である(ア…×)。郡司と里長は地方の豪族《ごうぞく》が任命されたが，国司は都から派遣《はけん》された(イ…×)。地方の特産物を都に納めるのは調，都での労役あるいは布などを都に納めるのは庸，口分田にかかる稲の収穫《しゅうかく》の３％を地方に納めるのは租である(エ…×)。

問３ アは，葛飾北斎が描《えが》いた『富嶽《ふがく》三十六景』の「神奈川沖浪裏《なみうら》」である。葛飾北斎は，歌川広重と同時代に活躍した化政文化を代表する浮世絵師で，世界的にも知られている。なお，イは狩野《かのう》永徳《えいとく》の『唐獅子図屏風《からじしずびょうぶ》』，ウは菱川師宣《ひしかわもろのぶ》の『見返り美人図』，エは雪舟の『秋冬山水図』である。

問４ 京浜工業地帯は，東京都と神奈川県の東京湾沿岸を中心に発達した工業地帯で，機械工業が約50％を占《し》め，他の工業地帯・地域に比べて金属工業の占める割合が10％未満と小さい(エ…○)。なお，アは関東内陸工業地域，イは北陸工業地域，ウは北九州工業地帯のグラフである。

問５ (1) 1858年，江戸幕府の大老井伊直弼《なおすけ》は，アメリカ総領事ハリスに迫《せま》られ，朝廷のゆるしを得ずに日米修好通商条約を結んだ。これにより，函館《はこだて》・新潟・神奈川(横浜)・兵庫(神戸)・長崎の５港が開かれることが約束され，欧米諸国との貿易が開始された。 (2) 横浜港は，京浜工業地帯で使われる原料の石油が輸入品の第１位，横浜市や横須賀《よこすか》市でつくられた自動車が輸出品の第１位となっている(エ…○)。なお，アは東京港，イは大阪港，ウは千葉港のグラフである。

問６ (1) イの『たけくらべ』は樋口一葉の作品である。なお，夏目漱石は，東京帝国大学で講師をしながら『吾輩《わがはい》は猫《ねこ》である』を発表し，松山(愛媛県)に英語の教師として滞在していたときの体験をもとに『坊《ぼ》っちゃん』を書いた。前期三部作として知られる『三四郎』，『それから』，『門』や，晩年に著《あらわ》した『こころ』などの作品も有名である。　(2)　近年，日本を訪《おとず》れる外国人観光客が増え，日本の伝統文化や食文化を楽しむようになっている(X…正)。観光客が急増することにより，宿泊施設が不足して受け入れ不能となることや，交通機関の混雑，ゴミ・騒音《そうおん》の問題が生じて地域住民の生活環境《かんきょう》が悪化する状況をオーバーツーリズムといい，日本各地の観光地でその対策が求められている(Y…正)。

問7　源頼朝は，1185年に壇ノ浦《だんのうら》の戦いで平氏をほろぼすと，国ごとに守護，荘園《しょうえん》や公領に地頭を置くことを朝廷に認めさせ，1192年に朝廷から征夷《せいい》大将軍に任命されたことで，名実ともに鎌倉に幕府を開いた。

問8　東京には会社や学校が多いことから，昼は周辺の千葉県，埼玉県，神奈川県などから多くの人が東京に通勤・通学し，夜は住まいのある周辺の県に帰るので，東京は夜間人口より昼間人口の方が多くなっている(エ…×)。

問9　養殖《ようしょく》業は，海，河川，湖沼《こしょう》などの区画された水域で，魚介《ぎょかい》類をいけすなどで大きくなるまで育て，出荷する漁業のことである(X…正)。沖合漁業や沿岸漁業は1990年代ころより漁獲《ぎょかく》量が減少傾向《けいこう》にあるが，2021年の国内の漁獲量は沖合漁業が１位，沿岸漁業が２位，養殖業が３位となっている(Y…誤)。

問10　日本は，ユーラシアプレート，北米プレート，太平洋プレート，フィリピン海プレートの境界上に位置しているため，プレートどうしがぶつかり合う力によって地震《じしん》が発生しやすい(X…正)。海岸近くの埋《う》め立て地などでは，地震の振動で水と砂を多くふくむ地盤《じばん》が液体のようになって流動し，水や砂が地表に噴《ふ》き出して地盤が沈下《ちんか》したり，建物が傾《かたむ》いたりする液状化現象が起きることがある(Y…正)。

問11　室町幕府の第３代将軍足利義満は，14世紀後半に将軍家の屋敷《やしき》を京都の北小路室町の地に造営した。そのため足利将軍家は「室町殿」と呼ばれ，この屋敷には多くの花木が植えられたことから「花の御所」と称《しょう》された。

問12　堺《さかい》(大阪府)は，日明貿易や南蛮貿易の拠点《きょてん》として栄えた港町で，裕福《ゆうふく》な商工業者によって政治が行われていた自治都市として知られる(ウ…○)。なお，アは神奈川県，イは埼玉県，エは長野県に位置する城下町である。

問13　尾張《おわり》は，現在の愛知県西部にあたる地域である。室町時代には，近江《おうみ》(滋賀県)や畿内を中心に，年貢《ねんぐ》の軽減や借金を帳消しとする徳政令を求めて一揆《いっき》が起きた。有名な一揆として，1428年に近江坂本の馬借や農民たちが起こした正長の土一揆がある。(X…誤)。1576年に織田信長が築いた安土城は，琵琶《びわ》湖(滋賀県)の東岸に位置する(Y…誤)。

問14　木曽川・長良《ながら》川・揖斐《いび》川下流域に広がる濃尾《のうび》平野は，低湿地《しっち》帯となっているため，洪水《こうずい》から耕地や住居を守るために，周囲に堤防《ていぼう》がつくられた輪中と呼ばれる集落が発達している。輪中地帯では，洪水時の避難《ひなん》場所や食料の貯蔵などのための母屋《おもや》や水屋が設けられていることが多い(ア…○)。なお，環濠《かんごう》集落は周囲に濠《ほり》や柵《さく》をめぐらせた集落(イ…×)，台地は周囲よりも標高が高い平らな土地(ウ…×)，高地性集落は弥生時代に見られる平地よりも高い山や丘陵につくられた集落である(エ…×)。

問15　(1)　1086年，天皇の位を譲《ゆず》り，自身が上皇となって政治を行う院政を始めたのは，白河上皇である。　⑵　神通《じんづう》川流域(富山県)で発生したイタイイタイ病，八代《やつしろ》海沿岸(熊本県)で発生した水俣《みなまた》病，阿賀野川流域(新潟県)で発生した新潟水俣病(第二水俣病)，四日市市(三重県)で発生した四日市ぜんそくを四大公害病といい，いずれも1970年代に原告勝訴《しょうそ》の判決が出されている(X…正)。国は1967年に公害対策基本法，1993年に環境基本法を制定した(Y…誤)。

問16　⑴　京都では古くから焼き物がつくられていたが，安土桃山時代から江戸時代にかけての茶の湯の流行を背景に，清水《きよみず》寺のある東山を中心に生産される陶磁器である京焼(清水焼)が発達した。「京焼・清水焼」として，国の伝統的工芸品に指定されている(イ…○)。なお，アの九谷焼とエの加賀友禅《ゆうぜん》は石川県，ウの南部鉄器は岩手県の伝統的工芸品である。　⑵　奈良から京都の平安京に都を移したのは，聖武天皇ではなく桓武天皇である(X…誤)。平等院鳳凰《ほうおう》堂は京都の宇治に，中尊寺金色堂は岩手県平泉に建てられた(Y…誤)。

2 物価についての問題

問１　物やサービスの供給量に対して需要《じゅよう》量が少ないために，お金の価値が上がって物価が継続して下落する状態をデフレーション(デフレ)という。デフレになると，企業の売上や利益が減り，働く人の給料も減ってしまうため，なるべくお金を使わないようにする考え方が広まり，さらに物が売れなくなることにつながる。反対に，物価が継続して上昇する状態をインフレーション(インフレ)という。

問２　新紙幣《しへい》の肖像《しょうぞう》画に採用されたのは，10000円札が４の渋沢栄一，5000円札が１の津田梅子，1000円札が３の北里柴三郎である(エ…○)。なお，２は2024年２月現在の1000円札の肖像画に採用されている野口英世の説明である。

問３　2022年１月から，国民生活や経済活動への悪影響《えいきょう》を和らげるために，政府はガソリン補助金を導入することを決めた。１リットルあたりのガソリン価格が基準価格をこえた場合に，上限を設けたうえで石油の元売り会社に補助金を支給する仕組みで，これによりガソリン価格を一定の水準に抑《おさ》えている(イ…○)。

問４　消費税は，竹下登内閣の1989年４月に税率３％で導入され，橋本龍《りゅう》太《た》郎《ろう》内閣の1997年４月に税率は３％から５％へ，安倍晋三《しんぞう》内閣の2014年４月に５％から８％へ，2019年10月に８％から10％へ引き上げられた(ウ…○)。

問５　金融《きんゆう》引き締《し》めは，物価上昇など景気が過熱しているときに，中央銀行が政策金利を上げるなどして市場における通貨供給量を減らす対策をとることである。活発な経済活動を抑制《よくせい》し，景気を後退させ，人々の所得(収入)を減らすことにつながるおそれがある(ウ…○)。

問６　日本の国会は衆議院と参議院の２つの議院からなる二院制となっている。衆議院議員の任期は４年で解散があり，参議院議員の任期は６年で解散がなく，３年ごとの選挙で半数が改選される(エ…×)。

問７　先生の最後の発言に「消費者が物価の上昇を受け入れ，企業が価格を上げることができれば，賃金を上げる機運が高まります」とあることから，物価の上昇を受け入れた消費者が「物価の下落」ではなく「自身の生計が成り立つ収入を得ること」を求めることで，企業が労働者の賃金を上げ，その賃金分を国内価格に上乗せするという循環《じゅんかん》になることを理想としていると考えられる(ウ…○)。

問８　企業が利益を確保しながらも価格を上げないようにするためには，生産費用を抑えるしかないので，効率化を図ったり原材料費を減らしたりするほか，人件費を削減《さくげん》したと考えられる。そうすると，労働者に賃金を払《はら》わずに残業（サービス残業）させたり，労働者の身体や精神に過度な負担をかけたり（過重労働をさせたり）した可能性がある。

理　科　＜特別選抜第２回試験＞（社会と合わせて50分）＜満点：50点＞

解　答

1　**問１**　（例）　大きくなる。　**問２**　(ア)　**問３**　(イ)　**問４**　**記号**…Ａ　**理由**…（例）　太陽の光を集めて，光が集まった点と凸レンズの距離を測定すると，レンズＡの方が距離が長くなる。　**問５**　10cm　**問６**　**記号**…(カ)　**理由**…（例）　紙でおおわれたところは光が通過できないので，スクリーンに集まる光の量が減るから。　2　**問１**　400mL　**問２**　(1)　(イ)　(2)　（例）　赤色リトマス紙が青色に変化することを確かめる。　**問３**　気体　**問４**　(1)　(オ)　(2)　(エ)　**問５**　（例）　はじめは固体だが，曲線BCをこえる温度で液体に変化し，曲線BDをこえる温度で気体になる。　3　**問１**　(エ)　**問２**　(イ)　**問３**　7500（年かかる）　**問４**　(ク)　**問５**　（例）　台風などの強風で赤瓦が飛ばされないようにするため。　**問６**　(ア)　**問７**　（例）　泥水に種子がうまってしまうと，酸素が少なく，光が届かずに発芽や成長ができないため，根を下にして水面と垂直に立つ形になっている。

解　説

1　光の進み方についての問題

問１　ガラスの方が水よりも屈折《くっせつ》率が大きく，光が進む速さは，水中よりもガラス中の方が遅《おそ》い。そのため，空気から水に入射した光よりも，空気からガラスに入射した光の方が大きく屈折する。

問２　図３のように，光を水から空気に向かって入射すると，光は水と空気の境界面に近づく向きに屈折する。

問３　図５を見ると，光軸《じく》に平行な光が凸《とつ》レンズを通ったとき，屈折して焦点《しょうてん》に向かうことがわかる。図６ではろうそくから出た光が焦点を通過して凸レンズに入ると，この道すじを逆にたどるように，屈折して出た光は光軸に平行に進む。

問４　凸レンズの厚み（端《はし》と中央の厚さの差）が大きいほど，凸レンズに入った光が大きく屈折するため，焦点の位置が凸レンズに近くなる。つまり，焦点距離《きょり》が短くなる。よって，厚みのない凸レンズＡの方が厚みのある凸レンズＢよりも焦点距離が長い。このことは，凸レンズで太陽光のような平行光線を集め，光がほぼ１点に集まったところ（つまり焦点）と凸レンズの中心からの距離を測定することで確かめられる。

問５　凸レンズの中心から見て，焦点距離の２倍にあたる位置にろうそくを置くと，ろうそくとは反対側の焦点距離の２倍にあたる位置に，実物と同じ大きさのろうそくの像ができる。よって，結果の表より，焦点距離の２倍が20cmとわかるから，焦点距離は，20÷２＝10（cm）と求められる。

問６　凸レンズの一部（ここでは下半分）を黒い紙で隠《かく》しても，ろうそくのあらゆる部分から出た光は凸レンズの黒い紙で隠されていないところ（ここでは上半分）を通過できるので，スクリーンにはろうそく全体の像が映る。ただし，凸レンズを通過する光の量は減るため，像は暗くなる。

2 水溶液《すいようえき》の性質，物質のすがたについての問題

問1　この少年の場合，1日あたりのカフェイン摂取《せっしゅ》量の目安は，3×40＝120(mg)になる。よって，紅茶を，$100\times\frac{120}{30}$＝400(mL)より多く飲むと，摂取量の目安をこえてしまう。

問2　(1)　アルカリ性にするには，アルカリ性の水溶液を加える必要があるので，水酸化ナトリウム水溶液が選べる。塩酸は酸性，食塩水とエタノールは中性である。　(2)　水溶液がアルカリ性であることを調べるための薬品はいくつか考えられるが，ここでは色のついた紅茶について調べるため，リトマス紙を用いるのがふさわしいと考えられる。赤色リトマス紙はアルカリ性の水溶液に対して青色に変化する。

問3　図において，温度が18℃で圧力が1気圧のときは，気体になっていることがわかる。

問4　(1)　図の点Xでは固体，点Yでは気体となっていて，点Xと点Yを結ぶ直線上に液体の状態はない。よって，固体から気体へ変化しており，この変化を昇華《しょうか》という。なお，凝縮《ぎょうしゅく》は気体から液体への変化，蒸発は液体から気体への変化，凝固は液体から固体への変化，融解《ゆうかい》は固体から液体への変化をいう。　(2)　(ア)は蒸発，(イ)は凝縮，(ウ)は融解，(エ)は昇華に関係する。

問5　点Zから圧力を一定にしながら少しずつ温度を上げていくときの状態の変化は，点Zから横軸に平行な直線となる。点Zでは固体であるが，温度が31℃になるまでの間に，曲線BCをこえるときに固体から液体となり，さらに曲線BDをこえるときに液体から気体となる。

3 沖縄の自然環境《かんきょう》についての問題

問1　富士山の火山活動や形などは世界的に見るとさほど珍《めずら》しいものではなく，また，ふもとでは開発が進んでいたり，登山者が残すごみなどで環境が悪化していたりして，世界自然遺産としては認められなかった。そこで，今度は世界文化遺産としての登録を目指すことになり，「信仰《しんこう》の対象と芸術の源泉」としての価値が認められ，2013年に世界文化遺産となった。

問2　ヤンバルクイナは沖縄島北部にのみ生息する鳥で，飛ぶことはほぼなく，地上や樹上でくらす。また，イリオモテヤマネコは西表《いりおもて》島のみに生息するヤマネコの一種である。どちらも絶滅《ぜつめつ》危《き》惧《ぐ》種に指定されている。

問3　3年で1mm成長するので，2.5m(＝2500mm)までのびるには，3×2500＝7500(年)かかる。

問4　オリオン座は冬の夜空に見られる代表的な星座で，太陽や月と同じく，東からのぼって南の空を通り，西にしずむ。また，太陽の南中高度が南に行くほど高くなるのと同様に，南の空に見えるオリオン座も，埼玉よりも南の沖縄では高い位置に見られる。

問5　沖縄では，勢力の強い台風が数多くやってくるため，家屋を平屋にしたり，石垣《いしがき》や屋敷《やしき》林で家屋を囲んだりして，強風によって家屋がこわれないように工夫されてきた。赤瓦《あかがわら》の屋根のすき間を漆喰《しっくい》で固めているのも同様に，強風で赤瓦が飛ばされないようにするためである。

問6　日本の上空の高いところには，偏西《へんせい》風という強い西風がつねに吹《ふ》いている。そのため，偏西風が吹くあたりを飛ぶ飛行機は，西に向かって飛ぶときは向かい風となってスピードが下がり，東に向かって飛ぶときは追い風となってスピードが上がる。

問7　酸素の少ない泥水《どろみず》に種子全体がしずむと，呼吸ができずに発芽できなかったり，日光が十分に届かず成長できなかったりする。そのため，果実の中で発芽し，ある程度の大きさまで成長したのちに樹木からはなれて垂直に立てば，芽が水面から出るため，そのような環境でも育つことができると考えられる。

Dr.福井の

入試に勝つ！脳とからだのウルトラ科学

試験場でアガらない秘けつ

キミたちの多くは，今まで何度か模擬試験（たとえば合不合判定テストや首都圏模試）を受けていて，大勢のライバルに囲まれながらテストを受ける雰囲気を味わっているだろう。しかし，模擬試験と本番とでは雰囲気がまったくちがう。そういうところでも緊張しない性格ならば問題ないが，入試独特の雰囲気に飲みこまれてアガってしまうと，実力を出せなくなってしまう。

試験場でアガらないためには，試験を突破するぞという意気ごみを持つこと。つまり，気合いを入れることだ。たとえば，中学の校門前にはあちこちの塾の先生が激励《げきれい》のために立っている。もし，キミが通った塾の先生を見つけたら，「がんばります！」とあいさつをしよう。そうすれば先生は必ずはげましてくれる。これだけでもかなり気合いが入るはずだ。ちなみに，ヤル気が出るのは，TRHホルモンという物質の作用によるもので，十分な睡眠をとる，運動する（特に歩く），ガムをかむことなどで出されやすい。

試験開始の直前になってもアガっているときは，腹式呼吸が効果的だ。目を閉じ，おなかをふくらませるようにしながら，ゆっくりと大きく息を吸う。ここでは「ゆっくり」「大きく」がポイントだ。そして，ゆっくりと息をはく。これをくり返し何回も行うと，ノルアドレナリンという悪いホルモンが減っていくので，アガりを解消することができる。

よく「手のひらに“人”の字を書いて飲みこむことを3回行う」とアガらないというが，そのようなおまじないを信じて実行し，自分に暗示をかけてもいいだろう。要は，入試に対するさまざまな不安な気持ちを消し去って，試験に集中できるようなくふうをこらせばいいのだ。

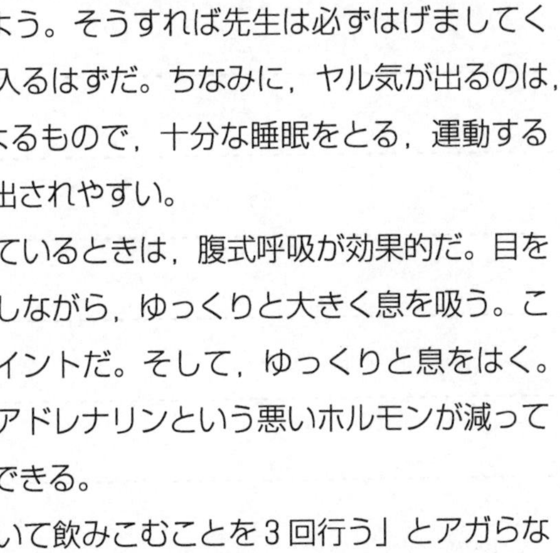

Dr.福井（福井一成《ふくいかずしげ》）…医学博士。開成中・高から東大・文Ⅱに入学後，再受験して翌年東大・理Ⅲに合格。同大医学部卒。さまざまな勉強法や脳科学に関する著書多数。

Memo

2023 年度

城西川越中学校

【算　数】〈総合一貫第１回試験〉（50分）〈満点：100点〉

《注　意》① 定規・コンパス・分度器は使用できません。
② 解答用紙に【求め方】と書いてあるところは，求め方や計算式も書いて答えを記入しなさい。それ以外は答えのみを記入しなさい。

1　次の□にあてはまる数を答えなさい。

(1)　$1 + \left\{ \left(\frac{2}{3} - \frac{1}{4} \right) \times \frac{2}{5} + 2 \right\} \div \frac{5}{6} = \square$

(2)　$(0.8 \times \square - 2) \div 0.8 - 0.5 = 12$

(3)　$2022 \times 3.14 - 22 \times 3.14 - 1900 \times 3.14 = \square$

(4)　12％の食塩水 40 g に食塩を□g 加えたところ，20％の食塩水ができました。

(5)　ある商品に，仕入れ値の 20％の利益を見込んで定価をつけました。しかし，売れなかったので定価の３割引きの 420 円で売りました。この商品の仕入れ値は□円です。

(6)　３冊の本 A，B，C について，50 人の生徒に読んだかを調べたところ，A を読んだ人は 30 人，B を読んだ人は 35 人，C を読んだ人は 40 人いました。このとき，A，B，C の本のうちどれも読まなかった生徒の人数は最も多いときで□人です。

(7)　縦 6 cm，横 3 cm，高さ 4 cm の直方体を同じ向きにすき間なく積み重ねて，できるだけ小さな立方体を作るには，直方体は□個必要です。

(8)　[1]，[2]，[3]，[4]のカードが１枚ずつあり，これらをすべて使って４けたの整数を作ります。

3412は小さい方から数えて［　　　］番目になります。

2　次の各問いに答えなさい。

(1)　次の図の角㋐の大きさは何度ですか。

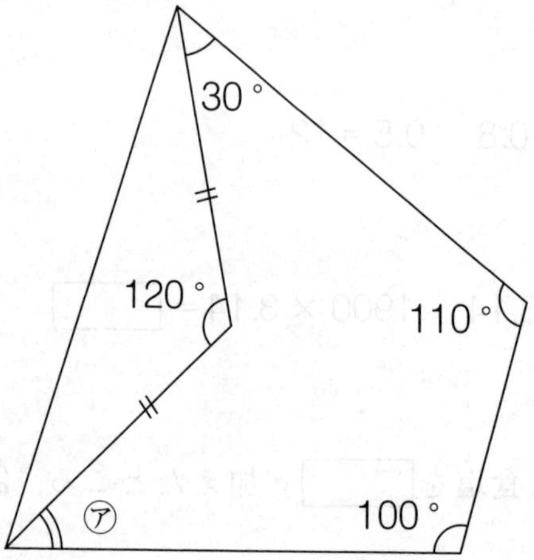

(2)　次の図において，斜線部分の面積は何 cm^2 ですか。ただし，点Ｅは辺ADの延長線上，点Ｆは辺BCの延長線上にあるものとします。

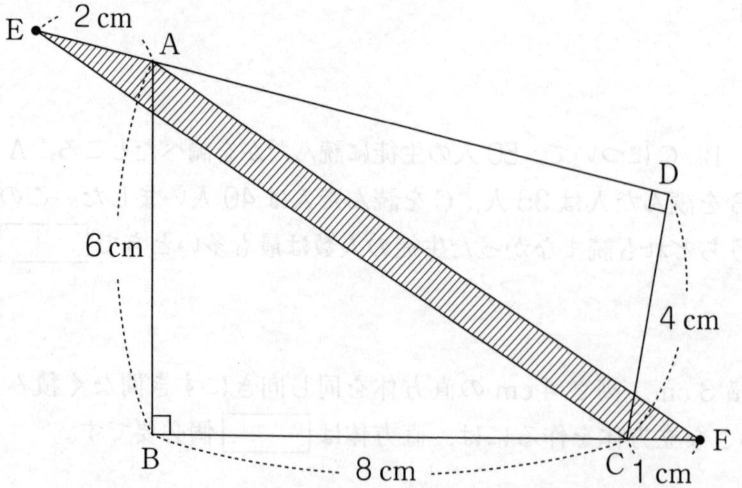

(3)　次の図は一辺の長さが 10 cm の正方形と半径が 4 cm の扇形２つと半径が 6 cm の扇形２つを重ね合わせたものです。このとき，斜線部分の面積は何 cm^2 ですか。ただし，円周率は 3.14 とします。

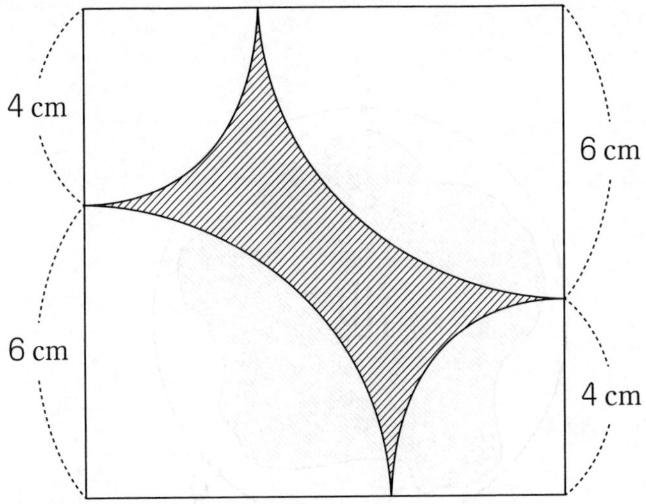

(4)　次の立体は直方体から一辺の長さが整数の値である立方体を取り除いたものです。この直方体の体積が $504\ cm^3$ のとき，取り除いた立方体の一辺の長さは何 cm ですか。

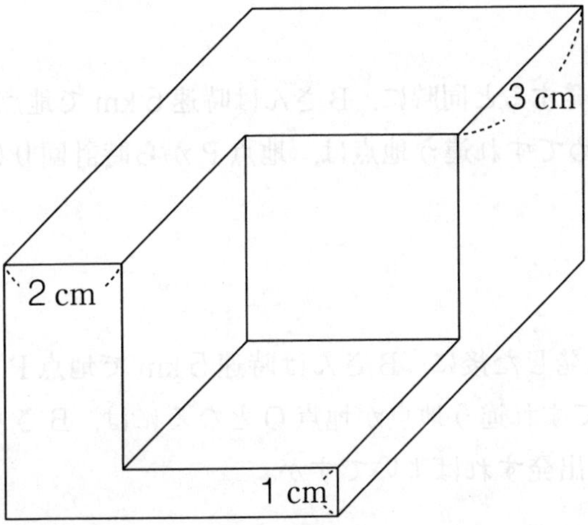

3　次の図のように，池のまわりに長さが２km の道があり，地点Ｐから時計回りに800 m のところに地点Ｑがあります。Ａさんは時速３km で地点Ｐから時計回りに進みます。このとき，次の問いに答えなさい。

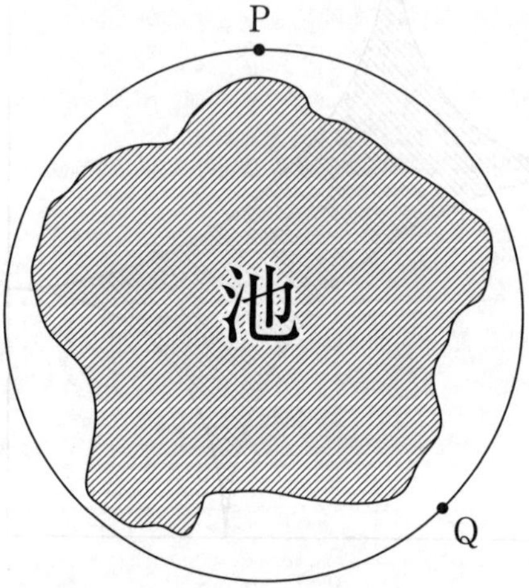

(1)　Ａさんが地点Ｐを出発してから，再び地点Ｐに戻ってくるまでにかかる時間は何分ですか。

(2)　Ａさんが地点Ｐを出発すると同時に，Ｂさんは時速５km で地点Ｐから反時計回りに進みます。２人が初めてすれ違う地点は，地点Ｐから時計回りに何 m 離れた地点ですか。

(3)　Ａさんが地点Ｐを出発した後に，Ｂさんは時速５km で地点Ｐから反時計回りに進みます。２人の初めてすれ違う地点が地点Ｑとなるには，ＢさんはＡさんが出発してから何分何秒後に出発すればよいですか。

4 次の図のように，ある規則にしたがって，長さが同じ棒と玉を用いて三角すいを組み立てていきます。このとき，次の問いに答えなさい。

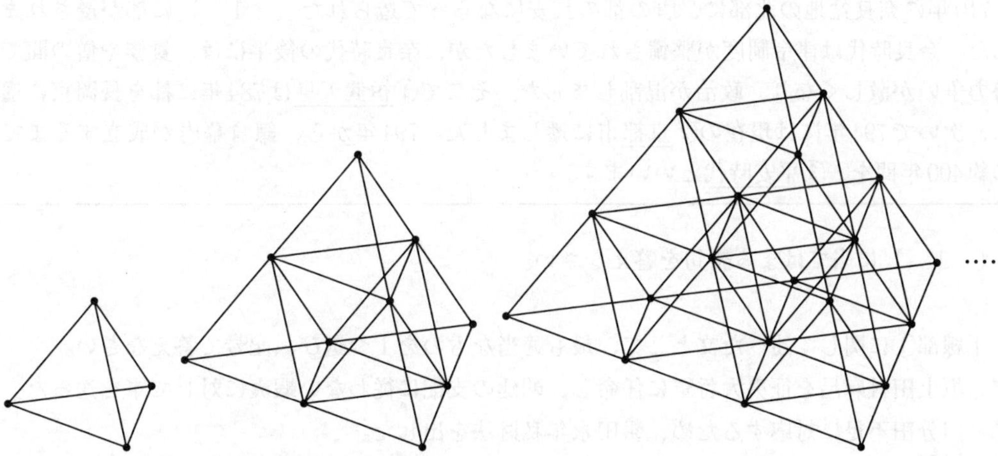

（１段の三角すい）　（２段の三角すい）　（３段の三角すい）　……

⑴　４段の三角すいを作るとき，玉は全部で何個必要ですか。

⑵　99段の三角すいを作ったとき，底面には何個の玉がありますか。

⑶　８段の三角すいを作るとき，棒は全部で何本必要ですか。

【社　会】〈総合一貫第１回試験〉（理科と合わせて50分）〈満点：50点〉

《注　意》漢字で書くべきところは，漢字で解答しなさい。

1　次のＡ～Ｄを読んで、後の問いに答えなさい。

Ａ　710年に奈良盆地《ぼんち》の北部に、唐の都の長安にならって造られた（　１　）に都が遷《うつ》されました。奈良時代は律令制度が整備されていましたが、奈良時代の後半には、貴族や僧の間で勢力争いが激しくなり、政治が混乱しました。そこで①桓武天皇は784年に都を長岡京に遷し、次いで794年には現在の②京都市に遷しました。794年から、鎌倉幕府が成立するまでの約400年間を、③平安時代といいます。

問１　（　１　）に当てはまる語句を答えなさい。

問２　下線部①に関して述べた文として、最も適当なものを１つ選び、記号で答えなさい。

ア　坂上田村麻呂を征夷大将軍に任命し、朝廷の支配に従わない蝦夷《えみし》に対して軍を送った。

イ　口分田不足に対応するため、墾田永年私財法を出した。

ウ　庶民《しょみん》の意見を聞くために目安箱を設置した。

エ　子に天皇の位を譲《ゆず》り、自らは上皇として院政を行った。

問３　下線部②に関して述べた文として、最も適当なものを１つ選び、記号で答えなさい。

ア　縄文時代の大集落遺跡である三内丸山遺跡がある。

イ　室町幕府８代将軍の足利義政が建てた銀閣がある。

ウ　1853年に、ペリーが４隻《せき》の軍艦《かん》を率《ひき》いて来航した。

エ　「天下の台所」と表現されるような、全国の商業の中心地であった。

問４　下線部③に関して、平安時代について述べた文の正誤の組み合わせとして、最も適当なものを１つ選び、記号で答えなさい。

Ⅰ　藤原道長と藤原頼通のころに摂関政治が安定し、藤原氏は朝廷の高い地位をほとんど独占した。

Ⅱ　推古天皇の政治を補佐《ほさ》していた聖徳太子が、役人の心構えを示した十七条の憲法を定めた。

ア　Ⅰ－正　Ⅱ－正　　イ　Ⅰ－正　Ⅱ－誤

ウ　Ⅰ－誤　Ⅱ－正　　エ　Ⅰ－誤　Ⅱ－誤

Ｂ　④後醍醐《ごだいご》天皇は楠木《くすのき》正成《まさしげ》や足利尊氏などを味方につけ、1333年に鎌倉幕府をたおしました。その後、後醍醐天皇は、（　２　）とよばれる天皇中心の新しい政治を始めました。しかし、【　α　】ため、（　２　）は２年ほどでくずれました。

後醍醐天皇と対立した足利尊氏は、1338年に室町幕府を開きました。この室町幕府がおかれた時代を⑤室町時代といいます。

問５　（　２　）に当てはまる語句を答えなさい。

問６　下線部④に関して述べた文として、最も適当なものを１つ選び、記号で答えなさい。

ア　天智天皇が亡くなった後におきた壬申の乱で勝利した。

イ　唐のおとろえと往復の危険を理由に、遣唐使の派遣の停止を訴《うった》えた。

ウ　刀狩を命じて、農民や寺社から刀や弓などの武器を取り上げた。

エ　吉野（奈良県）を拠点《きょてん》に南朝をおこし、北朝と対立した。

問７　【　α　】に当てはまる文として、最も適当なものを１つ選び、記号で答えなさい。

ア　ザビエルが伝えたキリスト教が全国に広まった

イ　武士の借金を帳消《ちょうけ》しにする徳政令を出した

ウ　武士の政治を否定し、貴族を重視する政策を採《と》った

エ　フビライ＝ハンが率いる元の軍が二度にわたって日本に攻《せ》めてきた

問８　下線部⑤に関して、室町時代について述べた文の正誤の組み合わせとして、最も適当なものを１つ選び、記号で答えなさい。

Ⅰ　将軍の補佐役である執権が室町幕府の政治を支えた。

Ⅱ　足利義満は、正式な貿易船に明から与えられた勘合を持たせ、日明貿易を行った。

ア　Ⅰ－正　Ⅱ－正　　イ　Ⅰ－正　Ⅱ－誤

ウ　Ⅰ－誤　Ⅱ－正　　エ　Ⅰ－誤　Ⅱ－誤

Ｃ　⑥江戸幕府をたおして成立した⑦明治政府は、欧米諸国をモデルにして、⑧さまざまな改革を進めました。また、明治政府は天皇の下に国民を一つにまとめようと、皇族以外は全て平等であるとし、平民は名字を名乗れるようになり、士族は刀の携帯《けいたい》が禁止されました。これに不満を持つ士族があらわれ、1877年には西郷隆盛を中心に鹿児島の士族などが（　３　）をおこしました。

問９　（　３　）に当てはまる語句を答えなさい。

問10　下線部⑥に関して述べた文として、最も適当なものを１つ選び、記号で答えなさい。

ア　天皇の許可なく条約を結んだ井伊直弼《いいなおすけ》は、桜田門外の変で暗殺された。

イ　田沼意次は物価の上昇をおさえるため、株仲間の解散を命じた。

ウ　徳川吉宗が行った寛政の改革では、裁判の基準となる公事方御定書《くじかたおさだめがき》が制定された。

エ　関ヶ原の戦いの後に徳川氏に従った大名である親藩は、九州地方など江戸から遠い場所に配置された。

問11　下線部⑦に関して、明治時代に日本は日清戦争・日露戦争に勝利し、大国意識が生まれました。以下の【風刺画《ふうしが》】と【説明】は日清戦争と日露戦争についてのものです。日清戦争と関係の深い【風刺画】と【説明】の組み合わせとして、最も適当なものを１つ選び、記号で答えなさい。

【風刺画】

Ⅰ

Ⅱ

【説明】

ⅰ　この戦争に勝利し、講和条約を結んだ後、条約の内容に納得のいかない国民によって日比谷焼き打ち事件がおきた。

ⅱ　この戦争に勝利し、講和条約を結んだ後、日本に遼東《りょうとう》半島の返還を求める三国干渉がおきた。

ア　Ⅰ・ⅰ　　イ　Ⅰ・ⅱ　　ウ　Ⅱ・ⅰ　　エ　Ⅱ・ⅱ

問12　下線部⑧に関して述べた文として、最も適当なものを１つ選び、記号で答えなさい。

ア　群馬県に富岡製糸場を建設するなど、殖産興業《しょくさんこうぎょう》政策を推《お》し進めた。

イ　財政を安定させるために、地価の５％を現金で納める地租改正を実施《じっし》した。

ウ　土地と人民を政府に返還させる廃藩置県を実施した。

エ　岩倉使節団は不平等条約の改正に成功し、日本は国際的な地位を確保した。

> D　1941年12月８日、日本軍はアメリカの海軍基地があるハワイの真珠《しんじゅ》湾を奇襲《きしゅう》攻撃するとともに、イギリス領のマレー半島に上陸し、⑨太平洋戦争が始まりました。
>
> ⑩太平洋戦争で敗戦した後の日本では、（　４　）を最高指令官とするGHQの主導で非軍事化と⑪民主化が取り組まれました。

問13　（　４　）に当てはまる語句を答えなさい。

問14　下線部⑨に関する文の正誤の組み合わせとして、最も適当なものを１つ選び、記号で答えなさい。

Ⅰ　1945年８月６日に長崎に、８月９日に広島に原子爆弾が投下された。
Ⅱ　空襲《くうしゅう》が激しくなると、農村の小学生が都会に集団で疎開《そかい》した。

ア　Ⅰ－正　　Ⅱ－正　　　イ　Ⅰ－正　　Ⅱ－誤
ウ　Ⅰ－誤　　Ⅱ－正　　　エ　Ⅰ－誤　　Ⅱ－誤

問15　下線部⑩に関して、1960年には右の写真のように、大規模なデモ隊が国会議事堂を取り囲みました。これがおきた【きっかけ】と、これが理由で退陣《たいじん》した【内閣】の組み合わせとして、最も適当なものを１つ選び、記号で答えなさい。

【きっかけ】
Ⅰ　ソ連と正常な外交関係を回復するための日ソ共同宣言の承認《しょうにん》が、衆議院で強行採決されたから。
Ⅱ　アメリカとの関係をより対等にし、強化するための新しい日米安全保障条約の承認が、衆議院で強行採決されたから。

【内閣】
ⅰ　犬養毅　　　　ⅱ　岸信介

ア　Ⅰ・ⅰ　　イ　Ⅰ・ⅱ　　ウ　Ⅱ・ⅰ　　エ　Ⅱ・ⅱ

問16　下線部⑪に関する文の正誤の組み合わせとして、最も適当なものを１つ選び、記号で答えなさい。

Ⅰ　1946年４月に行われた衆議院議員総選挙で投票できたのは、満18歳以上の男女であった。
Ⅱ　小作人を減らし、自作農を増やそうとする農地改革が行われた。

ア　Ⅰ－正　　Ⅱ－正　　　イ　Ⅰ－正　　Ⅱ－誤
ウ　Ⅰ－誤　　Ⅱ－正　　　エ　Ⅰ－誤　　Ⅱ－誤

2 次の表を見て、後の問いに答えなさい。

2022年３月から2022年10月までの主なニュース

2022年	できごと
3月	福島県沖を震源とする地震が発生し、【　A　】新幹線が不通に
	①電力需給逼迫《じゅきゅうひっぱく》警報が発令
4月	リオデジャネイロ（②ブラジル）のカーニバルが２年ぶりに復活
5月	（　③　）の日本本土復帰から50年
	フィンランドとスウェーデンが（　④　）加盟を申請《しんせい》
	アメリカの【　B　】大統領が来日
	EU首脳《しゅのう》会議で、ロシア産石油禁輸を合意
6月	⑤2021年の合計特殊《とくしゅ》出生率を発表
	日本が国際連合安全保障理事会の非常任理事国に選出される
	⑥能登《のと》地方を震源とする地震が発生
	⑦群馬県伊勢崎《いせさき》市で最高気温40.2度を観測
7月	⑧（　X　）のジョンソン（　Y　）が辞任を表明
	第26回（　⑨　）議員選挙を実施
	鹿児島県の【　C　】島で噴火《ふんか》が発生
8月	日本の【　D　】首相が核拡散防止条約再検討会議で演説
9月	【　E　】女王が亡《な》くなり、チャールズ皇太子が国王に即位
10月	（　⑩　）の初来日から50年

問１　【　A　】～【　E　】に当てはまる語句をそれぞれ答えなさい。

問２　下線部①に関して、日本の電気供給やエネルギーに関する説明として、最も適当なものを１つ選び、記号で答えなさい。

ア　1960年代のエネルギー革命により、主要なエネルギー資源が石炭から石油に変わった。

イ　2000年以降、総発電量に占める原子力発電の割合は、一貫して増加している。

ウ　環境にやさしい再生可能エネルギーの例としては、天然ガスがあげられる。

エ　太陽光発電は、天候や時間帯を問わず発電量が安定している点が長所とされている。

問３　下線部②に関して、ブラジルの位置を示したものとして、適当なものを以下の地図中のア〜エから１つ選び、記号で答えなさい。

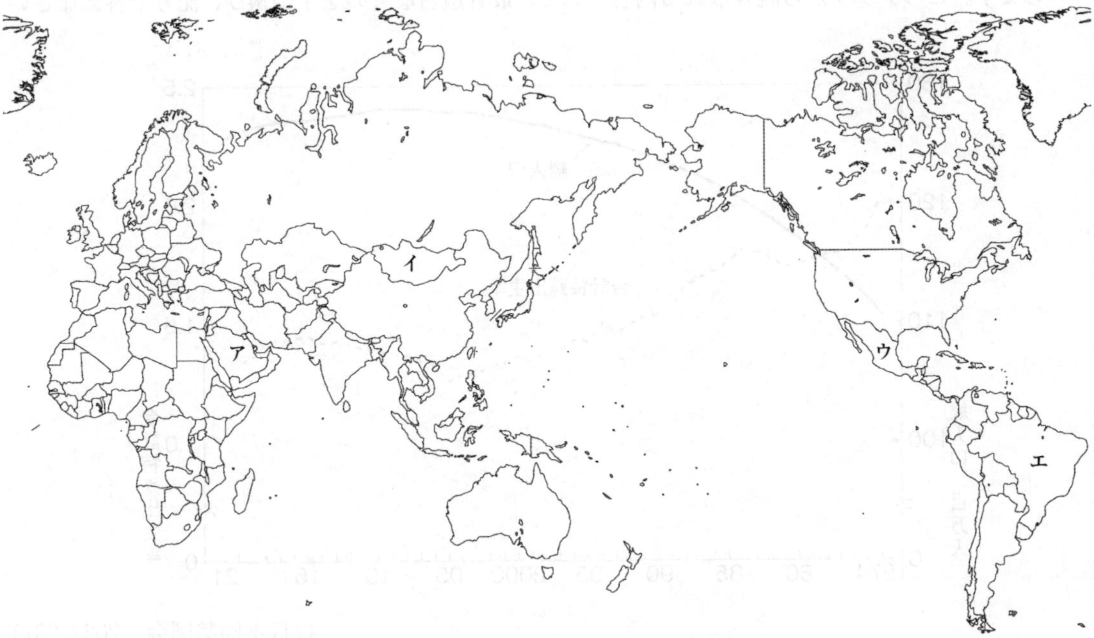

問４　（　③　）の地域の雨温図として、最も適当なものを１つ選び、記号で答えなさい。

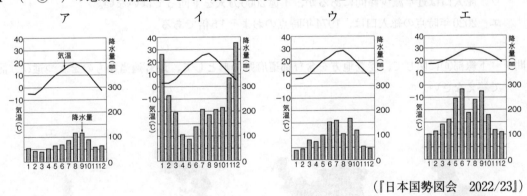

ア

イ

ウ

エ

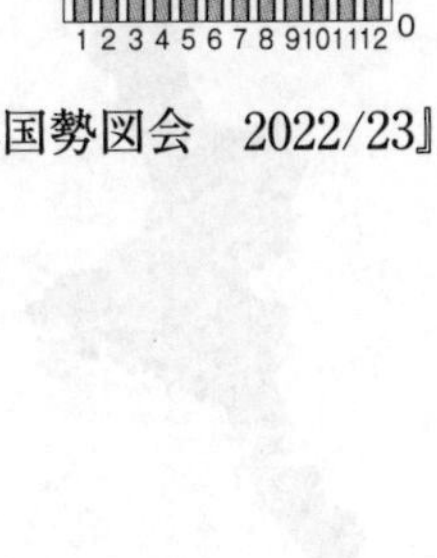

（『日本国勢図会　2022/23』）

問５　（　④　）に当てはまる機関として、適当なものを１つ選び、記号で答えなさい。

ア　ASEAN　　　イ　NATO　　　ウ　UNICEF　　　エ　WHO

問６　下線部⑤に関して、次のグラフは日本の総人口および合計特殊出生率の推移をあらわしたものです。このグラフから読み取れる内容として、最も適当なものを１つ選び、記号で答えなさい。

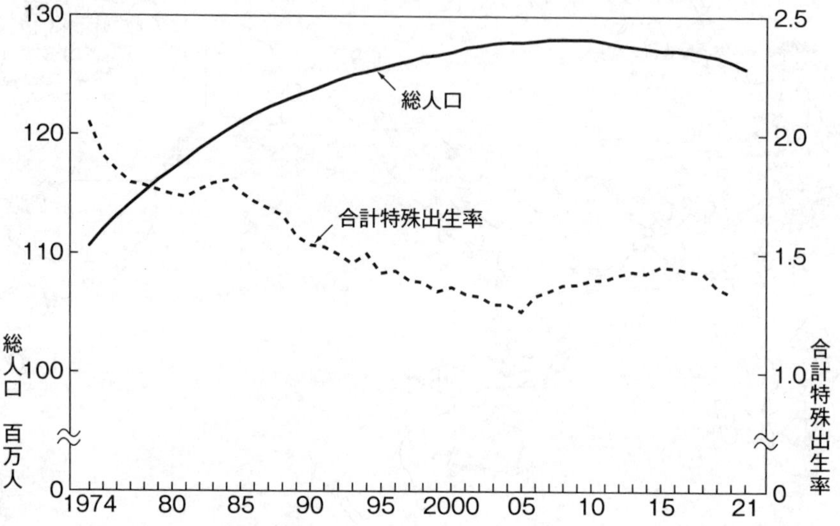

（『日本国勢図会　2022/23』）

ア　合計特殊出生率は、一貫して下がり続けている。

イ　グラフ中の期間において、合計特殊出生率の最低値は20世紀に記録している。

ウ　総人口は近年減少傾向にあるが、１億2000万人を下回ってはいない。

エ　2020年時点の総人口は、1974年時点のおよそ1.5倍である。

問７　下線部⑥に関して、能登地方を含む都道府県の形として、最も適当なものを１つ選び、記号で答えなさい。

ア　　　　イ　　　　ウ　　　　エ

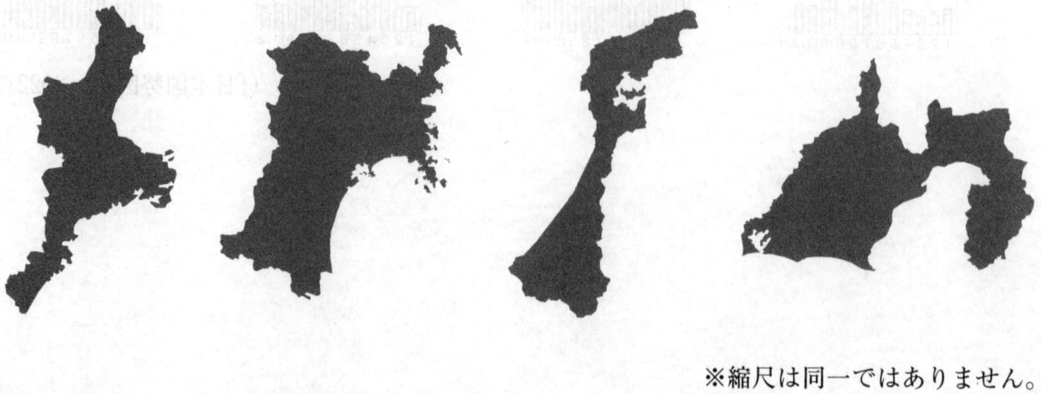

※縮尺は同一ではありません。

問８　下線部⑦に関して、以下のⅠ・Ⅱは群馬県で生産がさかんな農作物の主産地をあらわしたものです。Ⅰ・Ⅱがあらわす農作物の組み合わせとして、最も適当なものを１つ選び、記号で答えなさい。

Ⅰ

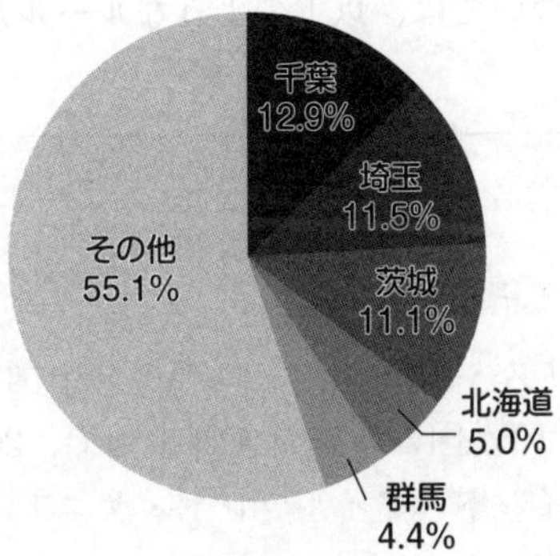

Ⅱ

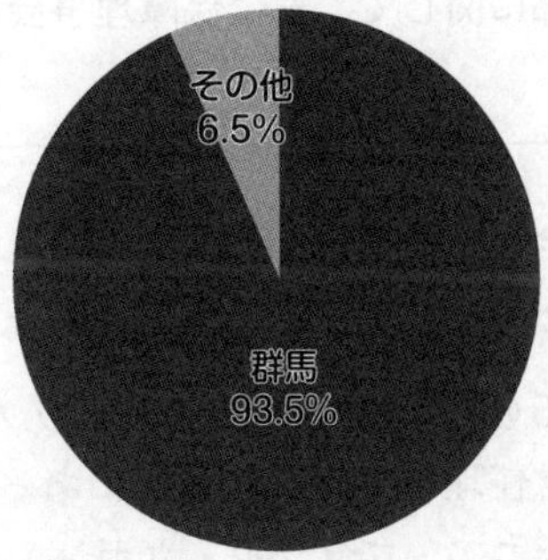

（『日本国勢図会　2022/23』）

ア　Ⅰ：トマト　Ⅱ：いぐさ　　　イ　Ⅰ：トマト　Ⅱ：こんにゃくいも
ウ　Ⅰ：ねぎ　　Ⅱ：いぐさ　　　エ　Ⅰ：ねぎ　　Ⅱ：こんにゃくいも

問９　下線部⑧に関して、（　Ｘ　）・（　Ｙ　）に当てはまる語句の組み合わせとして、最も適当なものを１つ選び、記号で答えなさい。

ア　Ｘ：イギリス　　Ｙ：首相
イ　Ｘ：ドイツ　　　Ｙ：首相
ウ　Ｘ：イギリス　　Ｙ：大統領
エ　Ｘ：ドイツ　　　Ｙ：大統領

問10　（　⑨　）について説明した以下のⅠ〜Ⅲの文章のうち、正しいものの組み合わせとして、最も適当なものを１つ選び、記号で答えなさい。

Ⅰ　（　⑨　）の議員数は、もう一方の院よりも少ない。
Ⅱ　（　⑨　）議員の任期は６年だが、解散があったときは任期中でもその資格を失う。
Ⅲ　（　⑨　）は、内閣不信任決議を行うことができる。

ア　Ⅰ　　　イ　Ⅱ　　　ウ　Ⅲ　　　エ　ⅠとⅡ
オ　ⅠとⅢ　カ　ⅡとⅢ　キ　ⅠとⅡとⅢ

問11　（　⑩　）には、日本とある国が国交を結んだことのシンボルとして贈《おく》られた動物が当てはまります。（　⑩　）に当てはまる動物として、適当なものを１つ選び、記号で答えなさい。

ア　アルパカ　　　　　　　イ　カンガルー

ウ　ジャイアントパンダ　　エ　フラミンゴ

問12　二重線部に関して、安全保障理事会の決議については、以下のようなルールがあります。

＜安全保障理事会の決議に関するルール＞

①　安全保障理事会は、15の理事国によって構成される。

②　15の理事国のうち、アメリカ・イギリス・フランス・ロシア・中国の５か国は、常任理事国という地位にある。残りの10か国は、非常任理事国で、2022年はアルバニア・ブラジル・ガボン・ガーナ・インド・アイルランド・ケニア・メキシコ・ノルウェー・アラブ首長国連邦が務《つと》めている。

③　決議の内容は、手続き事項（非重要事項）と実質事項（重要事項）の２種類がある。

④　手続き事項は、９理事国が賛成すれば成立する。

⑤　実質事項は、常任理事国を含む、９理事国の賛成で成立する。ただし、常任理事国が１か国でも反対をすれば、不成立となる。

上記のルールに従って2022年に決議を行った場合、決議が成立するケースとして、適当なものを**２つ**選び、記号で答えなさい。

ア　ある手続き事項について、アメリカ・フランス・中国・アルバニア・ガボン・ガーナ・アイルランド・メキシコが賛成票を投じ、残りの理事国は全て反対票を投じた。

イ　ある手続き事項について、アメリカ・イギリス・ロシア・中国・インド・ケニア・メキシコ・ノルウェー・アラブ首長国連邦が賛成票を投じ、残りの理事国は全て反対票を投じた。

ウ　ある実質事項について、アメリカ・イギリス・フランス・ロシア・アルバニア・ブラジル・ガボン・ガーナ・インド・アイルランド・ケニア・メキシコ・ノルウェーが賛成票を投じ、残りの理事国は全て反対票を投じた。

エ　ある実質事項について、アメリカ・イギリス・フランス・ロシア・中国・アイルランド・ケニア・メキシコ・ノルウェー・アラブ首長国連邦が賛成票を投じ、残りの理事国は全て反対票を投じた。

問13　波線部に関して、EUの首脳はなぜこのような合意をしたのか、**「ウクライナ」「制裁」の２語を必ず用いて**、簡潔に説明しなさい。

【理　科】〈総合一貫第１回試験〉（社会と合わせて50分）〈満点：50点〉

《注　意》漢字で書くべきところは，漢字で解答しなさい。

1　天体に関する次の文章を読み、各問いに答えなさい。**ただし月や太陽は、日本から観測しているものとします。**

小学６年生の城西君は、理科の授業で学習した月の満ち欠けに興味を持ちました。城西君は家の南側のベランダの同じ位置から、天体望遠鏡で月の観測を続けていくと、１日ごとに少しずつ月の位置や形が変化していることに気がつきました。図１、図２は城西君が撮影した月の写真です。

図１

図２

問１　図１で、月の表面に見られる複数の丸いくぼみを何といいますか。次の（ア）～（エ）から正しいものを１つ選び、記号で答えなさい。

（ア）プロミネンス　　（イ）ダイヤモンドリング
（ウ）クレーター　　（エ）黒点

問２　図１の形の月が見える時間帯と方角の組み合わせはどれですか。次の（ア）～（エ）から正しいものを１つ選び、記号で答えなさい。

（ア）明け方・東　　（イ）明け方・西　　（ウ）夕方・東　　（エ）夕方・西

問３　図１の月が見えてから図２の月が見えるのは、約何日後ですか。次の（ア）～（エ）から正しいものを１つ選び、記号で答えなさい。

（ア）５日後　　（イ）12日後　　（ウ）19日後　　（エ）26日後

観測を数ヶ月続けていくと、城西君は次のことに気がつきました。

ベランダから月を観測していたため、月が天頂（真上）付近にあるときは、屋根にかくされて見えない日がある。しかし別の季節では、同じ形の月が観測できたため、季節によって月の南中高度が変わる。

そこで、いつの季節の、どのような形の月が、最も南中高度が高いかを考えてみることにしました。まず太陽の南中高度について確認してから、月の南中高度を考えてみることにしました。

問４　太陽の南中高度が最も高い夏の地球は、図３のどの位置ですか。次の（A）～（D）から正しいものを１つ選び、記号で答えなさい。

図３

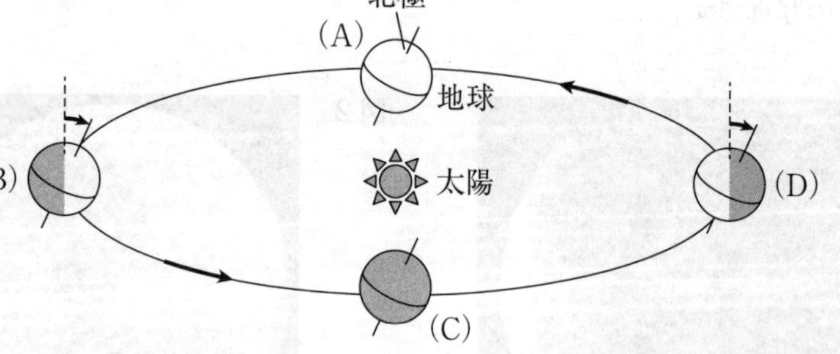

問５　城西君の住んでいる川越は北緯35.6度です。川越の夏至の日の太陽の南中高度は何度ですか。地球の地軸の傾きを23.4度として、次の（ア）～（エ）から正しいものを１つ選び、記号で答えなさい。

（ア）31.0度　　（イ）35.6度　　（ウ）54.4度　　（エ）77.8度

問６　図４の地球が（B）と（D）のとき満月が見られるのは、月が（ａ）～（ｄ）のどの位置のときですか。次の（ア）～（エ）から正しい組み合わせを１つ選び、記号で答えなさい。

図４

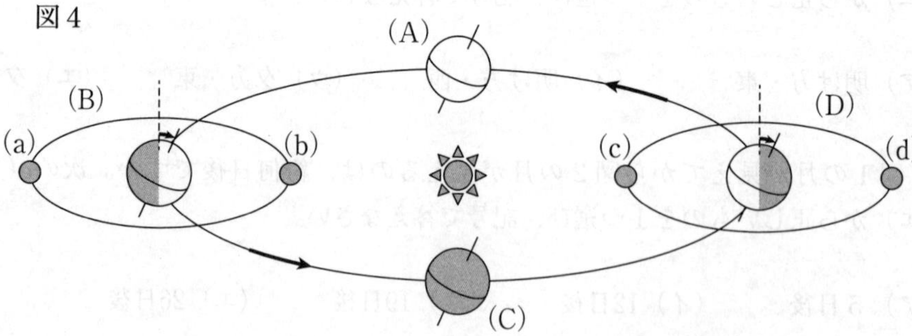

（ア）（ａ）と（ｃ）　　（イ）（ａ）と（ｄ）
（ウ）（ｂ）と（ｃ）　　（エ）（ｂ）と（ｄ）

図５に、春・夏・秋・冬における、新月・上弦・満月・下弦の、地球と月の位置を表しました。(D) の地球の、④の位置に月があるとき、図３の夏至の日の太陽と地球の位置関係と似ていることから、月の南中高度が最も高くなります。そのことから、太陽の南中高度は１年周期で変化しますが、月の南中高度は約１ヶ月周期で変化することがわかりました。

図５

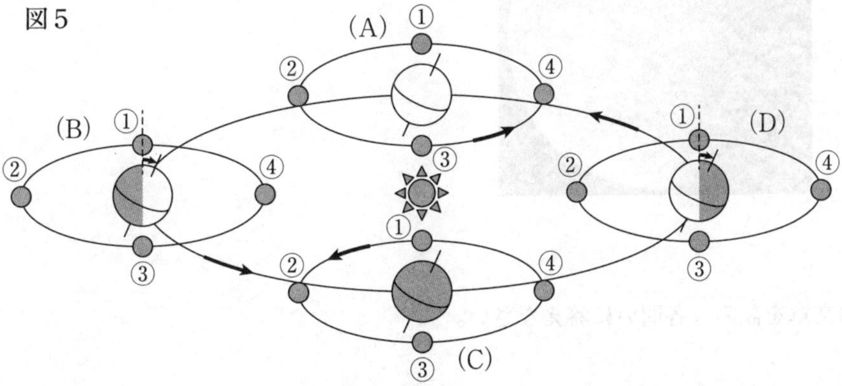

問７　図５の (C) のとき、月の南中高度が最も高いのは、月がどの位置のときですか。図５の①～④から正しいものを１つ選び、記号で答えなさい。

問８　問７で選んだ月が南中する時間帯はいつですか。次の (ア) ～ (エ) から正しいものを１つ選び、記号で答えなさい。

(ア) 明け方　　(イ) 正午　　(ウ) 夕方　　(エ) 真夜中

問９　問７で答えた位置に月があるとき、日本から見える南中したときの月の形は、どのようになりますか。例にしたがって、解答欄に欠けた部分を黒くぬりつぶしなさい。

例

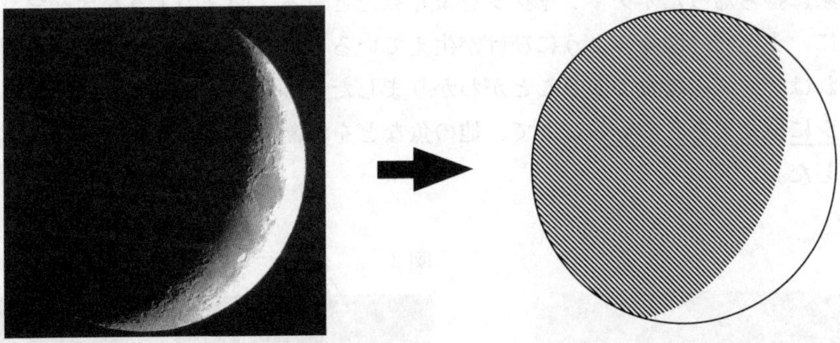

問10　図６は部分月食の写真です。図１の月と同じように月は欠けていますが、表面のくぼみがあまり見えません。その理由を簡単に説明しなさい。

図６

2　次の文章を読み、各問いに答えなさい。

城西君は生き物をとりに近所の用水路へ網を持って行きました。その結果、図１のような約４cmの大きめなエビが５匹、図２のような約２cmの小さなエビが６匹と、メダカが４匹とれました。また、近くの田んぼでタニシとオタマジャクシを数匹捕《つか》まえ、すべて家に持ち帰って飼うことにしました。

図１

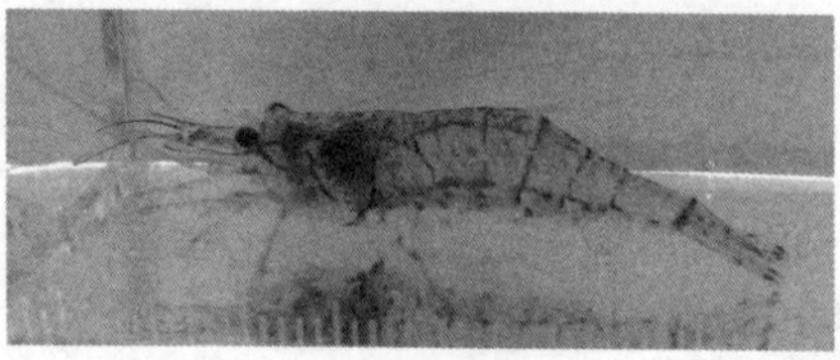

図２

ところが、家に持ち帰ったオタマジャクシをよく見たところ、図３のようなオタマジャクシたちの中に、１匹だけ図４のようにひげが生えているものが混ざっていました。調べてみると、それはナマズの稚魚《ちぎょ》であることがわかりました。また、ナマズは小さいうちはオタマジャクシに似た姿をしていることで、他の魚などを油断させてエサをとっていることがわかりました。

図３

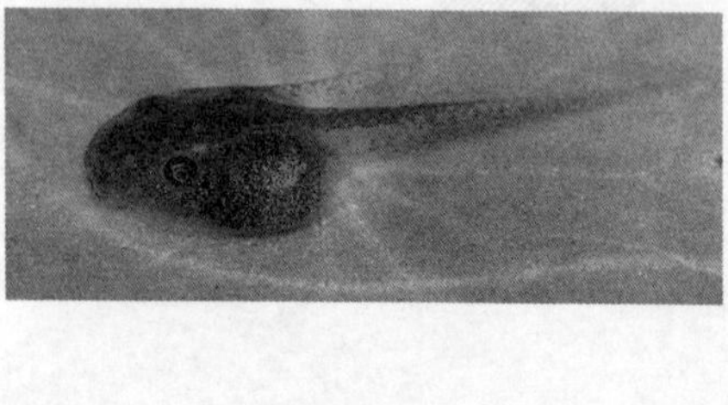

図４

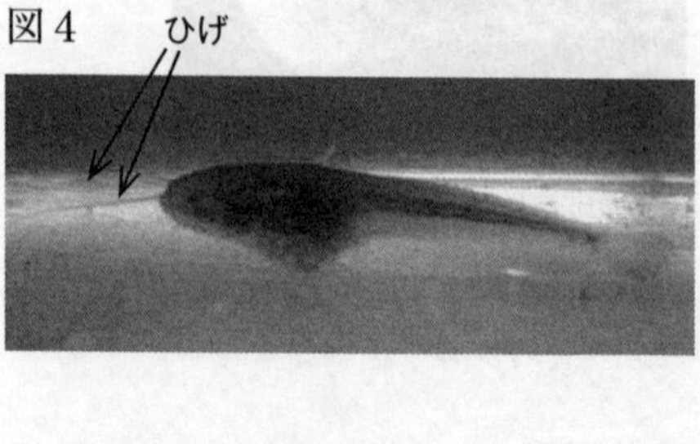

問１　エビは脱皮をくり返して成長する動物です。脱皮をくり返して成長する動物はどれですか。次の（ア）～（エ）から正しいものを１つ選び、記号で答えなさい。

（ア）カタツムリ　　（イ）バッタ　　（ウ）カエル　　（エ）スズメ

問２　この用水路でとれた大きさの異なるエビは、種類が異なるものでした。しかし、同じ種類のエビでも、大きさが異なることがあります。どのような場合、そうなりますか。考えられる場合を１つ答えなさい。

問３　メダカやオタマジャクシは背骨がある動物で、セキツイ動物と呼ばれています。それに対して、タニシやエビのように背骨が無い動物は何と呼ばれますか。

問４　問３の動物にあてはまるものはどれですか。次の（ア）～（エ）から正しいものを１つ選び、記号で答えなさい。

（ア）ナマズ　　（イ）スッポン　　（ウ）サンショウウオ　　（エ）カブトムシ

問５　ヒトは肺で呼吸をしています。エビは主に体のどの部分を使って呼吸をしていますか。

問６　オタマジャクシは成長するとカエルに変態《へんたい》します。このときに起こる外見上の変化について、「どの部分が、どうなる」の形で２つ答えなさい。

問７　文中の下線部について、生物が他のものに似せた体のつくりや動きをして他の生物をだますことを擬態《ぎたい》といいます。**擬態でないもの**はどれですか。次の（ア）～（エ）から正しいものを１つ選び、記号で答えなさい。

（ア）ナナフシの体

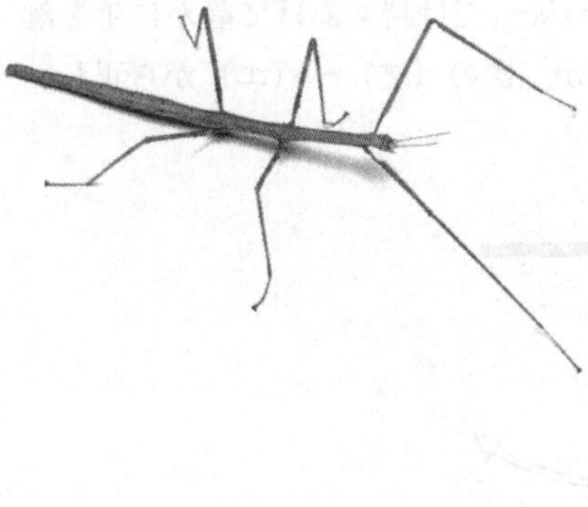

（イ）ヒラメの模様

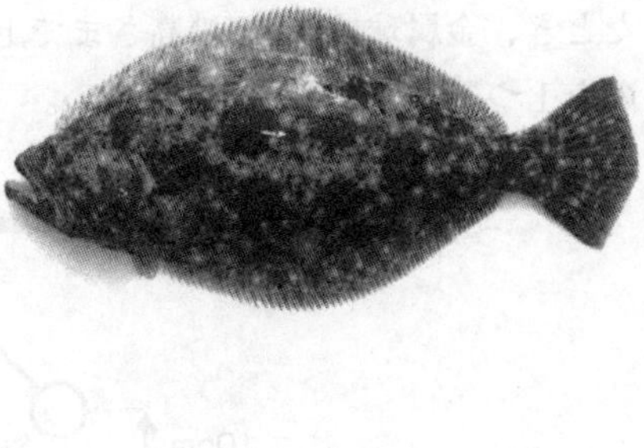

（ウ）モグラの手

（エ）ハナカマキリの体

3　次の文章を読み、各問いに答えなさい。

図１のように50gの金属球に糸をつけて、糸の形がＶの字になるような振り子を作りました。この振り子を用いて、実験を行いました。ただし、以下では振り子を真横から見た図２を用いて実験の様子を表すものとし、実験中に、糸はたるまないものとします。また、この振り子は糸の形がＶの字になっているため、金属球どうしの衝突《しょうとつ》は真横からの衝突であるものとします。

図１

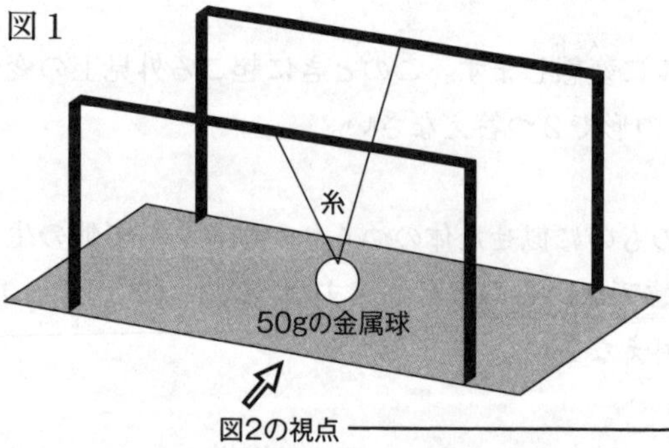

図２

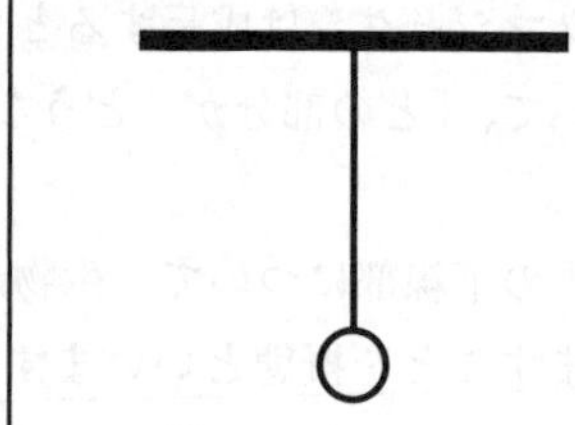

問１　図３のように、振り子につけた50gの金属球を10cmだけ持ちあげて静かに手を離したとき、金属球は何cmの高さまで上がりますか。次の（ア）～（エ）から正しいものを１つ選び、記号で答えなさい。

図３

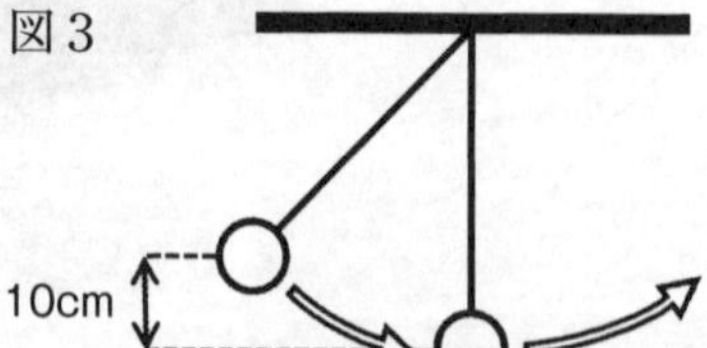

（ア）５cm　　（イ）10cm　　（ウ）15cm　　（エ）20cm

問２　振り子の金属球の重さを200gに変えて、問１と同様の実験を行いました。200gの金属球が一番下にきたときの速さは、50gの金属球が一番下にきたときの速さに比べてどうなりますか。次の（ア）～（エ）から正しいものを１つ選び、記号で答えなさい。

（ア）変わらない　（イ）２倍になる　（ウ）４倍になる　（エ）８倍になる

図４のように、同じ金属でできた50gの金属球ＡとＢを用いて、同じ振り子を２つ用意しました。金属球Ａを10cmだけ持ちあげて静かに手を離し、静止している金属球Ｂと衝突させました。このとき、衝突直後の金属球Ｂの速さは、金属球Ａの衝突直前の速さと同じでした。また金属球Ａはその場で静止しました。

図４

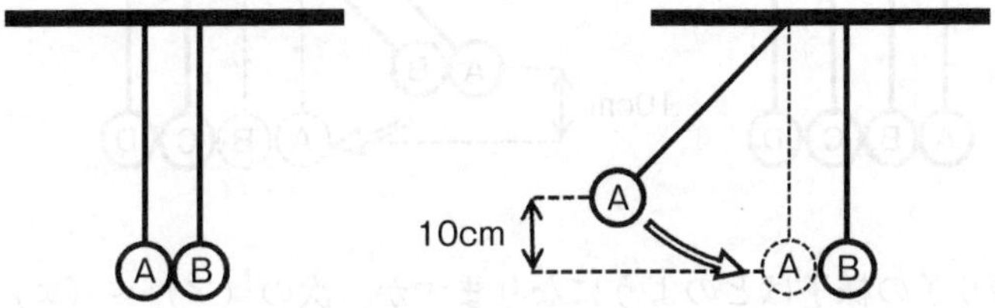

図５のように、同じ金属でできた50gの金属球ＡとＢとＣを用いて、同じ振り子を３つ用意しました。それぞれの振り子の金属球ＡとＢとＣは、それぞれわずかな隙間を空けて静止しています。金属球Ａを10cmだけ持ちあげて静かに手を離したところ、静止している金属球Ｂと衝突しました。わずかな隙間が空いているので、金属球Ａが金属球Ｂと衝突した直後に、金属球Ｂは静止している金属球Ｃと衝突しました。

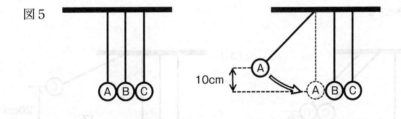

図５

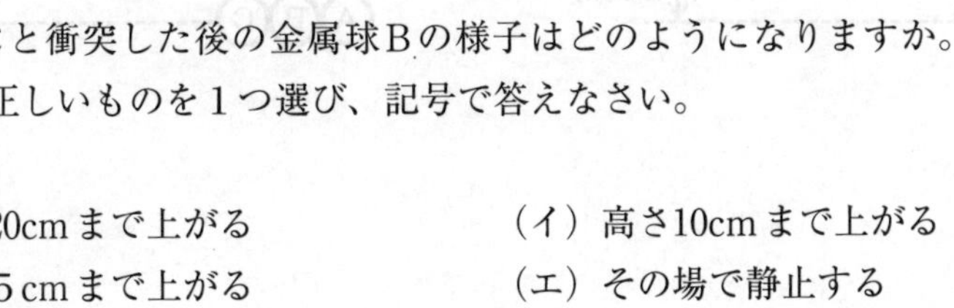

問３　金属球Ｃと衝突した後の金属球Ｂの様子はどのようになりますか。次の（ア）～（エ）から正しいものを１つ選び、記号で答えなさい。

（ア）高さ20cmまで上がる　（イ）高さ10cmまで上がる
（ウ）高さ５cmまで上がる　（エ）その場で静止する

問４　金属球Ｂと衝突した後の金属球Ｃは何cmの高さまで上がりますか。次の（ア）～（エ）から正しいものを選び、記号で答えなさい。

（ア）５cm　　（イ）10cm　　（ウ）15cm　　（エ）20cm

図６のように、同じ金属でできた50ｇの金属球ＡとＢとＣとＤを用いて、同じ振り子を４つ用意しました。それぞれの振り子の金属球ＡとＢとＣとＤは、それぞれわずかな隙間を空けて静止しています。金属球ＡとＢを10cmだけ同時に持ちあげて静かに手を離しました。

図６

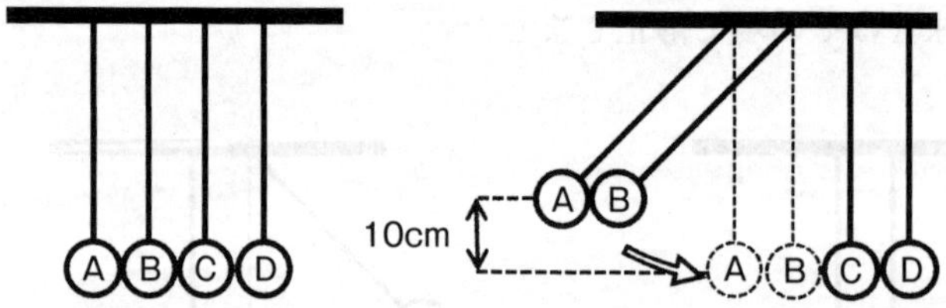

問５　このときの振り子の様子はどのようになりますか。次の（ア）～（エ）から正しいものを１つ選び、記号で答えなさい。

（ア）

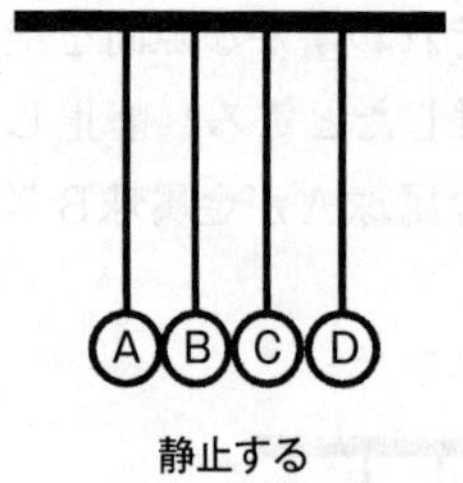

（イ）

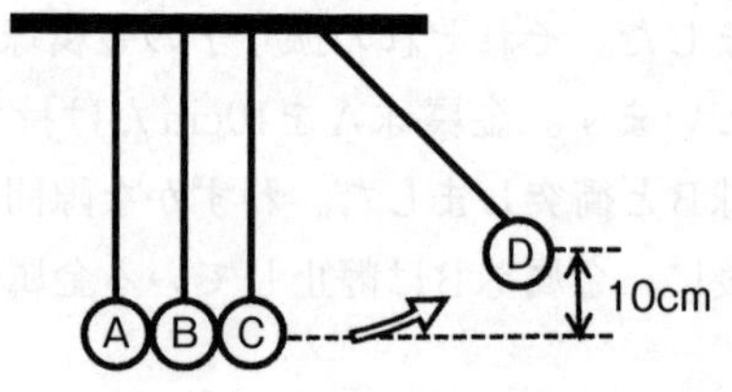

（ウ）

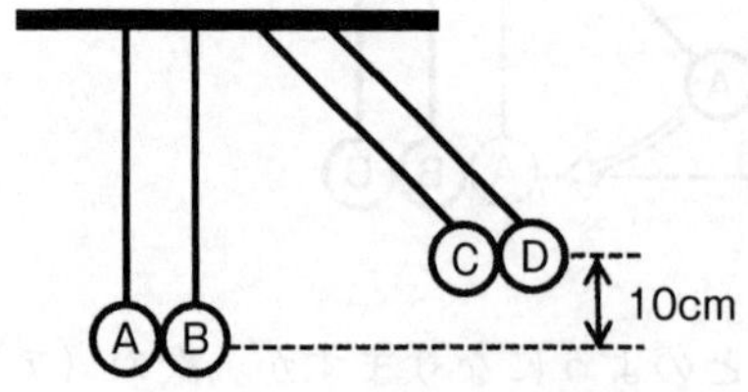

（エ）

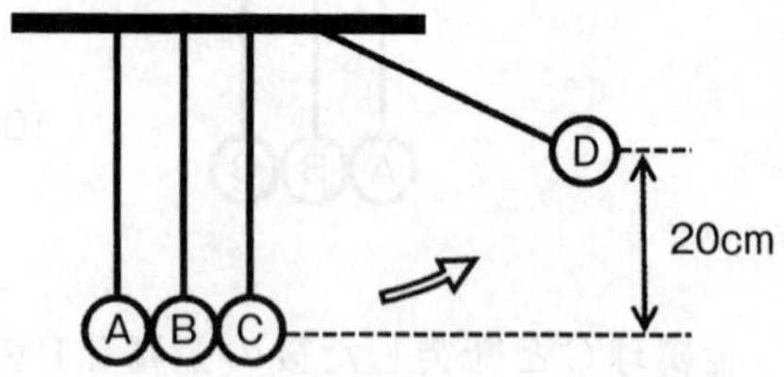

図７のように、図６の金属球ＡとＢとＣを10cmだけ同時に持ちあげて静かに手を離しました。

図７

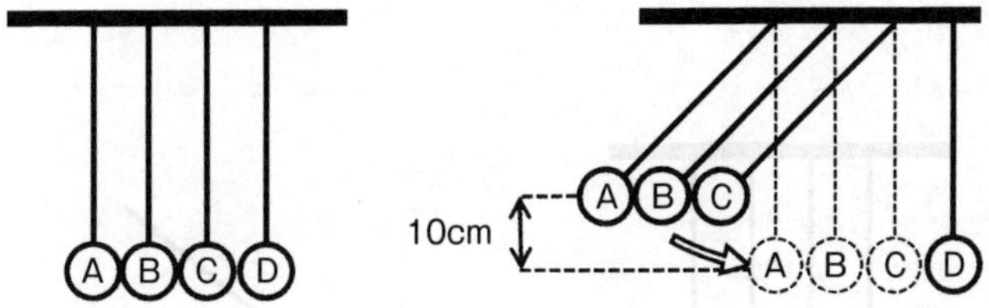

問６　このときの振り子の様子はどのようになりますか。次の（ア）～（エ）から正しいものを１つ選び、記号で答えなさい。

（ア）

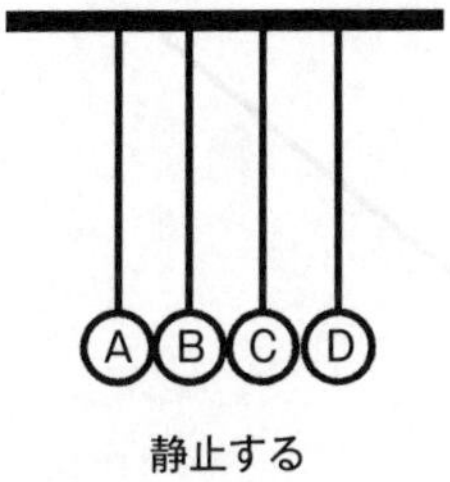

（イ）

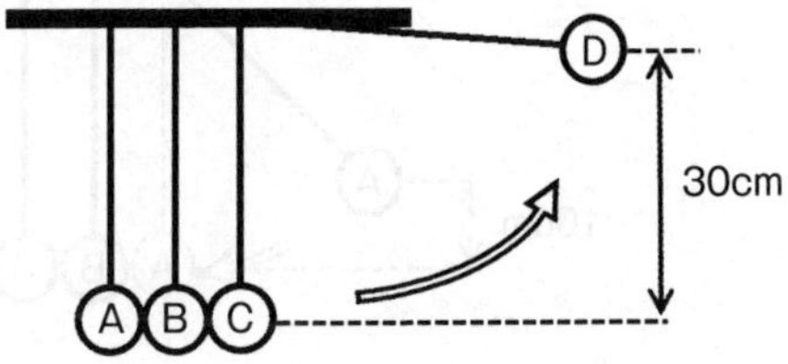

（ウ）

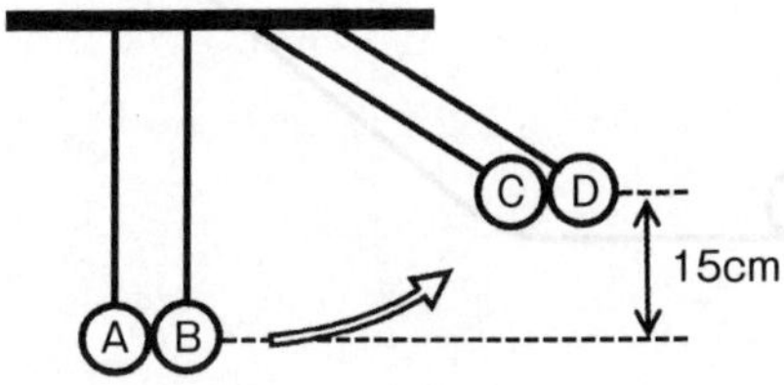

（エ）

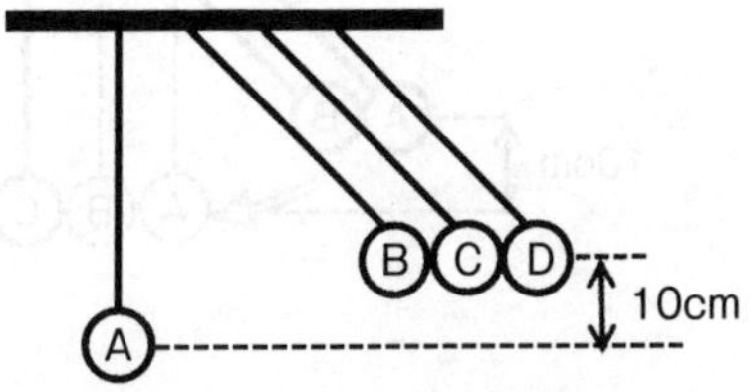

図８のように、図６の振り子の金属球Ｄの横になめらかなレールを設置し、その上に同じ金属でできた50gの金属球Ｅを置きました。金属球Ａを10cmだけ持ちあげて静かに手を離す実験と、金属球ＡとＢを10cmだけ同時に持ちあげて静かに手を離す実験を行いました。

図８

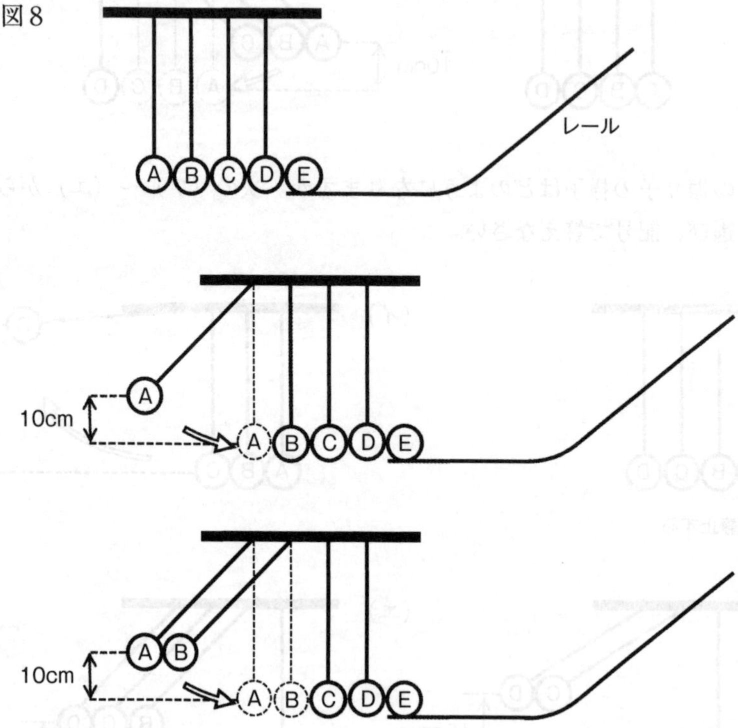

問７　金属球Ｄと金属球Ｅが衝突した後の金属球Ｅがレールをのぼる様子を比べると、どのようになりますか。次の（ア）～（エ）の中から正しい文を１つ選び、記号で答えなさい。

（ア）ＡとＢを持ちあげた場合、金属球Ａだけを持ちあげた場合の２倍の速さでＥはすべり、10cmの高さまでレールをのぼる。

（イ）ＡとＢを持ちあげた場合と金属球Ａだけを持ちあげた場合のどちらも同じ速さでＥはすべり、10cmの高さまでレールをのぼる。

（ウ）ＡとＢを持ちあげた場合と金属球Ａだけを持ちあげた場合のどちらも同じ速さでＥはすべり、20cmの高さまでレールをのぼる。

（エ）ＡとＢを持ちあげた場合、金属球Ａだけを持ちあげた場合の２倍の速さでＥはすべり、20cmの高さまでレールをのぼる。

ア　自然教室初日は、城西駅に最低でも七時五十分までに到着しなければならない。
イ　ＪＫ広場まで徒歩で来られ、お土産を買わない場合はお金を持ってこなくてよい。
ウ　宿泊するときの部屋の班は、自然教室初日には参加者に伝わっている。
エ　応募をする場合は、郵送で四月三十日までに宛名先に必ず届ける必要がある。
オ　定員があふれてしまった場合は、抽選で決められ、後日郵送で結果が知らされる。

四　次の①〜⑤の四字熟語の X と Y には漢数字が入ります。X と Y を足した数を漢数字で、それぞれ答えなさい。

（例　X捨Y入　→　九（四捨五入）

①　X位Y体

②　X期Y会

③　X束Y文

④　X寒Y温

⑤　X転Y倒

【資料②】城西わくわく自然教室HP

〈城西わくわく自然教室 HP〉☆詳細ページ

テーマ『人と自然の共存』

　昨今、地球温暖化を筆頭に、環境問題が大きく騒がれています。ただ、私たち人間と自然はお互いになくてはならない存在です。そこで、今回の自然教室では、自然と触れ合いながら、自然の大切さを学ぶとともに、どうすれば人と自然がうまく関わり合うことができるのかを考えていきましょう。

◎応募方法：郵送(以下の応募用紙をダウンロードし、期日までに以下の宛名に郵送してください。)

　○ 城西わくわく自然教室応募用紙　　　　ダウンロード

　○ 宛名：埼玉県城西市城西村 1－1－2　城西わくわく自然教室本部

予定プログラム

1日目		2日目	
8:00	JK 広場集合	7:00	起床
8:30	出発(バス)	7:15	散歩
10:00	城西の森到着	8:00	朝食
10:30	ハイキング	9:30	レクリエーション
12:00	昼食	11:00	そば打ち体験
13:30	①魚釣り ②昆虫採集 (この2つは応募用紙にて選択)	12:30	昼食
		14:00	自然博物館見学
		15:30	城西の森出発(バス)
17:00	カレー作り	17:00	JK 広場到着・解散
18:30	夕食		
20:00	キャンプファイヤー		
21:00	入浴		
22:00	就寝		

※JK 広場：城西駅から徒歩 15 分

【よくあるご質問】

Q. 参加の確定はいつわかりますか。

A. 7月1日に各家庭に「参加確定用紙」を郵送いたします。

Q. 就寝時について詳しく教えてください。

A. 班ごと(5人)で1部屋になっています。この班は「参加確定用紙」にてお知らせいたします。

Q. 参加費は無料(保険料 500 円)となっていますが、これ以外に本当にお金はかかりませんか。

A. JK 広場までの往復料金やお土産代のみお持ちいただけたらと思います。

Q. そばアレルギーなのですが、何か配慮はしていただけますか。

A. うどんに変更ができます。その際は応募用紙備考欄にご記入お願いします。

【資料①】城西わくわく自然教室チラシ

城西わくわく自然教室

in 城西の森

2023.8.11[金]12[土]（2日間） ※雨天中止

テーマ『人と自然の共存』

自然豊かな城西の森での１泊２日の自然体験。「人と自然の共存」をテーマに、たくさんの自然に触れあいましょう。魚釣りや昆虫採集、カレー作り等、楽しいプログラムも盛りだくさん。是非最高の仲間とともに、最高の夏の思い出を作りませんか。

【参加方法】
参加対象：中学１年生〜3 年生
応募方法：郵送(詳細は HP)
応募期間：2023 年 4 月 1 日〜30 日消印有効

【その他】
定員：100 名（定員をこえた場合は先着となります。）
参加費：無料（別途保険料 500 円は当日持参。）

※詳細は城西わくわく自然教室 HP 詳細ページをご覧ください。

問十　本文の内容に合うものを次の**ア**～**オ**の中から一つ選び、記号で答えなさい。

ア　筆者は、日本語のあいまいさにおもしろさや美しさを感じているが、日本人がそれを自覚することで美が仮の姿ではなくなると考えている。

イ　日本語のあいまいさは、国際交流においては不適切であり、科学者のみならず一般人まで使い方を注意するようになった。

ウ　日本で短歌や俳句が発達したのは、あいまいの美学に支えられたからではなく、受け手によって解釈が異なるところにある。

エ　あるがままの表現は冷たく乱暴な印象を与えるため、日本語はあいまいな表現を使い、相手への思いやりを示す傾向にある。

オ　日本の多湿な風土を活かしたコケ文化が、イギリスにも受け入れられたことでヨーロッパ全体があいまいは悪魔だという解釈から解放された。

三　【資料①】、【資料②】を見て、あとの**ア**～**オ**の文のうち適当なものには○、適当でないものには×と答えなさい。

問六　――部③「**多義性**」とありますが、これを言い換えている部分を以下の空らんに当てはまるように、本文中から十七字でぬき出して答えなさい。

□という性質。

問七　――部④「**日本語の本を読むほど英語の本はたのしくならない**」とありますが、それはなぜですか。英語の特徴を「日本語」という言葉を用いて明らかにし、二十字以内で説明しなさい。

問八　**Y** には「威勢が非常に盛んなさま」という意味のことわざが入ります。適当なものを次の**ア**～**オ**の中から一つ選び、記号で答えなさい。

ア　河童の川流れ
イ　飛ぶ鳥を落とす勢い
ウ　鬼の目にも涙
エ　虎の威を借る狐
オ　飛んで火にいる夏の虫

問九　――部⑤「**アメリカの寛容の精神**」とありますが、どのような精神ですか。本文中から三十五字以内で探し、初めと終わりの五字をそれぞれぬき出して答えなさい。

問四　――部Ｘ「レトリック」とは修辞法のことですが、次の文に使われている修辞法をあとのア～オの中から一つ選び、記号で答えなさい。

ぼくは思わず叫んだ。やった！と。

ア　擬人法
イ　倒置法
ウ　体言止め
エ　対句
オ　比ゆ

問五　――部②「あいまいの美学を考える哲学はなかった」とありますが、ここでの「美学」とはどのようなことですか。適当でないものを次のア～オの中から一つ選び、記号で答えなさい。

ア　表現を和らげたりぼかしたりした方が落ち着くということ。
イ　理屈で窮屈な言葉に飾りは必要ないということ。
ウ　断定した言い方ではたしなみに欠けるということ。
エ　自分の解釈をする余地がないとおもしろくないということ。
オ　ワケの分からない言葉に引かれ興味がわくということ。

て非なるハイク・ポエムを生むことになった。あいまいの美学は依然、泣いているのであろうか。ひとごとではない。日本人こそあいまいの美学を確立させる義務があるように思われる。

それには［E］、日本人の手で、あいまいの美学を確立する必要がある。マネばかりしていないで、世界をリードする思考を生み育てなくてはならない。

（外山滋比古『伝達の整理学』筑摩書房）

問一　――部㋐～㋔のカタカナは漢字に、漢字はひらがなに改めなさい。

問二　［A］～［E］に当てはまる言葉として最も適当なものを次の**ア**～**オ**の中から一つずつ選び、それぞれ記号で答えなさい。ただし、同じ記号は一度しか選べません。

ア　やはり　**イ**　しかし　**ウ**　いわば　**エ**　まず　**オ**　どうせ

問三　――部①「**科学における〝であろう〟は消滅した**」とありますが、それはなぜですか。本文中の言葉を用いて説明しなさい。

コケ文化を重視するイギリスも、いつまでもコケにこだわっていた。カビのよさを発見することができなかった。ことばでいえば、あいまいということがわからない。

　ギリシャ以来、あいまいは悪魔の(エ)仕業のように誤解、二千年、その点に気づかなかった。イギリスで、二十世紀に入ってから、コケ、カビの美を解する天才があらわれて、あいまいの美学をうち建てた。ウィリアム・エンプソン（「あいまいの七型」）であるが、多くのヨーロッパ人はいまなお、あいまいの美学を認めていない（ペニシリンもカビをきっかけに生まれた）。

　さすがに日本である。もっとも早くエンプソンの偉業を認め、若きエンプソンを東京の大学が招いた。しかし、あいまいの美学がおこってしかるべきところ、頭の固い日本人はついに、あいまいの美学を創《はじ》めることはなかった。

　カラカラに乾燥したアメリカで、おくれてエンプソン美学にあやかろうとしたが、ついに成功せず、ひところは Y のあったニュー・クリティシズムは音もなく消えた。

　それを見て何も感じなかったのだから、日本は鈍感である。それをはっきりさせたのは、情けないことである。

　アメリカは、ドライ文化の国でありながらウェット文化に対するカンシンを大切にするところはもっと注目されてよい。

　あいまいの美学がなければ、俳句、短歌のような短詩型文学が発達しない。俳句が国際的になったのも、⑤アメリカの寛容の精神のおかげである。

　アーサー・ウェイリーは東洋美学の先覚者であるが、あいまいの美学を欠いていた。源氏物語の英語訳に当たって、和歌をすべて切り棄てなくてはならなかった。俳句はアメリカにおいて世界的文学になることができるはずであるが、季語というローカルなものの(オ)ショリができないまま俳句に似表現に、〝意味〟は存在しない。生まれるのは、受け手の〝連想〟で十人十色になる。

〈中略〉

若いころ、十年くらい、日本語を忘れるくらい、英語に親しんだ。しかし④**日本語の本を読むほど英語の本はたのしくならない**のである。

いつまでたっても、英語がおもしろくない。妙に理屈っぽくて、ギスギスしている。味わいがかける。渋味が乏しい。

自分なりに悩んでいて、うるおい、ということを考えるようになった。英語は日本語に比べて、うるおいに欠ける。あらわにすぎる。よけいなことをしゃべりすぎる。そう思って、フランスやロシアの文学をかじってみると、これは英文学よりずっと、カサカサして味気ないように思われた。

[D] 風土の問題だと思うようになって、日本のことば、文化を見直すようになった。日本文化は、イギリス文化に比べて湿度が高い。ウェットである。しかし、イギリス文化もドイツ、フランスに比べるとウェットである。日本はその点ではるかに進んでいる。

多湿の風土はコケ（苔）を重んじる。日本は、昔から、「コケの生《む》すまで」とコケを賛えたが、イギリスも「転がる石はコケをつけない」とコケ礼賛である。アメリカは、まねたくても、湿度不足である。(ウ)**逆立ち**しても、コケの美学には近づけない。ハラを立てたかどうかはわからないが、コケを悪ものにした。有能な人は、つねに活動的、転職なども進歩と考えるから、コケは悪ものになってしまった。

日本はコケ文化では先達である。コケをありがたがるだけでなく、同類のカビも味方にして、醗酵食品の大国になった。

味噌、醤油の美味がわかるようになったのは、伝統にとらわれないアメリカが早かった。と言っても、戦後のことである。

のである。

エンプソンの「あいまいの七型」という論文は、二千年前の西欧をひっくりかえす発見をふくんでいた。頭の固いヨーロッパの人たちは、それを認めることができなかったが、言霊のさきおう日本はいち早く、それに反応した。

エンプソンは招かれて、東京の大学の教師になった。

[C] 外国文化にかぶれていた日本人は、エンプソンから、あいまいの哲学、あいまいの美学を引き出すことができなかった。

三十年ほどして、アメリカ南部の(イ)ホシュ的な地方に、それを受けつぐ学風がおこった。それをニュー・クリティシズムと称したのである。エンプソン自身からは学びとることをしなかった日本の英文学が、このニュー・クリティシズムに目の色を変えたのはあまり名誉なことではない。

ニュー・クリティシズムというのが長いのであろうか、勝手に〝ニュー・クリ〟ということばをつくって、ひとさわぎした。ものまねである。アメリカでニュー・クリティシズムが力を失うと、日本の英文学も、さっさとひきあげた。あいまいの美学は眠ったままである。

ことばが、美しかったり、おもしろかったりするのは、③多義性によるところが大きい。人によって受けとり方が異なることを許容する。すべてのことばが、同時多義的である。日本語をとらえるのは、至難で、誤解をあらかじめ覚悟している。そういうとき、ことばは、あいまいになるほかない。

あいまいな言語でないと、おもしろい表現は生まれない。

いまのところ、俳句は世界一の短い詩であるが、あいまいが生命である。三十一文字の和歌が十七文字の俳句になるのに、千年を要したのは偶然ではない。

俳句に〝意味〟はない、と言えば、反論されるにきまっているが、いくつもの意味を同時にそなえている文法の問題ではなく、Xレトリックの問題である。一部の人たちは、そもそもそんなことに(ア)カンシンがないから、この問題は広く知られることはなかった。

日本人には、「AはBなり」と断定するより、ちょっと和らげて〝AはBであろう〟とした方が落ち着くのである。

魚は水の中に住むが、清水より、にごった水を好むらしい。ことばも理屈では窮屈である。すこしぼかした方がいい。ハダカではなんだから衣服をまとう、というようなものである。それが当たり前だと思っているが、正直なことばも乱暴に感じられる。

かつて日本は、「言霊のさきおう国」と呼ばれたが、言霊はハダカをいとい衣裳を身にまとう。［B］身につけるなら美しい方がいい。文飾が発達するわけである。

〝AはBなり〟

と断定してしまうと、受け手として解釈する余地がない。自分の考えの立ち入ることが許されないことばは、それだけでおもしろくなくなる。

〝AはCではない。Xでもない〟

というようなワケのわからぬことばが、受け手にとっては気をひかれ、興味をもちやすい。〝あいまい〟というのは、実体がはっきりしないときに、おもしろくなる。

ヨーロッパでは、ギリシャの昔から、〝あいまい〟は悪魔的だときめつけられて、変わることがなかった。はっきり、②あいまいの美学を考える哲学はなかった。

そのヨーロッパで、二十世紀になって、異変がおこった。〝あいまい〟の美学を認めたのである。ウィリアム・エンプソンという青年であった。

彼はケンブリッジ大学の数学科の学生だったが、I・A・リチャーズという言語心理学者の学生に転じた

二　次の文章を読んで、あとの問いに答えなさい。

戦後、イギリスから京都大学へすぐれた物理学者がやってきた。招かれたのかもしれない。この人は、珍しく、日本語が堪能で、日本では、日本人研究者の英語論文の英語を助けることを行なっていた。のち、世界的学者になる人である。

この人が、日本物理学会の学会誌に、「訳せない〝であろう〟」というエッセイを発表し、日本中の学者、研究者をふるえ上がらせた。

日本人の書く論文には、たえず、〝であろう〟ということばが出てくる。物理学のような学問の論文には不適当である。英語に訳すことはできない、という、[A]告発であった。

おどろいたのは、日本の学者、研究者である。なんということなしに、使ってきた語尾である。〝である〟としては、いかにも威張っているようで、おもしろくない。ベールをかけて〝であろう〟とすれば、ずっとおだやかになる。自信がなくて、ボカしているのではなく、やわらかな感じになるのである、などと考えた人もあったであろうが、学界はパニックにおち入り、〝であろう〟という表現はピタリと止まった。伝えきいたほかの科学分門の人たちも、〝であろう〟を封鎖してしまった。①**科学における〝であろう〟は消滅した**、というわけである。

これは、イギリス人の誤解である。

なにも、自信がなくて、〝である〟と断定しないのではない。〝である〟ときめつけるのが、なんとなくおもしろくない、たしなみに欠けているように思われる。それを避けるためのソフトな言いかたの〝であろう〟としているのである。専門の研究に忙しい科学者たちは、ことばの心理にかかずらわっているゆとりがなかったのである。

問七　――部⑤**「いつもよりも大きな一歩を踏み出したような気がした」**とありますが、宇佐子にとって大きな一歩とはどのようなことですか。本文中から四字でぬき出して答えなさい。

問八　――部⑥**「宇佐子の微熱はすっかり収まった」**とありますが、何がきっかけで収まったのですか。「トランペット」「花の木公園」という二つの言葉を用いて説明しなさい。

問九　次の**ア**～**オ**の文のうち、本文の内容と合うものには○、合わないものには×とそれぞれ答えなさい。

ア　宇佐子は夜明け前のトランペットを聞くために学校を休んでいる。
イ　お母さんは宇佐子のクラスや学校の生活を気にしている。
ウ　お父さんはお母さんのうさぎ嫌いを克服させようとしている。
エ　宇佐子は布団の中と公園で聞いた音に大きな違いがあり不満に思った。
オ　お母さんは宇佐子の熱に対し、風邪以外の原因を疑っている。

(b)「**こなし（こなす）**」

ア 自分の思うがままに扱うさま。
イ 長い時間をかけて扱うさま。
ウ 物体を細かく砕くさま。
エ 大切なものを乱暴に扱うさま。
オ 苦手なことを包み隠すさま。

問四　――部②「**宇佐子は体温計を使わなかった**」とありますが、これはなぜですか。「学校」「計画」という二つの言葉を用いて説明しなさい。

問五　――部③「**久しぶりの学校だった**」とありますが、宇佐子はいつから学校に行っていないのですか。本文中から二十字以内でぬき出して答えなさい。

問六　――部④「**こんなに早起きをしたのは、林間学校に出発する時以来だった**」とありますが、この時の宇佐子の心情として適当でないものを次の**ア**～**オ**の中から一つ選び、記号で答えなさい。

ア 期待　**イ** 興奮　**ウ** 焦り　**エ** 喜び　**オ** 希望

問一　[A] ～ [E] に当てはまる言葉として最も適当なものを次の**ア**～**オ**の中から一つずつ選び、それぞれ記号で答えなさい。ただし、同じ記号は一度しか選べません。

ア　そっと　　**イ**　じっと　　**ウ**　ぴたりと　　**エ**　ぱっちりと　　**オ**　ほんのりと

問二　――部①**「ほんとうのわけ」**とありますが、熱以外に学校に足が向かなくなったわけを本文中から一文で探し、初めと終わりの五字をそれぞれぬき出して答えなさい。

問三　――部(a)**「口をつぐん」**・(b)**「こなし」**の本文中での意味として最も適当なものを次の**ア**～**オ**の中から一つずつ選び、それぞれ記号で答えなさい。

(a)**「口をつぐん（口をつぐむ）」**

ア　唇を強くかんで耐えるさま。
イ　口を閉じてものを言わないさま。
ウ　口を閉じて笑おうとするさま。
エ　口をとがらせて不満そうにするさま。
オ　唇を震わせて悲しんでいるさま。

の林に差し込む日の光の角度が鋭くなっていた。大急ぎで家に帰らなければ、お母さんやお父さんが起き出してしまう時間になっていた。

宇佐子は回れ右をすると大急ぎで駆け出した。ほんのちょっとの間だったけれども、あの不思議な音の主を見つけることが出来て満足した宇佐子だった。朝の街を駆け抜けながら、なにか理由の解《わか》らないわくわくした感じがしてたまらなくうれしかった。宇佐子がそっと自分の部屋に忍び込んで、ほんの五分もしないうちに、一階の台所からコトコトという音が聞こえた。お母さんが起き出したのだ。台所に続いて洗面所で洗濯機が唸《うな》り始めて、お父さんが何か言う声も聞こえた。

「もう起きなさい。学校へ行く時間よ」

階下から宇佐子に呼びかけるお母さんの声に、宇佐子はまだベッドの中にいるような振りをして返事をした。その日をさかいに⑥**宇佐子の微熱はすっかり収まった**。そして、お母さんやお父さんには秘密だったが、三日に一度くらいの割合で朝早くに家を抜け出しては、花の木公園の赤松の林にトランペットを聞きにいった。最初の日に見かけた女の人は、その日だけで、あとはいつも有木君と呼ばれた青年だけがトランペットを吹いていた。「大きな古時計」を吹いていたのも最初の日だけだった。宇佐子は赤松の林の出口あたりで青年が吹くトランペットの音を聞いているだけで、それ以上近くに寄ることはなかった。

（中沢けい『うさぎとトランペット』新潮社）

（注）『大人の薬』……錠剤と粉薬のこと。ずっとシロップの薬を飲んできた宇佐子にとって、錠剤と粉薬は大人の薬だと思っていた。

〈中略〉

宇佐子がもう家に帰ろうとした時、トランペットの音がまた赤松の林の向こうから聞こえた。ドレミファソラシド、ドレミファソラと、今度は先刻よりもきれいに澄んだ音で滑らかに音階を登って、シのところは苦しそうだったがどうにか通り抜け、ドでいよいよ苦しくなって、［E］止まった。止まったけれども、間もなくまた音階を丁寧にそして快調にドレミファソラシド、ドレミファと登り始めた。金色できらきら輝いているような音が宇佐子の耳の中にいっぱいになる。

〈中略〉

宇佐子が曲がりくねった幹を持つ赤松の明るい林を抜けて行くと、ドレミファソラシドの次の音階のレミファソラを軽やかなステップで上がり、いつもつかえるシもドも難なく(b)こなして、さらに高いレミファソラシドという高音へ上がっていった。

「ようやくハイ・ベーが出るようになった」

トランペットを吹いていたのは細面《ほそおもて》の背の高い青年だった。

トランペットの青年のそばに白いタートルネックのセーターを着た女の人がいた。

「有木《ありき》君、なんでトランペットを吹く気になったの？」

白いタートルネックを着た女の人はトランペットの青年にそんなことを言っていた。

トランペットの青年は質問には答えず白い歯を見せて笑い、それからトランペットを構え直した。そして音階をゆっくりと確実に、けれども軽やかに登っていった。

赤松の林の出口でその様子を眺めていた宇佐子は「ああ、やっぱりこの音だ」と思った。お布団《ふとん》の中で聞いた透明なファンファーレの音だった。宇佐子はしばらく二人の様子を眺めていた。その日、女の人に有木君と呼ばれていた青年はいつものファンファーレを吹かなかった。いつのまにか、曲がりくねった幹の赤松夜明けに聞くトランペットの音ほどすてきなものはない。トランペットは遠くから宇佐子を呼んでいるようだった。でも、学校にも行っていないのに、朝早くに家を抜け出してトランペットを聞きに行ってはいけないような気がしていた。さあいよいよトランペットの音を聞きに行くぞという日は、音が聞こえてくる前に目が覚めた。そして、待っていた。もうすぐトランペットの音が聞こえてくるよと。

〈中略〉

④**こんなに早起きをしたのは、林間学校に出発する時以来だった。**宇佐子は靴下を履く。パジャマを脱ぐ。ブラウスを着た。スカートのホックをかけた。それからセーターも着た。また、耳を澄ます。毎朝、ベッドの中で聞いていたトランペットの音はまだ聞こえない。目を覚ました時、明るくなり始めた東の空から、茜《あかね》色やピンク色が消え、鮮やかなブルーが広がりだした。

宇佐子は［　D　］家を抜け出す。朝早くてまだ誰もいない街に出るのは初めてだった。玄関の扉を閉める音がまるで家じゅうに響くように大きくて、びくりとしたけれども、お母さんもお父さんも、宇佐子が家を抜け出そうとするのには、気づかなかった。トランペットの音がしたのは、家の門を出たちょうど、その時だった。やっぱりと宇佐子は頷《うなず》いた。トランペットの柔らかなファンファーレは花の木公園のほうから響いてきた。

宇佐子は一歩を踏み出す。⑤**いつもよりも大きな一歩を踏み出したような気がした。**誰かが花の木公園で毎朝、トランペットを吹いている。トランペットを吹いている人を見たかった。なぜか宇佐子はそれをお父さんにもお母さんにも内緒にしておきたかった。なぜなのかは解らないけれども、それは秘密でなければならなかった。こうして朝の冒険は始まったのだ。大きな一歩を踏み出した宇佐子は耳を澄ましながら、歩いた。宇佐子は耳を澄ますのが好きだ。耳を澄ますと世界は宇佐子のほうへ、親しげな笑顔を向けて近づいてくる。宇佐子にとって耳を澄ますのは解《わか》らないことの多い世界に近づく最良の方法だった。

方になるのか、それともミキちゃんの肩を持つのか、どっちなのと聞かれるのがとてもイヤだった。

沙織ちゃんは幼稚園の頃からずっと一緒だった。真っ黒な長い髪の毛を三つ編みにして、大きな目で見つめられると、誰でも彼女の言うことを聞かなければいけないような気がしてくる女の子だ。でも、ミキちゃんは沙織ちゃんの言うことを聞かない。

ミキちゃんは転校生だ。四年生の二学期になって転校してきた子だった。授業中にはなんでもはきはきと答える。沙織ちゃんと意見が違っても、ミキちゃんは「私はちがう意見です」と言う。それなのに、休み時間になるとミキちゃんは誰とも口をきこうとしない。茶色の瞳《ひとみ》を持った短い髪のミキちゃんはヘンな子だった。五年生になって、沙織ちゃんとミキちゃんと、そして宇佐子は同じ木村先生のクラスになった。

③久しぶりの学校だった。宇佐子はみんなから「おはよう」と言われたし、「もう大丈夫なの？」とも聞かれた。学校の一日はあっと言うまに終わった。朝は、なんとなくイヤだなと思っていたのがウソみたいに、午前中の授業はすぐに終わったし、給食もおいしかった。給食のあとにはちゃんと朝岡先生にもらった大人のお薬も飲んだ。帰りにはドロケイをやろうと誘われた。

泥棒と刑事を略してドロケイ。お母さんは、

「昔はそれは鬼ごっこと言ったのよ」

と言っていたけれども、刑事が泥棒を追いかけるのだから、全速力で走らなければならない。昨日まで学校を休んでいた宇佐子にはちょっと無理かなということで、まっすぐに家に帰った。宇佐子にはやってみたいあるひみつの計画があった。それには、どうしても学校に行かなければならなかった。学校を休んでいるのに、それをやるのはとても悪いことのような気がした。だから学校にいる間に熱も出なければ、お腹《なか》も痛くならなかったので、ほっとした。

〈中略〉

も、目では見えない。宇佐子が聞いた音も、まるで何もなかったかのように消えてしまった。あとにはチクタクチクタクという目覚まし時計の音だけが響いていた。宇佐子は毎朝、この音を聞いている自分がいたことに気付き、そして驚いた。

その日の朝、②**宇佐子は体温計を使わなかった**。きっとまだ微熱があるように思えたのだけれども、熱を計らなければ微熱はないことにしてしまえるような気がした。

「朝岡先生にもらった(注)『大人の薬』もあるし、学校に行って具合が悪かったら早退することもできるし」

と、お母さんはひとり言のように、体温計はいらないと言う宇佐子のそばで言っていた。ちょっと心配だったのである。

「検温しないで学校に行っても保健室もあるし、保健室で体温計だって借りられるし、保健の先生だっているんだし」

いろいろ理由を並べていた。宇佐子は目玉焼きを食べている。

「ま、いいか」

お母さんがそう言った時、宇佐子は目玉焼きを食べ終わった。唇の端《はし》にちょっと黄色い黄身が付いていた。

「ま、いいでしょ」

宇佐子はお母さんの口まねをしながら、ランドセルを背負った。この前、学校に行ったのはなんだか遠い昔のような気がした。宇佐子は家を出る時、門の前にちょこんと座っているテラコッタのうさぎの頭を撫ぜてやった。宇佐子が小学校に上がった時にお父さんが買ってきたうさぎだった。お父さんはなぜかうさぎが好きで、宇佐子は危うく「うさぎ」という名前にされるところだった。

〈中略〉

四年生の三学期から、学校に行くのがちょっとイヤになっているのは、ほんとうだった。沙織《さおり》ちゃんの味と思う。なぜそう思うのかと言えば、お母さん自身がそうだからだ。

へたな聞き方をすると、(a)口をつぐんでなにも話してくれなくなることもありそうだった。宇佐子は決して強情な女の子ではないけれども、口をきかなくなると、幾らでも黙っていることができた。

〈中略〉

「はやく、なおるといいね」

宇佐子はこっくりとうなずいた。

お昼より少し前に宇佐子は自分で着がえてキッチンへ出てきた。朝岡先生のところには一人で行けるという。

「ほんとに一人で行けるの」

お母さんは少し考え込んでいたけれども、宇佐子の言うとおりにさせてみよう、と決心したように診察券とお金を出した。

〈中略〉

翌朝のことだ。

暖かなお布団でぐっすり眠っていた宇佐子の耳を高らかなトランペットの音が叩いた。宇佐子は　C　目を覚ました。

宇佐子は耳を澄ました。朝の澄んだ空気を震わせた音はもうどこにもない。夢の中でトランペットの音を聞いたのかしらと、自分の耳を疑ったとたん、また柔らかなファンファーレが響いてきた。

勇ましいファンファーレではなくて、夜明けの訪れをそっと喜んでいるようなごやかで柔らかい、そして、ゆっくりとしたファンファーレだった。

ファンファーレは花の木公園のほうから響いてきた。音というものは不思議なものだ。当たり前だけれど

「それが、熱っていうほどの熱ではないんですけど。まだ下がらないんです」

「順番は十八番ですね。十二時三十分の診療。解《わか》りました」

ここのところ陽気がとても良くなってきたから風邪の患者さんも減っているんじゃないかなと思っていたんだけど、「とても込んでいた」と宇佐子に言った。

お母さんは宇佐子のおでこを撫《な》ぜながら、

「この子は、ほんとうにどうしちゃったんだろう」

と心配そうに覗《のぞ》き込んだ。宇佐子は目ばかりきょろきょろさせて、お母さんの顔を見ていた。

〈中略〉

お母さんは、宇佐子が五年生の新学期が始まってから三日目に微熱を出し、ずっと学校を休むことになった①**ほんとうのわけ**を知りたいと思っていた。それはきっと風邪でもなければ、悪い病気でもない。悪い病気でない証拠に宇佐子のほっぺは赤くてとてもきれいだったし、唇の色も輝いていた。きれいな唇とくりくり動く黒い目を見ていると、何か悪い病気とは思えない。風邪にしては微熱が続きすぎる。学校でいじめられているとか、仲間外れにされているとか、心配なことがあるとか、疑《うたぐ》ればきりがなかった。

宇佐子のクラスは五年生になってクラス替えがあった。担任の先生は新しい先生だ。木村先生というのだと、新学期最初の日に宇佐子が教えてくれた。若くてきれいな女の先生だよと宇佐子は言っていた。

お母さんはまだ木村先生の顔をみたことがない。けれども一週間ずっと電話で話をしていた。声だけで顔を想像すると、丸い鼻がつんと上を向いているような感じがする。澄んだ声だった。

何か心配なことでもあるのとか、学校で嫌なことがあるんじゃないと聞いても、きっと宇佐子は「ない！」としか言わないだろうとお母さんは感じていた。こういうことは聞けば聞くほど、言いたくなくなるものだ

「六分というところが微妙ね」

お母さんは宇佐子から渡された体温計とにらめっこをしながら、そう呟《つぶや》いた。宇佐子は黙っていた。もう一週間もそういう微熱が続いていた。もちろんお医者さんにも行った。そしてたぶん風邪だろうということになっていた。

「熱が下がらなかったらもう一度来てくださいって、朝岡《あさおか》先生が言っていたよね」

お母さんは宇佐子にそう言った。宇佐子はなんとなく朝岡先生のところに行きたくなかった。理由と言えるような理由はないのだけれど、なんだか風邪じゃないような気がした。お母さんは、

「悪い病気じゃないといいんだけど」

と言っていたけれども、たぶん悪い病気でもないような気がする。宇佐子は朝岡先生のところに行くと、仮病《けびょう》だと言われそうで怖かった。宇佐子の病気が仮病ではないことを証明してくれるのはピピッピと鳴る体温計だけだった。宇佐子はお布団《ふとん》のなかで首を竦《すく》めた。

お布団はお日様の匂《にお》いがした。宇佐子はお布団のお日様の匂いを胸いっぱいに吸い込んだ。昨日はお天気が良かったので、お母さんが宇佐子のお布団を二階のベランダに干してくれた。お陽様の匂いをかぎながら、［B］目をつぶった。

お母さんが学校へ電話をかけている声がする。ちょっと急いだ調子で喋《しゃべ》っていた。

「ええ、そうなんです。風邪だろうってお医者さんは言っていますから、もうすぐ学校にも行けるようになると思います」

きっと「どうぞお大事に」と言われたのだろう、

「どうもありがとうございます」

と電話を切ってから今度は朝岡先生のところに電話をする。

2023年度 城西川越中学校

【国語】〈総合一貫第一回試験〉（五〇分）〈満点：一〇〇点〉

《注　意》指定された字数で解答する際は、特別な指定がない限り、句読点や記号も一字とします。
ただし、ふりがなを書く必要はありません。

一　次の文章を読んで、あとの問いに答えなさい。

花の木公園の東の空が［Ａ］明るくなる。夜明けだ。公園は静まり返ってまだ人の姿もない。犬を連れた老人が散歩に来る。老人が公園を一周する。そのころ毎朝、決まって木立の中からトランペットの音が聞こえてきた。雨でも降らないかぎり、トランペットの音がしない日はない。

ごくまれに、トランペットの練習がお休みの日があると、犬を連れた老人は寂しいような気がした。いつのまにかトランペットの音は犬を散歩させる時にはなくてはならない音になっていた。

トランペットの練習が終わる時刻になると、花の木公園をいろいろな人が通って行く。学校に行くために急ぎ足で公園を横切って行く中学生もいる。運動不足解消のために少し遠回りをするビジネススーツの人もいる。着なれないジャージを着て、首に巻いたタオルで汗を拭《ぬぐ》いながら、ジョギングをするおばさんもいた。

夜明けのトランペットの音を寝床の中で聞いた正木宇佐子《まさきうさこ》は花の木公園いっぱいに咲いた桜の花のことを考えていた。

体温計がピピッピと鳴る。宇佐子はお母さんを呼んだ。

小学生は学校に行く時間になっている。それなのに宇佐子はたぶん、今日も学校には行けそうにない。熱が三十七度六分あった。

2023年度

城西川越中学校

▶解説と解答

算　数　<総合一貫第１回試験>（50分）<満点：100点>

解　答

[1] (1) $3\frac{3}{5}$　(2) 15　(3) 314　(4) 4 g　(5) 500円　(6) 10人　(7) 24個　(8) 17番目　[2] (1) 60度　(2) 7 cm^2　(3) 18.36cm^2　(4) 6 cm　[3] (1) 40分　(2) 750m　(3) 1分36秒後　[4] (1) 35個　(2) 5050個　(3) 720本

解　説

[1] 四則計算，逆算，計算のくふう，濃度《のうど》，売買損益，相当算，集まり，整数の性質，場合の数

(1) $1+\left\{\left(\frac{2}{3}-\frac{1}{4}\right)\times\frac{2}{5}+2\right\}\div\frac{5}{6}=1+\left\{\left(\frac{8}{12}-\frac{3}{12}\right)\times\frac{2}{5}+2\right\}\div\frac{5}{6}=1+\left(\frac{5}{12}\times\frac{2}{5}+2\right)\div\frac{5}{6}=1+\left(\frac{1}{6}+2\right)\div\frac{5}{6}=1+2\frac{1}{6}\div\frac{5}{6}=1+\frac{13}{6}\times\frac{6}{5}=1+\frac{13}{5}=1+2\frac{3}{5}=3\frac{3}{5}$

(2) (0.8×□－2)÷0.8－0.5＝12より，(0.8×□－2)÷0.8＝12＋0.5＝12.5，0.8×□－2＝12.5×0.8＝10，0.8×□＝10＋2＝12　よって，□＝12÷0.8＝15

(3) $A\times C+B\times C=(A+B)\times C$となることを利用すると，2022×3.14－22×3.14－1900×3.14＝(2022－22－1900)×3.14＝100×3.14＝314

(4) 食塩水に食塩を加えても水の重さは変わらないことを利用する。濃度が12％の食塩水に含《ふく》まれている水の割合は，100－12＝88(％)だから，この食塩水に含まれている水の重さは，40×0.88＝35.2(g)とわかる。また，濃度が20％の食塩水に含まれている水の割合は，100－20＝80(％)なので，食塩を加えた後の食塩水の重さを□gとすると，□×0.8＝35.2(g)と表すことができる。よって，□＝35.2÷0.8＝44(g)だから，加えた食塩の重さは，44－40＝4(g)と求められる。

(5) 仕入れ値を1とすると，定価は，1×(1＋0.2)＝1.2なので，定価の3割引きは，1.2×(1－0.3)＝0.84となる。これが420円にあたるから，(仕入れ値)×0.84＝420(円)より，仕入れ値は，420÷0.84＝500(円)と求められる。

(6) どれも読まなかった人数が最も多くなるのは，たとえば右の図のように，Aを読んだ30人とBを読んだ35人が，すべてCを読んだ40人の中に含まれる場合である。どれも読まなかった生徒は太線の部分なので，その人数は，50－40＝10(人)とわかる。

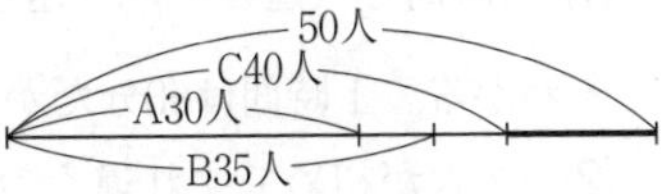

(7) 立方体の1辺の長さを，6cmと3cmと4cmの最小公倍数である12cmにすればよい。よって，縦の方向に，12÷6＝2(個)ずつ，横の方向に，12÷3＝4(個)ずつ，高さの方向に，12÷4＝3(個)ずつ積み重ねるから，必要な直方体の数は，2×4×3＝24(個)である。

(8) 千の位が[1]のとき，百の位には残りの3通り，十の位には残りの2通り，一の位には残りの1通りのカードを使うことができるので，4けたの整数は，3×2×1＝6(個)できる。同様に，千の位が[2]，[3]の整数も6個ずつできるから，4000未満の整数は全部で，6×3＝18(個)できることがわかる。また，4000未満の整数は大きい方から順に，3421(18番目)，3412(17番目)，…となるので，3412は小さい方から数えて17番目である。

2 角度，面積，構成，体積

⑴　下の図１で，三角形EABの内角の和は180度だから，●印と○印をつけた角の大きさの和は，180－120＝60(度)である。また，四角形ABCDの内角の和は360度なので，角㋐の大きさは，360－(30＋110＋100＋●＋○)＝360－(30＋110＋100＋60)＝360－300＝60(度)と求められる。

⑵　下の図２のように，直線ACで２つの三角形に分けて求める。三角形ACFは底辺がCF，高さがABなので，面積は，１×６÷２＝３(cm^2)になる。また，三角形ACEは底辺がAE，高さがCDだから，面積は，２×４÷２＝４(cm^2)とわかる。よって，斜線《しゃせん》部分の面積は，３＋４＝７(cm^2)である。

⑶　半径が４cmの扇形《おうぎがた》２つと半径が６cmの扇形２つを合わせるとそれぞれ半円になるので，一辺の長さが10cmの正方形の面積から，半径が４cmの半円と半径が６cmの半円の面積をひけばよい。正方形の面積は，10×10＝100(cm^2)である。また，半円の面積の和は，４×４×3.14÷２＋６×６×3.14÷２＝(８＋18)×3.14＝26×3.14＝81.64(cm^2)だから，斜線部分の面積は，100－81.64＝18.36(cm^2)となる。

図１

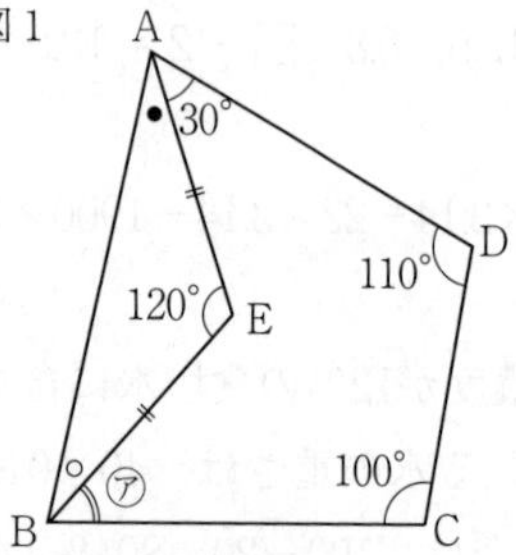

図２

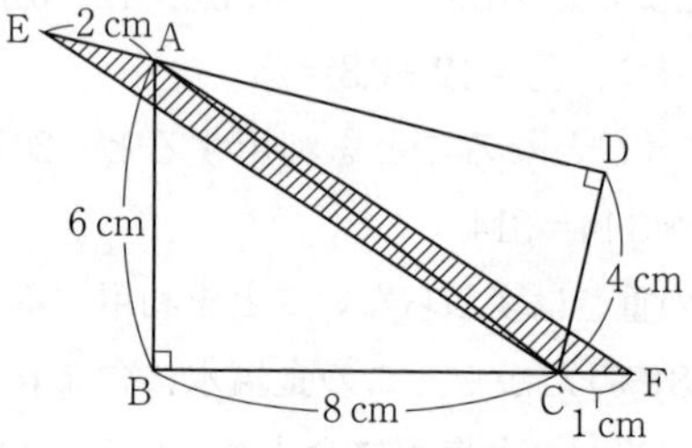

図３

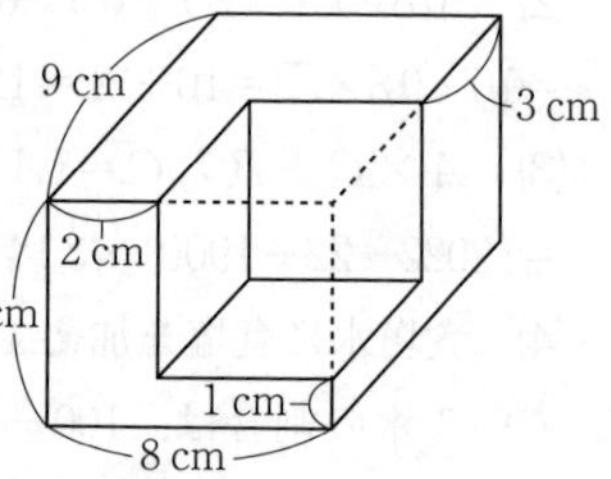

⑷　504を素数の積で表すと，504＝２×２×２×３×３×７となる。これを３つの整数の積にまとめると，たとえば，504＝(２×２×２)×(３×３)×７＝８×９×７のようにすることができる。これをもとの直方体の辺の長さと考えると上の図３のようになるので，取り除いた立方体の一辺の長さは，８－２＝９－３＝７－１＝６(cm)と決まる。

3 速さ，旅人算

⑴　(時間)＝(道のり)÷(速さ)より，Ａさんが池を１周するのにかかる時間は，２÷３＝$\frac{2}{3}$(時間)とわかる。１時間は60分だから，これは，60×$\frac{2}{3}$＝40(分)となる。

⑵　２人が初めてすれ違《ちが》うのは，２人が進んだ道のりの和が池１周分(２km)になったときである。また，２人が１時間に進む道のりの和は，３＋５＝８(km)なので，２人が初めてすれ違うのは出発してから，２÷８＝$\frac{1}{4}$(時間後)とわかる。その間にＡさんが進む道のりは，３×$\frac{1}{4}$＝$\frac{3}{4}$(km)だから，２人が初めてすれ違うのは地点Ｐから時計回りに$\frac{3}{4}$km離《はな》れた地点である。１kmは1000mなので，これは，1000×$\frac{3}{4}$＝750(m)となる。

⑶　800m＝$\frac{800}{1000}$km＝$\frac{4}{5}$kmだから，ＡさんがPQ間にかかる時間は，$\frac{4}{5}$÷３＝$\frac{4}{15}$(時間)，60×$\frac{4}{15}$＝16(分)とわかる。また，ＢさんがＰからＱまで進む道のりは，２－$\frac{4}{5}$＝$\frac{6}{5}$(km)なので，Ｂさんが

PQ間にかかる時間は，$\frac{6}{5}\div 5=\frac{6}{25}$(時間)，$60\times\frac{6}{25}=14\frac{2}{5}$(分)と求められる。よって，2人が地点Qで初めてすれ違うには，Bさんは A さんが出発してから，$16-14\frac{2}{5}=1\frac{3}{5}$(分後)に出発すればよい。$60\times\frac{3}{5}=36$(秒)より，これは1分36秒後となる。

4 図形と規則

(1) 下の図1のように，三角すいの上の頂点の部分に1個，1段目の底面に，1＋2＝3(個)，2段目の底面に，1＋2＋3＝6(個)，3段目の底面に，1＋2＋3＋4＝10(個)の玉を使う。同様に考えると，4段目の底面には，1＋2＋3＋4＋5＝15(個)の玉を使うから，4段の三角すいを作るのに必要な玉の数は，1＋3＋6＋10＋15＝35(個)となる。

(2) N段目の底面に使う玉の数は，1＋2＋3＋…＋(N＋1)(個)と表すことができる。よって，99段目の底面に使う玉の数は，1＋2＋3＋…＋100＝(1＋100)×100÷2＝5050(個)と求められる。

図1

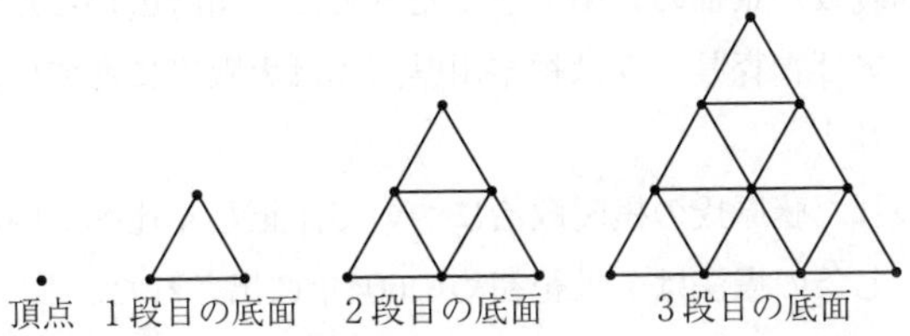

図2

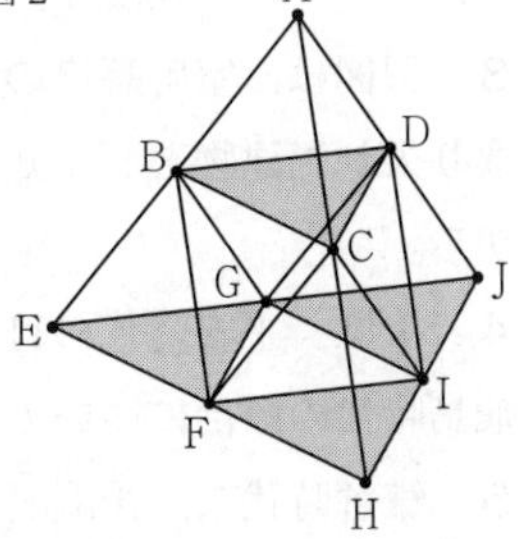

(3) はじめに，1段目の三角すいに2段目の三角すいを追加することを考える。上の図2で，1段目の三角すいA－BCDを作るとき，底面に3本，側面に3本の棒を使うので，全部で，3＋3＝6(本)の棒を使う。ここへ2段目の三角すいを追加するとき，1段目と合同な3つの三角すいB－EFG，C－FHI，D－GIJを追加するから，全部で，6×3＝18(本)の棒を追加することになる。3段目以降についても同様に考えることができる。このとき，追加する三角すいの数はかげをつけた三角形の数と一致《いっち》するので，N段目に追加する三角すいの数は，1＋2＋3＋…＋N(個)と表すことができる。よって，表にまとめると右の図3のようになるから，8段の三角すいを作るのに必要な棒の数は720本とわかる。

図3

段	1	2	3	4	5	6	7	8
追加する三角すいの数	1	3	6	10	15	21	28	36
追加する棒の数	6	18	36	60	90	126	168	216
必要な棒の数	6	24	60	120	210	336	504	720

社 会 ＜総合一貫第1回試験＞（理科と合わせて50分）＜満点：50点＞

解 答

1 **問1** 平城京 **問2** ア **問3** イ **問4** イ **問5** 建武の新政 **問6** エ **問7** ウ **問8** ウ **問9** 西南戦争 **問10** ア **問11** イ **問12** ア **問13** マッカーサー **問14** エ **問15** エ **問16** ウ
2 **問1** **A** 東北(新幹線) **B** バイデン(大統領) **C** 桜(島) **D** 岸田文雄(首相) **E** エリザベス(女王) **問2** ア **問3** エ **問4** エ **問5** イ **問6** ウ **問7** ウ **問8** エ **問9** ア

問10　ア　**問11**　ウ　**問12**　イ，エ　**問13**　（例）ロシアが行ったウクライナ侵攻に対して，経済的な制裁を加えるため。

解　説

1　各時代の歴史的なことがらについての問題

問１　710年，元明天皇は藤原京から，奈良盆地北部につくられた平城京へと都を遷《うつ》した。平城京は，唐(中国)の都である長安にならってつくられ，東西南北に走る街路が碁盤目《ごばんめ》状に整備された。

問２　ア　古代の東北地方には，蝦夷《えみし》とよばれる朝廷の支配に従わない人々がいた。平安時代初め，桓武天皇は東北地方で支配地域を広げるため，たびたび遠征《えんせい》軍を送った。797年，桓武天皇から征《せい》夷《い》大将軍に任命された坂上田村麻呂は，蝦夷の族長アテルイを降伏《こうふく》させ，胆沢《いさわ》城や志波《しわ》城(いずれも岩手県)を築くなどして，朝廷の東北平定に大きく貢献《こうけん》した。　イ　墾田《こんでん》永年私財法は奈良時代の743年，聖武天皇のときに出された。　ウ　目安箱は，江戸幕府の第８代将軍徳川吉宗が設置した。　エ　1086年，白河天皇は位を子の堀河《ほりかわ》天皇に譲《ゆず》って自分は上皇となり，院政を始めた。

問３　銀閣は，室町幕府の第８代将軍足利義政が京都の東山に建てたもので，当時広がった書院造を取り入れた建物として知られる。なお，アは青森県，ウは神奈川県，エは大阪府にあてはまることがら。

問４　Ⅰは，平安時代の11世紀初めに行われた藤原氏の摂関《せっかん》政治について，正しく述べている。Ⅱは飛鳥時代の政治について述べた文で，十七条の憲法は７世紀初めの604年に出された。

問５　鎌倉時代末，後醍醐《ごだいご》天皇は武士たちに幕府打倒《だとう》をよびかけた。これに応じた武士の協力によって1333年に鎌倉幕府をたおすと，建武の新政とよばれる天皇中心の政治を復活させた。

問６　ア　672年に起こった壬申《じんしん》の乱では，天智天皇の弟の大海人《おおあまの》皇子が天智天皇の息子の大友皇子を破り，天武天皇として即位《そくい》した。　イ　894年，菅原道真は唐のおとろえや航海の危険などを理由として遣唐使の派遣の停止を訴《うった》え，受け入れられた。　ウ　1588年，豊臣秀吉は一揆《いっき》を防ぎ，農民を耕作に専念させるため，農民から武器を取り上げる刀狩《かたながり》を命じた。　エ　後醍醐天皇は1336年に吉野(奈良県)に逃《のが》れて南朝をおこし，北朝と対立したので，正しい。

問７　後醍醐天皇は武士の助けを借りて鎌倉幕府をたおしたが，新しく始めた建武の新政では貴族(公家)を重視した。そのため，武士の反発が強まり，足利尊氏にそむかれて建武の新政は２年ほどで失敗に終わった。

問８　Ⅰは「執権《しっけん》」ではなく「管領《かんれい》」が正しい。執権は，鎌倉幕府における将軍の補佐役である。Ⅱは室町幕府の第３代将軍を務めた足利義満が1404年に始めた日明貿易について正しく述べている。

問９　明治時代になると，武士は原則として士族とされ，特権が次々とうばわれていったため，これに不満を持つ士族が各地で反乱を起こした。1877年に鹿児島の不平士族が，西郷隆盛をおし立てて起こした西南戦争は，士族の反乱として最大にして最後のもので，近代的な武器を備えた政府軍が西郷軍をしずめた。

問10　ア　井伊直弼《なおすけ》は江戸幕府の大老で，1858年に天皇の許可なく日米修好通商条約を結ぶと，その年から翌59年にかけ，反対派を処罰《しょばつ》する安政の大獄《たいごく》を行った。しかし，1860年に桜田門外の変で暗殺された。よって，正しい。　イ　「田沼意次《おきつぐ》」ではなく「水野忠邦《ただくに》」が正しい。田沼意次は商人の力を利用して幕府の財政を立て直すため，株仲間を奨励《しょうれい》した。　ウ　「寛政《かんせい》の改革」ではなく「享保《きょうほう》の改革」が正しい。寛政の改革は，老中松平定信によって行われた。　エ「親藩《しんぱん》」ではなく「外様《とざま》大名」が正しい。親藩は，徳川氏の一族が大名となったものである。

問11　Ⅰの【風刺《ふうし》画】は日清戦争(1894～95年)直前の東アジア情勢を風刺した絵で，左側の人物(日本)と右側の人物(清，中国)が，魚(朝鮮)を釣《つ》ろうとしており，橋の上の人物(ロシア)もこれをねらっている。日清戦争に勝利した日本は講和条約として下関条約を結び，このとき遼東《リャオトン》半島を日本が譲り受けることを清に認めさせたが，日本の大陸進出をきらったロシアがフランス，ドイツをさそって三国干渉《かんしょう》を行い，遼東半島を清に返すよう求めてきた。これらの国に対抗《たいこう》するだけの力がなかった日本は，賠償《ばいしょう》金の増額と引きかえに，この要求に応じた。また，Ⅱの【風刺画】は日露戦争(1904～05年)における国際関係を風刺した絵で，白い帽子《ぼうし》をかぶった人物(イギリス)が，刀を持った人物(日本)をけしかけて左側の人物(ロシア)と戦わせようとしており，右側の人物(アメリカ)はそのようすを見守っている。日露戦争で日本は戦勝国となり，アメリカの仲立ちのもとで講和条約としてポーツマス条約を結んだが，ロシアから賠償金を得ることができなかった。これに反発した一部の国民が暴徒化し，日比谷焼き打ち事件を起こした。

問12　ア　明治政府の政策を正しく説明している。　イ「５％」ではなく「３％」が正しい。　ウ「廃藩置県」ではなく「版籍奉還《ほうかん》」が正しい。1869年の版籍奉還ののち，1871年に廃藩置県が実施され，藩が廃止されて全国に府県が置かれた。　エ　岩倉使節団は不平等条約改正のため，1871年に欧米へと向かったが，条約改正ははたせなかった。

問13　マッカーサーはアメリカの陸軍元帥《げんすい》で，第二次世界大戦では対日戦を指揮した。1945年８月に日本が無条件降伏すると，GHQ(連合国軍最高司令官総司令部)の最高司令官として来日し，日本の民主化政策を進めていった。

問14　Ⅰは「長崎」と「広島」が，Ⅱは「農村」と「都会」が逆であれば，正しい文になる。

問15　1950年代後半，岸信介《のぶすけ》内閣が日米安全保障条約(日米安保条約)の改定をおし進めると，アメリカの戦争に巻きこまれる危険性があるなどとして，国民の間で反対運動が広がった。それにもかかわらず，岸内閣は1960年１月に日米安保条約の改正に調印し，５月にはこれを衆議院で強行採決した。こうした動きに対して大規模なデモが行われ，デモ隊が国会議事堂を取り囲んだり，警官隊と衝突《しょうとつ》したりした。６月，日本国憲法の規定(衆議院の優越)にもとづき，改正日米安保条約が自然成立すると，翌７月に岸内閣は総辞職した。なお，日ソ共同宣言は1956年に出された。また，犬《いぬ》養毅《かいつよし》首相は，1932年の五・一五事件で暗殺された。

問16　Ⅰは，「満18歳以上」ではなく「満20歳以上」が正しい。Ⅱは，農地改革について正しく説明している。

2　2022年３月から10月までのできごとを題材とした地理と政治の問題

問１　**A**　東北新幹線は，東京都から埼玉・茨城・栃木・福島・宮城・岩手の各県を通って青森県にいたる。2022年３月には福島県沖を震源とする地震が起こり，その影響《えいきょう》で一時不通となった。　**B**　2020年にアメリカ大統領選挙が行われ，民主党候補のジョー・バイデンが当選した。バイデンは2021年１月に第46代大統領に就任し，2022年５月には日本を訪れた。　**C**　桜島は鹿児島湾内にある火山で，活発に活動している。2022年７月には，噴火警戒《けいかい》レベルが最も高い５に引き上げられるほどの大きな噴火が起こった。　**D**　岸田文雄は2021年に内閣総理大臣に就任し，2023年１月時点でもその職についている。　**E**　エリザベス女王(エリザベス２世)は1952年，25歳でイギリスの女王に即位すると，2022年9月に亡くなるまで，イギリス史上最長の70年にわたって在位した。女王が亡くなったことにともない，長男のチャールズ皇太子がチャールズ3世として国王に即位した。

問2　ア　エネルギー革命について，正しく説明している。　イ　2011年の東日本大震災のとき，東京電力福島第一原子力発電所が爆発事故を起こし，放射性物質が外部に放出された。この事故を受け，全国の原子力発電所は次々と稼働《かどう》を停止した。その後，厳しい基準を満たし，地元の同意が得られた原子力発電所が再稼働したが，原子力発電の発電量は激減し，再生可能エネルギーを下回るほどになっている。　ウ　天然ガスは，石油や石炭と同じ化石燃料で，燃やすと温室効果ガスが排出《はいしゅつ》される。　エ　太陽光発電は太陽の出ていないときには発電できないので，雨の日や夜など，天候や時間帯の影響を強く受ける。

問3　ブラジルは南アメリカ大陸の北東部を占《し》める国で，国土を赤道(0度の経線)が通っている。なお，アはサウジアラビア，イはモンゴル，ウはメキシコ。

問4　1972年5月，佐藤栄作首相のときに沖縄がアメリカから返還され，本土復帰が実現した。2022年は，そこから50年目の年にあたる。沖縄は，1月でも平均気温が15℃を超《こ》えるほど温暖で，梅雨や台風の影響を受けやすい南西諸島の気候に属している。なお，アは網走《あばしり》(北海道)，イは上越市高田(新潟県)，ウは高松(香川県)，エは那覇《なは》(沖縄県)の雨温図。

問5　NATO(北大西洋条約機構)は，アメリカや西ヨーロッパ諸国を中心とする集団防衛組織で，第二次世界大戦後の1949年に創設された。ロシアによるウクライナへの軍事侵攻《しんこう》を受け，2022年には中立的な立場をとってきたフィンランドとスウェーデンが，NATOへの加盟を申請《しんせい》した。なお，ASEANは東南アジア諸国連合，UNICEFは国連児童基金，WHOは世界保健機関の略称。

問6　ア　1980年代や2000年代には，合計特殊出生率が前年より上がった年がある。　イ　20世紀は，1901年から2000年までの100年間にあたる。グラフ中の期間において合計特殊出生率が最も低かったのは，21世紀初めにあたる2005年である。　ウ　グラフを正しく読み取っている。

エ　1974年時点の総人口は約1億1000万人，2020年時点の総人口は約1億2500万人で，12500÷11000＝1.13…より，2020年時点の総人口は，1974年時点のおよそ1.1倍となっている。

問7　能登《のと》地方は，石川県北部にある。石川県は，縦に細長く中央部がくびれており，北部で能登半島が日本海にのびている。なお，アは三重県，イは宮城県，エは静岡県の形。

問8　ねぎの収穫《しゅうかく》量は，近郊農業がさかんな千葉県・埼玉県・茨城県という関東地方の県が，上位3つを占める。また，こんにゃくいもは群馬県の特産品で，群馬県の収穫量が全国の9割以上を占めている。なお，トマトといぐさはいずれも，熊本県が収穫量全国第1位。統計資料は『日本国勢図会』2022／23年版による。

問9　イギリスは日本と同様に議院内閣制を採用しており，首相が議会の信任にもとづいて政治を行う。2022年7月，イギリスのジョンソン首相が辞任を表明し，新たにトラス首相が就任したが，わずか44日で辞任し，かわってスナク首相が10月に就任した。

問10　2022年7月，第26回参議院議員通常選挙が行われた。参議院の議員数(定数)は248名で，衆議院の議員数(定数)465人よりも少ない。また，参議院議員の任期は6年で任期途中の解散はなく，3年ごとに半数が改選される。一方，衆議院には内閣不信任決議を行う権限があるが，内閣によって衆議院が解散されることもある。この場合，議員は4年の任期を満了せずにその資格を失う。

問11　2022年の50年前にあたる1972年，田中角栄首相が中国の首都北京《ペキン》を訪れて周恩来首相と会談し，日中共同声明を発表した。これによって中国との国交が正常化し，このとき両国友好のシンボルとして２頭のジャイアントパンダが中国から贈《おく》られた。

問12　ア　手続き事項は９理事国が賛成すれば成立するとあるが，ここでは８理事国しか賛成していない。　イ　９理事国が賛成しているので，この手続き事項は成立する。　ウ　実質事項の成立には，５常任理事国すべての賛成が必要になるが，常任理事国である中国が賛成していないので，この実質事項は成立しない。　エ　５常任理事国をふくむ10理事国が賛成しているので，この実質事項は成立する。

問13　2022年２月，ロシアがウクライナ東部への軍事侵攻を始めると，国際社会はロシアの行動を非難し，ロシアに対する経済制裁を実施した。その方法として，ロシアから石油などの資源を輸入しない，ロシアと資金のやりとりをしないといったことなどが行われた。

理　科　＜総合一貫第１回試験＞（社会と合わせて50分）＜満点：50点＞

解　答

1　**問１**　(ウ)　**問２**　(エ)　**問３**　(イ)　**問４**　(B)　**問５**　(エ)　**問６**　(イ)　**問７**　④　**問８**　(ア)　**問９**　右の図　**問10**　(例)　太陽の光が月の真上からあたっている反射光を地球から観測しているため，表面のくぼみの影が見えにくくなっているから。

2　**問１**　(イ)　**問２**　(例)　生まれた時期がちがう。　**問３**　無セキツイ動物　**問４**　(エ)　**問５**　えら　**問６**　(例)　尾がなくなる。／あしが生える。　**問７**　(ウ)

3　**問１**　(イ)　**問２**　(ア)　**問３**　(エ)　**問４**　(イ)　**問５**　(ウ)　**問６**　(エ)　**問７**　(イ)

解　説

1　太陽と月の動きと見え方についての問題

問１　月面にたくさん見られる丸いくぼみをクレーターという。隕石《いんせき》が月面に衝突《しょうとつ》したときにできたあとと考えられている。

問２　図１を三日月といい，夕方，太陽が西の地平線にしずんだあと，西の空の低いところに見ることができる。

問３　図１の三日月は新月から約３日後，図２の満月は新月から約15日後にそれぞれ見られるので，15－３＝12(日後)と求められる。

問４　図３で，地球の地軸《ちじく》の北極側が太陽の方にかたむいている(B)の位置のときに，日本(北半球)では夏になる。なお，(C)の位置では秋，(D)の位置では冬，(A)の位置では春となる。

問５　太陽の南中高度は，春分・秋分の日は，90－(観測地点の緯度《いど》)で求められ，夏至の日はそれに23.4度を加えると，冬至の日はそれから23.4度を引くとそれぞれ求められる。したがって，90－35.6＋23.4＝77.8(度)となる。

問６　地球から見た月が太陽と正反対の方向にあるときは満月になる。よって，図４で，(B)の位置では(a)の月が，(D)の位置では(d)の月がそれぞれ満月である。

問７　図５の(C)の位置において，地球の地軸の北極側は④の月の方にかたむいているので，④の月が最も高く南中して見える。

問８　図５の(C)の位置において，日本(北半球)から太陽の方を見ると，④の月は太陽から右側(西側)に90度はなれた方向に見える。よって，④の月が南中しているとき，太陽は東にあるから，そのときの時間帯は明け方であることがわかる。

問９　④の月は太陽から右側(西側)に90度はなれた方向に見えるので，左半分が光った下弦《かげん》の月となっている。

問10　月面のクレーターがよく観察できるのは，月面の光っている部分と影《かげ》の部分の境目付近である。そのあたりでは月から見た太陽の高さが低いためクレーターのくぼみに影ができやすく，おうとつの様子がわかりやすいからである。ところが，満月のときに起こる月食時，光っている部分と影の部分の境目付近は，月から見た太陽の高さが高いときに地球によって光がさえぎられた状態なので，クレーターのくぼみに影ができにくく，その結果クレーターの様子が観察しにくい。

2　いろいろな無セキツイ動物についての問題

問１　エビやバッタのような節足動物のなかまは，体のまわりをおおう部分が固くなっていて(これを外骨格という)，成長して体を大きくするためには脱皮《だっぴ》をして古い外骨格をぬぎ捨てなければならない。

問２　同じ種類のエビでも大きさが異なる理由としては，生まれた時期が異なる，食べたエサの量が異なる，脱皮をするタイミングが異なるなどが考えられる。

問３　タニシやエビのように背骨を持たない動物は，無セキツイ動物という。

問４　カブトムシは節足動物(こん虫)で背骨を持たないので，無セキツイ動物である。一方，ナマズは魚類，スッポンはハ虫類，サンショウウオは両生類であり，いずれも背骨を持っているセキツイ動物である。

問５　一生を水中で過ごすエビは，えらから水中の酸素を取りこんで呼吸している。

問６　オタマジャクシからカエルになるときには，まず後ろあしが生え，続いて前あしが生える。また，尾《お》がしだいに短くなっていき，カエルになるころにはなくなっている。

問７　モグラの手は，シャベルのように土をほるのに適した形をしているだけで，擬態《ぎたい》ではない。

3　物体の運動についての問題

問１　振《ふ》り子の振れ幅は左右で同じになるので，金属球を10cmだけ持ち上げて静かに手をはなしたとき，金属球は10cmの高さまで上がる。

問２　金属球の重さだけを変えても，振り子の長さも振れはばも変わっていないので，金属球が一番下にきたときの速さは変わらない。

問３　図４で，金属球Ａが金属球Ｂに衝突すると，金属球Ａが持っているエネルギー(重さと速さによって決まる)が金属球Ｂにすべて移るので，金属球Ａはその場で静止し，金属球Ｂは金属球Ａの衝突直前の速さで動き出す。これと同様に考えていくと，図５の場合，まず金属球Ａが金属球Ｂに衝突し，金属球Ａが持っているエネルギーが金属球Ｂにすべて移って，金属球Ａはその場で静止し，金属球Ｂは金属球Ａの衝突直前の速さで動き出す。ところが，すぐに金属球Ｂは金属球Ｃに衝突し，金属球Ｂが持っているエネルギーが金属球Ｃにすべて移る。よって，金属球Ｂはその場で静止する。

問４　金属球Ｃは金属球Ｂの衝突直前の速さ（つまり金属球Ａの衝突直前の速さ）で動き出すことになるので，金属球Ａを手からはなしたのと同じ10cmの高さまで上がる。

問５　図６で，金属球Ｂが持っているエネルギーは，まず金属球Ｃに移り，続いて金属球Ｄに移る。これにより，金属球Ｂと金属球Ｃはその場で静止し，金属球Ｄが動き出す。また，金属球Ａが持っているエネルギーが金属球Ｂに移り，さらに金属球Ｃに移るので，金属球Ａと金属球Ｂはその場で静止し，金属球Ｃが動き出す。したがって，金属球Ｃと金属球Ｄが10cmの高さまで上がる。

問６　図７では，金属球Ｃが持っているエネルギーが金属球Ｄに移り，金属球Ｂが持っているエネルギーが金属球Ｃに移り，金属球Ａが持っているエネルギーが金属球Ｂに移るので，金属球Ｂと金属球Ｃと金属球Ｄが10cmの高さまで上がる。

問７　金属球Ａだけを持ち上げた場合，金属球Ａが持っているエネルギーは最終的に金属球Ｅに移るため，金属球Ｅは金属球Ａを手からはなしたのと同じ10cmの高さまでレールをのぼる。また，金属球Ａと金属球Ｂを持ち上げた場合は，問５と同じように考えられ，金属球Ｄと金属球Ｅが10cmの高さまで上がろうと動き出す。どちらの場合も金属球Ｅは10cmの高さまで上がるので，動き出すときの速さは同じである。

国　語　＜総合一貫第１回試験＞（50分）＜満点：100点＞

解　答

一　**問１**　Ａ　オ　Ｂ　イ　Ｃ　エ　Ｄ　ア　Ｅ　ウ　**問２**　沙織ちゃん～ヤだった。　**問３**　(a)　イ　(b)　ア　**問４**　（例）　学校に行かないでトランペットを聞きに行く計画を実行するのは後ろめたいから。　**問５**　五年生の新学期が始まってから三日目　**問６**　ウ　**問７**　朝の冒険　**問８**　（例）　花の木公園から聞こえてくるトランペットの音の正体が判明し，満足したこと。　**問９**　ア　×　イ　○　ウ　×　エ　×　オ　○　二　**問１**　(ア)，(イ)，(オ)　下記を参照のこと。　(ウ)　さかだ(ち)　(エ)　しわざ　**問２**　Ａ　ウ　Ｂ　オ　Ｃ　イ　Ｄ　ア　Ｅ　エ　**問３**　（例）　“であろう”は，英語に訳すことができない点で科学学問の論文には不適当だから。　**問４**　イ　**問５**　イ　**問６**　いくつもの意味を同時にそなえている（という性質。）　**問７**　（例）　英語は日本語よりもうるおいに欠けるから。　**問８**　イ　**問９**　ドライ文化～するところ　**問10**　エ　三　ア　×　イ　×　ウ　○　エ　×　オ　×　四　①　四　②　二　③　五　④　七　⑤　十五

●漢字の書き取り

二　**問１**　(ア)　関心　(イ)　保守　(オ)　処理

解　説

一　**出典は中沢《なかざわ》けいの『うさぎとトランペット』による。**学校を休んでいた宇佐子《うさこ》が，久しぶりに学校に行った後，早朝に公園でトランペットを吹《ふ》いているのは誰《だれ》なのかを確かめに行くようすを描《えが》いた文章である。

問１　**Ａ**　夜明けになると，「花の木公園の東の空」がうっすらと明るくなるようすを表しているので，オの「ほんのりと」がよい。　**Ｂ**　宇佐子は，布団《ふとん》の中に入ったまま身動きせずに，ただ

「目をつぶった」のだから，イの「じっと」が入る。　**C**　トランペットの音を聞いた宇佐子は，とつ然眠《ねむ》りから覚めたのだから，エの「ぱっちりと」がふさわしい。　**D**　宇佐子は，両親を起こさないように静かに家を抜《ぬ》け出したのだから，アの「そっと」が合う。　**E**　トランペットを吹いている人は，シの音で苦労していたが，ドで苦しくなって，急に音を出すのをやめたのだから，ウの「ぴたりと」があてはまる。

問２　宇佐子は，「沙織《さおり》ちゃんの味方になるのか，それともミキちゃんの肩《かた》を持つのか，どっちなのと聞かれるのがとてもイヤだった」ので，「四年生の三学期から，学校に行くのがちょっとイヤになって」いたのである。

問３　⒜「口をつぐむ」は，“だまって何も言わない”という意味。　⒝「こなす」は，難しいことをたくみに処理するという意味。

問４　宇佐子はトランペットの音を聞きに行く計画を立てていたが，「学校にも行っていないのに，朝早くに家を抜け出してトランペットを聞きに行ってはいけないような気がしていた」のである。そのため，宇佐子はこの日は何が何でも登校しようと思って，あえて体温計で熱を測らなかったと考えられる。

問５　宇佐子は「五年生の新学期が始まってから三日目に微熱《びねつ》を出し」てから，ずっと学校を休んでいたのである。

問６　宇佐子は，「夜明けに聞くトランペットの音ほどすてきなものはない」と思い，どんな人がトランペットを吹いているのか知りたいと望んでいた。早起きしたとき，宇佐子は，いよいよ自分の希望がかなえられることに期待して，興奮と喜びを感じていたと考えられる。宇佐子はわくわくしてはいたが，焦《あせ》ってはいない。よって，ウが合わない。

問７　宇佐子は，「朝早くてまだ誰もいない街に出るのは初めてだった」のである。そのため，家から出たとき，彼女《かのじょ》は「朝の冒険《ぼうけん》」への「大きな一歩を踏《ふ》み出したような気がした」と考えられる。

問８　宇佐子は，花の木公園から聞こえてくるトランペットの音が気になっていた。思い切って，朝早くに家を抜け出し，誰がトランペットを吹いているのかを確認《かくにん》して満足したので，宇佐子は，心のモヤモヤが晴れたように感じて，それ以降は微熱が出なくなったと想像できる。

問９　**ア**　宇佐子は，たまたま学校を休んでいるとき，トランペットの音で目を覚ましたのだから，合わない。　**イ**　宇佐子のお母さんは，宇佐子が「学校でいじめられている」のではないか，「仲間外れにされている」のではないかなどと心配していたのだから，正しい。　**ウ**　お父さんはうさぎが好きだが，お母さんがうさぎをきらいであるかどうかはわからないので，誤り。　**エ**　公園で青年が吹くトランペットの音色が「お布団の中で聞いた透明《とうめい》なファンファーレの音」と同じだったので，宇佐子は「『ああ，やっぱりこの音だ』と思った」のだから，合わない。　**オ**　宇佐子のお母さんは，宇佐子が微熱を出すのは，「風邪《かぜ》でもなければ，悪い病気でもない」と判断し，「ほんとうのわけを知りたいと思っていた」ので，ふさわしい。

二　**出典は外山滋比古《とやましげひこ》の『伝達の整理学』による。**日本人が昔からあいまいの美学を重んじてきたことを指摘《してき》し，日本人は，自らの手であいまいの美学を確立する必要があると主張した文章である。

問１　㋐　あることに興味を持ち，心にかけること。　㋑　従来の考え方・習慣・制度などを重んじて，変革に反対する態度。　㋒「逆立ちしても」は，“どれだけがんばっても”という意味。㋓　行い。ふるまい。多くの場合，悪い意味で用いられる。　㋔　物事をさばいて始末をつけること。

問２　**A**　イギリスからやってきた物理学者が書いた「訳せない“であろう”」というエッセイは，「“であろう”ということば」は「英語に訳すことはできない」という，いってみれば「告発」だった。よって，“いうなれば”という意味のウの「いわば」が入る。　**B**「言霊《ことだま》はハダカをいとい衣裳《いしょう》を身にまとう」が，「身につけるなら美しい方がいい」のだから，“いずれにしても”という意味のオの「どうせ」がふさわしい。　**C**　前では「エンプソンは招かれて，東京の大学の教師になった」と述べられている。後では，エンプソンを招いたにもかかわらず，「外国文化にかぶれていた日本人は，エンプソンから，あいまいの哲学《てつがく》，あいまいの美学を引き出すことができなかった」と述べられている。よって，前のことがらを受けて，それに反する内容を述べるときに用いるイの「しかし」がよい。　**D**　前では，筆者が「英語は日本語に比べて，うるおいに欠ける」と感じたことが述べられている。後では，これは一般《いっぱん》的にいわれているとおり，「風土の問題だと思うように」なったことが述べられている。よって，順当なようすであることを表すアの「やはり」が合う。　**E**　前では，「日本人こそあいまいの美学を確立させる義務がある」と述べている。後では，それには，何はともあれ「日本人の手で，あいまいの美学を確立する必要」があるとしている。よって，“ともかく”という意味のエの「まず」がふさわしい。

問３　イギリスから京都大学にやってきた物理学者は，「“であろう”ということば」は「物理学のような学問の論文には不適当」であり，「英語に訳すことはできない」と主張した。これを読んだ日本の学者や研究者は，そのとおりだと思ったので，「科学における“であろう”は消滅《しょうめつ》した」のである。

問４　ふつうの語順なら，「ぼくは思わずやった！と叫《さけ》んだ」となる。ふつうの語順とは順序を逆にして，意味を強調したり余韻《よいん》を感じさせたりする表現技法を倒置《とうち》(法)という。

問５　ア　日本人は，表現を「すこしぼかした方がいい」と考えていて，「『ＡはＢなり』と断定するより，ちょっと和《やわ》らげて“ＡはＢであろう”とした方が落ち着く」としたのだから，ふさわしい。イ　日本人は，「ことばも理屈《りくつ》では窮屈《きゅうくつ》」だと考え，ことばに衣裳を着せたために「文飾《ぶんしょく》が発達」したのだから，正しくない。　ウ　日本人には「“である”ときめつけるのが，なんとなくおもしろくない，たしなみに欠けているように思われる」ので，あてはまる。　エ「“ＡはＢなり”／と断定してしまうと，受け手として解釈《かいしゃく》する余地」がなくなり，「それだけでおもしろくなくなる」のだから，合う。　オ「“ＡはＣではない。Ｘでもない”／というようなワケのわからぬことばが，受け手にとっては気をひかれ，興味をもちやすい」のだから，正しい。

問６「多義性」とは，一つのものごとが「いくつもの意味を同時にそなえている」という性質のことである。

問７　英語は，「妙《みょう》に理屈っぽくて，ギスギスして」おり，「味わいがかけ」ていて「渋味《しぶみ》が乏《とぼ》しい」と，筆者は感じた。つまり，「英語は日本語に比べて，うるおいに欠ける」ので，「日本語の本を読むほど英語の本はたのしくならない」のである。

問８「飛ぶ鳥を落とす勢い」は，勢いが盛《さか》んであることのたとえ。「河童《かっぱ》の川流れ」は，水泳の得意な河童でもおぼれることがあるように，その道の達人でも，時には失敗をおかすものである，ということのたとえ。「鬼《おに》の目にも涙《なみだ》」は，冷酷《れいこく》な人でも時には慈悲《じひ》の心を起こすものである，ということのたとえ。「虎《とら》の威《い》を借る狐《きつね》」は，権力者は強者の力をかさに着て弱者が威張ることのたとえ。「飛んで火に入る夏の虫」は，危険に気づかずに，または自ら進んで危険をおかすことのたとえ。

問９　アメリカには，「ドライ文化の国でありながらウェット文化に対する関心を大切にする」という「寛容《かんよう》の精神」があるので，「俳句が国際的になった」と考えられる。

問10　ア　筆者は，「日本人の手で，あいまいの美学を確立する必要がある」と考えているが，現在の日本の美が「仮の姿」であるとはいっていないので，誤り。　イ　科学者は，日本語のあいまいな表現が学問の論文には不適切であることを指摘されて，ことばの使い方に気をつけるようになったが，一般の人たちは，そんなことには関心がなく「この問題は広く知られることはなかった」のである。よって，合わない。　ウ　日本で短歌や俳句が発達したのは，「人によって受けとり方が異なることを許容」する「あいまいの美学」に支えられたからと考えられる。よって，正しくない。　エ　断定してしまうと，「いかにも威張っているようで，おもしろくない」し，「正直なことばも乱暴に感じられる」ので，日本語ではあえてあいまいな表現を用いて表現を和らげるのである。よって，合う。　オ　イギリスは，日本文化とは無関係にコケを重視してきたが，ヨーロッパでは，依然《いぜん》として「あいまいは悪魔《あくま》の仕業《しわざ》のように誤解」されており，「多くのヨーロッパ人はいまなお，あいまいの美学を認めていない」のだから，合わない。

三　資料の読み取り

ア　初日は八時にJK広場に集合することが求められているが，城西駅にはふれられていないので，誤り。　**イ**　参加費は無料だが，参加者は保険料として500円を当日持参しなければならないので，正しくない。　**ウ**　宿泊《しゅくはく》するときの部屋の班は，当日までに「参加確定用紙」で知らされるとあるので，正しい。　**エ**　申し込みは四月三十日に届いていなくても，四月三十日消印までが有効なので，合わない。　**オ**　定員をこえた場合は，抽選《ちゅうせん》ではなく先着順となるとあるので，ふさわしくない。

四　四字熟語の知識

①「三位一体《さんみいったい》」はキリスト教の根本教義の一つで，父(神)と子(イエス)と聖霊《せいれい》は，本質的に同じものであり本来一体のものである，という考え。　②「一期一会《いちごいちえ》」は，一生に一度しか出会う機会がないような，不思議なめぐり合わせ。　③「二束三文」は，数は多くても値段がとても安いこと。　④「三寒四温」は，冬に三日くらい寒い日が続くと，その後，四日くらい暖かい日が続くという現象。　⑤「七転八倒《しちてんばっとう》」は，苦しさのあまりのたうち回ること。

2023年度 城西川越中学校

【算　数】〈特別選抜第１回試験〉（50分）〈満点：100点〉

《注　意》① 定規・コンパス・分度器は使用できません。
② 解答用紙に【求め方】と書いてあるところは，求め方や計算式も書いて答えを記入しなさい。それ以外は答えのみを記入しなさい。

1 次の□にあてはまる数を答えなさい。

(1) $36-6\div\{(30+3\times4)\div3-11\}=\square$

(2) $\left\{3.125\times1\frac{1}{5}-\left(2-1\frac{3}{8}\right)\right\}\div(3.75\div4.5)=\square$

(3) $\frac{5}{6}+\frac{3}{4}\div(1+\square)-1\frac{1}{4}=\frac{1}{4}$

2 次の各問いに答えなさい。

(1) ある品物を100個仕入れ，原価の20％の利益を見込んで定価をつけて売りました。しかし，30個しか売れなかったので，残りを定価の10％引きで売ったところ，全部売れて利益が2436円になりました。この品物１個の原価は何円ですか。

⑵　次の図の平行四辺形ABCDにおいて，AE：EB＝２：１，BF：FC＝３：１，CG：GD＝１：１です。DEとAF，AGとの交点をそれぞれH，Iとするとき，EH：HI：IDの比を最も簡単な整数で表しなさい。

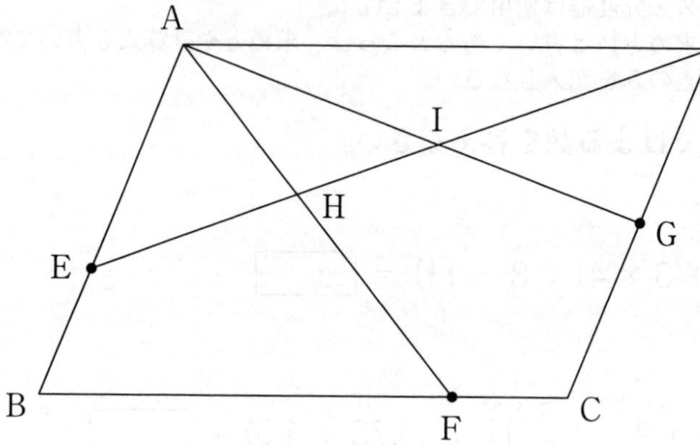

⑶　10円硬貨が２枚，50円硬貨が３枚，100円硬貨が３枚あります。これらの硬貨の一部または全てを使って，ちょうど支払うことができる金額は全部で何通りありますか。

⑷　次の図のように，１辺が４cmの正方形の中に，２つの円と１つの正方形があります。斜線部分の面積は何cm^2ですか。ただし，円周率は3.14とします。

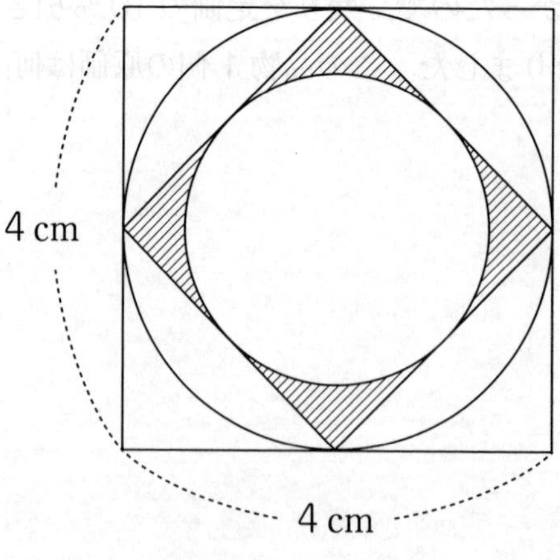

(5)　次の図1のように，円周を20等分し，0から19の番号が書いてある円の周りに白球○と黒球●が矢印の向きに回転できるコースが2コースあります。黒球は白球より速く動き，2つの球は，目盛り0の位置から同時に時計回りにスタートしました。スタート後に2つの球が，図2のように，同時に同じ目盛りの位置に初めてきたのは，白球が1周目，黒球が2周目の目盛り12の位置でした。また，スタート後に再び2つの球が同時に目盛り0の位置にくるのに2時間かかりました。このとき，白球と黒球がそれぞれ1分間に円の周りを回転する角度は何度ですか。ただし，白球と黒球の速さは，それぞれ一定とします。

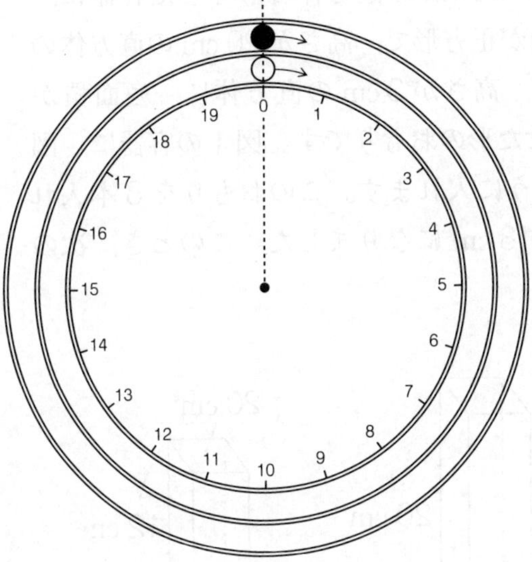

図1

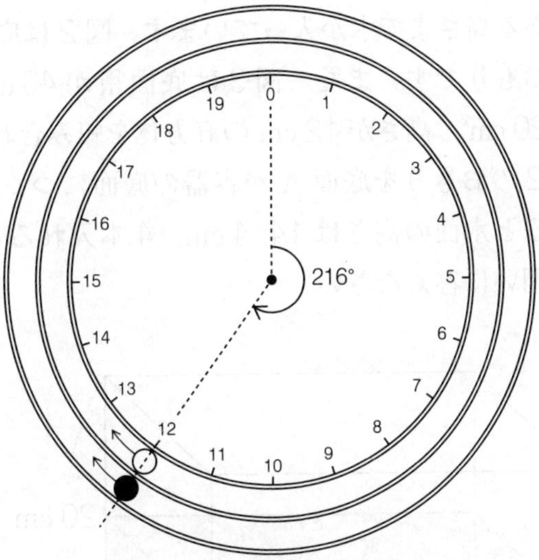

図2

3　ある川の上流のA地点から下流のB地点まで21 kmあり，その間を船1号と船2号が往復しています。今日は，川の流れの速さがふだんの川の流れの速さの3倍になっていて，船1号は，8時にA地点を出発し10時にB地点に着いた後，10時30分にB地点を出発し13時50分にA地点に着きました。船2号は，9時にB地点を出発し11時30分にA地点に着いた後，12時にA地点を出発しました。このとき，次の問いに答えなさい。ただし，2せきの船の静水での速さと，川の流れの速さは，それぞれ一定とします。

(1)　船1号の静水での速さは時速何kmですか。

⑵　ふだんの川の流れの速さは時速何 km ですか。

⑶　船２号は，12 時にＡ地点を出発してから 30 分後にエンジンがこわれてしまい，その後は川の流れだけでＢ地点に向かいました。12 時過ぎに船１号と船２号が初めて出会うのは，何時何分ですか。

4　図１のように，底面積が 200 cm^2，高さが 20 cm の直方体の形をした容器に，ある高さまで水が入っています。図２は底面が正方形で，高さが 20 cm の直方体のおもりです。また，図３は底面積が 40 cm^2，高さが３cm の直方体に，底面積が 20 cm^2，高さが 12 cm の直方体を組み合わせた形のおもりです。図１の容器に，図２のおもりを底面Ａが容器の底面につくように入れます。このおもりを３本入れると水面の高さは 14.４cm，４本入れると 18 cm になりました。このとき，次の問いに答えなさい。

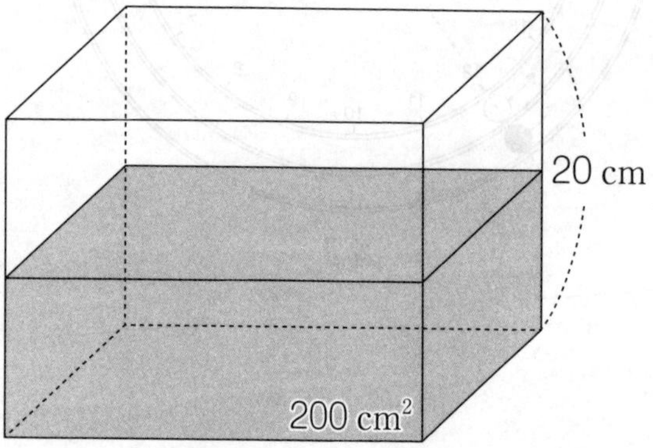

図１

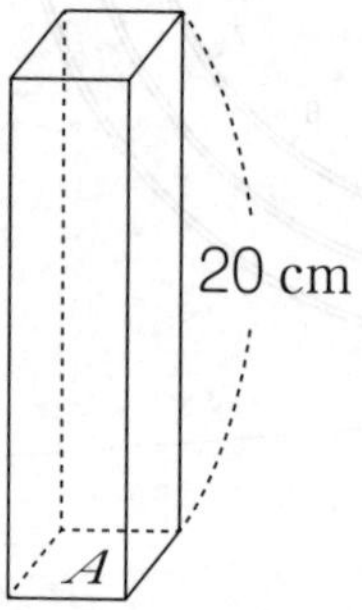

図２

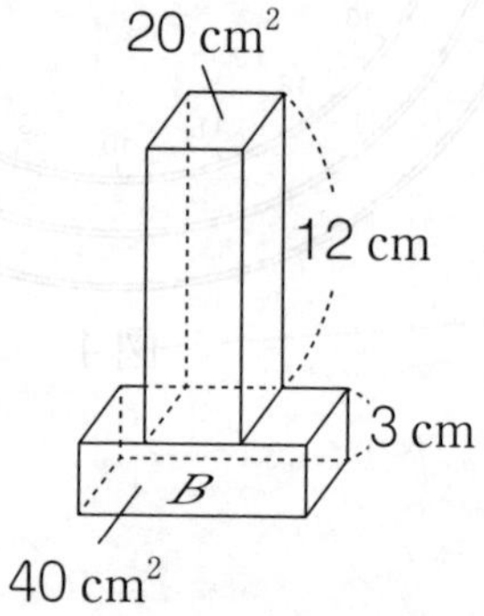

図３

⑴　図２のおもりの底面の１辺の長さは何 cm ですか。

⑵　図１の水面の高さは何 cm ですか。

⑶　図１の容器に，図２のおもりと，図３のおもりを１つずつ，底面Ａと底面Ｂがそれぞれ容器の底面につくように入れたとき，水面の高さは何 cm ですか。

5 次の会話文を読んで，あとの問いに答えなさい。

先生： 次のような数の並びについて考えてみましょう。

1，1，2，3，5，8，13，21，34，55，……

前から数えて，１番目と２番目は１，３番目以降は直前の２つの数の和が次の数になっています。

Ａくん： すると，11 番目の数は［ア］で，12 番目，13 番目と求めていけば，17 番目の数は［イ］になりました。

先生： 28 番目の数は，いくつでしょうか。

Ａくん： 17 番目の数まで求めたので，18 番目，19 番目，…… と順に求めていけばよいですね。

先生： 確かにそのように求めることもできますが，別の方法で求めてみましょう。

18 番目の数は，(16 番目の数) + (17 番目の数)

19 番目の数は，(16 番目の数) + (17 番目の数) × ［ウ］

20 番目の数は，(16 番目の数) × ［エ］ + (17 番目の数) × ［オ］

と表すことができます。このようにしても，28 番目の数を求めることができます。

Ａくん： なるほど。そうすると，

28 番目の数は，(16 番目の数) × ［カ］ + (17 番目の数) × ［キ］

となるので，28 番目の数は［ク］ですね。

先生： 正解です。

さらに，次のような問題も考えてみましょう。

右の図のような正八角形 ABCDEFGH があり，点Ｐは，最初は頂点Ａにあります。さきほどの数の並びだけ，時計回りに点Ｐを頂点に動かす操作をしましょう。つまり，

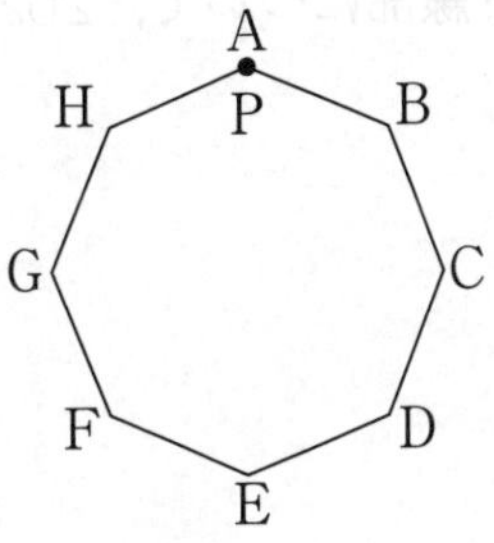

１番目の数は１なので，１回目の操作で，点ＰをＡからＢに，

２番目の数は１なので，２回目の操作で，点ＰをＢからＣに，

３番目の数は２なので，３回目の操作で，点ＰをＣからＥに動かすということです。

15 回目の操作の後，点Ｐはどの頂点にあるでしょうか。

Ａくん：　４回目の操作の後，点Ｐは［ケ］にあり，５回目の操作の後，点Ｐは［コ］にあるので，順に考えていけばよいですね。

（Ａくんは，しばらく考えて）

順に考えれば求めることができますが，それだと少し大変なので，工夫をする必要がありそうですね。

（Ａくんは，しばらく考えて）

わかりました。15回目の操作の後，点Ｐは［サ］にあります。

先生：　よく求めることができました。では，2023回目の操作の後，点Ｐはどの頂点にあるでしょうか。

Ａくん：　実に面白そうですね，求めてみます。

先生：　2023年もその調子で頑張っていきましょう。

Ａくん：　先生，今年もよろしくお願いします。

(1)　［ア］～［ク］にあてはまる整数を答えなさい。

(2)　［ケ］～［サ］にあてはまる正八角形ABCDEFGHの頂点を答えなさい。

(3)　下線部について，2023回目の操作の後の点Ｐの位置を求めなさい。

エ 江戸の町の表通りに面した家屋や商家は、全部塗籠方式の二階建て、かつ屋根も本瓦葺きにし、板葺きだった長屋の裏通りで火事が起きても延焼を防ぐ、防火帯としている。

オ 江戸の町の長屋の裏通りは、土蔵造りが生んだ知恵を生かして、一ブロックが焼けても表通りを越えて類焼することを防ぐために、本瓦葺きにしてブロックごとに防火帯を作っている。

問十一 ――部⑤「**消火の知恵はあまり発達しなかった**」とあるが、当時の消火の知恵について説明した次の文章の空欄に入る言葉を、それぞれ本文中から指定字数でぬき出しなさい。

江戸の町は【　a　**六字**　】であるため、燃え出したら仕方がない。よって消防の基本は【　b　**四字**　】であった。鳶口やカケヤは、家を壊して【　c　**三字**　】を作るための道具である。【b】以前には、砂や泥をかけて消す【　d　**五字**　】があった。古い住居を掘っていると、泥をかけて家ごと埋められていることもあり、当時の家の構造を知る資料となる。また、力が強くて柱に縄をかけて一気に引っぱり家をつぶす役割を果たしたのは【　e　**四字**　】であり、【　f　**五字**　】などのように、【e】と火消しの喧嘩がよく描かれる。これは、両者の間に縄張り争いのような利害対立があったことを示唆している。

問九　――部③「**『万葉集』**」について、以下の問いに答えなさい。

⑴　成立したのはいつか。次の**ア**～**オ**の中から一つ選び、記号で答えなさい。

ア　奈良時代　**イ**　平安時代　**ウ**　鎌倉時代　**エ**　江戸時代　**オ**　明治時代

⑵　撰者と言われているのは誰か。次の**ア**～**オ**の中から一人選び、記号で答えなさい。

ア　紀貫之　**イ**　藤原定家　**ウ**　天智天皇　**エ**　大伴家持　**オ**　後鳥羽院

問十　――部④「**都市計画**」とあるが、江戸の町の都市計画について説明したものとして最も適当なものを、次の**ア**～**オ**の中から一つ選び、記号で答えなさい。

ア　江戸の町の表通りに面した家屋や商家は、幕府が奨励金を出して全部塗籠方式の二階建てに作られており、梲は延焼の原因にならないように、家と家の間になるべく低く建ててある。

イ　江戸の町の表通りに面した長屋は、幕府が奨励金を出して全部塗籠方式の二階建てに作られており、梲は延焼の原因にならないように、家と家の間になるべく低く建ててある。

ウ　江戸の町の表通りに面した家屋や商家は、土蔵造りが生んだ知恵を生かして、一ブロックが焼けても裏通りを越えて類焼することを防ぐために、板葺きにしてブロックごとに防火帯を作っている。

問七　━━━部Ⅰ・Ⅱの言葉の意味として最も適当なものを、次のア～オの中から一つずつ選び、記号で答えなさい。

Ⅰ「いささか」

ア　たくさん　イ　ほんの少し　ウ　ずいぶん　エ　全く…ない　オ　とても

Ⅱ「当を得て」（当を得る）

ア　物事の肝心な点を確実にとらえていること。
イ　絶対に確実だと保証すること。
ウ　理屈にかなった主張をされて行き詰まること。
エ　手間をかけないで、大雑把に物事を行うこと。
オ　予期せぬ出来事に驚くこと。

問八　Ｚ　に入る言葉として最も適当なものを次のア～オの中から一つ選び、記号で答えなさい。

ア　桜花爛漫　イ　天変地異　ウ　山紫水明　エ　花鳥風月　オ　深山幽谷

問六　――部②「サイエンスの力なしにやろうとした」について、以下の問いに答えなさい。

(1)　どのような能力を用いて地震対策をしていたのか。本文中から七字でぬき出して答えなさい。

(2)　その記録として適切でないものを次の**ア**～**オ**の中から一つ選び、記号で答えなさい。

ア　丹後の天橋立に住んでいた漁師たちは、昭和のはじめに起こった丹後の地震の際、前日の浜がいつもより暖かったことから、事前に地震を予知して仕事を休んだり、舟を全部引きあげておいたりしたために災害をまぬがれた。

イ　柿本人麻呂が、「巻向川のほとりに住む恋人を訪ねたときに、川の音の高さから嵐を予知して災害をまぬがれた」という歌を詠んだように、古代人は天気予報というものを持たない代わりに、自分で天気を予測していた。

ウ　ヤマネズミやミミズには、温度の微妙な差や静電気などの自然異常を感知する能力があるため、洪水の前には穴から高い所へ逃げ出して危険をまぬがれていた。

エ　モグラには、温度の微妙な差や静電気などの自然異常を感知する能力があるため、洪水の前には穴から高い所へ逃げ出して危険をまぬがれていた。

オ　庭園に自然の樹木を植えている日本は、例年と違う植物の状態で天候異変を予測することができるため、庭に植えておいた萩の状態から寒い年だと予測し、早めに稲の取り入れをして霜の害をまぬがれた。

問二　A ～ D に入る言葉をそれぞれ選び、記号で答えなさい。なお、同じ記号は一度しか用いることができません。

ア　だから　イ　たとえば　ウ　しかし　エ　つまり　オ　また

問三　日本の家屋には、――部①「**建てた直後から揺れるように出来ている**」という特徴があるが、この特徴によって地震に対するどのような予防効果が生まれるか。「ゆるみ」・「エネルギー」・「分解吸収」という言葉を用いて、六十字以内で説明しなさい。

問四　X に入る言葉として最も適当なものを次の**ア**～**オ**の中から一つ選び、記号で答えなさい。

ア　不　イ　未　ウ　無　エ　非　オ　否

問五　Y に入る慣用表現として最も適当なものを、次の**ア**～**オ**の中から一つ選び、記号で答えなさい。

ア　青菜に塩
イ　拍車をかける
ウ　百聞は一見に如かず
エ　備えあれば憂いなし
オ　高をくくる

これを建てておくと、隣に火がうつらない。風が吹いても屋根が焼けない。奈良地方は、先述した※環湟《かんこう》集落だから、家がくっついて建っている。その家と家の間に梲を高く建てて、防火壁にしたのである。当然のことだが、この梲が高ければ高いほど完全である。梲が低いと延焼の原因になる。そこで、梲を高くあげる才覚のない人のことを、〝ウダツ（梲）のあがらぬ奴だ〟という言い方で呼んだのである。

梲は、家屋密集地帯に生まれた知恵である。

だが、防火の知恵に対して、⑤**消火の知恵はあまり発達しなかった**。つい最近まで、日本の消防の基本は、〝破壊消防〟法である。鳶口《とびぐち》は火を消す道具でなく、家を壊す道具である。カケヤという大型の槌《つち》もそうだ。燃え出したら仕方がないから、周りの家を壊して防火帯をつくる。そのための道具である。

武蔵坊弁慶《むさしぼうべんけい》の持っていた七つ道具は、そのための道具で、彼は消防士の元祖かもしれない。相撲《すもう》取りが、やはり昔の火消しである。力が強いから、柱に縄をかけて一気に引っぱって家をつぶす役割。講談で有名な〝め組の喧嘩《けんか》〟などのように、昔の物語に相撲取りと火消しの喧嘩がよく描かれているが、それは両者の間に縄張り争いのような利害の対立があったことを示唆《しさ》している。

破壊消防以前には〝泥かけ消防〟があった。砂や泥をかけて消す。私が専門の考古学の発掘で、古い住居を掘っていると、泥をかけて家ごとすっかり埋めたのに出会うことがある。［ D ］、木が蒸し焼きの状態になって、当時の家の構造がそっくり残っているわけだ。私たちにとっては、ありがたい資料である。

（樋口清之『梅干と日本刀―日本人の知恵と独創の歴史』祥伝社）

※「環湟集落」……周囲に濠《ほり》をめぐらした集落。

問一 ――部ⓐ～ⓓについて、カタカナは漢字に直し、漢字はひらがなに改めなさい。

その代わり〝迷信〟も生まれた。[C]、〝竹の花が咲くと飢饉《ききん》が来る〟といって恐れたという。これは竹が六十年に一度、花を咲かせて枯れてしまう植物だということを知らなかったためである。当時の人間の平均寿命は、三十年くらいである。竹の花の周期のほうが長かったから〝竹の花〟を正確に観察できなかったのであろう。

だが、彼らの観察の多くはⅡ**当を得て**いたし、現代人にくらべれば、彼らは自然現象を予知する力を持った一種の超能力者だったといえよう。

私たちの祖先が一番苦しんだ災害は、火事である。日本の建築は木造だから、火事の予防には自然災害の場合とはまた違った意味で、知恵をしぼらなければならなかった。

その結果が(c)**土蔵**である。泥を使って熱を遮断する方法だ。

塗籠《ぬりごめ》から起こった土蔵の考案は大変な知恵で、地震、湿気、火事などに対する完全対応の建物である。日本の屋根は、木造のくせに上に厚く泥を塗って、しかも(d)**フネンセイ**物質の瓦まで乗せてある。屋根からは火は移らない。壁も柱も泥で包めば大丈夫である。一番危ないのは軒裏《のきうら》である。ここに泥を塗り込めば完全防備である。それが土蔵だ。

倉庫が完全防備できると、この技術はやがて住宅、④**都市計画**にまで応用される。

江戸の町は、表通りに面した家屋や商家は全部二階建てで、この塗籠蔵造り方式で作られた。屋根も本瓦葺《ぶ》きにしてある。このために、幕府は奨励金さえ出している。長屋の裏通りは板葺きだが、こうして町のブロックごとに防火帯を作った。これなら、もし一ブロックが焼けても表通りを越えて類焼することがない。

土蔵造りが生んだ知恵である。

それにもうひとつ、〝梲《うだち》〟というものを考案している。梲というのは、切妻《きりづま》式の家屋の両側に、屋根の上まで高く建てた泥壁のことである。

ズという話は聞かない。溺れ、つぶされるのは人間だけである。

海の水位が急に下がる。毎日毎日、注意して海を見ている漁師《りょうし》にとって、これは大変な異常事態である。山に木を伐《き》りに行ったら、大量のモグラが移動している……。こういったことから、［Z］を予知した人々の例は(b)枚挙にいとまがない。

ぬばたまの夜さり来《く》れば巻向《まきむく》の
川音高しも嵐かも疾《と》き

③『万葉集』巻七にある柿本人麻呂《かきのもとのひとまろ》の歌である。巻向川（奈良県）のほとりに住む恋人を訪ねたとき、川の音が高いので〝明日は嵐が来そうだから早く帰ろう〟というような意味の歌である。古代人たちは、天気予報というものを持たない代わりに、自分で自然を観察していたのだ。

江戸町内の防火はブロック方式だった

こうした自然現象を、もっと手近に観察しようという積極的な発想が、日本特有の〝庭園づくり〟である。西洋の庭園と異なって、日本の庭園には、自然の樹木を植える。庭に植えておいた萩《はぎ》が例年より早く咲けば、その年は寒い年である。霜の害が来る前に早めに稲の取り入れをしなければならない、これが日本の庭園の発想である。『万葉集』に歌いこまれている〝紅葉が早く散った〟とか〝桜が時ならずして咲いている〟などは、例年と違う植物の状態で天候異変を予測した、生活不安の表現だと思われる。

池もそうである。池の水は大地の温度によく反応する。プランクトンの発生状態や、藻《も》の育ち方とか、色を見ていると、微妙な変化が察知できる。

こうした自然の異変を観察する場所が、日本の庭園や池の発想の原点の一つだった、と思う。

[A]、これはごく微妙な差であろう。その差を感知できるのは、日常からの観察のおかげだろう。自然に何か異常が起こるとき、自然の生き物たちは、何らかの形で、それを察知する。ヤマネズミは、地震の前には山から逃げ出す。ミミズも出てくる。これは、地熱、地磁気の異常と静電気を感知するからだろうといわれている。

今日、私たちは、この微妙な反応を示す自然の生き物を駆逐《くちく》してしまったし、また、そうした第六感に近い観察能力も失ってしまったから、災害を予知する術《すべ》もない。私たちの祖先は、科学こそ知らなかったが、その基礎になる自然観察の能力においては、私たちをはるかに凌駕《りょうが》していたといえよう。

これは伝説だが、江戸時代に、三河の国（愛知県）にある名医がいたという。このエピソードはＩいささか奇妙だが、ある日、地震を予知した彼は、丘の上に登って、藁を燃やして、寺の鐘《かね》を叩いた。

村人たちは何ごとだろうと、丘の上に集まった。その直後に津波が襲って、全村の家屋が水にさらわれたが、村人たちは助かった。今日でも、その村に碑が立っているそうだ。

彼が予知した根拠は〝人間の脈〟だという。

彼は、人間の運命は自然と並行する、という自然哲学者で、その日に自分の脈をとっていて、三脈（左右の手と頸部）の異常を感じ、これを災害の(a)ゼンチョウと信じたというのである。この伝説には、東洋の自然哲学観の誇張を感じるが、その真偽を問う前に、〝脈でわかった〟という彼の日常の誠実な医者としての生き方と、そこに育った観察力があったからこそ、このような話ができたと考えるべきだろう。

ネズミは火事を予知して、家から逃げ出すというが、日ごろネズミを観察していなければ、それを知ることはできない。モグラは、洪水の前には穴から出て高い所に逃げるという。今日では、それはモグラが温度の微妙な差や、静電気によって感知するのではないかといわれている。[B]、洪水のあるなしにかかわらず、危険な状態になると逃げ出すわけである。穴の中で溺《おぼ》れたモグラとか、地震で押しつぶされたミミ日本人の場合、自然の力が人力を超えることをはじめから予測している。石垣を粗積みするのは水を抜くという利点もあるが、地震や波風といった力が加わった場合に、それを撥ね返すことよりも、内部に吸収しながら、エネルギーを分散させることを考えるからである。

防風のための石垣は、四国の愛媛《えひめ》県に少しと、沖縄県にたくさんある。割石や珊瑚礁《さんごしょう》を割って、一見、[X]造作に積みあげてある。強い風が来た場合、風圧の七割近くが石垣の間に吸われてしまう。だが、防がなければならないだけの風圧は、あれで十分防げるのだ。

日本の家屋が、もともと柔構造に造られているのと同じ発想である。

これは西洋の合理精神に対して、日本の〝非合理の合理精神〟と呼ばれる知恵の典型である。〝[Y]〟のたとえどおり、自然災害に対してもっとも有効な予防は、その災害を予知することである。予知していれば、被害を最小限に食いとめることができる。

今日でも、地震対策はなかなか困難なようだが、私たちの祖先はこれを地震エネルギーの分散といった②サイエンスの力なしにやろうとした。だから、科学的とはいえないかもしれない。だが、今日にして思えば、科学的な根拠がまったくなかったともいえない。二、三の記録をあげてみよう。

柿本人麻呂《かきのもとのひとまろ》は川の音から嵐を予知した

丹後《たんご》の地震というのがあった。昭和のはじめに、丹後の天橋立《あまのはしだて》あたりにあった地震である。そのとき、そこに住んでいる漁師たちは、前日にこれを予知して、仕事を休み、舟を全部、引きあげておいたために、災害をまぬがれたという。これは新聞記事にもなった。

理由は、「浜がいつもより暖かった」というものである。地震は地下エネルギーの飽和点で起こるから、浜辺がいつもより暖かったとしても不思議ではない。

二　次の文章を読んで、後の問いに答えなさい。

石垣の粗積《あらづ》みは計算された合理性

先にも述べたように、日本は自然災害の少なくない国である。地震、台風、津波——私たちの祖先は、こうした自然災害に対して知恵をしぼった。災害の予防と予知についてである。

まず、予防だが、地震については家屋の建築法である。日本の家屋は、地震を覚悟のうえで造られたものと考えていい。要約していえば、①**建てた直後から揺れるように出来ている**のだ。

日本の建築は、木材をつなぐのにほとんどクギを使わない。穴をあけてホゾを差し込み、叩き込んでつなぐ。骨格自体を柔構造に組み立てておいて、建物の上部に重心を置き、さらに重い瓦《かわら》をのせる。

年月が経って、木材が乾燥してしまうから、継ぎ目にゆるみが出来て、そのゆるみがエネルギーを分解吸収してしまう。だから激しく揺れるが、容易には倒壊しないのである。

これは、あまり地震の心配がない西洋のレンガ造りや、石造りの家屋と比較してみると、その構造の違いがよくわかるだろう。

1章のはじめに、日本の城郭技術として石垣を、力学の見地から述べたが、石垣もまた、西洋のそれとはずいぶん違う。日本の石垣は、すき間をあけて築いてある。西洋のそれは、きれいにびっしりと築いてある。

これは日本の技術が幼稚で、野蛮だからではない。わざわざ粗積《あらづ》みしてあるのだ。これは地震とか風、波といった外部からの力に、どう対応するか、という場合に、日本人と西洋人との間に発想の違いがあることを示している。

石垣を築く場合、西洋人はそれにかかる力を撥《は》ね返すだけ強力なものを築く。自然の力を征服しうるという自信があるからだろう。

問八　――部⑧「タカシが送ってくるのは私を試すような、あるいは調べるような視線だった」とあるが、タカシはこの時どのようなことを考えているか、説明しなさい。

問九　この文章の表現の特徴として、適当でないものを次のア～オの中から一つ選び、記号で答えなさい。

ア　比喩が多用されていて、読者がそれを具体的に想像することで情景や心理が伝わりやすい。

イ　登場人物がそれぞれ少しずつクセがあり、それがリアリティのある世界観をつくっている。

ウ　時系列が異なる回想シーンが何度か挟まることで、少しずつ人間関係が浮き彫りになる構造になっている。

エ　ほぼ一人称の視点が固定されている中で、何度も挟み込まれる他の登場人物の視点によって、物語の世界に広がりが生まれている。

オ　鍵括弧を用いない表現であっても、語尾の表現や話し言葉を巧みに用いることで、会話をしながらいろいろなことを考えている、という表現を可能にしている。

問六　――部⑥「**私は慌ててビニール袋をこすって音を消す**」とあるが、この時の私の気持ちとして、最も適当なものを次の**ア**～**オ**の中から一つ選び、記号で答えなさい。

ア　常に決められたとおりに行動するサダカくんに対して、おなかがすいていることを悟られて、気を使わせてしまうのは、何か違うような気がしたから。

イ　おなかがすいていることがサダカくんに知られてしまうと、一緒に食事をとらないことを責められ、嫌われてしまうのではないかと考えているから。

ウ　タカシに早くご飯を食べさせてあげたいので、自分が食事をとる時間が短縮されることが第一であると考え、サダカくんだけが早く食べ終わってほしいと考えているから。

エ　女性である自分が、他人の食事中におなかをすかせて音が鳴ってしまうようなはしたないことをしてしまうと、サダカくんに人として軽蔑されてしまうと考えているから。

オ　早く帰りたいという気持ちをどのようにサダカくんに伝えるかを考える中で、音を立てることで察してほしいことをアピールしたいと考えているから。

問七　――部⑦「**こんな態度**」とあるが、どのような態度といえるか。次の**ア**～**オ**の中から最も適当なものを一つ選び、記号で答えなさい。

ア　慇懃無礼　　**イ**　厚顔無恥　　**ウ**　無礼千万　　**エ**　傍若無人　　**オ**　明哲保身

問五　――部④「**私の戸惑い**」とあるが、それはどのようなものか、次の**ア**～**オ**の中から最も適当なものを一つ選び、記号で答えなさい。

ア　ＵＦＯが来ることを信じ切っているタカシに、なんとかしてそれが間違っているということを伝えなければと考えているうちに、タカシがやってきてしまったので、自分がまだ答えを用意していないことを悟られたくない気持ち。

イ　見知らぬ男性に変貌していたタカシを男性として意識してしまうとともに、かつて二人で過ごしていた押し入れの中の思い出を思い出してしまい、夏の間だけとはいえ、一緒に過ごすことがあまり良いことではないのではないかと感じる気持ち。

ウ　子供の頃からあまり友達が多くなかったタカシが、夏の間だけとはいえ一緒に過ごす間に、ちゃんと自分以外の友達ができるのだろうかと思案していたところ、最初から「友達ができた」という発言があり、心配をして損したと感じる気持ち。

エ　会っていない二年間の間のタカシの生活を想像するもそれは想像でしかなく、見た目も大人びてしまった弟に対して距離感を感じてしまい、照れもあるため、どのようにすれば自然にふるまえるのかがわからないという気持ち。

オ　兄弟とはいえ片付けをするのは当たり前のことと考え、なんとか準備はできたものの、そのことよりも電車の中で友達ができたことがうれしいと話すタカシに対して、男女間で意識することはこんなにも違うのかと感じる気持ち。

問二　[A]～[D]に入れるのにふさわしい語を次のア～エの中からそれぞれ選び、記号で答えなさい。なお同じ記号は一度しか用いることができません。

ア　のそのそと　　イ　はきはきと　　ウ　うろうろと　　エ　おずおずと

問三　――部①「サダカくん」とあるが、私はなぜサダカくんに定期的に会い続けているのか、その理由を説明した次の文の空欄に入る語を、指定された字数で本文からぬき出して答えなさい。

もし、自分がつらい時でも、必ず[i　七字]がやってくるように感じられるような、[ii　七字]気持ちを感じることができるから。

問四　[②]、[③]、[⑤]について、空欄に言葉を補い、それぞれの意味になるような表現を答えなさい。なお、○が一文字を表しています。

②　しまいには、いろいろやったそのうえで　という意味
　　○○の○○に（は）

③　びっくりするという意味
　　目を○く（した）

⑤　まったく同じようなという意味
　　○○たがわず（に）

としか言えなかった。

「お母さんに言わないでよ、うるさいからあの人」

「うん」

ＴＶの画面では素っ裸に近い女の子たちが声を張りあげながらクイズに答えていた。笑い声はだんだんエスカレートして金切り声に近くなっていくが、どうして笑っているのか見そびれた私にただその声は頭の芯を引っ掻《か》くように響く。女の子たちの感極まった笑い声に誘われるようにタカシはふっと低い笑い声を漏《も》らしている。

「彼女って、どんな子？」

番組が終わるころになって私はようやくそう言えた。タカシはものすごくうれしそうにＴＶから顔をはずし、

「いい子だよ、すごく。会ったときはショートヘアだったんだけど、ぼくが髪の長い子が好きだって何気なく言ったら伸ばし始めてさ、今じゃ腰くらいまであるんじゃないかなあ。一つ年下なんだけどね、ぼくなんかよりずっと大人っぽくて、何ていうか、不思議な力を持ってるような気がするんだよなあ」

私の瞳の奥に大切なおもちゃを見つけた幼稚園児のような表情を浮かべて話し始めた。

（角田光代『まどろむ夜のＵＦＯ』講談社）

問一 [Ⅰ]～[Ⅵ]に入れるのにふさわしい表現を次の**ア**～**カ**の中からそれぞれ選び、記号で答えなさい。なお同じ記号は一度しか用いることができません。

ア 瓶の中に閉じ込められたよう　**イ** 雲一つない晴天のよう
ウ 両頰を殴るよう　**エ** 全体で一つの芸術作品のよう
オ 言葉を舌の先に転がすよう　**カ** 一週間の懺悔をする善良な農夫のよう

「まあわかるような気もするけど」

タカシは低い小さい声で言う。私は彼の横顔をじっと見つめ、彼に話を振った。

「ねえ本当は夏期講習じゃないんでしょ」

タカシもあの押し入れを思い出していたのかはわからないが、首を傾けてじっと私を見た。⑧**タカシが送ってくるのは私を試すような、あるいは調べるような視線だった。**しばらくそうしていたが顔をＴＶに戻し、

「うん、実はね」

といやに素直に答えた。

「じゃあ何なの」

「彼女がこっちにいるんだ」

つぶやくようにタカシは言った。

一緒に暮らしているころのタカシには彼女などもちろんいなかったしそんな話もいっさいしなかったので、私にしてみればタカシに女の子というのは着物にポンチョをはおるくらい不自然な取り合わせに思え、

「ねえ彼女って宇宙人？」

思わずそう訊いてしまった。それは半分冗談でもあるのだが、宇宙人だったりおっぱいが六つあったりする彼女だと言われるほうがまだ信じられる気がした。タカシは笑わずに、違うよ、と答えた。

「違うよ、転校していったんだよね、こっちに」と続け、更に「会いたいって手紙何度ももらってさ、困っちゃうよね」

と上目遣《うわめづか》いに私を見上げ、そういう人がよく見せる、全然困っていない笑い方をした。このイロオトコ、とか、憎いよコノ、とか、多少古典的にせよ言ってあげられればよかったのだが、やっぱりタカシがそういう状況下に置かれていることは信じ難く、

「ああそうだったんだ」

のを噛《か》む音と飲みこむ音だけがしばらく続いた。

「じゃ、もう遅いし、帰ろうかな。夜分遅くに失礼しました。相談ごとがあったら遠慮なく電話してね」

突然発せられたサダカくんの［ Ⅵ ］な声は、無言の私とタカシをかすかに飛び上がらせた。

彼がいなくなるとタカシは何事もなかったように顔を上げ、

「この囲い、勝手に作ってごめんね。でも部屋って、ここキッチンしかないじゃない。もうさ、年ごろの男と女なんだからさ、ああいうふうにぼくの場所作っておいたほうがいいかなって思って。ほらお互い着替えるときとか」

チーズのかすを頬につけたまま蛍光灯をぱちんと消した。

残りものの食事を終えてからタカシの作った囲いに入り、並んでＴＶを眺めた。押し入れから出した布団が一セットに、バックパックと灰皿と漫画が並べられ、試着室のような囲いの中はすでに部屋らしく整えられていた。膝を丸めてＴＶに見入っているタカシの隣で、こんなに近くに坐り合うのはあのころ以来だと、閉じこもった押し入れの狭さと暗さを思い出し、何か秘密を打ち明けなければならないようにわくわくしていた。番組が終わるのを待って私はそっと声を出してみた。

「さっきの人、恋人じゃないんだけど、でも今わりと仲がいいんだ、学校では」

「そう」タカシは興味なげに返事をする。

「受験するつもりなら、いろいろ訊いたら？　私よりも彼は役にたつと思うな。家庭教師もやってるらしいし」

ぽつりぽつりと言葉を吐き出していくと永遠にしゃべれそうな気がした。

「あのね、サダカくんといて一番いいのはね、世の中には明日とあさってがきちんと用意されていて、私が何をしても、たとえば大失敗とかやらかしても、それがずっと裏切らずに繰り返し、定期的にやってくるように思えてきて、何だか安心するんだよね。そういうふうに思うこと、ない？」

目の前に並んだ本の背表紙に向かって声をかけた。タカシは［　D　］そこから出てきて、私の後ろに立っている男を見つけて立ち止まる。

「この人ね、サダカくん。学校の友達。あんたに会いたいって言うから連れてきた。サダカくんは日本史とか得意だったらしいから、教わったら。理数もばっちりだよね」

床の上に冷めきったピザやパックに詰めたスパゲティを並べた。

「初めまして、サダカです。おねえさんにはいつもお世話になってて」

タカシはうつむいたまま口の中で「どうも」と言っている。私とタカシは床に坐って食事を始めた。サダカくんは少し離れて私たちをじっと見ている。囲いの中でカラフルな画像を放出し続けるＴＶが本棚とハンガーラックを絶え間なく染め続ける。電気をつけないでいるからなおのこと飛び出してくる色は鮮やかに見え、その光は囲いに背を向けたタカシの横顔まで這《は》い上がり顔の凹凸をくっきり浮かび上がらせる。タカシは顔を上げず一点を見つめたまま顎《あご》を動かす。

「ねえ、どうして電気つけないの？」

サダカくんの妙に明るい声が部屋に響き渡り、ああごめん、とピザを頬張りながらスイッチを入れた。部屋の内部がすべて見えて安心したのか、サダカくんはタカシに向かって朗《ほが》らかに話し始める。

「理数はばっちりってほどでもないんだ、でもセンター試験はとりあえず受けたから、そこそこわかる程度でね。大学はどこ志望なの？　文系、理系？　あ、もしかして予備校通いに来たの？　ぼくも来たなあ、高三の夏。駿台《すんだい》だったんだけど、名物教師がいてさ、知ってる？　もしまだ通う予備校決めてなかったらアドバイスするよ。これでもぼくは予備校にはちょっとうるさいんだな。あ、浪人はしてないけどね、ちなみに」

タカシは顔を上げないばかりか一点を見つめた目を瞬《またた》きもせずにいる。タカシが⑦**こんな態度**をとることを予想に入れていなかった私は戸惑い、何を言ったらいいのかわからないのでただひたすら食べ続けた。も

　彼は満足そうに言ってカップに口をつける、サダカくんは、レストランでも喫茶店でも一時間半がたたないと決して席を立とうとしなくて、私は店内の時計を見上げ、まだ一時間余っていることを確認する。膝の上のビニール袋は熱を逃がして湿り始めている。おなかが鳴りそうになり、⑥**私は慌ててビニール袋をこすって音を消す。**

「弟さんって、どんな人？　きみに似てるのかな」

「普通の高校三年生だけど、色が白いからへなっとして見えるの」

「へえ。会ってみたいな」

「これから来る？」

　と言ってしまったのは早く帰りたかったからなのだが、サダカくんは目を見開いて、

「え、いいの？　こんな時間に？」

　と言う。

「うちは構わないよ。そうだ、タカシに勉強でも教えてやってよ、あの子受験すると思うんだけど全然やってないみたいだから。じゃあもう行こうか」

「そうだね、一応挨拶でもしておくかな」

　サダカくんは勘定書きを持って先に歩いていく。駐車場で彼が下りてくるのを待った。

　帰ると部屋の中が変わっていた。ＴＶの置かれた一角は本棚とハンガーラックで器用に囲われていて、部屋の中に小さな部屋がある状態になっている。その囲いの中からかすかな音声と一緒に青や黄色の光があふれだし、タカシがその囲いに入ってＴＶをつけっ放しにしていることがわかる。玄関先で［　Ｃ　］中をうかがっているサダカくんを部屋に通し、

「ねえ晩ごはん食べた？　バイト先の残り物だけど、一緒に食べない？」

になったから、部屋の掃除をしたんだよね。そしたら、和英辞典の間から一万円札が出てきてね、えーとそれから、そうそうレポートでもやろうかと思って、学校に行ったんだよね、そしたらコープの前で坂本と会ってさ」

サダカくんは神父さんの前で［Ⅳ］に事細かく説明し始める。夏休みが始まったばかりだからか、店内にはパーマ液の匂いがたちこめそうなほどけばけばしい女の子がたくさんいた。

「一万円、何に使ったの？」

「CDでも買おうと思ったんだけど、また隠しておいた。今度は広辞苑の間にね」

セットのスープと私のコーヒーが一緒に運ばれてくる。袋に入れてもらった残り物は膝《ひざ》の上でまだ温かく、それを人差し指でなぞりながら店内の時計を捜した。

サダカくんに会うと私はいつも、足を踏み入れることを禁止しているような美しいブティックの棚におさまった、一枚の高級シャツを思い浮かべる。並んだアイテムの色と壁の色と床の色と店員の衣裳がすべてコーディネイトされていて、［Ⅴ］な場所に、ひっそりと置かれた新品のシャツ。一センチの歪みもなくきちんとたたまれて、棚の上で静かな呼吸を繰り返している。手に取って眺めたら最後、もう二度と同じようにはたためなくて、不格好に棚に戻して場所を移ると店員がさっと寄ってきてたたみなおし、さっきと［⑤］に配置する。サダカくんがハンバーグをていねいに切り分けて口に運ぶのを眺めて私はそんなことを繰り返し考えていた。

三十分でサダカくんは食事を終え、紅茶に砂糖を一つ入れる。七のナンバーが書きこまれている煙草を出して火をつけ、まだ燃え始めていないのに私の吸い殻で満杯になった灰皿に灰を落とす手振りをする。

「今日はあと三本吸えるんだね」

「うん」

えって幸せなんじゃないか、とかそんな話。私が身を乗り出してうんうんと真面目《まじめ》に聞いていると、一通りしゃべり終えてふっと部屋に戻っていった。重箱に入ったおせちしかない台所と、毎日母が掃除しているらしい髪の毛の一本も落ちていない静かな部屋と、部屋に閉じこもってなかなか出てこない弟に飽きて、結局私は一泊しただけで下宿先へ帰ってきたのだった。

きっと滅多に会わなくなった私が「タカシ」と思うとき、そこにいるのは［　Ⅲ　］な「ねえこれ知ってる？」と顔を輝かせて本を広げる幼いタカシだ。今ここにいてどう見てもくだらないバラエティ番組を夢中になって見入っているのは、たとえその顔の中に見慣れた幼い表情が現われていたとしても、あのタカシとは別の人格を持った十八の男の子なのだ。「まだＵＦＯなんか信じているの？」とこの私に訊くような。

そう自分に言い聞かせてコーヒーを飲み干した。

アルバイトを終えて表に出ると、サダカくんが待っていた。彼の車でファミリーレストランに行き、向かい合って坐った。サダカくんは和風ハンバーグセットを頼み、食後のコーヒーを紅茶に替えてもらっている。私はタカシと食べようとアルバイト先で残り物をもらってきたのでコーヒーだけ頼んだ。ウェイトレスが機械人形のように頭を下げて去っていくと、彼はテーブルの上で手を組んで私に和やかな微笑《ほほえ》みを投げる。

「どうだった、今日のバイトは」

「いつもと同じ」

煙草に火をつけて思いきり吸いこんだ。まだこちらを見て微笑んでいるサダカくんの顔と、洗いたてみたいなボタンダウンのシャツが吐き出す煙でぼやける。今度はきみが訊く番だよと私を促しているらしく、サダカくんは手を組んで微笑んだまま魔法をかけられたように動かない。

「今日は何してたの」

「うん、今日はね」サダカくんはようやく視線をはずし組んだ手をほどく。「ナナコにキャンセルされて暇そして一呼吸おき、［　Ⅱ　］にていねいに「おねえちゃん、そういうのまだ信じてるの？」とつけ加えた。

「わあかっこいいＴＶだなあ。うちのなんかさ、まだあれだよ、小学生のときお父さんが買ってきたチャンネルぱちぱちってまわすやつ。おねえちゃんのほうが金持ちみたいだな、これじゃあ」

一通り部屋の内部に触れ終わるとタカシはＴＶの前に坐《すわ》りこみ、リモコンでチャンネルをせわしなく変え続ける。ふいに手を止め、じっと画面と向き合って口を閉ざした。

「ねえＵＦＯが来るから来たの？」

「違うよ」

タカシは背中を向けたまま即答する。

「じゃあ夏期講習なの？」

「まあね」

「ふうん。ねえ何飲む？　コーヒーと紅茶と、烏龍茶《ウーロン》と、どれがいい？」

「あ、ぼくのことだったら気にしないで」

それきりＴＶと向かい合ったタカシの背中は動かなくなった。一人分のコーヒーをいれて、動かないその背中を頭、髪型、肩幅、と順々に点検していった。一瞬他人に見えた彼の顔の中に見知った幼い弟の表情が現われたとき、安堵《あんど》とともにもっともっと何かを話したいという気持ちが胸の中でぷつぷつとあふれだしてきたのだが、実際何を話したいのか想像することもできない。コーヒーの湯気に顔をあてながら、最後に会った二年前のお正月を思い浮かべた。父と母が親戚まわりに出かけたあと、食卓で顔を合わせたタカシは「大学はどう」とも「一人暮らしは楽しい？」とも訊かず、たしかおみくじか何かの話をし始めたように思う。お正月の神社は、大凶をまったく入れないか数を減らすのだ、だから大凶を引いたらものすごい確率でかないのがかえって恥ずかしく、うつむいて挨拶の言葉を口の中でつぶやいた。「今日ね電車の中で友達ができたんだよ」彼は④**私の戸惑い**を全然感じていないように部屋に入るなりしゃべり始めた。「もっと早く着くはずだったんだけど、それで遅れちゃったんだ。電車の中で、男の人がギター持って乗ってきて、ぼくの隣でずっと歌ってたんだよ」

「こっちじゃよくあるよ、そういうこと」

親しげに答えたつもりがやっぱりどこかぎこちないのが自分でもわかった。

「でね、その人と友達になったんだ。一緒にお茶飲んで、また会おうって言って別れた。奢《おご》ってもらっちゃった」

「お金取られなかった？　宗教とかに誘われなかった？」

「ううん別に。すごく面白い人だった。ねえここ結構狭いね」

タカシはバックパックを下ろし部屋の中を　B　歩き、手触りをたしかめるように四方の壁に触れてまわる。本棚の前で立ち止まり、本のタイトルをざっと指でなぞった。

「お母さんに聞いたでしょ？　夏休みの間お世話になります」

振り向いて人なつっこく笑いかけたタカシの顔が、ようやく私の見慣れていた弟の表情になっていたので安心して、つい訊いてしまった。

「ＵＦＯが来るの？」

ＵＦＯと口に出すのはずいぶん久し振りだった。口に出してみるとそれは長い間封じられていた暗号にも思えた。タカシは振り向いた顔つきを少しだけ変え、その表情の奥底まで私が読み取る前に彼は本棚に目を戻した。

「うん、来るらしいけど、八月ぐらいにね」

んだＭさん」、そういうさん臭い写真のたくさん載った本を買いこんでは「ねえおねえちゃん知ってる？これ」と顔じゅうをはちきれんばかりに輝かせてそれらの写真を見せてくれた。タカシは友達があまり多いほうではなく、近所の子供たちが空き地で野球やプロレスの真似事をしている時間必ず家にいて、「ねえおねえちゃん」と後ろ手に本を持って私のあとをついてきた。二人で話しているとどんどんもりあがってきて何時間でも話していることができた。どうしたら宇宙人とコンタクトを取ることができるのか。もし学校からの帰り道宇宙人に取り囲まれたらどうやり過ごせばいいのか。極秘情報をやりとりするスパイになりきって、私たちは押し入れに閉じこもり、声をひそめて話し続けた。タカシは中学に上がってもそれらに飽きることはなく、相変わらず「ねえおねえちゃん」とやってきたが、ただ身体の大きくなった私とタカシが押し入れに閉じこもるのは物理的に無理だという理由で、私たちは二人の空間に入りこむことをやめた。その後のタカシが特にのめりこんだのはＵＦＯで、夢中になりすぎたのか私よりも警戒心が緩かったのか、家族の揃《そろ》った食事の場などでふと口を滑らせてしまうことがあった。「見て、あそこの空が妙に明るくない？」と窓の外を指したり、「ＵＦＯがしょっちゅう見れるどこそこの山に行きたいから旅費を下さい」と言い出したり、［　②　］は「それが宇宙の望む方向だから」といったような言いまわしを使い始めて、私は慣れているからよかったけれど、そんなことを食事中に言われた両親は［　③　］した。父親は聞こえないふりを通したが母親は「悪い病気じゃないか」と騒ぎ始め、むりやりタカシを病院に連れていこうとすらしたのだった。それ以来タカシはその話題をいっさい口にしなくなった。

　一応人を迎えられるくらい部屋の中が片付いたその日の午後、タカシはやってきた。玄関の敷居をはさんで彼と向かい合い、会わなかった二年間が頭の中をさっと横切った。といっても会わなかったその間にタカシが何をしていたかは知るはずもないので、横切っていったのはただの半透明の空白だった。タカシは背も高くなっていれば顔立ちも少し変わっていて新聞の集金人にも思えるのだが、それでも見知った弟に変わり皿に残っている比較的長い一本を選んで火をつけた。その間もずっと母親はしゃべっている。ねえまた変な病気が出たんじゃないかしら？　あのときチャンネル変えてればよかったんだけど、すっかり忘れてたのよねえ。何だか怖くって、ＵＦＯが来るから行くの？　って本人に訊けなかったのよ。ねえ見張っていてやってね。ねえ変なこと言い出すようだったら連絡ちょうだいね。ね？　わかったわね、頼んだわよ。終わりの二言を何度も繰り返し、切る間際にちゃんとご飯は食べているのか、学校へは行っているのかとつけたしのように訊いて電話を切った。

もう一度ベッドに潜ったけれど目が冴えてしまい、仕方なく起き上がって部屋の掃除を始めた。カーテンを開け放つと、ラジオ体操の音楽が高らかに鳴り響いてきそうな晴天が広がっていた。流しにたまった食器を洗ったり、扇風機についた埃《ほこり》を取ったり、床を埋め尽くしている雑誌や手紙を一つ一つ取り上げて、二年ほど会っていない弟を思い浮かべ、干してあった下着を急いでしまいこんだ。そこまで終えてもまだ九時前だったのだが、①サダカくんに電話をかけた。何時から起きていたのか、やあ、おはよう、と明るい声を出すサダカくんに、今日は弟が来るので会えないことを伝えた。学校があるときも休みに入ってからも、五日に一度、二人で食事をするのが私たちの間の暗黙のルールになっていて、それを急に変えるのがよっぽど嫌なのか、

「じゃあきみのアルバイトが終わってから会おうよ」

明日にしようとかまた五日後に会おうとか、私の用意していた提案は全部間違っているように思えるほど[A]サダカくんは発音し、そうだね、と私もはきはきと答えていた。

真ん中に立って部屋の中を見渡し、一つ一つチェックしながら弟のことを考えた。

タカシは子供のころからＵＦＯだとか宇宙人だとか心霊写真だとかおっぱいが六つある女の話だとか、とにかくそんな妙な話が大好きだった。「実写・霊は語る」「捕らえられた宇宙人」「恐怖・宇宙人の子供を孕《はら》

2023年度

城西川越中学校

【国　語】〈特別選抜第一回試験〉（五〇分）〈満点：一〇〇点〉

《注　意》指定された字数で解答する際は、特別な指定がない限り、句読点や記号も一字とします。
ただし、ふりがなを書く必要はありません。

一　次の文章を読んで、後の問いに答えなさい。

ＵＦＯが来るらしいのよ、ってもちろんＴＶでやってたんだけどね、それを見にいくみたいなのよ。朝の七時に電話をかけてきた母親はまずそう言って、眠りの真ん中にいた私は何のことかさっぱり理解できず、まだ夢の最中なんだろうと勝手に解釈して聞き流した。しかし電話は一向に切れる気配をみせないばかりか、［　Ⅰ　］な勢いで、ねえ起きてる？　聞いてるの？　というフレーズをときどき差しはさんでくる。観念して目を開けるとカーテンの合わせ目が歪《ゆが》んだ一直線に透き通っている。

母が言うには、タカシが夏の間だけ私のところで過ごしたいと言い出し、今朝の電車でこっちに向かってきている。どうして急におねえちゃんのところに行きたいなんて言い出したのか、訊《き》いても何も答えず、問い詰めたら予備校の夏期講習に通いたいんだと答えた。けれど母はタカシを見送ってから、タカシが東京に行きたいと言った前の晩のＴＶのことを思い出した。父と母とタカシと三人で夕食をとっているときたまたま流れていたのがＵＦＯ特集で、見るともなくつけっ放しにしておいたのだが、たしかその番組の中でＵＦＯ博士みたいな男が近々東京にＵＦＯが現われると宣言していた。どうも狙《ねら》いはそれなのではないかと、またそう思い始めたら絶対そうなような気がし始めた、ということだった。そこまで納得するのに三十分近くかかり、ようやく目が冴えてきた私は床の上のＣＤケースや雑誌をよけて煙草《たばこ》を捜し、結局見つからなくて灰

2023年度

城西川越中学校 ▶解説と解答

算　数　＜特別選抜第１回試験＞（50分）＜満点：100点＞

解　答

1　(1)　34　(2)　$3\frac{3}{4}$　(3)　$\frac{1}{8}$　2　(1)　210円　(2)　7：5：9　(3)　29通り　(4)　1.72cm²　(5)　白球は９度，黒球は24度　3　(1)　時速8.4km　(2)　時速0.7km　(3)　12時45分　4　(1)　5 cm　(2)　9 cm　(3)　12cm　5　(1)　**ア**　89　**イ**　1597　**ウ**　2　**エ**　2　**オ**　3　**カ**　89　**キ**　144　**ク**　317811　(2)　**ケ**　H　**コ**　E　**サ**　E　(3)　B

解　説

1　四則計算，逆算

(1)　36－6÷{(30＋3×4)÷3－11}＝36－6÷{(30＋12)÷3－11}＝36－6÷(42÷3－11)＝36－6÷(14－11)＝36－6÷3＝36－2＝34

(2)　$\left\{3.125\times1\frac{1}{5}-\left(2-1\frac{3}{8}\right)\right\}\div(3.75\div4.5)=\left\{3\frac{1}{8}\times1\frac{1}{5}-\left(\frac{16}{8}-\frac{11}{8}\right)\right\}\div\left(3\frac{3}{4}\div4\frac{1}{2}\right)=\left(\frac{25}{8}\times\frac{6}{5}-\frac{5}{8}\right)\div\left(\frac{15}{4}\div\frac{9}{2}\right)=\left(\frac{15}{4}-\frac{5}{8}\right)\div\left(\frac{15}{4}\times\frac{2}{9}\right)=\left(\frac{30}{8}-\frac{5}{8}\right)\div\frac{5}{6}=\frac{25}{8}\times\frac{6}{5}=\frac{15}{4}=3\frac{3}{4}$

(3)　$\frac{5}{6}+\frac{3}{4}\div(1+\square)-1\frac{1}{4}=\frac{1}{4}$より，$\frac{3}{4}\div(1+\square)=\frac{1}{4}+1\frac{1}{4}-\frac{5}{6}=\frac{1}{4}+\frac{5}{4}-\frac{5}{6}=\frac{3}{12}+\frac{15}{12}-\frac{10}{12}=\frac{8}{12}=\frac{2}{3}$，$1+\square=\frac{3}{4}\div\frac{2}{3}=\frac{3}{4}\times\frac{3}{2}=\frac{9}{8}$　よって，$\square=\frac{9}{8}-1=\frac{9}{8}-\frac{8}{8}=\frac{1}{8}$

2　売買損益，相当算，相似，場合の数，面積，速さと比

(1)　１個の原価を１とすると，100個分の原価の合計は，１×100＝100となる。また，１個の定価は，１×(１＋0.2)＝1.2だから，定価で売った分の売り上げの合計は，1.2×30＝36となる。さらに，定価の10％引きは，1.2×(１－0.1)＝1.08であり，その値段で売った個数は，100－30＝70(個)なので，その分の売り上げの合計は，1.08×70＝75.6とわかる。よって，100個分の売り上げの合計は，36＋75.6＝111.6だから，100個分の利益の合計は，111.6－100＝11.6となる。これが2436円にあたるので，１個の原価は，2436÷11.6＝210(円)と求められる。

(2)　ABとCDの長さを，２＋１＝３と，１＋１＝２の最小公倍数の６にすると，AE：EB＝２：１＝４：２，CG：GD＝１：１＝３：３となるから，右の図Ⅰのように表すことができる。はじめに，三角形AEIと三角形GDIは相似であり，相似比は，AE：GD＝４：３なので，EI：ID＝４：３となる。次に，AFとDCを延長して交わる点をＪとすると，三角形ABFと三角形JCFは相似になる。このとき，相似比は，BF：CF＝３：１だから，$CJ=6\times\frac{1}{3}=2$となることがわかる。さらに，三角形AEHと三角形JDHは相似であり，相似比は，AE：JD＝４：

図Ⅰ

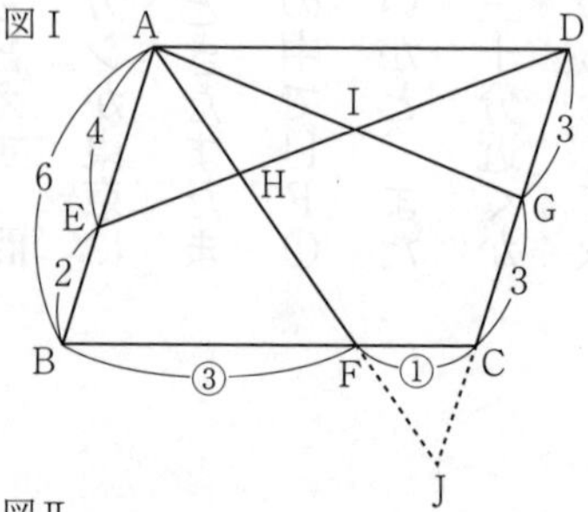

図Ⅱ

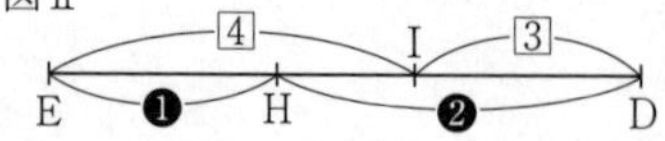

（２＋６）＝１：２なので，EH：HD＝１：２となる。よって，ED上の比は上の図Ⅱのように表すことができる。図Ⅱで，EDの長さを，４＋３＝７と，１＋２＝３の最小公倍数の21にすると，EI＝４×３＝12，ID＝３×３＝９，EH＝１×７＝７となるから，EH：HI：ID＝７：（12－７）：９＝７：５：９と求められる。

(3)　50円硬貨《こうか》３枚と100円硬貨３枚を使ってできる最大の金額は，50×３＋100×３＝450（円）なので，これらの硬貨を使うと50円から450円までの50円刻みの金額が，450÷50＝９（通り）できる。また，これらの金額に10円硬貨を１枚追加した60円から460円までの９通りの金額と，10円硬貨を２枚追加した70円から470円までの９通りの金額もできる。さらに，10円硬貨２枚だけを使ってできる金額が｛10円，20円｝の２通りあるから，全部で，９×３＋２＝29（通り）とわかる。

(4)　右の図Ⅲのように，円の中心をＯとする。正方形ABCDは対角線の長さが４cmの正方形なので，面積は，４×４÷２＝８（cm^2）となる。また，正方形AEOFの面積は正方形ABCDの面積の$\frac{1}{4}$倍だから，８×$\frac{1}{4}$＝２（cm^2）と求められる。よって，正方形AEOFの１辺の長さ（小さい円の半径）を□cmとすると，□×□＝２（cm^2）と表すことができるので，小さい円の面積は，□×□×3.14＝２×3.14＝6.28（cm^2）とわかる。したがって，斜線《しゃせん》部分の面積は，８－6.28＝1.72（cm^2）である。

図Ⅲ

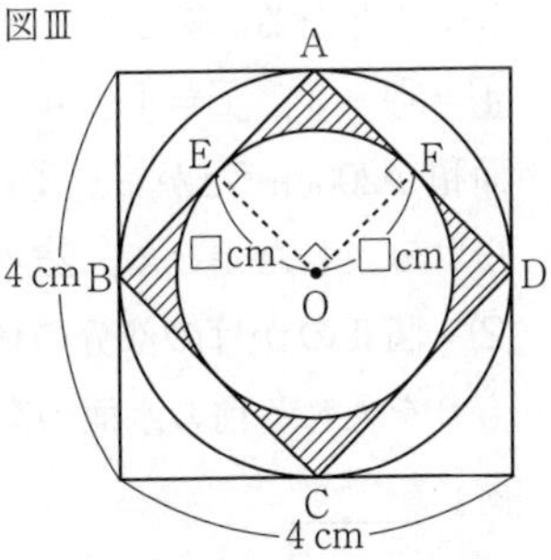

(5)　白球が12目盛り分進む間に黒球は，20＋12＝32（目盛り分）進むから，白球と黒球の速さの比は，12：32＝３：８である。よって，再び２つの球が同時に目盛り０の位置にくるのは，白球が３周，黒球が８周したときとわかる。つまり，白球は２時間で３周することになる。したがって，白球が，60×２＝120（分）で回転する角度は，360×３＝1080（度）なので，白球が１分間に回転する角度は，1080÷120＝９（度）と求められる。また，白球と黒球の速さの比は３：８だから，黒球が１分間に回転する角度は，９×$\frac{8}{3}$＝24（度）となる。

3　流水算，旅人算

(1)　１号と２号の運航のようすをグラフに表すと，右のようになる。１号が下りにかかった時間は，10時－８時＝２時間だから，１号の下りの速さは時速，21÷２＝10.5（km）である。また，１号が上りにかかった時間は，13時50分－10時30分＝３時間20分なので，１号の上りの速さは時速，21÷$3\frac{20}{60}$＝6.3（km）とわかる。静水での速さは上りと下りの速さの平均になるから，１号の静水での速さは時速，（6.3＋10.5）÷２＝8.4（km）と求められる。

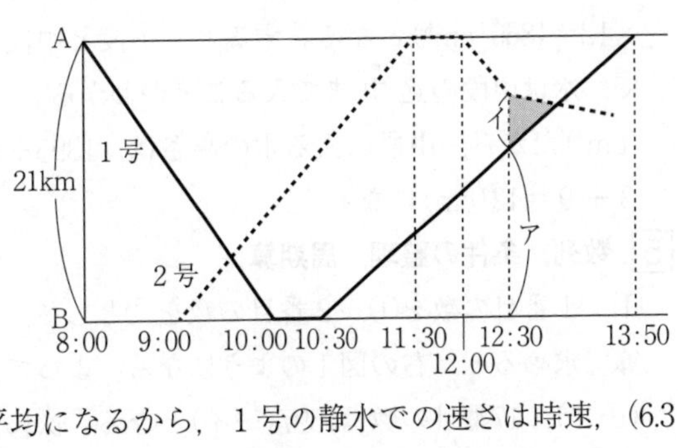

(2)　(1)から，この日の流れの速さは時速，10.5－8.4＝2.1（km）とわかる。これはふだんの３倍にあたるので，ふだんの流れの速さは時速，2.1÷３＝0.7（km）である。

(3)　グラフのかげの部分に注目する。アの距離《きょり》は１号が，12時30分－10時30分＝２時間で上った距離だから，6.3×２＝12.6（km）となる。次に，２号が上りにかかった時間は，11時30分－９時＝２時間30分なので，２号の上りの速さは時速，21÷$2\frac{30}{60}$＝8.4（km）であり，２号の静水での速さは時速，8.4＋2.1＝10.5(km)，２号の下りの速さは時速，10.5＋2.1＝12.6(km)とわかる。よって，２号が，12時30分－12時＝30分で下った距離は，$12.6\times\frac{30}{60}=6.3$(km)だから，イの距離は，21－(12.6＋6.3)＝2.1(km)と求められる。また，かげの部分では１号と２号の間の距離は１時間に，6.3＋2.1＝8.4(km)の割合で縮まるので，かげの部分の時間は，$2.1\div8.4=\frac{1}{4}$(時間)，$60\times\frac{1}{4}=15$(分)とわかる。したがって，１号と２号が出会った時刻は，12時30分＋15分＝12時45分である。

4 水の深さと体積

(1) 問題文中の図２のおもり１本の底面積を①とすると，おもりを３本入れたときのようすは下の図Ⅰ，４本入れたときのようすは図Ⅱのようになる。図Ⅰと図Ⅱの水の部分(かげの部分)に注目すると，体積は等しく，高さの比は，14.4：18＝４：５だから，底面積の比は，ア：イ＝$\frac{1}{4}:\frac{1}{5}$＝５：４となる。そこで，ア＝$\boxed{5}$，イ＝$\boxed{4}$とすると，③＋$\boxed{5}$＝④＋$\boxed{4}$と表すことができるので，$\boxed{5}$－$\boxed{4}$＝④－③，$\boxed{1}$＝①より，$\boxed{1}$と①が表す面積は等しいことがわかる。よって，③＋⑤＝⑧にあたる面積が200cm^{2}だから，①にあたる面積，つまりおもり１本の底面積は，200÷８＝25(cm^2)と求められる。したがって，25＝５×５より，おもりの底面の１辺の長さは５cmとわかる。

(2) 図Ⅱのかげの部分の体積，つまり水の体積は，(25×４)×18＝1800(cm^3)である。よって，おもりを入れる前の水面の高さは，1800÷200＝９(cm)とわかる。

図Ⅰ

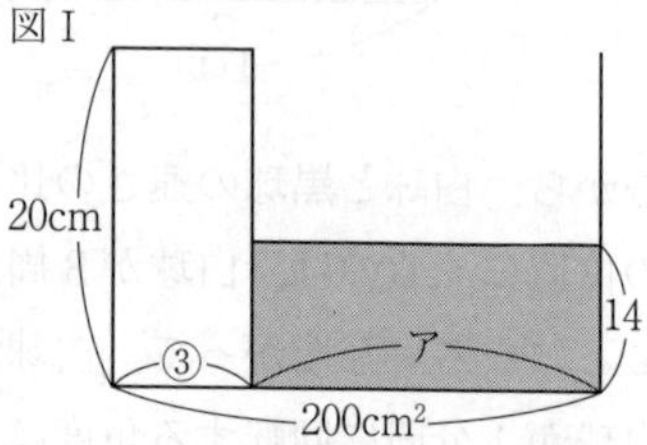

図Ⅱ

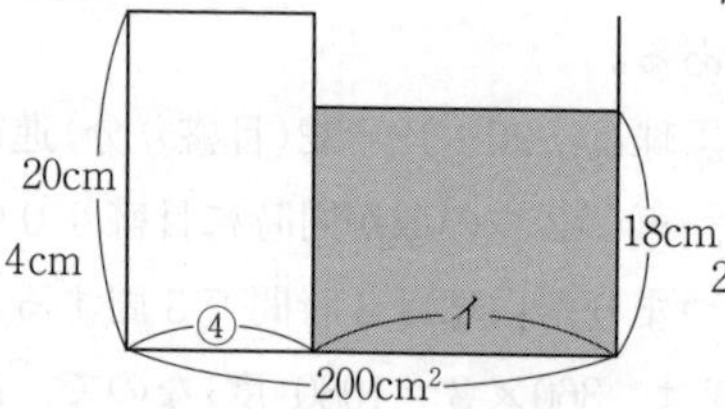

図Ⅲ

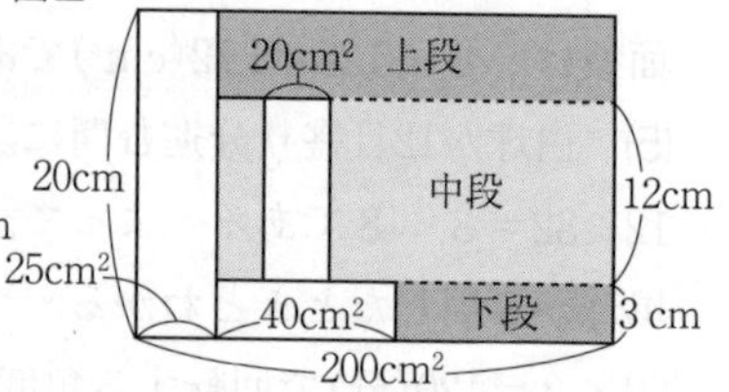

(3) 上の図Ⅲのように，水が入る部分を３つの段に分けて考える。下段で水が入る部分の底面積は，200－(25＋40)＝135(cm^2)なので，下段に入る水の体積は，135×３＝405(cm^3)とわかる。また，中段で水が入る部分の底面積は，200－(25＋20)＝155(cm^2)だから，中段に入る水の体積は，155×12＝1860(cm^3)となる。すると，下段と中段に入る水の体積の合計は1800cm^{3}よりも多くなるので，水は中段の途《と》中《ちゅう》まで入ることがわかる。このとき，中段に入る水の体積は，1800－405＝1395(cm^3)だから，中段に入る水の高さは，1395÷155＝９(cm)と求められる。よって，水面の高さは，３＋９＝12(cm)になる。

5 数列，条件の整理，周期算

(1) １番目の数を①，２番目の数を②として，17番目の数まで計算で求めると，右の図１のようになる。よって，11番目の数は89(…ア)，17番目の数は1597(…イ)となる。次に，18番目の数は，16番目の数と17番目の数の和だから，⑱＝⑯＋⑰と表すことにする。すると，⑲＝⑰＋⑱＝⑰＋(⑯＋⑰)＝⑯＋⑰×<u>2</u>(…ウ)と表すことができる。さらに，⑳＝⑱＋⑲であり，⑱＝⑯＋⑰，⑲＝⑯＋⑰×２なので，⑳＝(⑯＋⑰)＋(⑯＋⑰×２)＝⑯×<u>2</u>＋⑰×<u>3</u>(…エ，オ)となる。このように，N番目の⑯と⑰の個数は，(N－２)

図１

①　1	⑦　13	⑬　233
②　1	⑧　21	⑭　377
③　2	⑨　34	⑮　610
④　3	⑩　55	⑯　987
⑤　5	⑪　89	⑰　1597
⑥　8	⑫　144	

図２

⑲	⑯×１＋⑰×２	㉔	⑯×13＋⑰×21
⑳	⑯×２＋⑰×３	㉕	⑯×21＋⑰×34
㉑	⑯×３＋⑰×５	㉖	⑯×34＋⑰×55
㉒	⑯×５＋⑰×８	㉗	⑯×55＋⑰×89
㉓	⑯×８＋⑰×13	㉘	⑯×89＋⑰×144

番目と($N-1$)番目の⑯と⑰の個数の和になるから，上の図２のようにまとめることができる。よって，㉘＝⑯×89＋⑰×144(…カ，キ)となり，⑯＝987，⑰＝1597なので，㉘＝987×89＋1597×144＝317811(…ク)と求められる。

(2)　４番目の数は３だから，４回目の操作でＥからＨ(…ケ)に動かし，５番目の数は５なので，５回目の操作でＨからＥ(…コ)に動かす。次に，動かす数が８以上の場合は，その数を８で割った余りの数だけ動かすことになるから，もとの数を８で割った余りを求めると，上の図３のようになる。さらに，余りの数だけ移動すると，点Ｐがある頂点は図３のようになるので，15回目の操作の後はＥ(…サ)にあることがわかる。

図３

	①	②	③	④	⑤	⑥	⑦	⑧	⑨	⑩	⑪	⑫	⑬	⑭	⑮
(数)	1	1	2	3	5	8	13	21	34	55	89	144	233	377	610
(余り)	1	1	2	3	5	0	5	5	2	7	1	0／	1	1	2
(頂点)	B	C	E	H	E	E	B	G	A	H	A	A／	B	C	E

(3)　図３より，N番目の余りの数は，($N-2$)番目と($N-1$)番目の余りの数の和を８で割った余りとなる。すると，／以降は最初と同じになるので，頂点の位置は12個ごとに同じ並び方がくり返される。よって，2023÷12＝168余り７より，2023回目の操作の後は７回目の操作の後と同じであり，頂点はＢとわかる。

国　語　＜特別選抜第１回試験＞（50分）＜満点：100点＞

解　答

□一　問１　Ⅰ　ウ　Ⅱ　オ　Ⅲ　ア　Ⅳ　カ　Ⅴ　エ　Ⅵ　イ　問２　Ａ　イ　Ｂ　ウ　Ｃ　エ　Ｄ　ア　問３　ｉ　明日とあさって　ii　何だか安心する　問４　②　挙句(の)果て(には)　③　(目を)丸(くした)　⑤　寸分(たがわずに)　問５　エ　問６　ア　問７　エ　問８　(例)　姉が自分の話をちゃんと信じてくれ，また，母に話してしまうようなことがないかということ。　問９　エ　□二　問１　(a)，(d)　下記を参照のこと。　(b)　まいきょ　(c)　どぞう　問２　Ａ　ウ　Ｂ　ア　Ｃ　イ　Ｄ　エ　問３　(例)　年月が経つことにより木が乾燥し，その継ぎ目にできたゆるみがエネルギーを分解吸収することで容易には倒壊しなくなる効果。　問４　ウ　問５　エ　問６　(1)　自然観察の能力　(2)　ウ　問７　Ⅰ　イ　Ⅱ　ア　問８　イ　問９　(1)　ア　(2)　エ　問10　エ　問11　ａ　家屋密集地帯　ｂ　破壊消防　ｃ　防火帯　ｄ　泥かけ消防　ｅ　相撲取り　ｆ　め組の喧嘩

●漢字の書き取り

□二　問１　(a)　前兆　(d)　不燃性

解　説

□一　**出典は角田光代《かくたみつよ》の『まどろむ夜のUFO』による。**夏の間だけ「私」のところで過ごしたいと言って，突然《とつぜん》やって来た弟のタカシの変化にとまどう「私」の心情が描《えが》かれている。

問１　Ⅰ　朝の七時に母から突然かかってきた電話を「私」はぼんやりと聞いていたが，母は，寝《ね》ぼけている「私」をたたき起こすような激しい勢いで話し続けたのだから，ウがよい。　Ⅱ

「私」がUFOの話をすると，弟は，ややあきれたようすでていねいに「おねえちゃん，そういうのまだ信じてるの？」と言ったのだから，オが合う。　Ⅲ「私が『タカシ』と思う」とき，「私」が思い浮《う》かべるのは昔のまま変わらずにいる「幼いタカシ」であるから，アがふさわしい。　Ⅳ　サダカくんは，その日にあったことを，神父さんの前ですべてを告白する善人のように「事細かく説明し」始めたのだから，カがよい。　Ⅴ「並んだアイテムの色と壁《かべ》の色と床《ゆか》の色と店員の衣《い》裳《しょう》がすべてコーディネイトされて」いる場所であるから，全体が一つにまとまった調和の取れた場所と考えられる。よって，エがふさわしい。　Ⅵ　いろいろと話しかけてくるサダカくんに対して，弟は一言も返事をせず「私」はとまどったが，サダカくんは，特に気にするようすもなく晴れ晴れとした声で別れの挨拶《あいさつ》を告げたので，「私」と弟は驚《おどろ》いた。よって，イがあてはまる。

問２　**A**　サダカくんは，「私の用意していた提案は全部間違《まちが》っているように思えるほど」自信に満ちた口調ではっきりと言ったので，それにつられて「そうだね，と私もはきはきと答えていた」のである。よって，イの「はきはきと」が入る。　**B**　タカシは，特に何の目的もないようすで「私」の部屋の中をあちこちと歩き回ったのだから，ウの「うろうろと」がよい。　**C**「私」は，玄関《げんかん》先でためらいがちなようすで中をうかがっていたサダカくんを部屋に通したのだから，エの「おずおずと」がふさわしい。　**D**「私」が声をかけると，タカシはゆっくりと囲いの中から出てきたのだから，アの「のそのそと」が合う。

問３　ⅰ，ⅱ「私」はサダカくんが帰った後，「サダカくんといて一番いいのはね，世の中には明日とあさってがきちんと用意されていて〜それがずっと裏切らずに繰《く》り返《かえ》し，定期的にやってくるように思えてきて，何だか安心する」ところだと言っている。

問４　②「挙げ句の果て」は，“いろいろとやってみて，結果的には”という意味。　③「目を丸くする」は，“驚《おどろ》いて目を見開く”という意味。　⑤「寸分たがわず」は，ごくわずかな違いもないようす。

問５「私」の記憶《きおく》の中のタカシは幼いままだったが，二年ぶりに会った弟は，その間に何があったか知らないがすっかり大人びていた。見知らぬ他人のようにも感じられるが，間違いなく自分の弟であるタカシとどう接していいかわからず，久しぶりに顔を合わせた照れくささもあって，「私」はとまどったものと考えられる。よって，エが選べる。

問６　サダカくんは，五日に一度「私」と二人で食事をするという暗黙《あんもく》のルールを破るのをひどく嫌《いや》がったり，「レストランでも喫茶店《きっさてん》でも一時間半がたたないと決して席を立とうと」しなかったりなど，常にルール通りに行動しようとする性格だった。「私」がお腹が減っているのに食事をしないことを知れば，サダカくんは気をつかうだろうが，それは，彼《かれ》にとってはルール外の事態となる。「私」は，サダカくんに負担をかけてはいけないと思って，お腹が鳴る音を彼に聞かせないようにしたのであろうから，アがよい。

問７　タカシは，サダカくんの挨拶《あいさつ》に対して「うつむいたまま口の中で『どうも』」と言ったきり，その後サダカくんがいろいろと話しかけても，「顔を上げないばかりか一点を見つめた目を瞬《まばた》きもせず」に，一言も返さなかった。タカシの態度は，まわりに人がいないかのように勝手に振《ふ》る舞《ま》う「傍若無人《ぼうじゃくぶじん》」なものだったといえる。なお，「慇懃無礼《いんぎんぶれい》」は，表面は礼儀《れいぎ》正しいが実は誠意がこもっていないこと。「厚顔無恥《こうがんむち》」は，厚かましく恥知《はじし》らずなこと。「無礼千万《ぶれいせんばん》」は，非常に失礼なこと。「明哲保身《めいてつほしん》」は，賢明な人は道理に従って行動し，危険を避《さ》けて身を守ることができるということ。

問８　タカシは，本当は東京に転校した彼女《かのじょ》に会いに来たのだが，それを「私」に打ち明けたとき，「私」がそれを事実として受けとめてくれるかどうか，さらに，母に話したりしないかどうかを見《み》極《きわ》めたいと考えていたと思われる。

問９　ア「ラジオ体操の音楽が高らかに鳴り響《ひび》いてきそうな晴天」，「機械人形のように頭を下げて」，「魔法《まほう》をかけられたように動かない」などのように比喩《ひゆ》が多用されていて，その場の情景や心情を想像しやすくなっている。よって，合う。　イ「私」もタカシもサダカくんも，それぞれにこだわりや個性があり，それがこの小説に現実味を持たせているので，正しい。　ウ　母が思い出した，タカシが出ていく前の晩のできごとや，「私」が思い出した，「私」とタカシの子ども時代の記憶《きおく》など，回想シーンがはさみ込《こ》まれており，それらの回想によって，登場人物の性格が読者に伝わるように書かれている。よって，ふさわしい。　エ　一貫《いっかん》して「私」の一人称《いちにんしょう》で書かれているので，正しくない。　オ　サダカくんにはっきりとした口調で「じゃあきみのアルバイトが終わってから会おうよ」と言われると，「私」は，「そうだね」と答えてしまっているが，「そうだね」という返事にかぎかっこを用いないことによって，「私」が，返事をしているときにもいろいろなことを考えていることが表現されているといえる。よって，正しい。

二　**出典は樋口清之《ひぐちきよゆき》の『梅干《うめぼし》と日本刀―日本人の知恵《ちえ》と独創の歴史』による。**災害の予防と予知について，昔の日本人がどのように知恵を絞《しぼ》ったのかが説明されている。

問１　(a)　前触《まえぶ》れ。兆《きざ》し。　(b)「枚挙」は，一つひとつ数え上げること。「枚挙にいとまがない」は，数が多すぎて数え上げられないほどであるようす。　(c)　周りを土と漆喰《しっくい》で塗《ぬ》り固めた倉庫。　(d)　燃えない，あるいは燃えにくい性質。

問２　**A**　前では「地震《じしん》は地下エネルギーの飽和《ほうわ》点で起こるから，浜辺がいつもより暖《あたたか》かったとしても不思議ではない」ことが述べられている。後では，ところが「これはごく微妙《びみょう》な差で」あろうとされている。よって，前のことがらを受けて，期待に反することがらを導くときに用いる「しかし」が入る。　**B**　前では，洪水《こうずい》や異変を，モグラは「温度の微妙な差や，静電気によって感知する」のだろうと述べられている。後には，「洪水のあるなしにかかわらず，危険な状態になると逃《に》げ出す」とある。よって，前のことがらを理由・原因として，後にその結果をつなげるときに用いる「だから」がふさわしい。　**C**　昔の日本人が自然の異変を熱心に観察した結果，生まれた迷信の一例として，「竹の花が咲《さ》くと飢饉《ききん》が来る」というものが紹介《しょうかい》されている。よって，具体的な例をあげるときに用いる「たとえば」がよい。　**D**　前では，火事のさいに「泥《どろ》をかけて家ごとすっかり埋《う》めた」ということが述べられている。後では「木が蒸《む》し焼きの状態になって，当時の家の構造がそっくり残っている」と，前で述べたことをさらに説明している。よって，“要するに”“結局”という意味の「つまり」が入る。

問３　日本の家屋は，「建てた直後から揺《ゆ》れるように出来ている」ために，年月がたつと木材が乾《かん》燥《そう》して「継《つ》ぎ目にゆるみが出来て，そのゆるみがエネルギーを分解吸収してしまう」ので，「激しく揺れるが，容易には倒壊《とうかい》しない」という効果が生まれると考えられる。

問４「無造作」は，技巧《ぎこう》を凝《こ》らしていないさま。

問５「自然災害に対してもっとも有効な予防は，その災害を予知すること」であり，災害を予知して準備ができていれば，「被害《ひがい》を最小限に食いとめることができる」のである。よって，“ふだんから非常事態に対して準備をしておけば，いざというときにも心配がない”という意味の「備えあれば憂《うれ》いなし」があてはまる。なお，「青菜に塩」は，元気がなく，しょんぼりしていること。「拍《はく》車《しゃ》をかける」は，“力を加えて物事の進行をさらに早める”という意味。「百聞は一見に如《し》かず」は，“何度も人の話を聞くよりは，直接自分の目で見た方がよくわかる”という意味。「高をくくる」は，“その程度だろうと安易に見くびる”という意味。

問６ (1)　空らんＡをふくむ段落とその次の段落に注意する。「私たちの祖先」は，自然の「ごく微妙な差」を感知することで，地震を予知していた。「その差を感知できるのは，日常からの観察のおかげ」だったのである。「私たちの祖先」は，「サイエンスの力」ではなく，「自然観察の能力」を用いて地震対策をしていたのである。　(2)　ヤマネズミやミミズは，温度の「ごく微妙な差」ではなく，「地熱，地磁気の異常と静電気を感知する」ために，「地震の前には山から逃げ出す」と考えられている。よって，ウがふさわしくない。

問７　Ⅰ「いささか」は，“少し，わずか”という意味。　Ⅱ「当を得る」は，“道理にかなっている”“要点をしっかりとおさえている”という意味。

問８　「海の水位が急に下が」ったり，「大量のモグラが移動して」いたりするのを見て，自然災害を予知した人々は数多い。よって，自然界に起こる異変や災害のことを表す「天変地異」が入る。なお，「桜花爛漫《おうからんまん》」は，桜の花が咲《さ》き乱れるさま。「山紫水明《さんしすいめい》」は，美しい景色のたとえ。「花鳥風月」は，自然の美しい景色や風物。「深山幽谷《しんざんゆうこく》」は，奥深《おくふか》い山や谷。

問９　(1)『万葉集』は，現存するわが国最古の歌集。奈良時代後期に成立したと考えられている。
(2)『万葉集』は，長い年月をかけて数回にわたって編集されたと考えられているが，最終的な編者は大友家持《おおとものやかもち》と推定されている。

問10　次の段落にあるように，「江戸の町は，表通りに面した家屋や商家は全部二階建て」で，土蔵造りを生かした「塗籠蔵造《ぬりごめくらづく》り方式で作られた」うえに，「屋根も本瓦葺《ほんかわらぶ》き」である。「長屋の裏通りは板葺き」だが，表通りが防火帯になるので，「もし一ブロックが焼けても表通りを越えて類焼すること」を防げると考えられる。

問11　最後の四つの段落に注目する。　**a**，**b**　江戸の町は「家屋密集地帯」なので，燃え出したら「“破壊《はかい》消防”法」しか方法がなかった。　**c**　鳶口《とびぐち》やカケヤは，「周りの家を壊《こわ》して防火帯をつくる」ための道具である。　**d**　破壊消防以前には，「砂や泥《どろ》をかけて」火を消す「泥かけ消防」があった。　**e**　「相撲《すもう》取り」も昔の火消しであり，「柱に縄をかけて一気に引っぱって家をつぶす役割」を果たしていた。　**f**　講談で有名な“め組の喧嘩《けんか》”などのように，昔の物語に相撲取りと火消しの喧嘩がよく描かれている。

2023年度 城西川越中学校

【社　会】〈特別選抜第２回試験〉（理科と合わせて50分）〈満点：50点〉

《注　意》漢字で書くべきところは，漢字で解答しなさい。

1　次の日本の遺跡・建築物に関する文Ⅰ～Ⅷを読んで、後の問いに答えなさい。

Ⅰ

三内丸山《さんないまるやま》遺跡は、今から約5900年前～4200年前の①縄文時代の集落跡《あと》で、長期間にわたって定住生活が営《いとな》まれていました。1992年からの発掘調査で、建物跡、大人の墓、子どもの墓、貯蔵穴《ちょぞうけつ》、道路跡などが見つかり、当時の人々の生活の様子が具体的にわかりました。

Ⅱ

箸墓《はしはか》古墳は、②３世紀中ごろに造《つく》られた全長約276mの巨大な古墳です。邪馬台国《やまたいこく》の女王（　Ａ　）の墓という説もある、この時期では最大規模の古墳です。

Ⅲ

平等院は、11世紀半ばに関白（　Ｂ　）が父から譲《ゆず》り受けた別荘を寺に改めたものです。③平安時代末期に、平氏打倒を掲《かか》げて挙兵した源頼政が切腹したとされる場所が境内《けいだい》にあり、現在そこは「扇の芝」と呼ばれています。

Ⅳ

円覚寺《えんがくじ》は、④鎌倉時代後半の1282年に、執権北条時宗が中国の宋から招いた無学祖元《むがくそげん》によって開かれました。時宗は、⑤執権在任中におこった戦乱による死者を敵味方の区別なく平等に弔《とむら》うために、寺を創建《そうけん》しました。

Ⅴ

等持院《とうじいん》は、1341年に⑥室町幕府の初代将軍である足利尊氏によって、衣笠《きぬがさ》山の南に創建されました。当時の国内は⑦南北朝の動乱期であり、２つの朝廷に分かれて対立していました。

Ⅵ

日光東照宮《にっこうとうしょうぐう》は、⑧江戸幕府の初代将軍徳川家康を1617年に祀《まつ》った神社です。陽明門《ようめいもん》が有名で、いつまで見ていても飽きないところから「日暮《ひぐらし》の門」とも呼ばれます。当時は幕藩体制を整備していた時期であり、将軍の代替わりごとに出された法典である（　Ｃ　）の内容から、当時の大名統制の様子を知ることができます。

Ⅶ

靖国《やすくに》神社は、1869年に明治天皇の意向《いこう》により建てられた招魂社《しょうこんしゃ》を始まりとしています。当時は、日本が近代国家として大きく成長を遂《と》げようとする明治維新の時期でした。靖国神社には、大老井伊直弼の時代に（　Ｄ　）と呼ばれる政治弾圧によって処刑された吉田松陰や、日清・⑨日露戦争などの対外戦争で命を落とした多くの人が祀られています。

Ⅷ

ひめゆりの塔《とう》は、⑩太平洋戦争の沖縄戦で動員されたひめゆり学徒隊と呼ばれる生徒や教師たちを弔うため、⑪戦後間もなく建てられた慰霊《いれい》の塔です。ひめゆり学徒隊に関する資料を展示し、戦争の悲惨《ひさん》さを後世《こうせい》に伝えるため、1989年には塔の隣《となり》にひめゆり平和祈念館が建てられました。

問１　（　Ａ　）～（　Ｄ　）に当てはまる語句をそれぞれ答えなさい。

問２　下線部①に関して、縄文時代について述べた文の正誤の組み合わせとして、最も適当なものを１つ選び、記号で答えなさい。

ａ　大陸から伝わってきた金属を加工して武器を作り、マンモスやナウマンゾウなどの大型動物を狩って生活していた。

ｂ　縄文時代には貧富や身分の差が広がり、争いが増えると銅剣や弓矢などの武器が多く使用されるようになった。

ア　ａ－正　ｂ－正　　イ　ａ－正　ｂ－誤
ウ　ａ－誤　ｂ－正　　エ　ａ－誤　ｂ－誤

問３　下線部②に関して、当時の中国の歴史書からわかる、３世紀の日本の様子や中国との関係について述べた文として、最も適当なものを１つ選び、記号で答えなさい。

ア「魏志」によると、国内の王が中国の皇帝から親魏倭王の称号と、金印や鏡などを授《さず》けられたことがわかる。

イ『隋書』によると、中国の皇帝が日本の使者から受け取った国書に不快感をおぼえたことがわかる。

ウ『宋書』によると、国内の王が次々に中国に使者を送ったことがわかる。

エ『漢書』によると、国内には100余りのクニがあったことがわかる。

問４　下線部③に関して、平安時代の人物とその人物に関連するできごとの組み合わせとして、適当なものを１つ選び、記号で答えなさい。

ア　桓武天皇－平安京遷都《せんと》　　空海－延暦寺建立《こんりゅう》
イ　桓武天皇－平安京遷都　　空海－金剛峰寺建立
ウ　聖武天皇－平安京遷都　　空海－金剛峰寺建立
エ　聖武天皇－平安京遷都　　空海－延暦寺建立

問５　下線部④に関して、鎌倉時代について述べた文の正誤の組み合わせとして、最も適当なものを１つ選び、記号で答えなさい。

a　源頼朝は、貴族・寺社の荘園や国司が治める土地ごとに守護を、国ごとに軍事・警察権を行使する地頭を設置した。

b　鎌倉時代に開かれた仏教の宗派には、一遍を開祖とする時宗や、栄西が伝えた臨済宗などがある。

ア　a－正　b－正　　　　イ　a－正　b－誤
ウ　a－誤　b－正　　　　エ　a－誤　b－誤

問６　下線部⑤に関して、この戦乱について述べた文として、最も適当なものを１つ選び、記号で答えなさい。

ア　鳥羽上皇の死後、皇室内部における上皇と天皇の争いに、藤原氏内部の争いが結びつき戦乱がおこった。

イ　モンゴル軍は、朝鮮半島の人々を動員して日本に襲来し、集団戦法や火薬兵器を使って幕府軍を苦しめた。

ウ　将軍の跡継ぎ争いと、有力守護による一族内部の争いが結びつき、京都を中心とする11年に及ぶ戦乱がおこった。

エ　加賀国（石川県）で、浄土真宗を信じる武士や農民が一揆をおこし、守護大名を滅ぼして約100年間の自治を行った。

問７　下線部⑥に関して、以下の設問に答えなさい。

⑴　次の資料は、室町幕府の将軍が東山山荘に建てた建物の一部です。その将軍と資料が示す建築様式の組み合わせとして、適当なものを１つ選び、記号で答えなさい。

ア　将軍－足利義政　様式－書院造　　　　イ　将軍－足利義満　様式－書院造
ウ　将軍－足利義政　様式－寝殿造　　　　エ　将軍－足利義満　様式－寝殿造

⑵　室町時代に成立して広まった文化として、最も適当なものを１つ選び、記号で答えなさい。

ア　浮世絵　　　　イ　絵巻物　　　　ウ　大和絵　　　　エ　水墨画

問８　下線部⑦に関して、後醍醐天皇について述べた文の正誤の組み合わせとして、最も適当なものを１つ選び、記号で答えなさい。

a　後醍醐天皇は、元号を建武と改めて自ら政治を行ったが、その政治は武士にとって不満を高めるものであった。

b　足利尊氏が京都で新しい天皇を立てると、後醍醐天皇は現在の奈良県にあたる吉野に逃れて朝廷を開いた。

ア　a－正　b－正　　　イ　a－正　b－誤
ウ　a－誤　b－正　　　エ　a－誤　b－誤

問９　下線部⑧に関して、次の資料は1664年の大名配置図です。この資料から読み取れることがらとして、最も適当なものを１つ選び、記号で答えなさい。

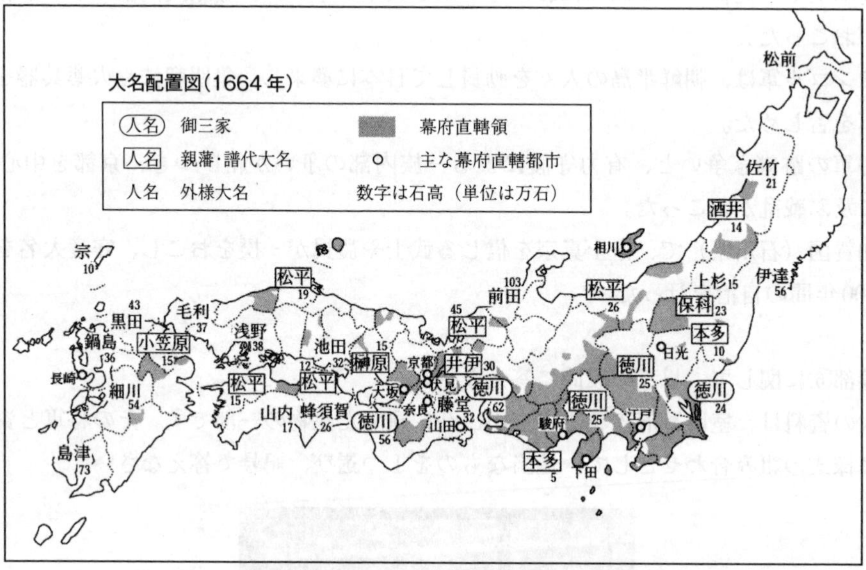

ア　幕府は、全国にまんべんなく直轄《ちょっかつ》都市を配置することで、財源の安定的な確保に努めた。
イ　外様大名の石高は、50万石以下におさえられた。
ウ　徳川家はすべて御三家として扱われた。
エ　親藩・譜代大名は、幕府直轄領の近くなど、要所に配置された。

問10　下線部⑨に関して、日露戦争より前におこったできごととして、最も適当なものを1つ選び、記号で答えなさい。

ア　東アジアへのロシアの南下政策に対抗するため、日本はイギリスと同盟を結んだ。

イ　アメリカをはじめとする三国の干渉《かんしょう》により、日本は遼東《りょうとう》半島を清に返還した。

ウ　伊藤博文がハルビンで暗殺された翌年、日本は韓国併合を行った。

エ　アメリカの仲介《ちゅうかい》により講和条約が結ばれたが、賠償金《ばいしょうきん》を得ることができなかったため、国民の不満が高まった。

問11　下線部⑩に関して、太平洋戦争について述べた文の正誤の組み合わせとして、最も適当なものを１つ選び、記号で答えなさい。

a　太平洋戦争の影響から銀行が倒産する世界恐慌がおこった結果、財閥に資本が集中した。

b　長びく戦争によって物資が不足したため、食糧《しょくりょう》や日用品で配給制や切符《きっぷ》制がとられた。

ア　a－正　b－正　　　イ　a－正　b－誤

ウ　a－誤　b－正　　　エ　a－誤　b－誤

問12　下線部⑪に関して、戦後のできごとについて述べた以下の文を、年代の古い順に並べたものとして、最も適当なものを１つ選び、記号で答えなさい。

a　田中角栄内閣が日中共同声明によって、中国との国交を正常化した。

b　東海道新幹線が開通し、同じ年には東京でオリンピックが開かれた。

c　日ソ共同宣言が調印《ちょういん》された結果、日本の国際連合への加入が実現した。

ア　a→b→c　　　イ　a→c→b　　　ウ　b→a→c

エ　b→c→a　　　オ　c→a→b　　　カ　c→b→a

2　次の会話文を読み、後の問いに答えなさい。

生徒A：今年の５月に、日本でG7サミットが開かれるってニュースで聞きました。

先　生：そうですね。今年は日本での開催ですね。

生徒B：サミットって何ですか。

先　生：サミットとは、①主要７か国の首脳《しゅのう》などが参加して開かれる国際会議のことで、今年は広島で開かれることになっています。

生徒B：どうして広島なのかな。

生徒A：広島には②世界遺産の原爆ドームがあり、原子爆弾の被爆地《ひばくち》だから平和をアピールするためにはいいんじゃないかな。

先　生：昨年、核兵器不拡散条約（NPT）運用検討会議が開かれ、日本の岸田首相も出席していました。核兵器の使用のリスクが高い中で、広島開催は意味がありますね。

生徒Ａ：春には選挙もあるみたいで、広島市で働いている人も大忙しですね。
生徒Ｂ：何の選挙が春にあるのですか。
先　生：③統一地方選挙ですね。日本では、地方の市長選挙や地方議会の選挙を全国的に統一した日程で行っていて、今年がちょうどその年だね。ちなみに広島市の市長選挙も今年あるようだね。
生徒Ｂ：広島市は④新幹線も通っている大きな都市なので、さまざまな意見が出てきそうですね。
生徒Ａ：数年前に、広島では⑤集中豪雨《こうう》による被害が出ていたから、防災についてなんかは特に話題になりそうですね。
先　生：そうですね。また、広島市は臨海部に位置しているため⑥工業がさかんな地域ですし、⑦牡蠣《かき》の養殖も有名ですから、産業や経済に関することも話題になりそうですね。

問１　下線部①に関して、主要７か国として、**適当でないもの**を１つ選び、記号で答えなさい。
ア　イタリア　　イ　中国　　ウ　フランス　　エ　カナダ

問２　下線部②に関して、広島県には原爆ドームの他にもう１つ世界遺産が存在しています。その世界遺産とは何か答えなさい。

問３　下線部③に関して、地方自治について述べた文として、**適当でないもの**を１つ選び、記号で答えなさい。
ア　地方公共団体は地方自治を実現するため、国からの補助金を受け取ることなく運営されている。
イ　地方公共団体の仕事には、水道・バスなどの公益《こうえき》事業、道路や上下水道の整備などがある。
ウ　地方議会は、住民から選挙された任期４年の議員からなり、条例の制定や改正などを行っている。
エ　地方自治は、直接請求権が認められるなど直接民主制も取り入れられている。

問４　下線部③に関して、現在の選挙権年齢は満何歳以上か答えなさい。

問５　下線部④に関して、広島県には新幹線が通っていますが、高速鉄道網《もう》を示した地図として、最も適当なものを１つ選び、記号で答えなさい。

ア

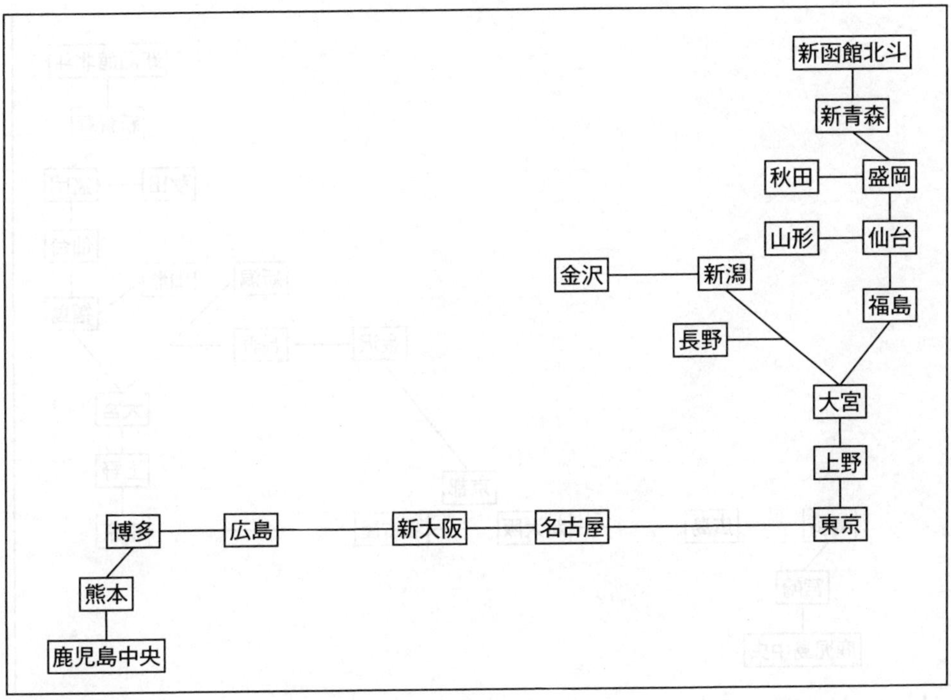

イ

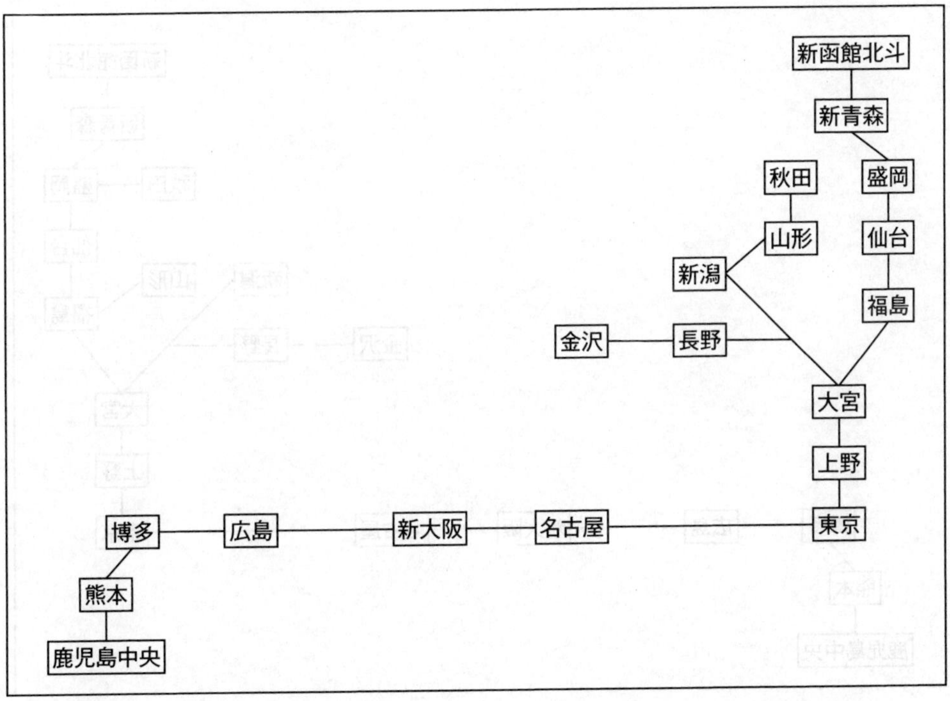

ウ

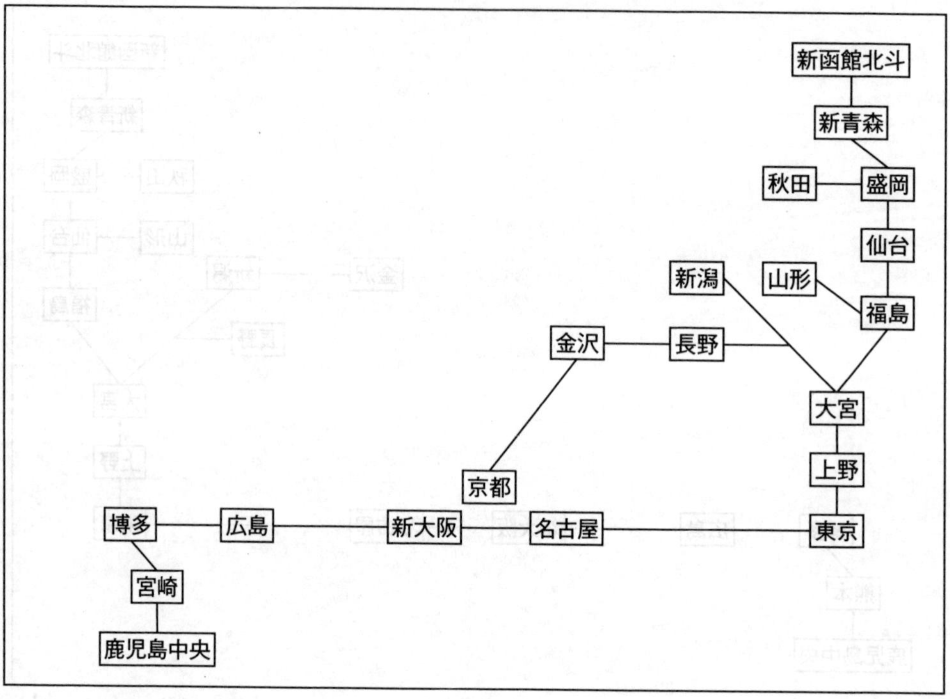
新函館北斗
新青森
秋田
盛岡
仙台
新潟
山形
福島
金沢
長野
大宮
上野
京都
博多
広島
新大阪
名古屋
東京
宮崎
鹿児島中央

エ

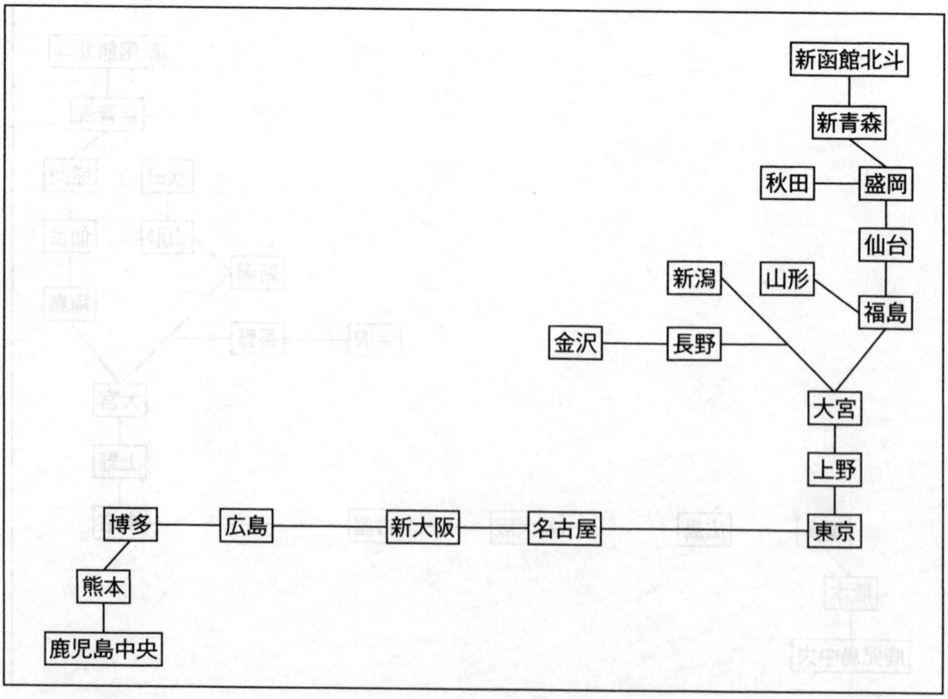
新函館北斗
新青森
秋田
盛岡
仙台
新潟
山形
福島
金沢
長野
大宮
上野
博多
広島
新大阪
名古屋
東京
熊本
鹿児島中央

問６　下線部⑤に関して、以下の設問に答えなさい。

(1)　広島は、日本の気候区分では瀬戸内の気候に属しています。瀬戸内の気候を示した雨温図として、最も適当なものを１つ選び、記号で答えなさい。

ア

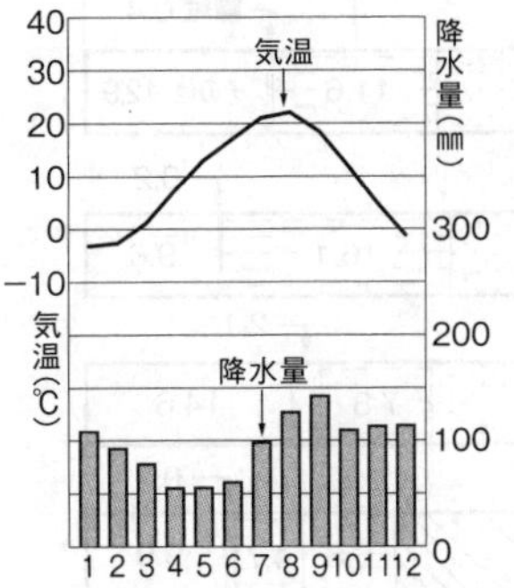

イ

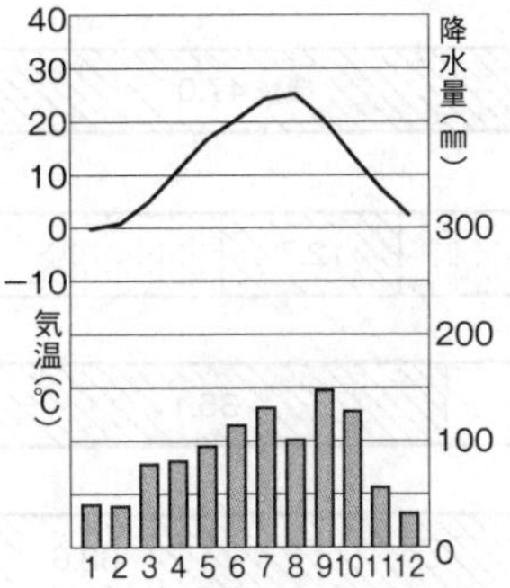

ウ

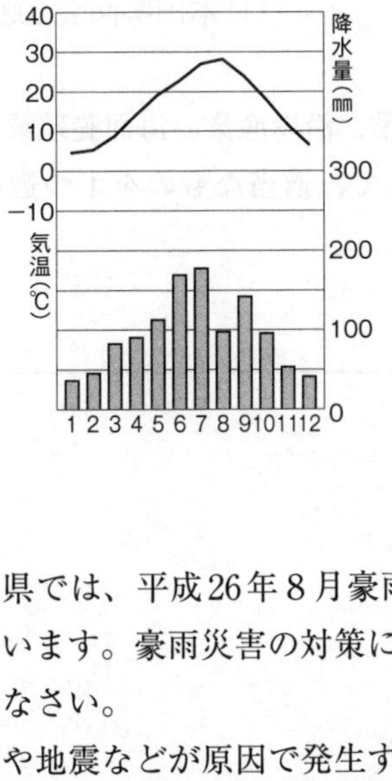

エ

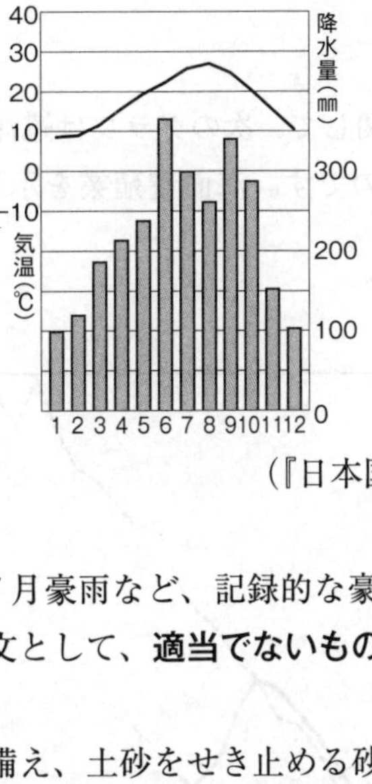

（『日本国勢図会2022/23』）

(2)　広島県では、平成26年８月豪雨や平成30年７月豪雨など、記録的な豪雨による災害が発生しています。豪雨災害の対策について述べた文として、**適当でないもの**を１つ選び、記号で答えなさい。

ア　大雨や地震などが原因で発生する土砂崩れに備え、土砂をせき止める砂防ダムを建設する。

イ　山沿いで大雨が発生した時には、洪水に備えてダムの放水を完全に停止させる。

ウ　被災した地域の人々だけで救助や復旧が難しい場合は、消防隊や警察、自衛隊など地域や地方の枠を超えた協力体制が必要である。

エ　避難情報に関するガイドラインが令和３年に改定《かいてい》され、「避難勧告《かんこく》」は廃止となり、「避難指示」で危険な場所から避難しなくてはならなくなった。

問７　下線部⑥に関して、次のグラフは京浜工業地帯、京葉工業地域、中京工業地帯、瀬戸内工業地域の製造品出荷額等の構成を示したものです。広島県を含む瀬戸内工業地域を示したものとして、最も適当なものを１つ選び、記号で答えなさい。

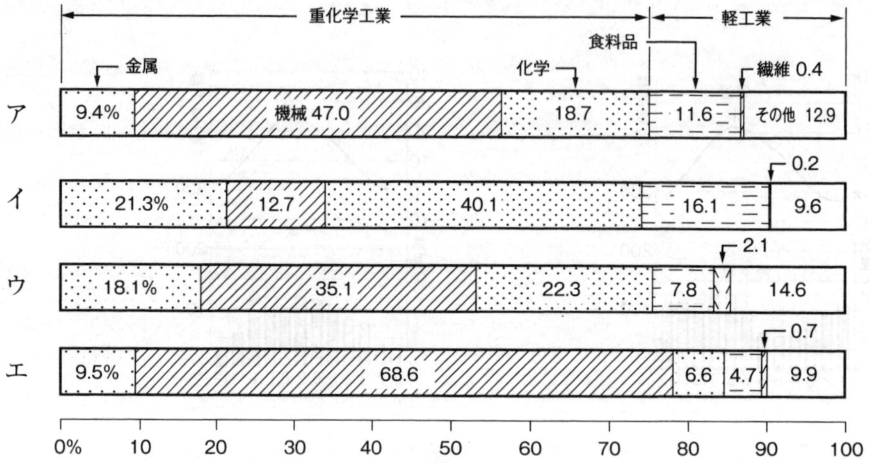

(『日本国勢図会2022/23』)

問８　下線部⑦に関して、次のグラフは遠洋漁業、沖合漁業、沿岸漁業、海面養殖業の生産量の推移を示したものです。海面養殖業を示したグラフとして、適当なものを１つ選び、記号で答えなさい。

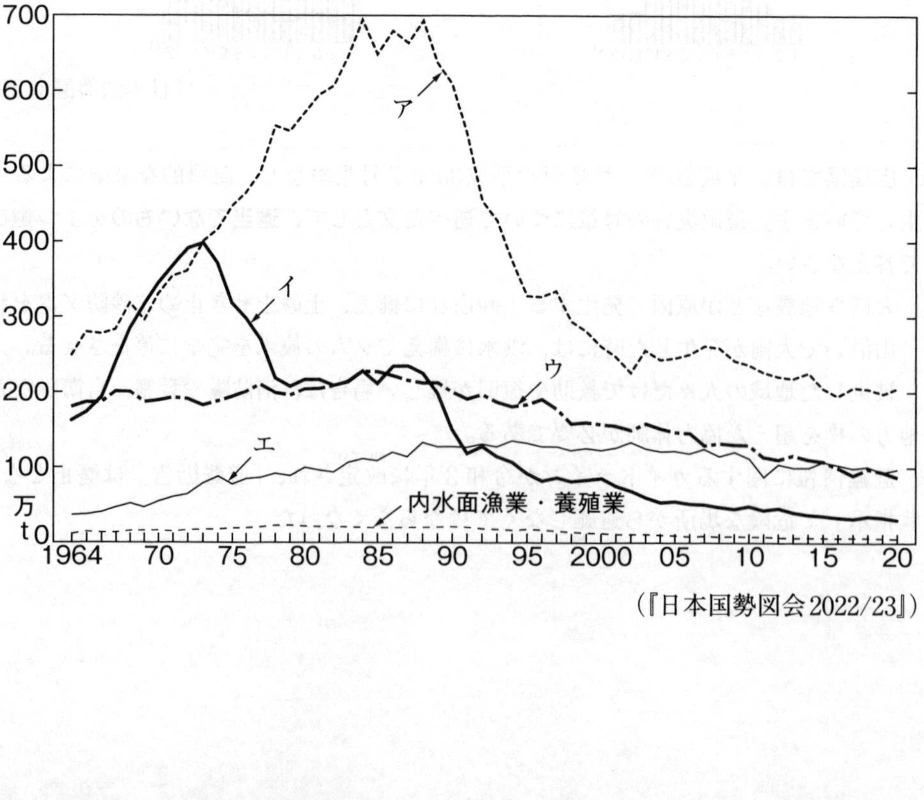

(『日本国勢図会2022/23』)

問９　次の広島の25000分の１地形図を見て、この地形図を説明した文として、**適当でないもの**を１つ選び、記号で答えなさい。

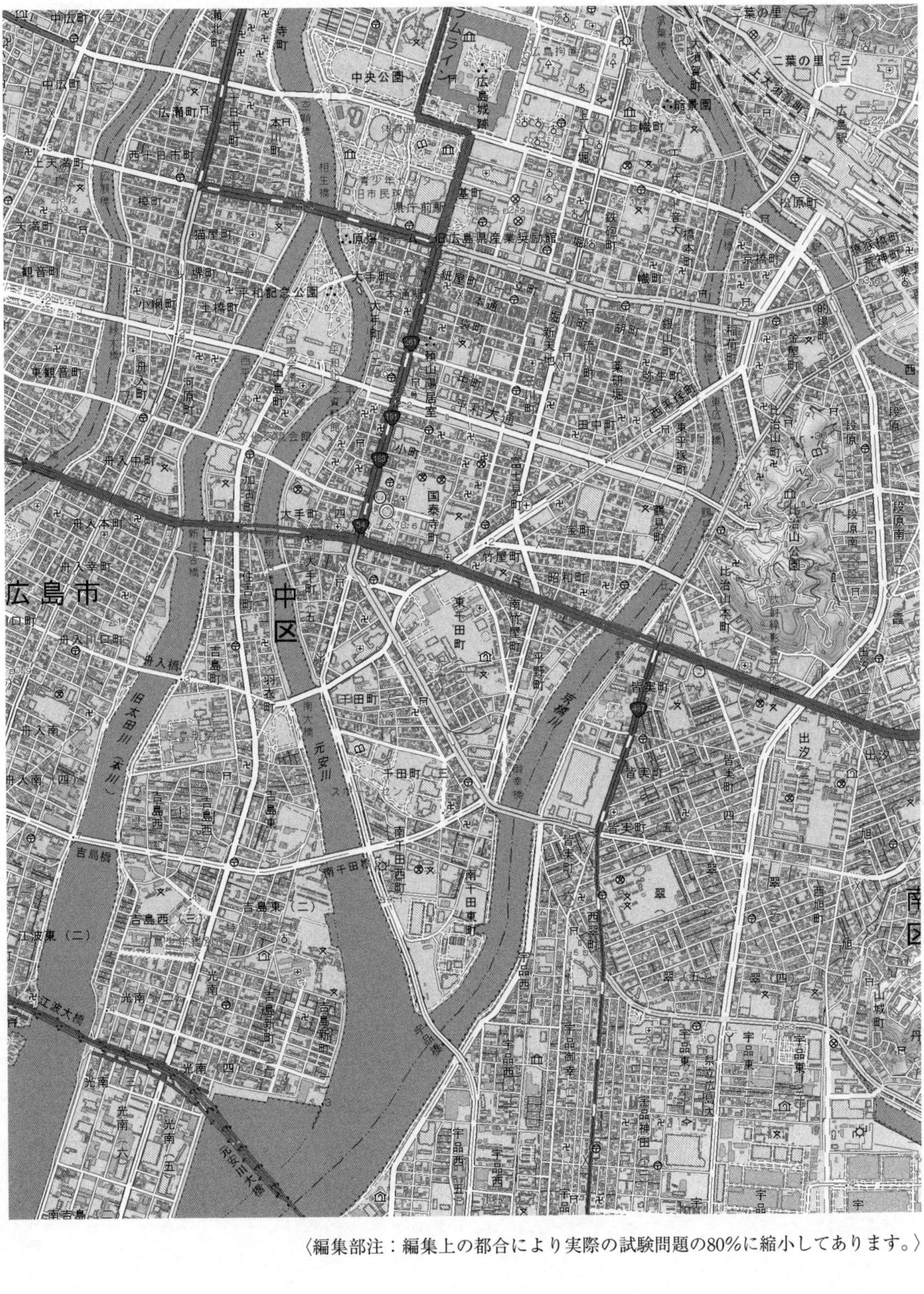

〈編集部注：編集上の都合により実際の試験問題の80%に縮小してあります。〉

ア　原爆ドームの北東方向には広島城跡がある。

イ　比《ひ》治《じ》山《やま》公園から南に海を望むと、平和記念公園が見える。

ウ　広島城跡の南側には博物館や図書館が並んでいる。

エ　広島駅から広島城跡周辺までに、多くの官公署が並んでいる。

問10　日本は世界で唯一《ゆいいつ》の核兵器の被爆国であり、「非核三原則」を掲げていますが、核兵器禁止条約には参加していません。日本が核兵器禁止条約に参加していない理由を、下の語句を使用して、日本の安全保障に関する方針を踏《ふ》まえて説明しなさい。

【　アメリカ　】

【理　科】〈特別選抜第２回試験〉（社会と合わせて50分）〈満点：50点〉

《注　意》漢字で書くべきところは，漢字で解答しなさい。

1　次の文章を読み、以下の各問いに答えなさい。

群馬県の草津温泉は、日本有数の温泉地として知られています。特に、テレビ等でたびたび取り上げられている湯畑《ゆばたけ》が有名です。この湯畑に流れる源泉は、非常に酸性が強く、湯畑の源泉に鉄のくぎを入れると、数日で溶けてしまいます。なぜこのように酸性が強い温泉になるのでしょうか。

草津温泉は、草津白根山《しらねさん》の地下水が源泉とされています。草津白根山は噴火活動が盛んで2018年１月にも、A噴火活動が確認されています。草津白根山の地下には、噴火によって生じる火山ガスが多く存在しており、これが地下水に溶けて湧き出た水が草津温泉の源泉となっています。火山ガスには、硫化《りゅうか》水素や＜　X　＞などの気体が含まれているため、酸性が強い源泉になります。

草津白根山から流れ出た酸性の強い水がそそぐ吾妻《あがつま》川は、生物が住めない「死の川」と呼ばれ、農業や工業にも悪影響を与えてきました。そこで、1964年に世界で初めて、川をB中和する事業が始まりました。中和とは、酸性の溶液とアルカリ性の溶液を混ぜて、お互いの性質を打ち消すことです。この事業は成功し、今では生物が住める川となっています。現在でも24時間365日、C吾妻川は中和を続けています。

問１　水溶液は酸性、中性、アルカリ性のいずれかを示します。次の（１）～（３）の水溶液は、酸性、中性、アルカリ性のどれに当てはまりますか。それぞれ答えなさい。

（１）砂糖水　　　（２）アンモニア水　　　（３）レモン汁

問２　文中の下線部Aについて、日本で火山活動が活発なのは４つのプレートの境界付近に位置しているためです。下の図の太い実線は４つのプレートの境界線を表したものです。図中のYに当てはまるプレートの名称を答えなさい。

図

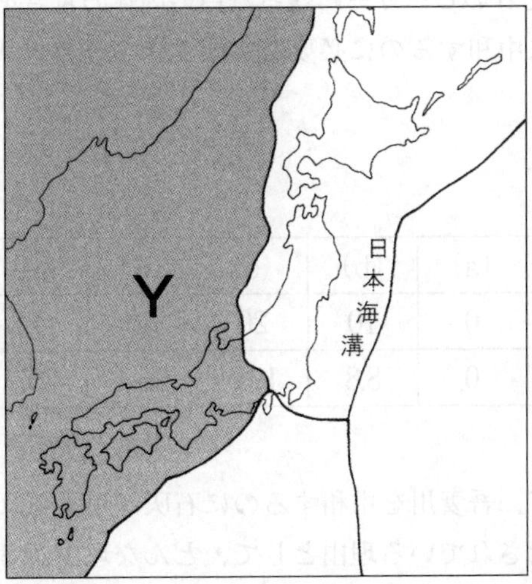

問３　文中の＜　X　＞の気体は、酸性雨の原因にもなっています。この気体は何ですか。次の（ア）～（エ）から正しいものを１つ選び、記号で答えなさい。

（ア）二酸化硫黄《いおう》　　（イ）酸素　　（ウ）窒素　　（エ）アンモニア

問４　文中の下線部Ｂについて、塩酸と水酸化ナトリウム水溶液を使った中和反応に関する実験手順を以下に示しました。次の（１）～（４）に答えなさい。

＜実験手順＞

① ビーカーに塩酸20cm³を加えました。

② ①のビーカーに、緑色のBTB溶液を数滴加えたところ、溶液の色が（　i　）色に変化しました。

③ ②のビーカーに、濃度不明の水酸化ナトリウム水溶液を１滴ずつ加えていき、溶液の色が（　ii　）色に変化したところで加えるのをやめました。

④ ③の溶液を蒸発皿に入れ、加熱して蒸発させたところ、蒸発皿には白い固体が残りました。

（１）　実験手順②、③の（　i　）、（　ii　）に当てはまる色は何ですか。それぞれ漢字一文字で答えなさい。

（２）　上の文章中の下線部に関して、実験手順②でBTB溶液を加えた理由を答えなさい。

（３）　実験手順④の白い固体は何ですか。次の（ア）～（ウ）から正しいものを１つ選び、記号で答えなさい。

（ア）ミョウバン　　（イ）食塩　　（ウ）砂糖

（４）　塩酸20cm³にさまざまな量の水酸化ナトリウム水溶液を加え、(a)～(g)のビーカーを作成しました。次の表は、(a)～(g)のビーカーの溶液を加熱して蒸発させ、それぞれのビーカーに残った白い固体の重さをまとめたものです。塩酸20cm³を完全に中和するのに必要な水酸化ナトリウム水溶液は何cm³ですか。

表

ビーカー	(a)	(b)	(c)	(d)	(e)	(f)	(g)
加えた水酸化ナトリウム水溶液 [cm³]	0	10	20	30	40	50	60
残った白い固体 [g]	0	8.8	17.6	26.4	35.2	41.2	47.2

問５　文中の下線部Ｃについて、吾妻川を中和するのに石灰が用いられています。吾妻川を中和するのに石灰が使用されている理由として、どんな理由が考えられますか。

2 次の文章を読み、各問いに答えなさい。

最近、蛍光灯や白熱電球に代わり、発光ダイオード（LED）が使われている照明器具を多く見かけるようになりました。そこで、豆電球と発光ダイオードと電池を使って回路を作り、実験しました。

Ⅰ．豆電球と電池を使って、回路を作ります。豆電球と電池は図１の記号で表します。ただし、使った豆電球と電池はすべて同じで新しいものとします。

図１

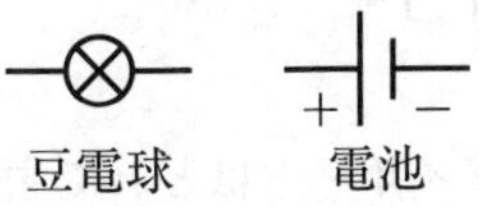

問１　（ア）～（エ）のそれぞれの回路について、点灯する豆電球の数を答えなさい。

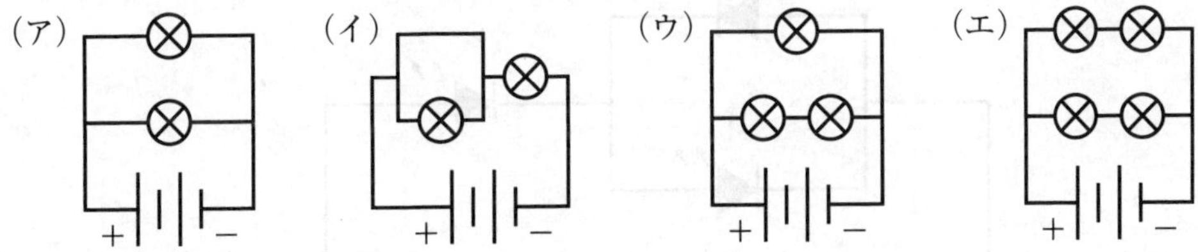

問２　最も明るく点灯する豆電球を含む回路はどれですか。問１の（ア）～（エ）からすべて選び、記号で答えなさい。

Ⅱ．発光ダイオードと電池を使って、回路を作ります。発光ダイオードと電池は図２の記号で表します。発光ダイオードには接続の仕方によって電流を流す、流さないの特性があります。図３のように発光ダイオードは電流が流れると「点灯する」、電流が流れないと「点灯しない」のどちらかとなります。

図２

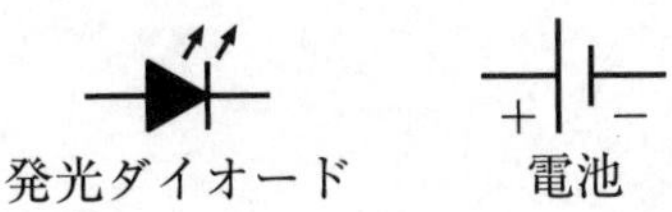

図３

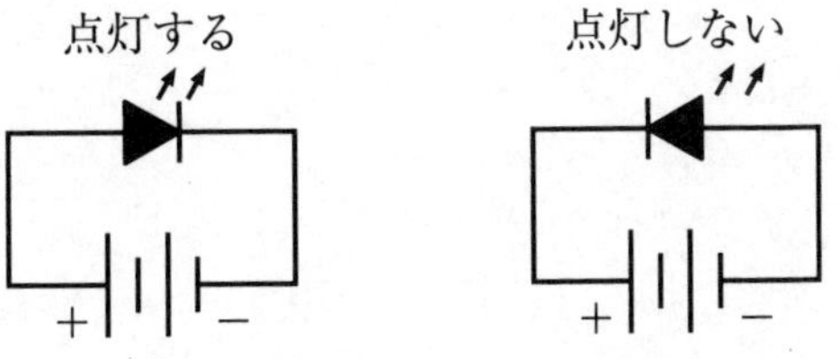

問３　図４の回路の点線で囲まれた部分に発光ダイオードをつなげて、すべての発光ダイオードを点灯させようと思います。発光ダイオードをどのようにつなげばよいですか。解答欄の点線部分にかき込みなさい。

図４

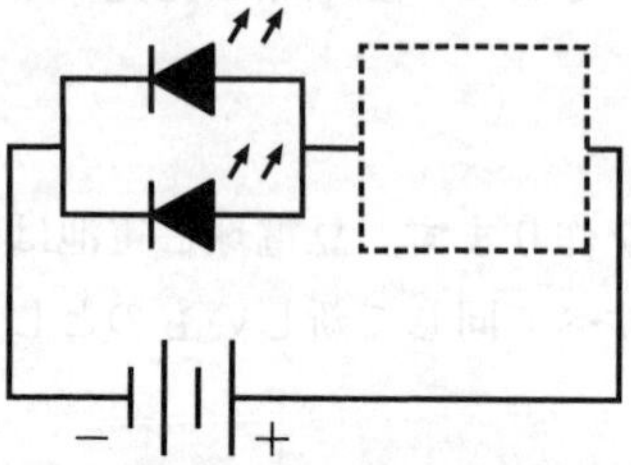

問４　図５の回路で、点灯する発光ダイオードはどれですか。図５のＡ～Ｆからすべて選び、記号で答えなさい。

図５

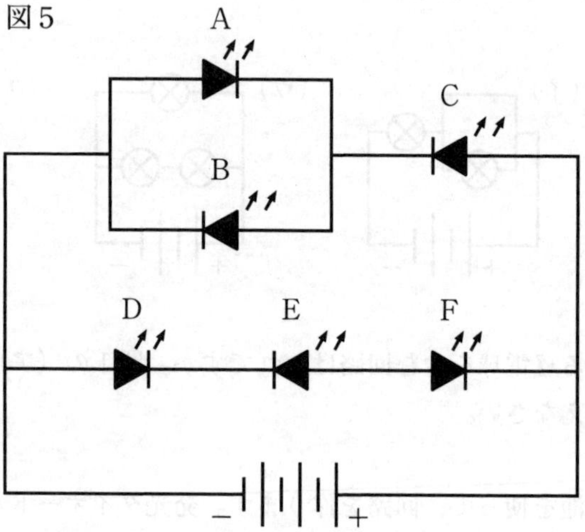

Ⅲ．図６の回路ではGの発光ダイオードには電流が流れて点灯し、Hの発光ダイオードには電流が流れずに、点灯しません。

図６

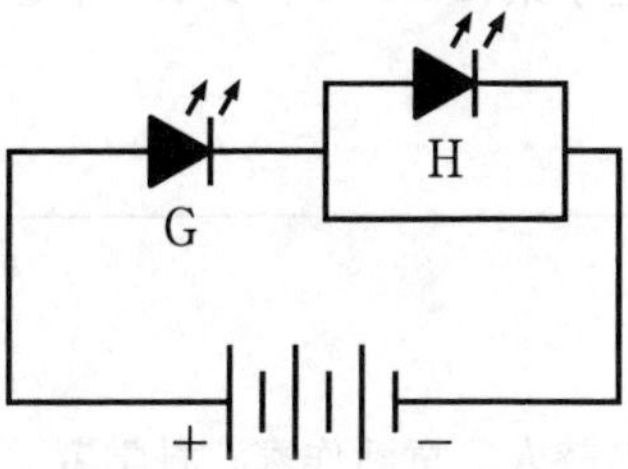

問５　電池を逆につないでも図７の回路のIの発光ダイオードを点灯させることができる回路を作ろうと思います。点線で囲まれた４つの部分に４つの発光ダイオードをどのようにつなげばよいですか。解答欄の４つの点線部分にかき込みなさい。

図７

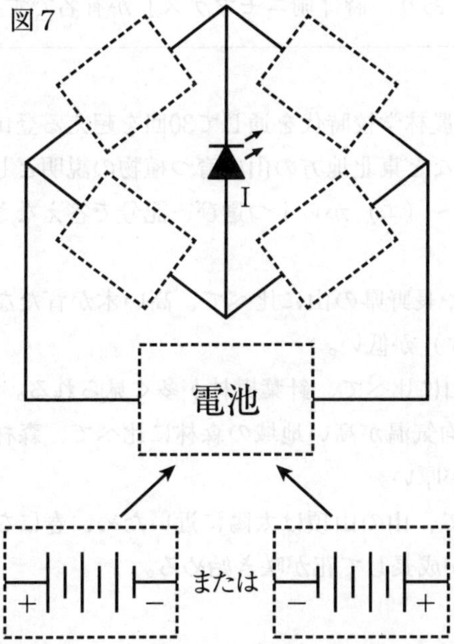

3 次の文章を読み、各問いに答えなさい。

城西君は、祖父母が住んでいる岩手県について、レポートをまとめました。下の文章は、そのレポートの一部です。

> **1．宮沢賢治について**
>
> 宮沢賢治は岩手県花巻市出身の詩人、童話作家、科学者、農業指導者です。少年時代から鉱物や植物の採集と星座に熱中し、「石コ賢さん」と呼ばれていました。盛岡高等農林学校農学科（現在の岩手大学農学部）在学中に短歌や詩的散文を次々に発表しました。稗貫《ひえぬき》農学校（のちの花巻農学校）の教諭として教壇に立ちながら、地元の新聞や同人誌に詩や童話を発表し、自費出版しました。農学校退職後は、農業技師として農民生活の向上に尽くしました。作品には童話「銀河鉄道の夜」「風の又三郎」「注文の多い料理店」などがあり、詩「雨ニモマケズ」が有名です。

問１　宮沢賢治は中学、高等農林学校時代を通じて30回を超える登山を繰り返すほど岩手山を愛しました。岩手山など東北地方の山に育つ植物の説明として**誤っているもの**はどれですか。次の（ア）～（エ）から１つ選び、記号で答えなさい。

（ア）本州中部の岐阜県や長野県の山に比べて、高い木が育たなくなる高さ（これを森林限界といいます）が低い。
（イ）四国や九州地方の山に比べて、針葉樹林が多く見られる。
（ウ）沖縄など年間の平均気温が高い地域の森林に比べて、森林の下の土に積もる枯れ草や落ち葉の層が厚い。
（エ）山のふもとに比べて、山の山頂は太陽に近いため、春になると山頂からふもとに向けて高山植物が成長して花が咲き始める。

問２　さそり座は宮沢賢治の童話に繰り返し出てくる星座です。日本から見えるさそり座について正しいものはどれですか。次の（ア）～（エ）から１つ選び、記号で答えなさい。

（ア）１年を通して夜空に見られる。
（イ）夏の星座で、南の空の低いところに見られる。
（ウ）太陽が昇る明け方のわずかな時間のみ北の空に見られる。
（エ）さそり座のサソリの心臓付近に見られる赤い星は、シリウスである。

問３　フクロウは花巻市の鳥であり、宮沢賢治の童話に繰り返し出てきます。図１のフクロウは目が顔の前面に並んでいます。その一方、図２のヤマシギは顔の左右に目が分かれています。ヤマシギに比べて、フクロウの目が顔の前面に並んでいることによる良い点は何ですか。簡単に答えなさい。

図１

図２

２．奇跡の一本松について

東北地方太平洋沖の日本海溝《かいこう》には、現在も地球上最大のプレートが沈み込んでいます。青森県、岩手県、宮城県にまたがる三陸海岸は、歴史的に何度も巨大地震と巨大津波の襲来《しゅうらい》を受けてきた歴史があります。岩手県陸前高田市の高田松原は340年あまりの歴史があり、クロマツとアカマツからなる松林と、全長1.9キロメートルの弓なりの砂浜が調和する景勝地《けいしょうち》でした。海岸沿いに見られる松林には、防（　１　）、防（　２　）、防潮という防災機能があり、先人たちによって植えられ、そこに住む人々の暮らしに貢献する重要な存在として認められてきました。

2011年３月に東北地方太平洋沖地震による津波が発生し、震災前にはおよそ７万本植えられていた高田松原の松はほとんど流されてしまいました。その中で唯一耐え残ったのが「奇跡の一本松」です。津波に耐えて奇跡的に残った一本の松でしたが、時間の経過とともに衰弱し、2012年５月に枯死《こし》が確認されました。

しかし、震災直後から、市民のみならず全世界の人々に慰霊《いれい》と復興の象徴として立つ一本松を、今後も後世に受け継ぐために、陸前高田市のモニュメントとして保存することになりました。図３は2022年８月に撮影した「奇跡の一本松」です。さらに図４のように、沿岸には防潮堤が作られ、2021年春、約４万本の松の植樹が完了しました。

（補足）

景勝地：景色が優れている土地のこと

モニュメント：公共的な記念の目的から、特定の人物や事件などを長く後世に伝えるために設立される建造物の総称

図３

図４　左から防潮堤、新たに植樹された松、広田湾

問４　文中の（　１　）・（　２　）に当てはまる言葉は何ですか。それぞれ漢字１文字で答えなさい。ただし、解答の順序は問わないものとします。

問５　高田松原だけではなく、静岡県の三保の松原など、日本の多くの海岸沿いにはクロマツやアカマツが植えられています。海岸沿いに植える植物として、クロマツやアカマツが選ばれる理由は何ですか。簡単に答えなさい。

問６　「奇跡の一本松」も時間の経過とともに衰弱《すいじゃく》が進み、枯死しました。その理由は何ですか。下の図５や図６を参考にして、簡単に答えなさい。

図５

図６

津波は気仙中学校の屋上より高い14.2mに達しました。
（現在は震災遺構《いこう》として保存されています。）

問７　三陸地方では昔から「津波起きたらてんでんこだ」と伝えられてきたそうです。旅行先などであなたが津波が予想される状況にあった場合、どのような行動をとればよいですか。簡単に答えなさい。

2023年度

城西川越中学校 ▶解説と解答

社　会　＜特別選抜第２回試験＞（理科と合わせて50分）＜満点：50点＞

解　答

[1] 問１　A　卑弥呼　B　藤原頼通　C　武家諸法度　D　安政の大獄　問２　エ　問３　ア　問４　イ　問５　ウ　問６　イ　問７　(1)　ア　(2)　エ　問８　ア　問９　エ　問10　ア　問11　ウ　問12　カ　[2] 問１　イ　問２　厳島神社　問３　ア　問４　(満)18(歳以上)　問５　エ　問６　(1)　ウ　(2)　イ　問７　ウ　問８　エ　問９　イ　問10　(例)　日本は国の防衛力をアメリカに頼っているため，核兵器禁止条約に参加すると，核兵器を持つアメリカの援助を得られなくなる可能性があるから。

解　説

[1] 各時代の歴史的なことがらについての問題

問１　A　卑弥呼《ひみこ》は，３世紀の日本にあった小国の１つである邪馬台国《やまたいこく》の女王で，まじないを行って人々を治めた。　B　藤原頼通《よりみち》は，父の道長とともに藤原氏の摂関《せっかん》政治の全盛期を築いた。また，11世紀半ば，頼通は父の道長から譲《ゆず》り受けた京都宇治の別荘を平等院という寺に改め，阿弥陀《あみだ》仏をまつるための阿弥陀堂として鳳凰《ほうおう》堂を建てた。　C　1615年，江戸幕府の第２代将軍徳川秀忠のとき，武家を統制するための法令として武家諸法度《しょはっと》が出された。武家諸法度は，原則として将軍の代替《が》わりごとに改定を加えて出された。　D　江戸時代末，大老井伊直弼《なおすけ》は，幕府の外交政策などを批判した吉田松陰《しょういん》らに対し，安政の大獄《たいごく》(1858～59年)とよばれる政治弾圧を加えた。なお，これに反発した武士たちによって，井伊は桜田門外の変(1860年)で暗殺された。

問２　a　大陸から金属が伝わり，これを加工するようになったのは弥生時代以降のことである。また，マンモスやナウマンゾウは，旧石器時代の日本で見られた。　b　縄文時代の遺跡の住居や墓は集落の中で大きさや形がほぼ同じであることから，社会に身分や貧富の差はなかったと考えられている。弥生時代になって稲作が広がると，収穫《しゅうかく》量の差や集団における役割の違いなどが貧富の差や身分の差につながり，集落どうしの争いも起こるようになった。また，銅剣や銅鐸《どうたく》といった青銅器は，おもに祭りの道具として用いられ，武器や農具などの実用品には鉄器が使用された。

問３　『魏志《ぎし》』は３世紀，『隋書』は６世紀末～７世紀初め，『宋書』は５世紀，『漢書』は紀元前１世紀ごろの，日本と中国の外交のようすなどが記されている。なお，ア～エで説明されている内容はそれぞれ正しい。また，アの文の「国内の王」は邪馬台国の女王卑弥呼を，イの文の「日本の使者」は小野妹子をさしている。

問４　794年，桓武天皇は律令政治を立て直すため，都を京都の平安京に遷《うつ》した。また，804年に遣唐使船で唐(中国)に渡った空海は帰国後，高野山(和歌山県)に金剛峰《こんごうぶ》寺を建てて真言宗を開いた。なお，聖武天皇は奈良時代の天皇で，紫香楽宮《しがらきのみや》(滋賀県)や難波宮《なにわのみや》(大阪府)などに遷都《せんと》した。比叡《ひえい》山(京都府・滋賀県)に延暦《えんりゃく》寺を建立したのは，天台宗を開いた最澄である。

問５　ａは，「守護」と「地頭」が逆である。ｂは，鎌倉時代の仏教について正しく説明している。

問６　鎌倉幕府の第８代執権《しっけん》北条時宗のとき，フビライ＝ハンが派遣したモンゴル軍(元軍)が高麗《こうらい》(朝鮮)の軍を従え，1274年(文永の役)と1281年(弘安の役)の２度にわたり，北九州に襲来《しゅうらい》した(元《げん》寇《こう》)。日本の武士は，モンゴル軍の集団戦法や火薬兵器に苦戦したが，暴風雨の発生にも助けられ，これを撃退《げきたい》した。なお，アは保元の乱(1156年)，ウは応仁の乱(1467～77年)，エは加賀の一向一揆《いっき》(1488～1580年)について述べた文。

問７　(1)　資料は，東求堂同仁斎《とうぐどうどうじんさい》という建物のなかを写したもので，現在の和室のもととなった書院造という建築様式が用いられている。東求堂は，室町幕府の第８代将軍足利義政が京都東山に建てた山荘内にあり，同じ敷地《しきち》内には銀閣もある。この東山山荘は義政の死後，慈照《じしょう》寺という寺院とされた。なお，足利義満は室町幕府の第３代将軍，寝殿《しんでん》造は平安時代の大貴族の住まいに用いられた建築様式。　(2)　室町時代には，明(中国)に渡って絵画を学んだ雪舟《せっしゅう》が，日本風の水墨《すいぼく》画を大成した。なお，浮世絵は江戸時代に，絵巻物と大和絵は平安時代にさかんにかかれた。

問８　ａ，ｂとも，後醍醐《ごだいご》天皇について正しく説明している。なお，後醍醐天皇が新しく始めた政治は建武の新政とよばれる。また，後醍醐天皇が奈良の吉野で開いた朝廷は南朝とよばれ，足利尊氏が光明《こうみょう》天皇を立てたことで成立した京都の北朝と対立した。

問９　ア　幕府直轄《ちょっかつ》領は，江戸や大坂(大阪)といった重要都市の周辺や，佐渡《さど》(新潟県)といった重要な鉱山のある場所に分布しているが，「全国にまんべんなく」配置されているとはいえない。イ　北陸の前田氏は103万石，東北の伊達《だて》氏は56万石，鹿児島の島津氏は73万石といったように，外様《とざま》大名には石高が50万石を超える大名も多くいた。　ウ　水戸(茨城県)，尾張(愛知県西部)，紀伊(和歌山県)の徳川氏は御三家とされているが，北関東と山梨県に配置された徳川氏は，親藩《しんぱん》・譜代《ふだい》大名に分類されている。　エ　資料を正しく読み取っている。

問10　ア　19世紀末，ロシアが南下政策を進めると，日本とロシアは朝鮮半島や満州(中国東北部)をめぐって対立を深めた。イギリスもロシアの南下政策を警戒《けいかい》していたため，日本とイギリスは1902年に日英同盟を結んだ。そして，1904年に日露戦争が始まった。　イ　日清戦争(1894～95年)で勝利した日本は，下関条約によって清(中国)から遼東《りょうとう》半島を譲り受けたが，ロシア・フランス・ドイツによる三国干渉《かんしょう》を受け，これを返還した。　ウ　1909年，韓国統監《とうかん》を務めた伊藤博文が暗殺されると，翌10年，日本政府は韓国併合《へいごう》を行った。　エ　日露戦争で戦勝国となった日本は1905年，アメリカの仲介《ちゅうかい》によってロシアとポーツマス条約を結んだ。しかし，賠償《ばいしょう》金を得ることができなかったために国民の不満が高まり，一部の国民が暴徒化して日比谷焼き打ち事件を起こした。

問11　ａについて，世界恐慌《きょうこう》は1929年に起こり，この不況《ふきょう》からぬけ出す方法の１つとして，日本は大陸進出をはかった。また，日本は1937年から日中戦争，1941年から太平洋戦争を始めた。ｂは，このときの状況を正しく説明している。

問12　ａは1972年，ｂは1964年，ｃは1956年のできごとなので，年代の古い順にｃ→ｂ→ａとなる。

2　**G７サミットを題材とした地理と政治の問題**

問１　G７サミット(主要国首脳会議)は，日本，アメリカ，カナダ，フランス，イギリス，ドイツ，イタリアの７か国の首脳と，EU(ヨーロッパ連合)の首脳が参加して開かれる。

問２　厳島《いつくしま》神社は広島県廿日市《はつかいち》市にある神社で，海に立つ朱色《しゅいろ》の鳥居がよく知られる。平安時代末には，平清盛が厳島神社をあつく信仰し，社殿を現在のような豪華なものへと修築した。厳島神社は1996年，同じく広島県にある原爆ドームとともに，ユネスコ(国連教育科学文化機関)の世界文化遺産に登録された。

問３　ほとんどの地方自治体は，国から国庫支出金や地方交付税交付金などの補助金を受け取っている。なお，国庫支出金は国から使いみちを指定されるが，地方交付税交付金の使いみちは地方自治体が決定できる。

問４　2015年に公職選挙法が改正され，選挙権年齢が満20歳以上から満18歳以上に引き下げられた。この法律は2016年から施行され，2023年１月時点でも選挙権年齢は満18歳以上である。

問５　東京～新大阪間は東海道新幹線，新大阪～博多(福岡県)間は山陽新幹線で結ばれている。九州新幹線は，博多から熊本を経て鹿児島中央にいたる。また，東京からは東北・上越・北陸の各新幹線が出ており，大宮(埼玉県)で東北新幹線と上越・北陸新幹線が分かれる。東北新幹線はそこから東北地方の太平洋側の各県を通って新青森にいたるが，福島で山形新幹線，福島で秋田新幹線と分かれる。新青森から新函館北斗までは，北海道新幹線によって結ばれている。上越新幹線と北陸新幹線は高崎(群馬県)で分かれ，上越新幹線は新潟に，北陸新幹線は金沢にいたる。なお，2022年９月には，武雄《たけお》温泉(佐賀県)～長崎間で西九州新幹線が開通した。

問６　(1)　瀬戸内の気候は，１年を通じて降水量が少なく，冬でも比較《ひかく》的温暖なことが特徴《とくちょう》となっている。アは北海道の気候に属する札幌(北海道)，イは中央高地の気候に属する松本(長野県)，ウは瀬戸内の気候に属する岡山，エは太平洋側の気候に属する潮岬《しおのみさき》(和歌山県)の雨温図である。

(2)　山沿いで大雨が発生したとき，ダムの放水を完全に停止すると，ダムにどんどん水がたまってしまい，水が一気にあふれ出したりダムが壊《こわ》れたりすることで，洪水の被害がかえって大きくなる危険性がある。大雨のさい，ダムでは，完全に放水を停止するのではなく，増える水の量を見ながら少しずつ下流への放水を行うのが一般的である。

問７　瀬戸内工業地域には製鉄所や自動車工場，石油化学コンビナートが複数立地しており，金属工業と機械工業，化学工業の割合が，ほかの工業地帯・地域に比べてかたよりなく発達している。また，今治《いまばり》(愛媛県)のタオルや倉敷《くらしき》(岡山県)のジーンズに代表されるように，繊維《せんい》工業の割合がほかの工業地帯・地域に比べて高いことも特徴といえる。なお，アは京浜工業地帯，イは京葉工業地域，エは中京工業地帯のグラフで，京葉工業地域は化学工業が最も多い割合を占《し》めていること，中京工業地帯は機械工業が３分の２以上の割合を占めていることが特徴となっている。

問８　海面養殖業は，1964年から2000年ごろにかけて少しずつ生産量が増え，その後の生産量はほぼ横ばいとなっているが，2011年には東日本大震災で，海面養殖業がさかんな岩手県と宮城県の養殖場が大きな被害を受けたため，生産量が急落した。なお，アには，現在の日本の漁業の中心である沖合漁業があてはまる。イは遠洋漁業で，石油危機(オイルショック)による燃料代の値上がりや，各国による排他的経済水域の設定などにより，1970年代後半に生産量が激減した。ウは沿岸漁業で，家族などの小さい規模で経営されていることが多いため，生産量はそれほど多くなく，また，減少傾向《けいこう》にある。

問９　地形図には方位記号が示されていないので，上が北，右が東，下が南，左が西となる。比治《ひじ》山《やま》公園から見て，平和記念公園は左上(北西)に位置している。なお，博物館は(🏛)，図書館は(🕮)，官公署は(Ö)で表されている。

問10　日本は世界で唯一《ゆいいつ》の戦争被爆国で，「核兵器をつくらず，持たず，持ちこませず」という非核三原則が政府の方針となっている。また，日本国憲法第９条で平和主義を規定しており，戦力を持たないことなどが定められている。そのため，日本はアメリカと日米安全保障条約を結んで，国土の防衛を核兵器保有国であるアメリカの核抑止力に支えてもらっている。日本が核兵器禁止条約に参加すると，アメリカの核兵器保有や核抑止力を否定することにつながるという理由で日本政府は核兵器禁止条約に参加しない方針をとっている。

理　科　<特別選抜第２回試験>（社会と合わせて50分）<満点：50点>

解　答

1　**問１**　(1)　中性　　(2)　アルカリ性　　(3)　酸性　　**問２**　ユーラシアプレート　　**問３**　(ア)　　**問４**　(1)　i　黄　　ii　緑　　(2)　(例)　完全に中和したことをわかりやすくするため。　(3)　(イ)　　(4)　40cm³　　**問５**　(例)　容易に入手できるから。　2　**問１**　(ア)　２個　(イ)　１個　　(ウ)　３個　　(エ)　４個　　**問２**　(ア)，(イ)，(ウ)　　**問３**　右の図①　　**問４**　Ｂ，Ｃ　**問５**　右の図②　　3　**問１**　(エ)　　**問２**　(イ)　**問３**　(例)　フクロウは立体的にものを見ることができるので，動くえものをとらえやすい点。　**問４**　１　風　　２　砂　　**問５**　(例)　ほかの植物に比べて海水に強いから。　　**問６**　(例)　海水に根や幹が長い間つかってしまったため。　**問７**　(例)　すぐに高台にのぼる。

図①
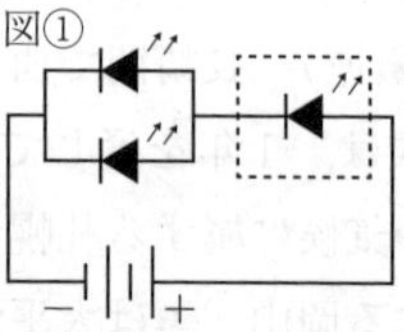

図②
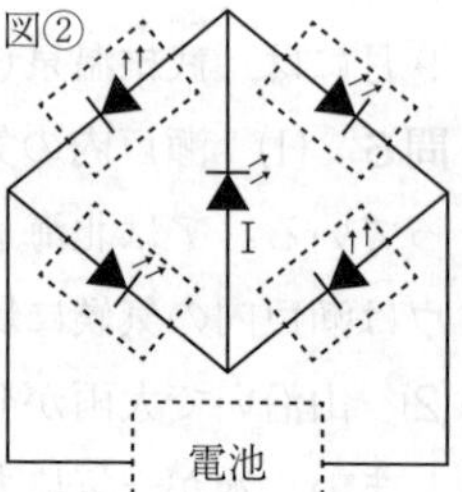

解　説

1　**水溶液《すいようえき》の性質と中和，大地のつくりについての問題**

問１　砂糖水は中性，アンモニア水はアルカリ性，レモン汁《じる》は酸性の水溶液である。

問２　日本列島付近には４つのプレートが集まっている。図で，日本海溝《かいこう》より東側にあるのは太平洋プレート，日本列島の南側にあるのはフィリピン海プレート(北の端《はし》に伊豆《いず》半島がある)で，北海道や東日本の下には北アメリカプレート，西日本の下にはＹのユーラシアプレートがある。

問３　火山ガスに含《ふく》まれている硫化《りゅうか》水素や二酸化硫黄《いおう》が雨水に溶《と》けこむと，降った雨はふだんよりも酸性の強い雨となり，これを酸性雨という。

問４　(1)　BTB溶液は，酸性で黄色，中性で緑色，アルカリ性で青色を示す。②では，酸性の塩酸にBTB溶液を加えたので，溶液の色は黄色となる。③では，酸性の塩酸にアルカリ性の水酸化ナトリウム水溶液を１滴《てき》ずつ加えていったので，塩酸は水酸化ナトリウム水溶液に少しずつ中和されていき，やがて完全に中和して中性となる。このとき溶液は緑色になる。　(2)　塩酸も水酸化ナトリウム水溶液も，さらにそれらを混ぜた溶液もとう明なので，見ただけでは完全に中和したことがわかりにくい。BTB溶液を加えておけば，溶液が緑色になった時点で完全に中和したことが確認できる。　(3)　塩酸と水酸化ナトリウム水溶液が中和すると，食塩(塩化ナトリウム)と水ができる。　　(4)　表で，加えた水酸化ナトリウム水溶液が10cm³増えるごとに，残った白い固体がどれだけ増えているかを調べると，40cm^{3}以下では8.8ｇずつ増えているのに対し，40cm^{3}以上では6.0ｇずつ増えている。このことから，塩酸20cm^{3}と水酸化ナトリウム水溶液40cm^{3}が完全に中和すると考えられる。なお，40cm^{3}以下で残った白い固体は，塩酸と水酸化ナトリウム水溶液の中和によりできた食塩だけであるが，40cm^{3}以上で残った白い固体は，塩酸が完全に中和されてできた食塩と，中和されずに余った水酸化ナトリウム水溶液に溶けていた水酸化ナトリウムの混合物である。そのため，40cm^{3}を境に残った白い固体の重さの増え方が異なる。

問５　酸性の強い吾妻《あがつま》川の水を中和する事業では，酸性の溶液と反応し，酸性を弱めるはたらきをする物質として，石灰石（主成分は炭酸カルシウム）を粉状にしたものが用いられている。原料となる石灰石は安価で，比較《ひかく》的近場で大量にとることができるので，事業を休みなく長期間，安定的に続けられる。

[2] 電気回路についての問題

問１　ここでは，電池２個の直列つなぎに対して豆電球１個をつないだときに流れる電流の大きさを１とする。(ア)の回路では，豆電球２個が並列つなぎであるため，どちらの豆電球にも１の電流が流れる。つまり，豆電球は２個とも点灯する。(イ)の回路では，左側の豆電球には電流が流れず（電流はその上側の導線を流れる），右側の豆電球だけに１の電流が流れる。よって，点灯する豆電球は１個である。(ウ)の回路では，並列の上側（豆電球１個だけ）には１の電流が流れ，下側（豆電球２個の直列つなぎ）には$\frac{1}{2}$の電流が流れる。豆電球は３個とも点灯する。(エ)の回路では，並列の上側も下側も豆電球２個の直列つなぎとなっているので，それぞれの豆電球には$\frac{1}{2}$の電流が流れ，豆電球は４個とも点灯する。

問２　問１で述べたことより，最も明るく点灯するのは，１の電流が流れる豆電球であることがわかる。そのような豆電球は(ア)，(イ)，(ウ)の回路に含まれる。

問３　発光ダイオードの記号のうち，導線に対して垂直な直線とそれに接する黒い三角形に着目すると，図３より，黒い三角形の側からは電流が流れて点灯するが，導線に対して垂直な直線の側からは電流が流れず点灯しないことがわかる。よって，図４では，左側の２個と同様に，黒い三角形が右にくるように発光ダイオードをつなぐとよい。

問４　図５で，電流は，電池の＋極→Ｃの発光ダイオード→Ｂの発光ダイオード→電池の－極と流れるので，その２個だけが点灯する。なお，電流はＦの発光ダイオードには流れないため，それと直列つなぎになっているＤとＥの発光ダイオードにも電流は流れない。

問５　図７で，電池の＋極が左右のどちらにある場合でも，電池の＋極から流れ出た電流がまず右下または左下の部分に流れるように発光ダイオードを配し，Ｉの発光ダイオードを通った電流が右上または左上の部分を流れるように発光ダイオードを配すると，解答に示したようになる。

[3] 岩手県をテーマにした問題

問１　１年を通して山頂の気温はふもとに比べて低い。そのため，春になると，山のふもとの方が先にあたたかくなり，山頂はおくれてあたたかくなるので，ふつう山のふもとから山頂に向けて花が咲《さ》いていく。

問２　さそり座は，夏の夜，南の空の低いところに見られる。さそりの心臓にあたる部分には赤色の１等星アンタレスがかがやいている。

問３　目が顔の前面に並んでいると，両目で見える範囲《はんい》が広くなり，ものが立体的に見え，えものまでの距離《きょり》がわかりやすい。そのため，えものをとらえるのに都合がよい。

問４　海岸沿いの松林は日本各地にあるが，これは防風(海からふきつける強風を弱める)，防砂(風でまい上がった砂が陸側に来ないようにする)，防潮(おし寄せる海水の勢いを弱めるなど，高潮や津波《つなみ》の被害《ひがい》をおさえる)など，農地や住宅地を災害から守る重要な役割を果たしている。

問５　海の近くでは，海水のしぶきが風に乗り，海水にふくまれる塩分が植物をおそう。葉などに塩分がたくさんつくことで成長がさまたげられ，かれてしまう被害(塩害という)が発生しやすい。クロマツやアカマツはほかの樹木に比べて塩害に強いので，海岸沿いに林をつくるさいには主要な樹木として植えられる。

問６　「奇跡《きせき》の一本松」は，津波に流されなかったものの，根や幹が海水に長時間つかってしまい，塩害にたえられずに衰弱《すいじゃく》した。

問７　海岸付近にいるときに津波情報が発せられたら，すぐに高台へ避難《ひなん》する。適当な高台が見あたらない場合は，じょうぶなビルのできるだけ高い階までのぼる。なお，海岸からはなれていても，標高が低いところや下流の川沿いにいるときには，津波がさかのぼってくる可能性があるので同様の行動をとる。

Dr.福井の入試に勝つ! 脳とからだのウルトラ科学

睡眠時間や休み時間も勉強!?

みんなは寝不足になっていないかな？　もしそうなら大変だ。睡眠時間が少ないと，体にも悪いし，脳にも悪い。なぜなら，眠っている間に，脳は海馬《かいば》という部分に記憶をくっつけているんだから。つまり，自分が眠っている間も頭は勉強しているわけだ。それに，成長ホルモン（体内に出される背をのばす薬みたいなもの）も眠っている間に出されている。昔から言われている「寝る子は育つ」は，医学的にも正しいことなんだ。

寝不足だと，勉強の成果も上がらないし，体も大きくなりにくく，いいことがない。だから，睡眠時間はちゃんと確保するように心がけよう。ただし，だからといって寝すぎるのもダメ。アメリカの学者タウブによると，10時間以上も眠ると，逆に能力や集中力がダウンしたという研究報告があるんだ。

睡眠時間と同じくらい大切なのが，休み時間だ。適度に休憩するのが勉強をはかどらせるコツといえる。何時間もぶっ続けで勉強するよりも，50分勉強して10分休むことをくり返すようにしたほうがよい。休み時間は，散歩や体操などをして体を動かそう。かたまった体をほぐして，つかれた脳を休ませるためだ。マンガを読んだりテレビを見たりするのは，頭を休めたことにならないから要注意！

頭の疲れに関連して，勉強の順序にもふれておこう。算数の応用問題や理科の計算問題，国語の読解問題などを勉強するときには，脳のおもに前頭葉という部分を使う。それに対して，国語の知識問題（漢字や語句など）や社会などの勉強では，おもに海馬《かいば》という部分を使う。したがって，それらを交互に勉強すると，１日中勉強しても疲れにくい。

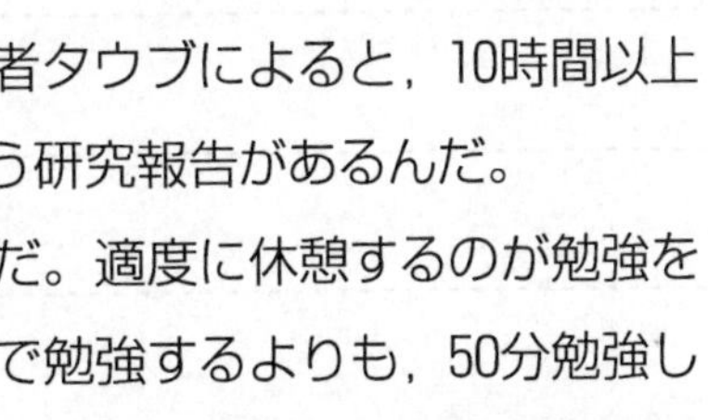

Dr.福井（福井《ふくい》一成《かずしげ》）…医学博士。開成中・高から東大・文Ⅱに入学後，再受験して翌年東大・理Ⅲに合格。同大医学部卒。さまざまな勉強法や脳科学に関する著書多数。

Memo

2022年度　城西川越中学校

〔電　話〕　049（224）5665
〔所在地〕　〒350-0822　埼玉県川越市山田東町1042
〔交　通〕　JR線・東武東上線―川越駅，西武新宿線―本川越駅よりバス

【算　数】〈総合一貫第１回試験〉（50分）〈満点：100点〉

《注　意》① 定規・コンパス・分度器は使用できません。
② 解答用紙に【求め方】と書いてあるところは，求め方や計算式も書いて答えを記入しなさい。それ以外は答えのみを記入しなさい。

1　次の□にあてはまる数を答えなさい。

(1)　$4-\frac{11}{16}\div\left(\frac{7}{8}-\frac{5}{9}\times\frac{3}{4}\right)=\square$

(2)　$\{0.85-(1-0.25)\times0.8\}\div0.05=\square$

(3)　$63-\{168-(\square-11)\times8\}=23$

(4)　２から 100 までの偶数の和 ２＋４＋６＋……＋100＝□です。

(5)　算数のテストを５回行い，５回目のテストで 96 点をとったところ，５回の平均点が 80 点になりました。４回までのテストの平均点は□点です。

(6)　１年３組の生徒 26 人の中から，１人１票ずつ投票して，クラス委員を２人選びます。立候補したのは４人です。立候補した４人も投票できるものとします。最低□票とれば当選が確実になります。

(7)　仕入れ値の２割の利益を見込んで定価をつけた品物を１割２分引きで売ったところ，840 円の利益がありました。この品物の仕入れ値は□円です。

(8)　[1]，[2]，[3]，[4]，[4] の５枚のカードがあります。この中から３枚のカードを選ぶ選び方は□通りです。

2　次の各問いに答えなさい。

⑴　下の表は，10人の生徒Ａ～Ｊに算数のテストを行った結果です。このとき，このデータの中央値はいくつですか。

生徒	A	B	C	D	E	F	G	H	I	J
点数	43	30	58	72	21	43	52	60	38	36

⑵　下の図のように，平行な２直線 ℓ，m と三角形ＡＢＣがあり，三角形ＡＢＣの辺ＢＣは直線 m 上にあります。このとき，角 x の大きさは何度ですか。

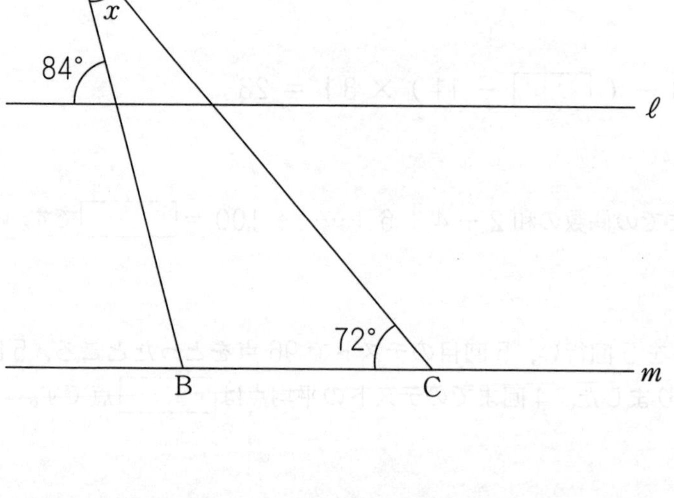

⑶　下の図は，長方形ＡＢＣＤと半円を合わせたものです。また，点Ｅは半円の孤の長さを半分に分ける点とします。このとき，斜線部分の面積は何 cm^2 ですか。ただし，円周率は3.14とします。

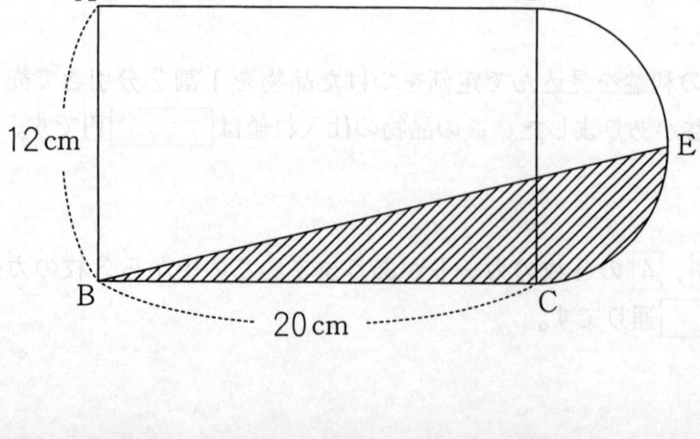

(4)　下の図Ａのように，１辺の長さが６cm の立方体の形をした容器に，高さ６cm のところまで水がいっぱいに入っています。この水を全部，図Ｂのような直方体を組み合わせた容器にうつします。このとき，図Ｂの容器に入っている水の深さ h は何 cm になりますか。

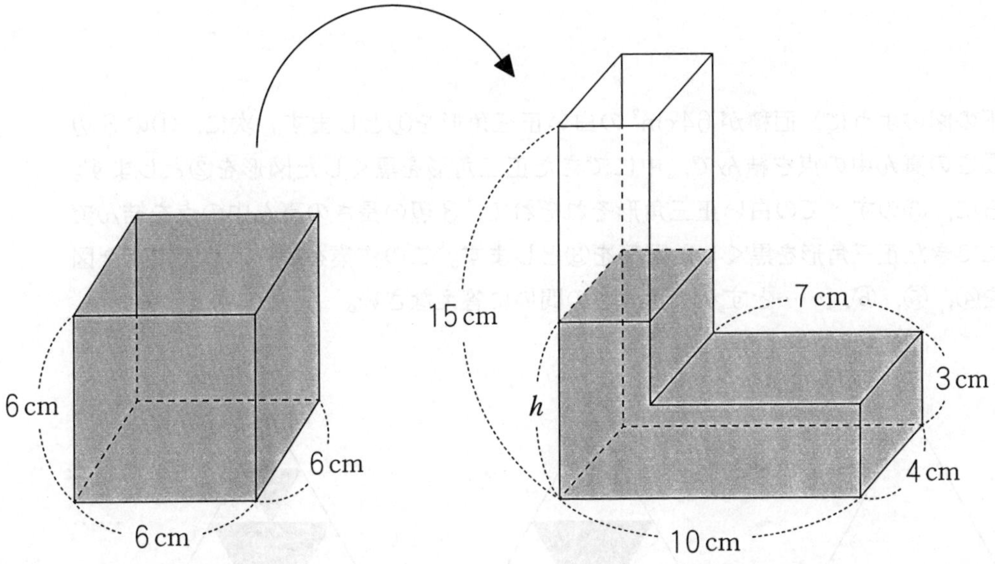

図Ａ　　　　図Ｂ

3　下の図のように，太郎君と花子さんは１km 離れて同じ方向に自転車で走っています。Ａ地点からＢ地点までは平らな道で，Ｂ地点からＣ地点までは下り坂で道のりは２km，Ｃ地点からＤ地点までは上り坂で道のりは４km，Ｄ地点からＥ地点までは下り坂で道のりは１km，Ｅ地点からＦ地点までは平らな道です。２人とも平らな道では毎分 250 m，下り坂では毎分 350 m，上り坂では毎分 100 m の速さで進みます。このとき，次の問いに答えなさい。

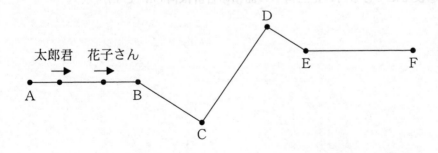

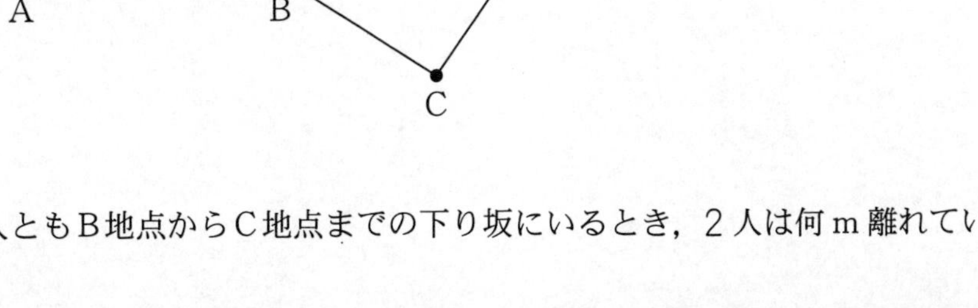

(1)　２人ともＢ地点からＣ地点までの下り坂にいるとき，２人は何 m 離れていますか。

⑵　２人ともＣ地点からＤ地点までの上り坂にいる時間は何分間ですか。

⑶　太郎君がＤ地点に着いたとき，２人は何ｍ離れていますか。

4　下の図のように，面積が 64 cm^2 の白い正三角形を①とします。次に，①の３辺の長さの真ん中の点を結んで，中にできた正三角形を黒くした図形を②とします。さらに，②のすべての白い正三角形それぞれで，３辺の長さの真ん中の点を結んで，中にできた正三角形を黒くした図形を③とします。この作業を繰り返してできた図形を④，⑤，⑥，……とするとき，次の問いに答えなさい。

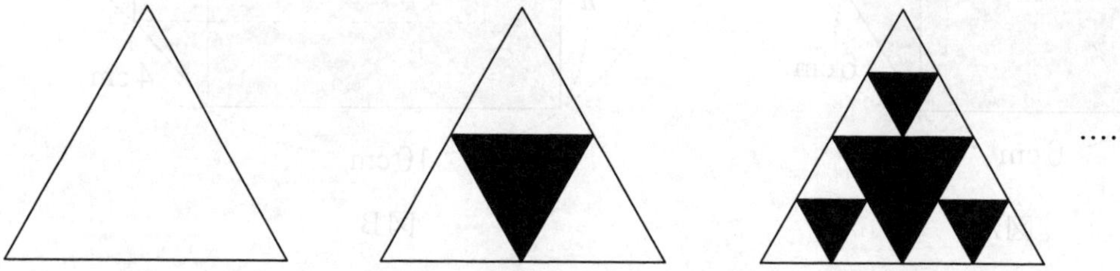

①　②　③　……

⑴　④には白い正三角形が何個ありますか。

⑵　⑦には黒い正三角形が何個ありますか。

⑶　①から④までにできる白い正三角形の面積の合計は何 cm^2 ですか。

【社　会】〈総合一貫第１回試験〉（30分）〈満点：50点〉

《注　意》漢字で書くべきところは，漢字で解答しなさい。

１　次の大豆についての表や文章を見て、以下の問いに答えなさい。

表１　大豆が多くとれる都道府県

	重さ（t）	割合（%）
北海道	88,400	40.6
宮城	15,100	6.9
秋田	13,900	6.4
福岡	8,830	4.1
滋賀	7,830	3.6
全国	217,800	100.0

表２　大豆が多くとれる国（単位　万t）

	1990	2000	2010	2017	2018
アメリカ合衆国	5,242	7,506	9,066	12,006	12,366
ブラジル	1,990	3,282	6,876	11,473	11,789
アルゼンチン	1,070	2,014	5,268	5,497	3,779
中国	1,100	1,541	1,508	1,313	1,419
※	260	528	1,274	1,093	1,379
世界合計	10,846	16,131	26,509	35,303	34,871

（『日本のすがた 2021』）

　大豆は、豆腐《とうふ》やみそをはじめ日本の食卓に欠かせない食材や調味料に加工されるなど、古くから利用されてきました。大豆は、タンパク質に富《と》むほか、人間にとって必要なアミノ酸20種類すべてが含まれており、米と一緒に食べることにより、栄養価《か》の向上が期待されます。平成25年12月には、「日本人の伝統的な食文化」が、①ユネスコ無形文化遺産に登録されるなど、大豆加工品を含めた和食文化が、世界的にも注目されています。

　しかし、大豆栽培は②気象災害《さいがい》の影響を受けやすく、年ごとの収穫量の増減が大きいため、販売農家数が減少しており、国内での自給率が伸び悩んでいます。

（参考：農林水産省　大豆のホームページ）

問１　表１に関して、以下の設問に答えなさい。

(1)　北海道と滋賀県について述べた文の正誤の組み合わせとして、最も適当なものを１つ選び、記号で答えなさい。

A　北海道は、にんじんやたまねぎなどの農業生産がさかんであり、ラムサール条約に登録された釧路湿原がある。

B　滋賀県は、全国１位の工業生産額をほこる中京工業地帯に含まれ、企業城下町となっている豊田市などの工業都市が発達している。

ア　A―正　B―正　　イ　A―正　B―誤
ウ　A―誤　B―正　　エ　A―誤　B―誤

⑵　秋田県の形として、最も適当なものを１つ選び、記号で答えなさい。

ア　　　　　　　イ　　　　　　　ウ　　　　　　　エ

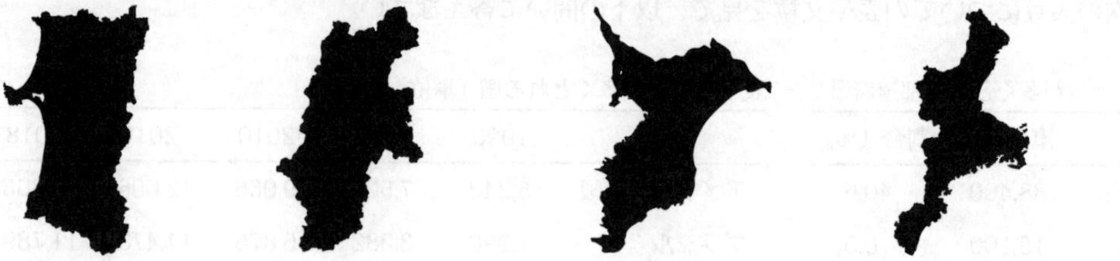

※縮尺は同一ではありません

問２　表２に関して、以下の設問に答えなさい。

⑴　次の文章は表２について述べたものです。【　Ａ　】・【　Ｂ　】に当てはまる国をそれぞれ答えなさい。

> 大豆は世界的に生産量が増えています。主な産地はアメリカ大陸の国々で、中でも【　Ａ　】は、1990年に比べ、2018年の生産量が約６倍に伸びています。また、【　Ｂ　】は、2017年から2018年にかけて天候不順《ふじゅん》が重なったことで、生産量が減少していますが、高い水準を維持しています。

⑵　表２の［　※　］は、下の地図中の［　※　］の国です。この国を答えなさい。

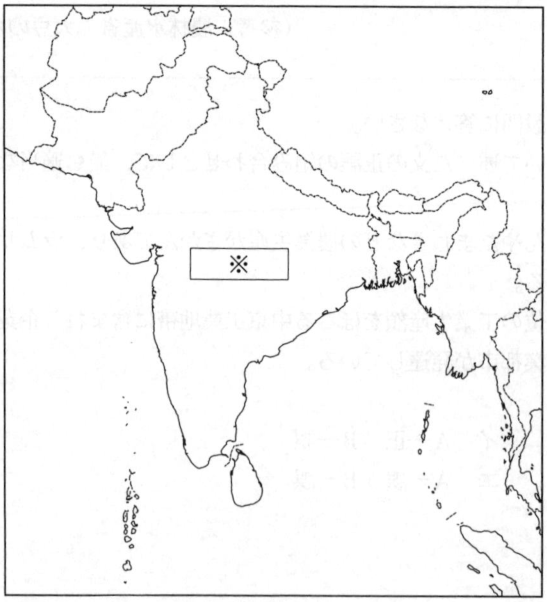

問３　下線部①に関して、ユネスコ無形文化遺産に登録されているものとして、**適当でないもの**を１つ選び、記号で答えなさい。

ア　細川紙（小川和紙）　　イ　小千谷《おぢや》ちぢみ　　ウ　アイヌ古式舞踊《こしきぶよう》　　エ　厳島神社

問4　下線部②に関して、城西川越中学校に通うA君は、気象災害が発生したときに発令される避《ひ》難《なん》情報について、内閣府のウェブサイトを見ながら、ノートにまとめました。以下のノートから読み取れる内容として、最も適当なものを1つ選び、記号で答えなさい。

●警戒《けいかい》レベルの一覧表

警戒レベル	避難情報の種類	状況（取るべき行動）	情報を出す機関
5	緊急安全確保	災害発生または切迫《せっぱく》（命の危険　直《ただ》ちに安全確保）	市区町村
〜〜〜警戒レベル4までに必ず避難〜〜〜			
4	**避難指示**	**災害のおそれ高い（危険な場所から全員避難）**	
3	**高齢者等避難**	**災害のおそれあり（危険な場所から高齢者等は避難）**	
2	大雨・洪水・高潮注意報	気象状況悪化（自らの避難行動を確認）	気象庁
1	早期注意情報	今後、気象状況悪化のおそれ（災害への心構えを高める）	

※1　市区町村が災害の状況を確実に把握できるものではない等の理由から、警戒レベル5は必ず発令されるものではない。

※2　警戒レベル3は、高齢者等以外の人も必要に応じ、普段の行動を見合わせ始めたり、危険を感じたら自主的に避難するタイミングである。

警戒レベル5は、
すでに安全な避難ができず
命が危険な状況です。
警戒レベル5緊急安全確保の
発令を待ってはいけません！

避難勧告は廃止されます。
これからは、
警戒レベル4避難指示で
危険な場所から全員避難
しましょう。

避難に時間のかかる
高齢者や障害のある人は、
警戒レベル3高齢者等避難で
危険な場所から避難
しましょう。

ア　災害のおそれがある場合は、気象庁から警戒レベル3の「高齢者等避難」が発令される。
イ　自分が避難すべきか迷った場合は、「緊急安全確保」の発令を待った方が良い。
ウ　警戒レベル3が発令される前に、全員が避難経路や避難場所の確認を行うべきである。
エ　混乱を避けるため、「避難指示」が発令される前に、自主的に避難してはいけない。

2 次のＡ～Ｄを読んで、後の問いに答えなさい。

Ａ　701年に唐の法律にならって（　１　）が制定され、全国を支配するしくみがつくられました。当時の人々は、①税などの大きな負担を抱《かか》えていました。
②710年には、都が平城京に遷《うつ》され、③奈良時代が始まりました。この時代は、唐の政治や文化を取り入れながら、国家体制が整えられました。

問１　（　１　）に当てはまる語句を答えなさい。

問２　下線部①に関する文の正誤の組み合わせとして、最も適当なものを１つ選び、記号で答えなさい。
Ⅰ　防人《さきもり》として、東北地方の警備《けいび》を担当することがあった。
Ⅱ　調という税は、稲を納めるものであった。

ア　Ⅰ―正　Ⅱ―正　　イ　Ⅰ―正　Ⅱ―誤
ウ　Ⅰ―誤　Ⅱ―正　　エ　Ⅰ―誤　Ⅱ―誤

問３　下線部②に関して、この年よりも前におきたできごととして、**適当でないもの**を１つ選び、記号で答えなさい。
ア　菅原道真が遣唐使の派遣を停止するよう提案した。
イ　かんむりの色などで地位を区別する冠位十二階が制定された。
ウ　女性の推古天皇が即位した。
エ　天智天皇のあとつぎをめぐって壬申の乱がおきた。

問４　下線部③に関して、この時代の内容を述べた文として、最も適当なものを１つ選び、記号で答えなさい。
ア　白河上皇が院政を開始した。
イ　戦国大名が、武士や民衆の行動を取りしまる分国法を出した。
ウ　現存する最古の木造建築である法隆寺が建てられた。
エ　『日本書紀』がつくられた。

Ｂ　（　２　）によって④鎌倉幕府は開かれました。（　２　）の死後には、有力御家人などによって政治が行われ、その中でも特に北条氏が権力を握《にぎ》っていき、執権として幕府の政治を動かしました。この鎌倉幕府は御家人らによって、1333年に滅ぼされました。その後、⑤南北朝の動乱がおきている中で、足利尊氏によって⑥室町幕府が開かれました。

問５　（　２　）に当てはまる人物を答えなさい。

問６　下線部④に関して述べた文として、最も適当なものを１つ選び、記号で答えなさい。

ア　北条義時が執権を務《つと》めている時代に、保元の乱がおきた。

イ　初の武家法として、御成敗式目が制定された。

ウ　御家人の借金取り消しを命じる徳政令は、長期的に高い効果をもった。

エ　蒙古襲来《もうこしゅうらい》に関して、１回目の元の襲来を弘安の役、２回目の元の襲来を文永の役という。

問７　下線部⑤に関して、南北朝を統一した将軍について述べた文として、最も適当なものを１つ選び、記号で答えなさい。

ア　この人物によって、平等院鳳凰堂《びょうどういんほうおうどう》が建てられた。

イ　この人物は、室町幕府第５代将軍である。

ウ　この人物の母親は、日野富子である。

エ　この人物によって、日明貿易が開始された。

問８　下線部⑥に関する文の正誤の組み合わせとして、最も適当なものを１つ選び、記号で答えなさい。

Ⅰ　1573年に、豊臣秀吉によって室町幕府最後の将軍が追放された。

Ⅱ　応仁の乱以後、下の身分の者が実力で上の身分の者を倒す下剋上《げこくじょう》の風潮《ふうちょう》が広がった。

ア　Ⅰ―正　Ⅱ―正　　イ　Ⅰ―正　Ⅱ―誤

ウ　Ⅰ―誤　Ⅱ―正　　エ　Ⅰ―誤　Ⅱ―誤

C　諸国の大名は、領地と江戸とを（　３　）交代するよう定めるものである。毎年夏の四月中に江戸へ（　３　）せよ。

問９　Ｃの史料は、江戸時代の1635年に出された法令（部分要約）である。（　３　）に当てはまる語句を答えなさい。

問10　Ｃを出した時の江戸幕府の将軍として、適当なものを１人選び、記号で答えなさい。

ア　徳川家康　　イ　徳川吉宗　　ウ　徳川家光　　エ　徳川慶喜

問11　江戸幕府のしくみを述べた文として、最も適当なものを１つ選び、記号で答えなさい。

ア　若年寄は老中の補佐を担当した。

イ　目付は朝廷の監視《かんし》や、京都の警備を担当した。

ウ　大目付は幕府の財政を担当した。

エ　老中は臨時の最高職である。

問12　Ｃが出された後の江戸時代のできごとに関して、以下のＸ～Ｚを年代の古い順に並べたものとして、最も適当なものを１つ選び、記号で答えなさい。

Ｘ　大坂町奉行《ぶぎょう》所の元役人であった大塩平八郎が、反乱をおこした。

Ｙ　動物を極端《きょくたん》に保護する生類憐み《しょうるいあわれ》の令が出された。

Ｚ　キリスト教徒の天草四郎を中心に、大規模な一揆《いっき》がおきた。

ア　Ｘ→Ｙ→Ｚ　　イ　Ｘ→Ｚ→Ｙ　　ウ　Ｙ→Ｘ→Ｚ

エ　Ｙ→Ｚ→Ｘ　　オ　Ｚ→Ｘ→Ｙ　　カ　Ｚ→Ｙ→Ｘ

Ｄ　日本は日清戦争と⑦日露戦争に勝利するなど、欧米列強に追いつく国力をつけていきました。1914年には、オーストリア皇太子がセルビアの青年に襲《おそ》われた事件をきっかけに、⑧第一次世界大戦が始まりました。日本は、（　４　）との同盟を理由に連合国側で参戦しました。そして⑨1930年代以降、日本は軍事力の増強に努《つと》め、太平洋戦争に向かっていきました。

問13　（　４　）に当てはまる国を答えなさい。

問14　下線部⑦に関して述べた文として、最も適当なものを１つ選び、記号で答えなさい。

ア　日露戦争後、三国干渉が行われた。

イ　アメリカの仲介《ちゅうかい》でポーツマス条約が結ばれた。

ウ　甲午農民戦争をきっかけに、日露戦争がおきた。

エ　日露戦争の開戦前に、戦争開始に反対する人々によって、日比谷焼き打ち事件がおきた。

問15　下線部⑧に関して、第一次世界大戦後のできごとについて述べた文の正誤の組み合わせとして、最も適当なものを１つ選び、記号で答えなさい。

Ⅰ　アメリカ大統領のウィルソンの提案をもとに国際連盟がつくられた。

Ⅱ　日本は中国への勢力を伸ばすため、二十一か条の要求を示した。

ア　Ⅰ―正　Ⅱ―正　　イ　Ⅰ―正　Ⅱ―誤

ウ　Ⅰ―誤　Ⅱ―正　　エ　Ⅰ―誤　Ⅱ―誤

問16　下線部⑨に関して、以下のＸ～Ｚを年代の古い順に並べたものとして、最も適当なものを１つ選び、記号で答えなさい。

Ｘ　日独伊三国同盟を結んだ。

Ｙ　二・二六事件がおきた。

Ｚ　五・一五事件がおきた。

ア　Ｘ→Ｙ→Ｚ　　イ　Ｘ→Ｚ→Ｙ　　ウ　Ｙ→Ｘ→Ｚ

エ　Ｙ→Ｚ→Ｘ　　オ　Ｚ→Ｘ→Ｙ　　カ　Ｚ→Ｙ→Ｘ

3 次の表を見て、後の問いに答えなさい。

2021年１月から2021年８月までの主なできごと

2021年	できごと
1月	（ A ）がアメリカ合衆国第46代大統領に就任
2月	（ B ）で国軍が政権掌握《しょうあく》
3月	Ⅰ東日本大震災から10年
4月	日米首脳《しゅのう》会談開催《かいさい》
5月	①地球温暖化対策推進法改正
6月	Ⅱ最高裁判所が夫婦別姓に関して従来《じゅうらい》の立場を維持
7月	②奄美《あまみ》大島、徳之島、沖縄島北部および西表《いりおもて》島が世界遺産に登録
	③北海道・北東北の縄文遺跡群が世界遺産に登録
	東京オリンピック開会
8月	④（ C ）でタリバンが首都を制圧
	東京パラリンピック開会

問１　下線部①に関して、このような法改正等を通じて、日本は温室効果ガスの排出を全体としてゼロにすることを目指しています。その取り組みの呼び方として、最も適当なものを１つ選び、記号で答えなさい。

ア　カーボンニュートラル　　イ　カーボンナノチューブ
ウ　カーボンプライシング　　エ　カーボンエミッション

問２　下線部②に関して、これらの地域の世界遺産の分類として、適当なものを１つ選び、記号で答えなさい。

ア　危機遺産　　イ　文化遺産　　ウ　自然遺産　　エ　複合遺産

問３　下線部③に関して、これらの遺跡群に当てはまる遺跡として、適当なものを１つ選び、記号で答えなさい。

ア　岩宿遺跡　　イ　三内丸山遺跡　　ウ　登呂遺跡　　エ　吉野ヶ里遺跡

問４　波線部Ⅰに関して、東日本大震災から日本の一次エネルギーの構成は大きく変わりました。次のグラフは、日本の一次エネルギー供給割合の推移を示したものです。ア～エは、それぞれ原子力・石油・石炭・天然ガスのいずれかを表しています。このうち原子力に当たるものとして、適当なものを１つ選び、記号で答えなさい。

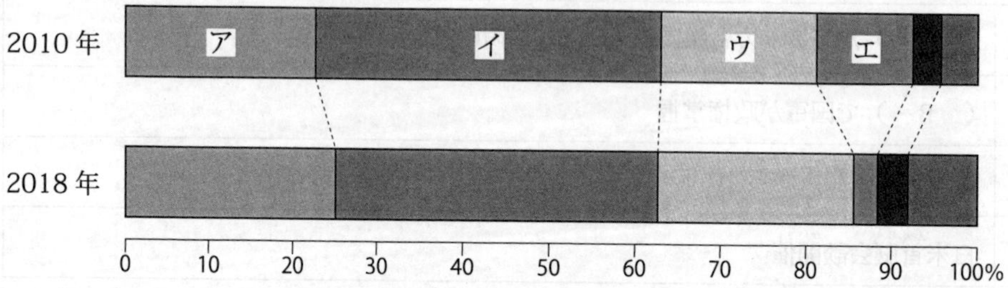

(『日本国勢図会 2020/21』)

問５　波線部Ⅱに関して、現在の民法における夫婦別姓をめぐる制度や状況を説明する文章として、最も適当なものを１つ選び、記号で答えなさい。

ア　婚姻《こんいん》した夫婦の96％以上が妻の姓を選択し、男性が改姓《かいせい》している。

イ　婚姻した夫婦は同じ姓にするよう強制されている。

ウ　婚姻した夫婦は、同姓にするか別姓にするかを選択することができる。

エ　最高裁判所は、現在の規定を憲法違反と判断した。

問６　（　Ａ　）に当てはまる人物を答えなさい。

問７　（　Ｂ　）に当てはまる国を答えなさい。

問８　（　Ｃ　）に当てはまる国を答えなさい。

問９　下線部④に関して、国家の秩序《ちつじょ》が失われた際、国外に逃げて助けを求める人々を多く生んでしまいますが、これらの人々を何といいますか。**漢字２字**で答えなさい。

【理　科】〈総合一貫第１回試験〉（30分）〈満点：50点〉

《注　意》漢字で書くべきところは，漢字で解答しなさい。

1　次の各問いについて、それぞれの（ア）～（エ）から最も当てはまるものを１つ選び、記号で答えなさい。

問１　気候モデルを作成して地球温暖化の影響を予測し、2021年にノーベル物理学賞を受賞した日本出身の科学者は誰ですか。

（ア）吉野《よしの》　彰《あきら》　（イ）眞鍋《まなべ》　淑郎《しゅくろう》　（ウ）山中《やまなか》　伸弥《しんや》　（エ）本庶《ほんじょ》　佑《たすく》

問２　2020年12月に、地球から見て、最も接近した惑星の適切な組み合わせはどれですか。

（ア）水星・金星　（イ）火星・木星
（ウ）木星・土星　（エ）土星・天王星

問３　オリオン座の一等星はどれですか。

（ア）リゲル　（イ）シリウス　（ウ）スピカ　（エ）ベガ

問４　天気記号「●」は、どのような天気を表していますか。

（ア）快晴　（イ）晴れ　（ウ）くもり　（エ）雨

問５　日本にやってくる台風の特徴はどれですか。

（ア）暖かい海で発生した上昇気流が原因で、冬から春に多い
（イ）暖かい海で発生した上昇気流が原因で、夏から秋に多い
（ウ）暖かい海で発生した下降気流が原因で、冬から春に多い
（エ）暖かい海で発生した下降気流が原因で、夏から秋に多い

問６　アルカリ性の液体はどれですか。

（ア）塩酸　（イ）セッケン水　（ウ）レモン汁　（エ）食酢

問７　石灰岩の主成分は何ですか。

（ア）塩化カルシウム　（イ）水酸化カルシウム
（ウ）炭酸水素カルシウム　（エ）炭酸カルシウム

問８　現在の日本において、発電量が最も多いものはどれですか。

（ア）太陽光発電　（イ）火力発電　（ウ）水力発電　（エ）原子力発電

問９　複数回の噴火により、溶岩などが積み重なってできた火山（成層火山）はどれですか。

（ア）桜島　（イ）有珠山　（ウ）マウナロア　（エ）雲仙普賢岳

問10　火山活動により地下深くで生成された白っぽい火山岩はどれですか。

（ア）安山岩　（イ）玄武岩　（ウ）花こう岩　（エ）流紋岩

問11　川から海へ運ばれた「れき・砂・泥」は、河口からどの順番で海底にたい積しますか。

（ア）れき・砂・泥　（イ）れき・泥・砂
（ウ）砂・泥・れき　（エ）泥・砂・れき

問12　当時の環境の様子がわかる化石（示相化石）はどれですか。

（ア）サンゴ　（イ）三葉虫　（ウ）マンモス　（エ）アンモナイト

問13　都市部の地面は、アスファルトやコンクリートの割合が高いため、冷めにくく、都市部の気温の上昇の原因となっています。この現象を何といいますか。

（ア）ラニーニャ現象　（イ）ヒートアイランド現象
（ウ）エルニーニョ現象　（エ）フェーン現象

2　次の文章を読み、各問いに答えなさい。

アサガオの①種子が発芽した後、②最初に出てくる葉は２枚です。その後つる状の茎を伸ばしながら次々に③新しい葉をつけていきます。葉では④光合成をおこなって⑤栄養を作り、茎や葉を成長させるための材料とするほか、生きていくための様々な活動のエネルギー源としても利用しています。夏になると花芽をつけて⑥花を咲かせ、⑦受粉して種子を作ります。種子は寒い冬を乗り越え、次の年の春に芽を出します。なお、この問題中のアサガオは多くの小学校で育てられている標準のもの（東京古型標準型）とします。

問１　下線部①について、次の⑴、⑵に答えなさい。

⑴　発芽したばかりの種子の様子として正しいものはどれですか。次の（ア）～（エ）から１つ選び、記号で答えなさい。

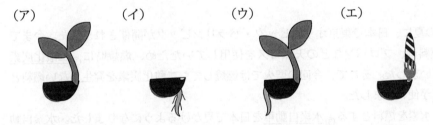

（ア）　（イ）　（ウ）　（エ）

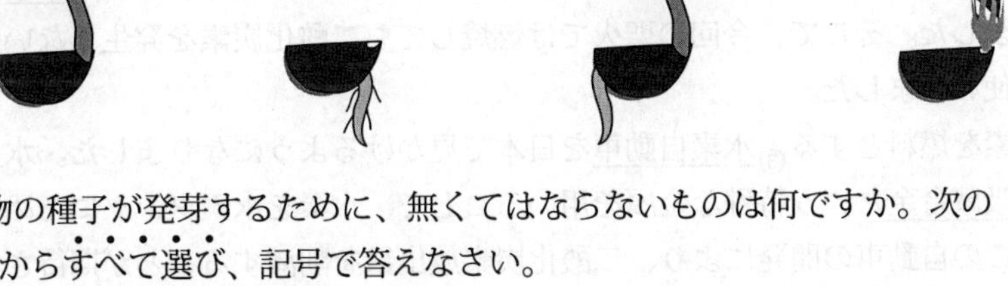

⑵　植物の種子が発芽するために、無くてはならないものは何ですか。次の（ア）～（エ）からすべて選び、記号で答えなさい。

（ア）空気（酸素）　（イ）温度　（ウ）水　（エ）肥料

問２　下線部②と③では、葉の形が異なります。②の葉と③の葉はどれですか。次の（ア）～（エ）からそれぞれ１つ選び、記号で答えなさい。なお、実際とは異なる大きさで描かれています。

（ア）　（イ）　（ウ）　（エ）

問３　下線部④について、光合成は葉の中の何というところでおこなわれますか。

問４　下線部⑤について、光合成によって作られる栄養は何ですか。

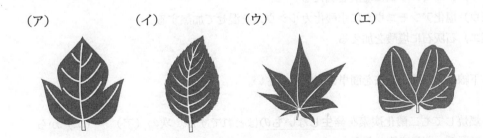

問５　下線部⑥について、アサガオの花の形として正しいものはどれですか。次の（ア）～（エ）から１つ選び、記号で答えなさい。

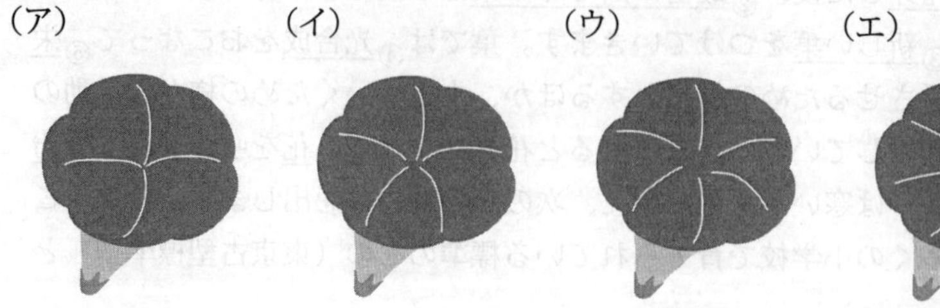

問６　下線部⑦について、受粉とはどのようなことですか。簡単に説明しなさい。

3　次の文章を読み、各問いに答えなさい。

2021年の夏に、日本で東京オリンピック・パラリンピックが開催されました。今までの聖火の燃料は、プロパンなどの天然ガスを使用していたため、燃焼時に①二酸化炭素が発生していました。そこで、今回の聖火では燃焼しても二酸化炭素を発生しない燃料として②水素が使われました。

最近は、水素を燃料とする③水素自動車を日本で見かけるようになりました。水素自動車は、④水素吸蔵合金という特殊な金属を用いることで、水素を水素タンクにためることができます。この自動車の開発により、二酸化炭素放出量を削減することが期待されていますが、世界でもまだ普及していないのが現状です。

問１　下線部①、②を発生させる方法として、正しいものはどれですか。次の（ア）～（エ）からそれぞれ１つ選び、記号で答えなさい。

（ア）二酸化マンガンに過酸化水素水を加える
（イ）アルミニウムに塩酸を加える
（ウ）塩化アンモニウムに水酸化カルシウムを混ぜて加熱する
（エ）石灰石に塩酸を加える

問２　下線部①の確認方法を簡単に説明しなさい。

問３　燃焼しても二酸化炭素を**発生しないもの**はどれですか。次の（ア）～（エ）から１つ選び、記号で答えなさい。

（ア）砂糖　（イ）紙　（ウ）スチールウール　（エ）石油

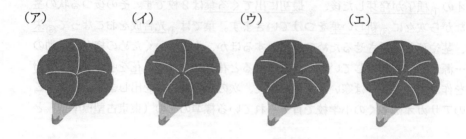

問４　下線部③の主な燃料となる水素は、図１のような装置で、水を電気分解することで得られます。ここで、気体Ａは－極から、気体Ｂは＋極から発生するものとします。気体Ａ、気体Ｂの組み合わせとして正しいものはどれですか。次の（ア）～（エ）から１つ選び、記号で答えなさい。

図１

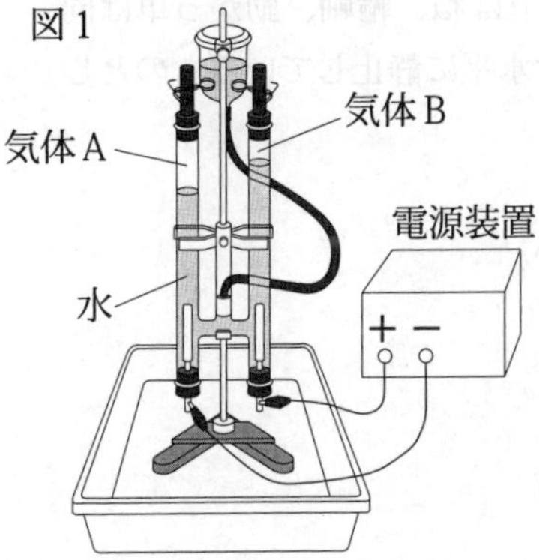

記号	気体Ａ	気体Ｂ
（ア）	水素	酸素
（イ）	酸素	水素
（ウ）	水素	二酸化炭素
（エ）	二酸化炭素	水素

問５　下線部④について、水素吸蔵合金が吸収できる水素の質量は、水素吸蔵合金の質量の3.4％であるとします。この水素吸蔵合金500kgに吸収できる水素は最大で何kgですか。

問６　水素自動車以外に、近年ではバイオ燃料を用いた車が開発されています。バイオ燃料とは、植物などを原料として作られた燃料のことです。とうもろこしから作られたバイオ燃料は燃やすと二酸化炭素を生じますが、化石燃料よりもバイオ燃料が良いと言われるのはなぜですか。その理由を、図２を参考にして答えなさい。

図２

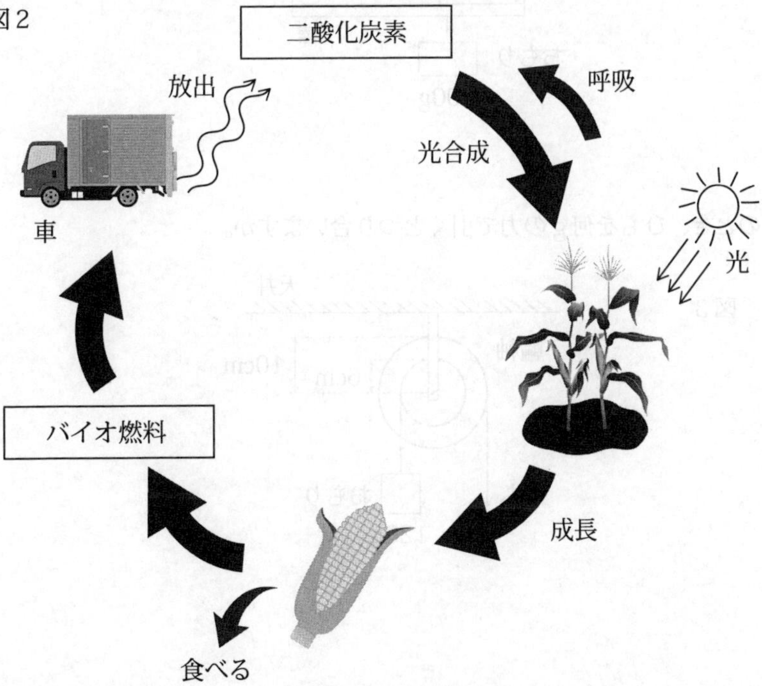

4　次の文章を読み、各問いに答えなさい。

力のつり合いに関する図１から図６の実験を行いました。実験に用いたばねは100gのおもりをつり下げると２cmのびる性質を持ちます。また、輪軸は小さいかっ車の半径が６cm、大きいかっ車の半径が10cmです。すべての実験でばね、輪軸、動かっ車は同じものを使います。すべての図はおもりが静止した後、棒は水平に静止しているものとし、ばねやかっ車やひも、棒の重さは考えないものとします。

問１　図１のとき、ひもを何ｇの力で引くとつり合いますか。

図１

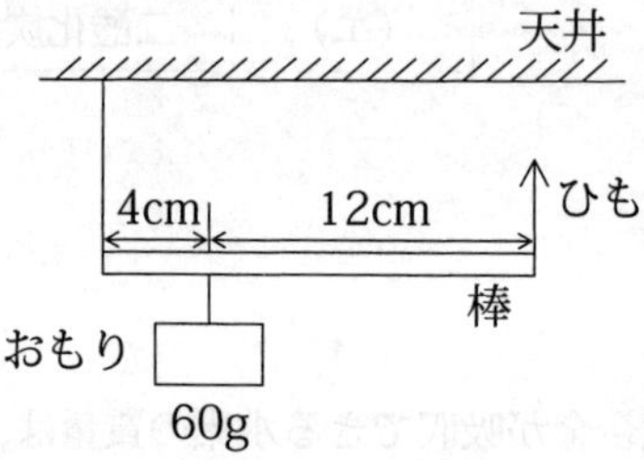

問２　図２のとき、ばねは何cm伸びますか。

図２

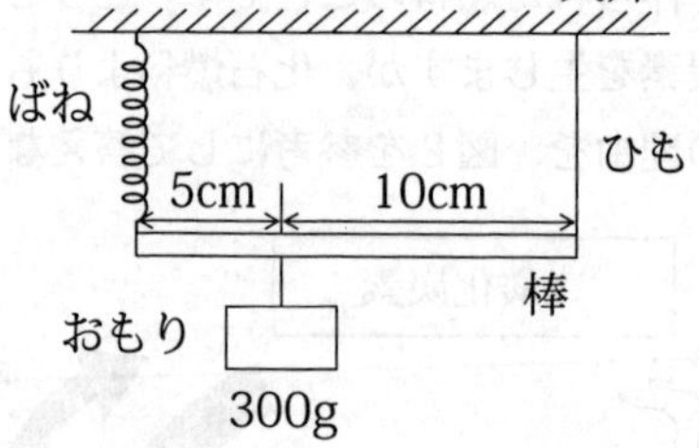

問３　図３のとき、ひもを何ｇの力で引くとつり合いますか。

図３

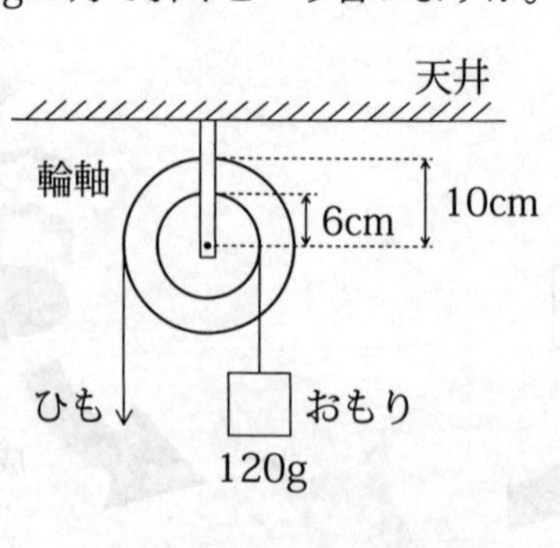

問４　図４のとき、ばねは何cm伸びますか。

図４

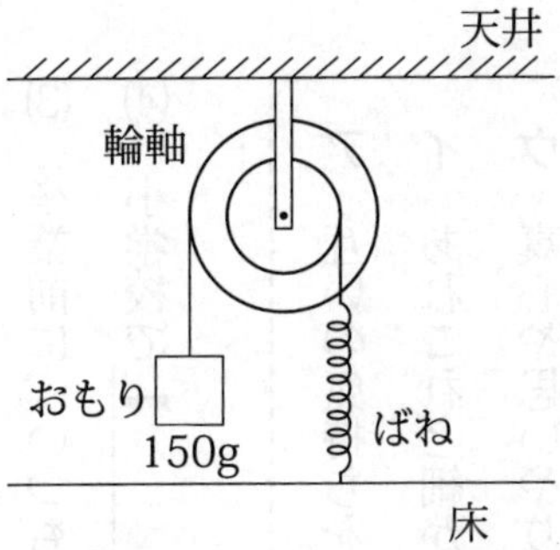

問５　図５のとき、ばねは何cm伸びますか。また、輪軸につるされたおもりは何ｇですか。

図５

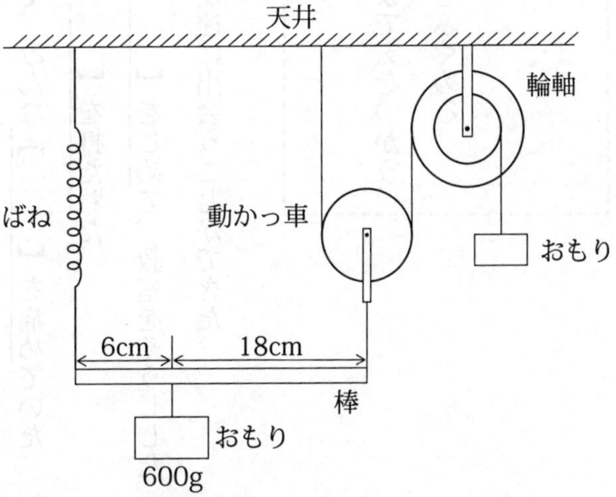

問６　図６のとき、ばねアとばねイはそれぞれ何cm伸びますか。ばねア、ばねイは、どちらも同じばねを用いています。

図６

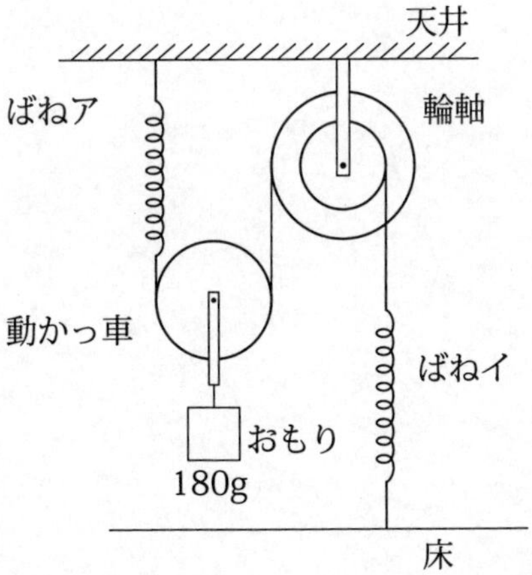

四 次の(1)～(4)の傍線部は、【　】に共通する漢字一字を入れるとそれぞれ慣用句になります。【　】に入れるべき漢字を答え、慣用句の意味として最も適当なものを後の**ア**～**オ**の中から一つずつ選び、それぞれ記号で答えなさい。

(1) 夏休みに保護犬の話を聞いて、みんな【　】を痛めていた。

(2) 家族で見に行った映画に【　】を打たれた。

(3) 卒業前に、いつも以上に【　】をこめて、教室をそうじした。

(4) 小学校で【　】が通う友達に出会うことができた。

ア 互いの気持ちを理解しあう。
イ あれこれと細かいところまで気をつかう。
ウ 真心や思いやりの気持ちをふくめる。
エ 非常に心配する。悩む。
オ 深く感動する。

問二　行程表通り学校に到着し解散したい場合、城西公園を何時に出発すればよいですか。【　Ｘ　】に入る時刻を漢数字で答えなさい。

問三　オリエンテーリングを終えた後の集合場所は、どこですか。

問四　昼食の時間は、どれくらいですか。

問五　【　Ｙ　】に入る最も適当な言葉を次の**ア**～**オ**の中から一つ選び、記号で答えなさい。

ア　申し上げる
イ　申し上げていた
ウ　おっしゃる
エ　おっしゃっていた
オ　うかがっていた

Aさん　ところで、Bさんは、学校に何時くらいに行くつもりかな。確か学校は、八時には入れたよね。

Bさん　学校集合が八時三十分だったから、遅くても十分前には到着するように家を出るよ。

Aさん　そうだね。わたしも同じくらいの時間には、学校に到着できるようにするね。

Bさん　うん。明日が待ちどおしいな。わたしは、オリエンテーリングがとても楽しみなんだ。

Aさん　オリエンテーリングはとても楽しみだけど、時間までに集合場所にたどり着けるか心配だな。でも、班員で協力して、時間までにゴールできるように頑張ろう。ところで、お昼を食べる時間はどれくらいかな。

Bさん　心配しなくて大丈夫だよ。お昼の時間は一時間あるから、充分に食べる時間があるよ。

Aさん　そうか。解散になるのは、何時くらいになるのかな。

Bさん　Aさん、行程表を確認してみようよ。少しの時間のズレはあるかもしれないけれど、だいたい城西公園から学校までは一時間かかるはずだよ。

Aさん　もう一度、行程表をしっかり確認してみるね。

Bさん　うん。それでは、また明日ね。

問一　Bさんが、学校に集合する時の到着予定時刻として最も適当なものを次の**ア**～**オ**の中から一つ選び、記号で答えなさい。

ア　七時五十分　　**イ**　八時二十分　　**ウ**　八時三十分
エ　十一時五十分　　**オ**　十二時五十分

三 次の資料と会話文を読み、後の各問いに答えなさい。

〔資料〕

秋の遠足の行程表

8：30	学校集合
	体調観察
9：00	出発
10：00	城西公園到着
	※トイレを済ませ、クラスごとに整列して待機。
10：15	オリエンテーリング開始
12：00	運動広場集合
	※班員全員で担任の先生のチェックを受けその後昼食。
13：00	クラスごとに写真撮影
【　X　】	城西公園出発
15：00	学校到着・解散

《注意事項》

・朝、必ず検温をし、体調観察表に記入した上で担任の先生に見せること。

・体調不良の場合は学校に連絡し、無理をせずに休むこと。

〔会話文〕

Aさん　いよいよ明日は、秋の遠足だね。みんなで感染症対策をして、有意義な行事にしようね。

Bさん　そうだね。昨日先生が【　Y　】ように、常にマスクを着用し、密集することなく、バス内、食事中は静かに過ごすようにしよう。

問七　――部④「**この庭の役割**」とは何ですか。本文中の言葉を用いて解答らんに続くように説明しなさい。

問八　――部⑤「**須磨離宮公園**」の特徴を述べた五十四字の一文を本文中からぬき出し、はじめと終わりの五字を答えなさい。

問九　【　Ｚ　】には、「何の面白みもうるおいもないこと」という意味の四字熟語が入ります。その四字熟語として最も適当なものを次の**ア**～**オ**の中から一つ選び、記号で答えなさい。

ア　無為自然　**イ**　無味乾燥　**ウ**　意味深長　**エ**　興味本位　**オ**　興味津津

問十　本文の内容として適当でないものを次の**ア**～**オ**の中から二つ選び、記号で答えなさい。

ア　最近はガーデニングがさかんで、狭い庭でもいろいろ趣向をこらしている。
イ　ヨーロッパの庭園は、よく花壇を作り、幾何学模様に区画を作っている。
ウ　日本の枯山水の庭園は、ヨーロッパ人をがっかりさせてしまうものだ。
エ　日本の庭には、遠く見える風景を借りてしまう借景とよばれる方法がある。
オ　昨今の都会生活では、日本の庭を思わせるものはなくなってしまった。

問三　【　Ｘ　】・【　Ｙ　】に入る最も適当な言葉をそれぞれ漢字二字で答えなさい。

問四　――部①「**枯山水の庭園**」とありますが、なぜ日本人は「かれる」という性格が好きなのですか。その理由を本文中の言葉を用いて簡潔に説明しなさい。

問五　――部②「**松尾芭蕉**」の作品を次の**ア**～**オ**の中から一つ選び、記号で答えなさい。

ア『人間失格』　**イ**『坊っちゃん』　**ウ**『おくのほそ道』
エ『世間胸算用』　**オ**『枕草子』

問六　――部③「**ヨーロッパの庭園では心字池のかわりに、池の中央に大噴水がそびえ、あたりに水をまき散らす**」とありますが、ヨーロッパの庭園に噴水がみられるのはなぜですか。その理由として最も適当なものを次の**ア**～**オ**の中から一つ選び、記号で答えなさい。

ア　ヨーロッパの人々の昔の暮らしが泉を中心にしていたから。
イ　ヨーロッパの人々の昔の暮らしが虹を中心にしていたから。
ウ　ヨーロッパの人々の昔の暮らしが水の出方にこだわるものだから。
エ　ヨーロッパの人々の暮らしが時間を中心にしていたから。
オ　ヨーロッパの人々の昔の暮らしが街を中心にしていたから。

いない。「どうぞ」と主役を人間に提供するばかりである。

石庭は一見石が主役のような座を占めるが、さてそれは、向き合ってくれる人を対話に引きこみ、人間を思索者《しさくしゃ》とする。わが身のまわりに人をさそって、自由に思索させようとする池と同じように。

昨今の都会生活では、【　Z　】なビル群ばかりが遠景だと、人はいうかもしれない。

しかし夜景はきれいだという人は、すでに借景の中にいる。借景で営業しているスカイラウンジもある。

昼間のビル群も、きたないきたないといっていては、いつまでたってもきれいにはならない。

むしろ窓の外にひろがるビルは現代を考える必要条件かもしれない。現代の美だってあるかもしれない。

それこそ日本の庭は主役を人間にあたえる装置なのだから。

（中西進『日本人の忘れもの①』内「にわ　人間を主役とする日本庭園」ウェッジ）

※「気宇」……気がまえ。心のひろさ。

問一　――部a～eのカタカナは漢字に、漢字はひらがなに改めなさい。

問二　［A］～［E］に入る言葉として最も適当なものを次のア～オの中から一つずつ選び、それぞれ記号で答えなさい。

ア　そして　イ　いったい　ウ　しかし　エ　そこで　オ　つまりは

みの向こうに山の頂きが見えると、それをとり込んで庭の風景を作り上げるといった格好である。

この遠景のとり込みは、おそらく床の間にかける掛け軸の画と関係があるだろう。

あの細長い画面をどう処理すればよいか。下の方に人物や建物を描き、上の方にさっと刷毛《はけ》でも山の形を描いておけば、もう霞むほど遠くの山が存在することとなる。この日本画の遠景のとり入れと借景は同じ手法のものにちがいない。

それにしても庭園の借景の思想はすばらしい。遠景までぜんぶわが庭園となってしまうのだから。この広大な気宇は、※李御寧さんに言って「縮み志向」からはずしてもらわなければならない。

私は以前おどろいたことがあった。神戸市に⑤須磨離宮公園という広大な庭園がある。瀬戸内海へ向かってくだる傾斜地が一面の庭であって、建物が頂きにある。

建物の前面の庭はあきらかにフランスのベルサイユ宮殿の庭をまねたもので、中央にカナル（運河）が造られている。

ところが建物から見ると、カナルは流れ下って瀬戸内の海にそそぎ込む。つまり瀬戸内海を借景としてとり入れることで、カナルは壮大な水流と化し、とうとう瀧《たき》をなして大海に流れ込むこととなった。

平野に造られたベルサイユ庭園のカナルはただ遠くへ流れるだけである。私もそこで運河の果てを実見することはなかった。

この離宮庭園はヨーロッパの庭園をまねながら、借景という伝統によって、見事に超越的な庭園を造り上げたのである。

借景という無限定な心。どこまでも伸びていく遠心力。それが日本の庭の根底にあることは、大事なことだ。

E これも、庭園にきた人間の心を遠く遊ばせる仕組みであり、庭園自体はけして主役を演じては集まってきて歩みをとめ、水を見上げる庭園と、ふらりとやってきて、池のまわりの小道にさそわれて歩きはじめる庭園。人間を歩きの中にさそい込んでしまう、そんな池のいたずらを仕掛けるのが、日本の庭であった。日本庭園の水は人間をさそい込んでしまえば、もう主役の座をおりる。

あの芭蕉の名句も、池と人間の日本的な構造をまことによく表現したものだ。池は詩人に詩心の広がる場を提供しているにすぎない。ｅ**キョクセツ**の道をゆっくりと歩くことで、空中の名月はさまざまに形をあらため、語りかけてくることばをかえる。まん丸な池では姿が単純になる。植込みも変化があることで、梢《こずえ》と月の関係がかわるだろう。時には水面に月を浮かべることで、二つの月を提供することもある。

噴水はさっきの花と同じで、みずからが主役を演じることで人びとを引きつけ、よろこばせる。

［Ｄ］回遊の池はさっきの石と同じで、人がやってくるかどうかは、人にまかせている。故意に人をひきつけたりしない。しかし人が来れば、自分と対話させたり、歩きまわる世界にさそい込んで、思わず考えさせ、楽しませる脇役にさっと身を引く。能でいえば人間がシテで池はワキである。

④**この庭の役割**は何も由緒ある庭園や大公園についてだけではない。われわれの身のまわりの小さな空間でも、住居のあるじをさそい込み、自分はワキをつとめるような空間を作るのが日本人の理想なのだ。

ベランダ庭園だって、目立たない植物を置いて、住人を主役に立てる空間が作れればよいのである。

韓国で文化大臣をつとめたことのある李御寧《イーオリョン》さんに、有名な『「縮み」志向の日本人』という著書がある。とかくミニチュアを作りたがるのが日本人だというのである。

たしかにそういう面もある。庭にしても池の一部に州浜《すはま》（波が寄せる浅瀬）を作って海岸の感じを出したりする。

しかし一方、日本の庭には借景とよばれる方法があった。遠く見える風景を借りてしまうのである。植込

んだ。

地形に高低があると、なおのこと良い。歩きながら高くなったり低くなったりする眺めがたのしめる。

どうしてこんなにまわりがくねくねした池を作るようになったのか。古代、曲水の宴といって、曲りくねった水路を流れてくる盃《さかずき》に合わせて貴族が詩や歌を作った中国の習慣が、日本にも入ってきた。そんな水路が広がり、池の形に意味づけをするようになって心字池が誕生したのだろうか。

とにかく、池のまわりをたのしむ庭園が日本の伝統的な庭園となった。これを回遊式の庭園とよぶ。回遊魚のような気分だ。十七世紀の俳人・②松尾芭蕉に、

名月や池をめぐりて夜もすがら

という名句がある。彼も回遊魚になった一人である。

一方、③ヨーロッパの庭園では心字池のかわりに、池の中央に大噴水がそびえ、あたりに水をまき散らす。近ごろは水の出方に工夫をこらしたり、時間の差をつけたりで、たいそう美しい。太陽のかげんで虹《にじ》ができることもある。

庭園の王者は噴水である。これも昔の暮らしが泉を中心とした結果だろう。泉を中心としてcホウシャ状に街が発達した。水が生活の中心でとかく日々の暮らしも街の集会も泉のほとりで行われたから、とうぜんのことだといえる。

しかし、噴水の庭と回遊の庭とをくらべると、思想がずいぶん違う。庭の中心で、みずからの存在を大きく示す噴水。人びとはここへきて歩みをとめ、その美しさを見上げては賛美する。d元来はちょろちょろとした泉だったものが、かくも見事に造作されたのだから、構造の科学力に驚かざるをえない。

一方、日本の回遊庭園にくると、歩くこと自体が主だから、人間が主人で池は従である。ところが水が人間を統率《とうそつ》する噴水は水が主人で人間は従である。

まさかヨーロッパの花壇は、死者が帰ってきてほしいから作られたのではあるまい。

ヨーロッパの花壇は、そもそも修道院の中庭にハーブを栽培することから始まったのではないだろうか。そう考えると空間を区切って花を植える構造がよくわかる。

いわば薬草園としての花壇と、魂をよぶ花とは、大いにちがう。そしてハーブにとって代わった花を主役とするヨーロッパ庭園と、石を主役とする日本庭園とでは、違いがはなはだしい。

華やかに美しさを広げる花。力をじっと内へ内へとためこんで固く動かない石。派手と【　X　】、【　Y　】と内向、遠心的と求心的。あらゆる意味で逆の性格をもつものが日本人の庭であった。①枯山水の庭園もある。池の形を作りながら、さっきの石庭のように水を小石で表すから、水が枯れたということもできる。

「かれる」という性格も、日本人は大好きだった。「かれた人だ」といって淡白な精神を美徳とすることがある。派手で目立ちたがり屋は下品なのである。

庭も同じ。水も木も枯れはてて、ついに石だけになってしまった石庭。この抑圧された力は、とうぜんヨーロッパ人を驚かせるだろう。華やかさを愛でてきた人を一ぺんに沈黙の中にひっぱり込み、石との対話の中で考え込ませてしまうのだから。

昨今の日本人は、どうやら石より花が好きらしいが、狭ければ狭いなりに石一つ、庭でもベランダでもい い、置いてみて、石のいのちと向き合うことも、必要なのではないか。

「心字池」という池がある。池を心の字のように作ったものだ。日本人は心が好きで、以前（中略）、相撲で手刀を切ることを話題にした。これも手で心の字をかくのだといわれている。

庭に心字池をほり、それに橋をかけたり池のまわりをぶらぶらと回ったりして、昔の日本人は庭をたのしてたりするのは、人間と庭との、切っても切れない関係の証明なのだろう。

［A］日本人はどんな庭を造ってきたのか。

京都の有名なお寺に、龍安寺がある。いや龍安寺というより石庭といったほうが通りがいいかもしれない。庭は一面に白い小石でおおわれ、さながらに水面である。その中に石組みがある。それを中心として箒《ほうき》で掃き目がつけられた水面は岩によせる波そのものに見える。

この庭に面して広く大きい縁側がもうけられている。これは、まぎれもなく庭を見るために作られた観客席である。

いつも欧米人が座りこんで、じっと庭を見つめている。いつまでも動かない。

石庭がこんなに欧米人を魅了《みりょう》するのは、もちろんこれがきわめてアジア的だからだ。

要するに庭の主役は石である。こんなに徹底的《てっていてき》に石にｂタイヤクをおわせた庭は、中国でも見たことがない。中国では太湖石といってぼこぼこ穴があいていて、うねうねとくねった石を雲に見立てて置くことはよくあるが、それとは扱いがぜんぜん違う。その点、石庭は日本的といってよいだろう。

反対にヨーロッパの庭園は、よく花壇を作る。幾何学《きかがく》模様に区画を作り、とりどりに花を咲かせる。その配置や組み合わせに工夫があって、人びとは歓声をあげながら花の美しさに見とれる。

［B］花が主役といっていいだろう。はたして昔の日本人は、花が主役の庭を造ったろうかと考えてみたが、十一世紀の一つのエピソードを思い出すだけだ。

ある人が通りがかりにのぞいた邸《やしき》の庭にたくさんの花が咲いている。思わず入りこむと主人が出てきていわく。

父が死にましたが、魂《たましい》は蝶《ちょう》になるといいます。［C］父が蝶になって飛んできてほしいと思って、こんなに花を植えています。

問八　次のア～オについて、本文の内容と合うものには○、合わないものには×とそれぞれ答えなさい。

ア　ぼくは、桜井先生のことを尊敬している。
イ　ぼくは、母親と同じくしゃぶしゃぶを食べに行くことにした。
ウ　ぼくは、部活動に参加しないでベンチで本を読んでいる。
エ　ぼくは、脇山と三票差で委員長に選出された。
オ　ぼくは、貪欲で清貧な生き方をしている。

二　次の文章を読んで、後の各問いに答えなさい。

いま、たくさんの人がマンションに住んでいる。そんな中で庭の話をしても仕方ないというかもしれないけれども、人間の生活は庭をとても大事にしてきた。
今でもホテルの中の料亭はビルの中とも思えないような庭を造っている。とくに日本料理の店は、庭があると急に料金が高くてもいいような気になってしまう。
ビルのa屋上に、いわゆる屋上庭園を造るのは、かれこれ七、八十年も前からのことではないか。
そうなるとマンションに住んでいても、ベランダにちょっと庭らしきものを造作してみたり、鉢植えの一つも置いてみたりする気持ちがよくわかる。
ましてや、最近はガーデニングがさかんだという。狭くてもいろいろ趣向をこらして花を植えたり木を育

C **「下剋上」**

ア 多くの人が一丸となって力を合わせること。
イ 一人一人の力は弱くても、力を合わせれば強い力を発揮できるということ。
ウ 他人がこうむった災難よりも、自分の不幸のほうが大ごとだということ。
エ 身分の下の者が上の者を押しのけて権力をにぎること。
オ 他人の失敗が自分にとって幸運や利益になって転がり込むということ。

問六 ――部④**「訳の解らない怒りが、ぼくの心に急速に湧いて来たのだった」**とありますが、どうしてですか。次の文の空らんに入る言葉を、〔1〕は本文中から十四字でぬき出して、〔2〕は当てはまる言葉を後の**ア**～**オ**の中から一つ選び記号で、それぞれ答えなさい。

〔 1 〕にも関わらず、ぼくが伊藤さんに投票したことに対して、皆が〔 2 〕な態度をとっているから。

ア 積極的　**イ** 肯定的　**ウ** 好意的　**エ** 否定的　**オ** 楽天的

問七 ――部⑤**「誰もが笑っていた」**とありますが、この時の脇山はどのような様子でしたか。様子を表している一文を探し、はじめと終わりの五字をぬき出しなさい。

問五　――部Ａ「**茶化し**」（茶化す）・Ｂ「**端を発し**」（端を発する）・Ｃ「**下剋上**」の本文中の意味として最も適当なものを次の**ア**〜**オ**の中から一つずつ選び、それぞれ記号で答えなさい。

Ａ「**茶化し**」（茶化す）

ア　失望させること。
イ　驚かすこと。
ウ　恐れさせること。
エ　悪事を働くこと。
オ　からかうこと。

Ｂ「**端を発し**」（端を発する）

ア　それがきっかけで、物事が始まること。
イ　相手の権力に対して逆らえず、対等にふるまえないこと。
ウ　力が足りなくて、処理しようがないこと。
エ　驚きあきれて、ものが言えないこと。
オ　心にかけて心配すること。

※「憮然」……失望してぼんやりするさま。

問一 ——部①「**小学校五年生の時のホームルームを思い出す**」とありますが、思い出している部分はどこまでですか。本文中から終わりの五字をぬき出しなさい。

問二 ——部②「**そのこと**」とは、何を指していますか。「委員長」という言葉を用いて説明しなさい。

問三 ——部③「**返事をする機会を失ってしまった**」とありますが、どうしてですか。解答らんに続くように、本文中から二つぬき出しなさい。

問四 Ⅰ ～ Ⅳ に入る会話文として最も適当なものを次の**ア**～**オ**の中から一つずつ選び、それぞれ記号で答えなさい。

ア 勉強が出来ないからですか?
イ 勉強出来ないのを逆手に取るなよな
ウ 馬鹿《ばか》だから
エ ぼくは勉強が出来る
オ ぼくは勉強が出来ない

「ふん、貧乏ごっこをしているだけだ」

「それを一生続けるのを貧乏って言うんだぜ」

「つべこべ言わんで食べなさい」

「あー、貧乏ってやだなあ」

「清貧という言葉を知らないな」

知ってるってば。でも、実際のところ、うちの貧乏は、母の浪費にB端を発しているのだ。彼女が、余計なドレスや化粧品ばかり買うからいけないのだ。確かに、そのせいで、彼女はいつも美しいけれども、ぼくたちの夕食は目玉焼どんぶりになる。

ぼくは、ふと考える。ぼくがいつも心の中で呟く言葉、でも、女にもてないだろっていうのは、でも、貧乏だろ、に置き換えられるだろうか。おまえは人気者かもしれないが、でも、貧乏だろ。気にならないと言えば、嘘《うそ》になるが、どうということもないようだ。母さん、どうして、ぼくをもっと貪欲《どんよく》な人間に育ててくれなかったのですか。これでは、ぼくは、一生、貧乏のままかもしれない。

「おじいちゃん、ぼくに金持になってもらいたい？」

「別に。なりたきゃ勝手になれ。資本主義社会だ。C下剋上《げこくじょう》でもなんでもありだ」

「またそんな古い言葉を持ち出して。ぼくが金持になったら、毎日、部厚いステーキでもなんでも食えるんだぜ」

「コレステロールがたまる」

何を言っても無駄《むだ》だ。ぼくは、しばらく口をきくのを止《や》めて目玉焼ごはんを食べた。

（山田詠美『ぼくは勉強ができない』文藝春秋）

桜井先生は、にやりと笑ってＯＫのサインを出した。ぼくは部室を出て行く先生の後ろ姿を見詰めながら、いい奴だなあと思った。

年上の男、しかも教師に向かって、いい奴とは、とても無礼だと、ぼくも思う。しかし、ぼくは、彼が好きなのだ。第一に、いい顔をしている。美形というのではないが、味わい深い顔というのだろうか。おまけに、女にもてる。女生徒の中には憧《あこが》れている者も多い。ぼくは、いい顔をしていて女にもてる男を無条件に尊敬する。

〈中略〉

家に帰ると、祖父が台所に立っていた。

「おじいちゃん、母さんは？」

「おお秀美か。仁子《じんこ》は出掛けたよ」

「どこに？」

「知らん。しゃぶしゃぶを御馳走になって来ると言っていた。おまえ、腹へってないか」

「ラーメン食って来たけど、またおなかすいて来た。おじいちゃん、何作ってるの」

ぼくは、祖父の手にしているフライパンの中を覗《のぞ》き込んだ。そこには、目玉焼が二つ並んでいた。

「これ夕飯なの？」

「そうだよ。一個ずつ食べよう」

「えーっ、ぼくも、しゃぶしゃぶが食いたいよう。ひとりでいいもん食おうなんて、女の風上にもおけないなあ」

祖父は目玉焼を御飯の上に載せた。つぶさずに焼いたので満足気である。ぼくは漬《つ》け物《もの》を切った。

「おじいちゃん、うちって貧乏だね」

てる」

ぼくは、先生を見て肩をすくめた。⑤誰もが笑っていた。もちろん、めでたく委員長になった脇山をのぞいては。彼は、ぼくの言葉を耳に入れるのも嫌《いや》だというように不愉快な顔で下を向いていた。

「桜井先生がそうおっしゃるので、ぼくは席に着きます」

ぼくは、そう締めくくり、一番後ろの自分の席まで歩いた。途中、脇山が、ぼくに小声で囁《ささや》いた。

「Ⅳ」

ぼくは、彼を無視して席に着いた。開けられた窓から春の風が吹き込み、ぼくは心地良さに目を細める。

〈中略〉

授業が終わり、ぼくがサッカー部の部室で着替えていると、桜井先生がドアを開けた。彼は、サッカー部の顧問をしているのだ。

「先生、ドア開ける時はノックしてくださいよ。マネージャーの女の子かと思ってあせっちゃったよ」

「馬鹿、女ぐらいであせるな」

「はい、そうでした。ところで、今日は、先生、きちんと練習見てくれるんでしょうね」

「何だ。いつも見てるじゃないか」

「でも、ぼくたちが走ってる時、先生、いつもベンチに座って本読んでるじゃないですか。だから、うちの高校、いつまでたっても、弱いんですよ」

「そうか、すまない。ところで、練習終わった後、おまえ暇か」

「暇ですよ」

「ラーメンでも食ってかないか」

「御馳走《ごちそう》してくれるんならいいですよ」

「　Ⅱ　」

教師は答えなかった。ぼくを完全に無視したまま、丸山という前回の委員長に、残りの票を読み上げるよう促《うなが》した。伊藤友子の名は、もう呼ばれることはなかった。ぼくは、仕方なく腰を降ろしたが、気持は暗かった。前に目をやると、机に伏せて鼻を啜《すす》っている伊藤友子の姿が見えた。ぼくは、この時、初めて、大人を見くだすことを覚えた。

「それでは、副委員長は女子から、黒川さん、書記は、二番目に票の多かった男子と女子から一名ずつ、時田くんと、沢田さんになります」

ぼくは、我に返って黒板を見た。その前で、利発そうな女生徒が挨拶をしていた。額が綺麗《きれい》だなあとぼくは思った。〈中略〉黒川礼子という女生徒のうなじや唇に心を奪われていると、いつのまにか、ぼくの名が呼ばれた。くすくすと笑い声が洩《も》れる。いつも、そうなのだ。ぼくが、何か行動を起こす段になると、女の子たちの好意的な笑いが周囲に巻き起こる。そして、ぼくは、それが大好きだ。

「時田秀美です。最初に言っとくけど、　Ⅲ　」

生徒たちは笑い転げた。ぼくは、どうしてうけちゃうのかなあと呟いて頭を掻《か》いた。

「おまけに字も下手だ」

益々《ますます》、皆、笑い続けた。

「それなのに、どうして、ぼく、書記なんかになっちゃうの」

誰もやりたくないからよ、という声が飛んだ。ぼくは、その声の方を指差して言った。

「違う。ぼくが人気者だからだ」

担任の桜井先生が笑いながら、ぼくに言った。

「おい、時田、冗談は、そのくらいにしておけ。おまえが、勉強出来ない人気者だってのは、皆、もう知っ

「じゃ、何なんだ」

「伊藤さんが、クラス委員長でも良いと思ったからです」

「なにい!?」

再び、笑いの渦《うず》が起こった。

「きさま、このクラスをなめているのか」

「なめてません。先生、どうして、伊藤さんでは駄目なんですか？」

教師は、言葉に詰まって唇《くちびる》を歪《ゆが》めた。

「……じゃ、おまえは、何故、伊藤が相応《ふさわ》しいと思ったんだ」

「親切そうだからです」

誰もが笑い転げた。中には、机を叩《たた》いているものもいた。ぼくは、※憮然《ぶぜん》としたまま、教師をにらみつけていた。④訳の解らない怒りが、ぼくの心に急速に湧《わ》いて来たのだった。

「まあ、いい。時田は、転校生で何も解らんのだ。皆、投票をやり直す必要はない。どうせ一票くらい無効があったって、結果には変わりないのだ。丸山、残りのやつを開票しなさい。時田は座ってよろしい。今後、注意するように」

そうは行かなかった。ぼくは、伊達《だて》に、十一年間生きて来たのではないのだ。ここで引き下がるのは恥《はじ》だ。

ぼくの母は、いつも、格好の良い男になるのよ、と、ぼくを諭《さと》してくれたのだ。

「先生は、ぼくの質問に答えていません」

「何？」

「どうして伊藤さんでは駄目なのですか」

「…………」

「そこ!! 何、喋ってる。もっと真面目《まじめ》にならんか！」

隣の生徒は、ぼくに向かって舌打ちをした。ぼくは、肩をすくめていた。教師は腹立たしげに音を立てながら、教室じゅうを歩き回った。

「先生は悲しいよ。皆に行動力をつけさせ、自立心を養うために、クラス委員長を選挙で決めてるというのに。それをふざけた態度で、馬鹿にするとは。投票はやり直しだ。二度目は、自分の名前も横に書くこと。委員長、副委員長、書記、その横に、自分の名前を書いて、記入すること。解ったね」

「解りません」

教師の足が、ぼくの言葉で止まった。ぼくは、小さく呟《つぶや》いただけのつもりだったが、その反対を主張する言葉は予想外に響いてしまったようだった。教師は額に筋を浮き立たせて、振り返った。

「誰だ!! 今、解りませんと言った奴は!! 立て！」

仕様がなくぼくは立ち上がった。クラスじゅうが、ざわめいた。

「時田か。転校して来たばかりで、この学校のことを何ひとつとして解っとらんくせに。で、どうして、解りませんと答えた？ それを説明してみなさい」

「だって、伊藤さんの名前を書いたのは、ぼくだからです」

一斉《いっせい》に驚きの声が上がった。信じらんなあい。そういう叫びにも似た声が、ぼくの耳に突き刺さった。

「……おまえだったのか。しかし、何故《なぜ》だ。転校して来たばかりとはいえ、誰を選んで良いのか、おまえにも区別はつくだろう。それとも、A茶化してみたかったのか」

「そうではありません」

「じゃ、まだ友達が出来なくて、事情が飲み込めてなかったんだな」

「そういうんでもないです」

やはり、投票で委員長を決めることになっていたが、転校して来たばかりで、あまり事情の解《わか》っていなかったぼくは、教壇の前の席のおっとりとした様子の女の子の名前を書いた。なんだかやさしそうに見えたからだ。②そのことが、まるで重大事件のように扱われるとは予想もしていなかったのだ。

開票が進み、その女の子の名前が呼ばれた時、黒板に向かって、正の字を書いていた生徒は信じられないという様子で後ろを振り返った。クラス全員の子たちが、くすくすと笑い始めた。ぼくは、何がどうなっているのやら、さっぱり解らずに、あたりをきょろきょろ見渡した。その瞬間、担任の教師は立ち上がり、大声で怒鳴った。

「誰だ！　伊藤友子の名前を書いた奴は!?」

皆、くすくす笑うばかりだった。ぼくは、すっかり仰天《ぎょうてん》してしまったのと、腕力《わんりょく》の強そうな男の教師に怯《おび》えたのとで、③返事をする機会を失ってしまった。

「誰だか手を上げろと言ってるんだ！ふざけるにも程があるぞ!!」

ふざける？　ぼくは、混乱して、その言葉を頭の中で反芻《はんすう》した。伊藤友子の名を書くことは、ふざけたことなのか？　クラス全員が委員長になり得る、そういうことから、投票で決めることになっていたのではなかったのだろうか。

教師が怒鳴っている間、伊藤友子は、ずっと下を向いたきりだった。肩が震えているように見えた。ぼくは、小声で隣の席に座っている男子生徒に尋ねた。

「ねえ、どうして、伊藤さんの名前を書いちゃ駄目《だめ》なんだい」

彼は、迷惑そうに答えた。

「　Ｉ　」

その瞬間、教師は、ぼくたちに目を止めて、再び怒鳴った。

二〇二二年度　城西川越中学校

【国　語】〈総合一貫第一回試験〉（五〇分）〈満点：一〇〇点〉

《注　意》指定された字数で解答する際は、特別な指定がない限り、句読点や記号も一字とします。
ただし、ふりがなを書く必要はありません。

一　次の文章は、山田詠美『ぼくは勉強ができない』の一節です。主人公のぼく（時田秀美《ときたひでみ》）は十七歳の男子高校生。思春期真《ま》っ只中《ただなか》で、勉強に身が入らない日々を過ごしています。これを読んで、後の各問いに答えなさい。

クラス委員長は、ぼくと三票の差で、脇山茂《わきやましげる》に決まった。彼は、前に出て挨拶《あいさつ》をするために立ち上がった瞬間、振り返り、ぼくの顔を誇らしげにちらりと見た。相変わらず仕様のない奴《やつ》だなあと、ぼくは思う。彼は、ぼくが忌々《いまいま》しくてたまらないのだ。

「えー、皆さんに選出されて、委員長を務めることになった脇山です。まだ慣れないクラスの皆さんが、ぼくを選んでくれたことは、大変光栄で……」

光栄も何も。ぼくは、頬杖《ほおづえ》をつきながら、ぼんやりと彼の挨拶を聞いていた。皆、彼の名前が、試験の成績発表で常に一位の場所に載っているから、書いただけだ。クラス委員長が誰になろうと知ったことではないのだ。それなのに、彼は、頬を紅潮させて、喋《しゃべ》りまくっている。委員長をやると、進学に有利なのだろうか。あれ？　大学受験に内申書なんてあったっけ。

クラス委員長を決める時期になると、ぼくは、①小学校五年生の時のホームルームを思い出す。その時も、

2022年度

城西川越中学校　▶解説と解答

算　数　＜総合一貫第１回試験＞（50分）＜満点：100点＞

解　答

［1］ (1) 2.5　(2) 5　(3) 27　(4) 2550　(5) 76点　(6) 9票　(7) 15000円　(8) 7通り　［2］ (1) 43点　(2) 12度　(3) 70.26cm^2　(4) 11cm　［3］ (1) 1400m　(2) 36分間　(3) $1285\frac{5}{7}$m　［4］ (1) 27個　(2) 364個　(3) 175cm^2

解　説

［1］ 四則計算，逆算，平均とのべ，条件の整理，売買損益，相当算，場合の数

(1) $4-\frac{11}{16}\div\left(\frac{7}{8}-\frac{5}{9}\times\frac{3}{4}\right)=4-\frac{11}{16}\div\left(\frac{7}{8}-\frac{5}{12}\right)=4-\frac{11}{16}\div\left(\frac{21}{24}-\frac{10}{24}\right)=4-\frac{11}{16}\div\frac{11}{24}=4-\frac{11}{16}\times\frac{24}{11}=4-\frac{3}{2}=4-1.5=2.5$

(2) {0.85－(１－0.25)×0.8}÷0.05＝(0.85－0.75×0.8)÷0.05＝(0.85－0.6)÷0.05＝0.25÷0.05＝５

(3) 63－{168－(□－11)×８}＝23より，168－(□－11)×８＝63－23＝40，(□－11)×８＝168－40＝128，□－11＝128÷８＝16　よって，□＝16＋11＝27

(4) ２から100までの偶数《ぐうすう》の個数は，100÷２＝50(個)だから，２＋４＋６＋…＋100＝(２＋100)×50÷２＝2550となる。

(5) (合計点)＝(平均点)×(回数)となるので，５回までの合計点は，80×５＝400(点)とわかる。５回目の得点が96点だから，４回までの合計点は，400－96＝304(点)と求められる。よって，(平均点)＝(合計点)÷(回数)より，４回までの平均点は，304÷４＝76(点)である。

(6) 当選する人数より１人多い，２＋１＝３(人)で票を分け合う場合を考える。26÷３＝８余り２より，３人が８票ずつ分け合うと，２票残ることがわかる。当選するにはこの８票よりも１票多くとればよいので，最低，８＋１＝９(票)とれば当選が確実になる。

(7) 仕入れ値を１とすると，定価は，１×(１＋0.2)＝1.2となる。すると，定価の１割２分引きは，1.2×(１－0.12)＝1.056だから，利益は，1.056－１＝0.056とわかる。これが840円にあたるので，仕入れ値は，840÷0.056＝15000(円)と求められる。

(8) ４を０枚か，１枚だけ含《ふく》む場合は，{1，2，3，4}４枚のカードから３枚を選ぶ場合と同じになる。これは，選ばれない１枚を決めることと同じなので，４通りある。また，４を２枚含む場合，残りの１枚の選び方は{1，2，3}の３通りあるから，全部で，４＋３＝７(通り)とわかる。

［2］ 表とグラフ，角度，面積，水の深さと体積

(1) 資料の値を大きさの順に並べたときの，その中央の値のことを中央値という。ただし，資料の個数が偶数個の場合は，中央の２個の値の平均が中央値になる。

図１

順位	1	2	3	4	5	6	7	8	9	10
生徒	D	H	C	G	A	F	I	J	B	E
点数	72	60	58	52	43	43	38	36	30	21

10人の生徒Ａ～Ｊの点数を大きさの順に並べると右上の図１のようになるから，５番目と６番目の

平均を求めると，(43＋43)÷２＝43(点)とわかる。

⑵　右の図２で，平行線の同位角は等しいので，角アの大きさは72度である。また，かげをつけた三角形で，角x＋角ア＝84(度)という関係があるから，角xの大きさは，84－72＝12(度)とわかる。

図２

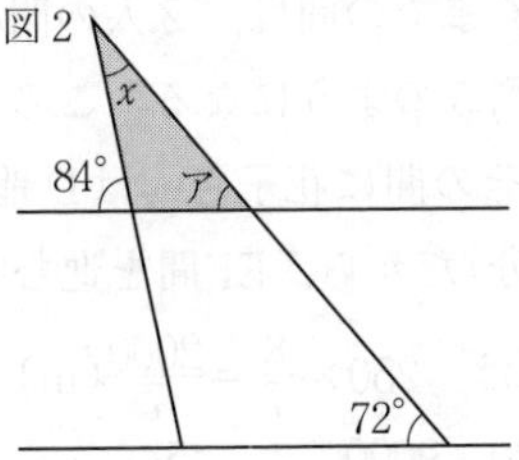

図３

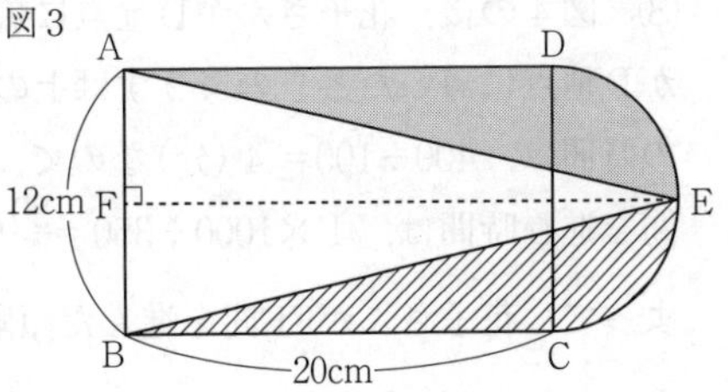

⑶　右上の図３で，斜線《しゃせん》部分とかげの部分は合同である。半円の半径は，12÷２＝６(cm)なので，EFの長さは，20＋６＝26(cm)となり，三角形ABEの面積は，12×26÷２＝156(cm^2)とわかる。また，長方形ABCDの面積は，12×20＝240(cm^2)，半円の面積は，６×６×3.14÷２＝56.52(cm^2)だから，この図形全体の面積は，240＋56.52＝296.52(cm^2)と求められる。よって，斜線部分とかげの部分の面積の合計は，296.52－156＝140.52(cm^2)なので，斜線部分の面積は，140.52÷２＝70.26(cm^2)である。

⑷　立方体の容器に入れた水の体積は，６×６×６＝216(cm^3)である。また，直方体を組み合わせた容器の下段の容積は，４×10×３＝120(cm^3)だから，容器の上段に，216－120＝96(cm^3)の水が入ることになる。さらに，上段の底面積は，４×(10－７)＝12(cm^2)なので，上段に入る水の深さは，96÷12＝８(cm)と求められる。よって，容器に入る水の深さは，３＋８＝11(cm)になる。

3　速さ

⑴　太郎君をⓅ，花子さんをⓆとして図に表す。下の図１のように，花子さんがＢ地点に着いたときから，太郎君がＢ地点に着くまでの時間は，(１×1000)÷250＝４(分)であり，その間に花子さんが進む距離《きょり》は，350×４＝1400(m)だから，太郎君がＢ地点に着いたときのようすは下の図２のようになる。この後，花子さんがＣ地点に着くまでの間は，２人の間の距離は変わらないので，２人ともBC間にいるとき，２人の間の距離は1400mとわかる。

図１

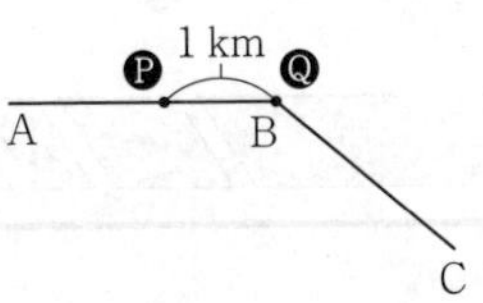

図２

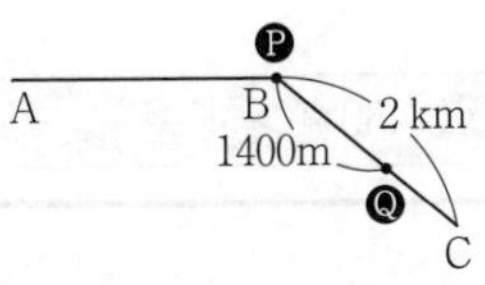

図３

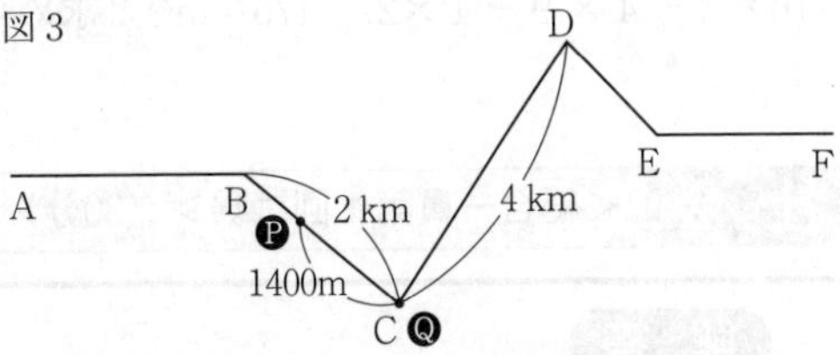

⑵　上の図３の状態から考える。この状態から太郎君がＣ地点に着くまでの時間は，1400÷350＝４(分)であり，その間に花子さんが進む距離は，100×４＝400(m)だから，太郎君がＣ地点に着いたときのようすは下の図４のようになる。２人ともCD間にいるのは，この状態から花子さんがＤ地点に着くまでの間である。つまり，花子さんが，４×1000－400＝3600(m)進む間なので，その

図４

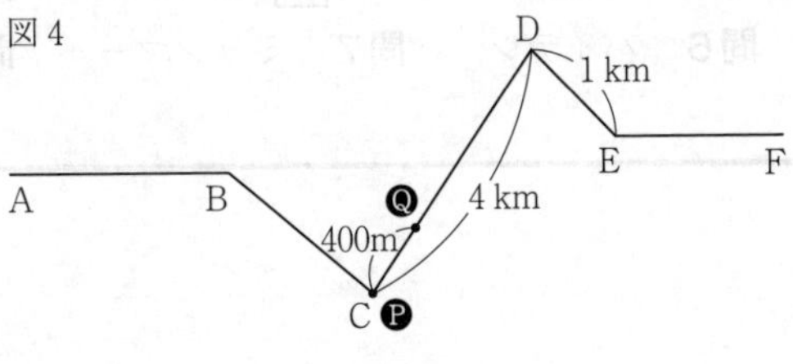

図５

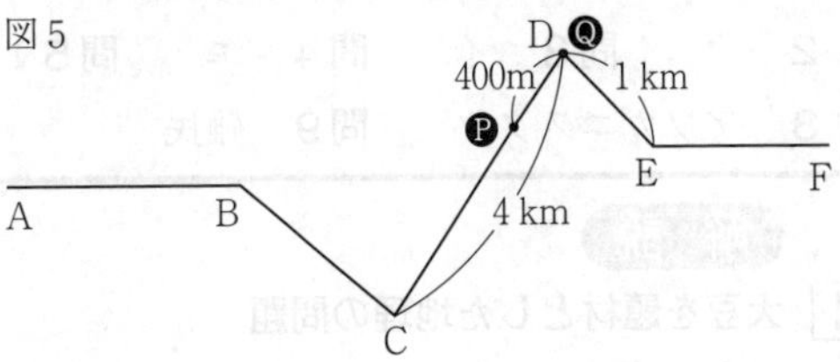

時間は，3600÷100＝36(分間)と求められる。

(3)　図４の後，花子さんがＤ地点に着くまでの間は，２人の間の距離は変わらないから，花子さんがＤ地点に着いたときのようすは上の図５のようになる。この状態から太郎君がＤ地点に着くまでの時間は，400÷100＝４(分)なので，その間に花子さんはＤ地点から４分間進む。そのうち，DE間を進む時間は，$1\times1000\div350=\frac{20}{7}$(分)だから，EF間を進む時間は，$4-\frac{20}{7}=\frac{8}{7}$(分)とわかる。よって，花子さんがEF間を進んだ距離は，$250\times\frac{8}{7}=\frac{2000}{7}$(m)なので，太郎君がＤ地点に着いたときの２人の間の距離は，$1\times1000+\frac{2000}{7}=\frac{9000}{7}=1285\frac{5}{7}$(m)と求められる。

4　図形と規則

(1)　下の図１のように，②から③を作る場合を考える。太線部分のように，②の３つの白い三角形のそれぞれが，白３個と黒１個に分割される。よって，③の白い三角形の個数は，②の白い三角形の個数の３倍になり，３×３＝９(個)となる。③の黒い三角形の個数は，②の白い三角形の個数だけ増えるので，１＋３＝４(個)になる。ほかの場合も同様だから，白い三角形と黒い三角形の個数は下の図２のようになる。よって，④の白い三角形の個数は27個である。

図１

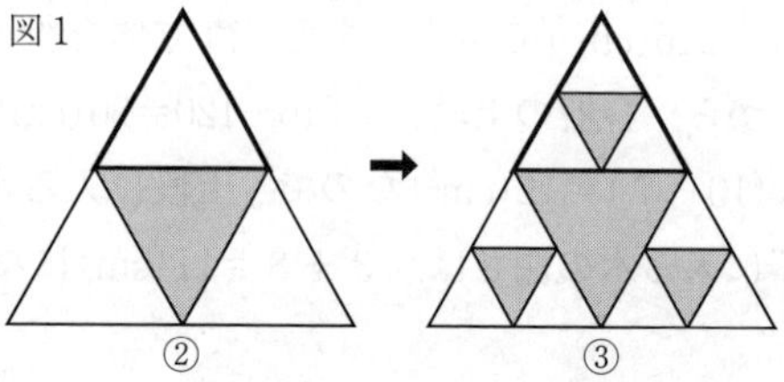

図２

図形	①	②	③	④	⑤	⑥	⑦
白い三角形(個)	1	3	9	27	81	243	729
黒い三角形(個)	0	1	4	13	40	121	364

＋1　＋3　＋9　＋27　＋81　＋243

(2)　図２から，⑦の黒い三角形の個数は364個とわかる。

(3)　白い三角形１個の面積は次々と$\frac{1}{4}$倍になるので，②，③，④の白い三角形１個の面積はそれぞれ，$64\times\frac{1}{4}=16$(cm^2)，$16\times\frac{1}{4}=4$(cm^2)，$4\times\frac{1}{4}=1$(cm^2)とわかる。よって，これらの大きさの白い三角形がそれぞれ図２の個数あるので，①から④までの白い三角形の面積の合計は，64×１＋16×３＋４×９＋１×27＝175(cm^2)と求められる。

社　会　＜総合一貫第１回試験＞（30分）＜満点：50点＞

解　答

1　**問１**　(1)　イ　(2)　ア　**問２**　(1)　**A**　ブラジル　**B**　アルゼンチン　(2)　インド　**問３**　エ　**問４**　ウ　**2**　**問１**　大宝律令　**問２**　エ　**問３**　ア　**問４**　エ　**問５**　源頼朝　**問６**　イ　**問７**　エ　**問８**　ウ　**問９**　参勤　**問10**　ウ　**問11**　ア　**問12**　カ　**問13**　イギリス　**問14**　イ　**問15**　イ　**問16**　カ　**3**　**問１**　ア　**問２**　ウ　**問３**　イ　**問４**　エ　**問５**　イ　**問６**　バイデン　**問７**　ミャンマー　**問８**　アフガニスタン　**問９**　難民

解　説

1　大豆を題材とした地理の問題

問１　(1)　Ａは北海道について正しく説明している。Ｂは滋賀県ではなく，愛知県について説明した文である。　(2)　秋田県は縦に長く，北西部で日本海に男鹿《おが》半島が突《つ》き出している。また，男鹿半島のつけ根には八郎潟が広がっている。なお，イは長野県，ウは千葉県，エは三重県の形。

問２　(1)　**Ａ**　表２中では，アメリカ合衆国・ブラジル・アルゼンチンの３か国がアメリカ大陸(北アメリカ大陸・南アメリカ大陸)に位置する。この３か国の生産量を1990年と2018年で比べると，アメリカ合衆国は，12366÷5242＝2.3…より約２倍，同様に求めると，ブラジルは約６倍，アルゼンチンは約４倍に伸びている。　**Ｂ**　表２中で，2017年から2018年にかけて生産量が減少しているのはアルゼンチンのみである。　(2)　インドは南アジアに位置する国で，国土の下半分がインド洋に突き出している。また，人口が中国についで世界で２番目に多く，米や大豆の生産量も多い。

問３　厳島《いつくしま》神社は広島県の宮島にある神社で，この神社をあつく信仰した平清盛が平安時代後半に，現在のような姿に修築した。海上に立つ朱色《しゅいろ》の鳥居と豪華な社殿が知られており，1996年にユネスコ(国連教育科学文化機関)の世界文化遺産に登録された。なお，細川紙(小川和紙，埼玉県)は「和紙：日本の手漉《てすき》和紙技術」の１つとして2014年に，小千谷《おぢや》ちぢみ(新潟県)は「小千谷縮・越後上布」として2009年に，アイヌ古式舞踊《ぶよう》(北海道)は2009年に，それぞれユネスコの無形文化遺産に登録されている。

問４　ア　警戒《けいかい》レベル３の「高齢者等避難《ひなん》」は，気象庁ではなく市区町村によって発令される。　イ　「警戒レベル４までに必ず避難」といった内容があるので，迷ったとしても，警戒レベル５の「緊急《きんきゅう》安全確保」の発令を待つべきではない。　ウ　警戒レベル３が発令される前の警戒レベル２の段階で「自らの避難行動を確認」するべきとあるので，正しい。　エ　「※２」にあるように，警戒レベル４の「避難指示」が発令される前の警戒レベル３の段階で，必要に応じて自主的に避難することがすすめられている。

2　**各時代の歴史的なことがらについての問題**

問１　大宝律令は，藤原不比等《ふひと》や刑部《おさかべ》親王らが唐(中国)の律令にならって作成したもので，701年に出された。律は現在の刑法，令は現在の行政法や民法にあたり，これによって律令政治のしくみが整えられた。

問２　律令制度のもと，農民は口分田を支給される代わりにさまざまな税を課された。このうち，租は収穫の約３％の稲を地方に納める税，調は地方の特産物を，庸《よう》は労役の代わりに布を中央に納める税で，調と庸は成年男子がみずから運ばなければならなかったため，重い負担になった。また，成年男子にはこのほか，九州地方の警備を担当する防人《さきもり》や，都の警備につく衛士《えじ》などの兵役や労役などの義務も課された。

問３　アは894年，イは603年，ウは592年，エは672年のできごとである。

問４　『日本書紀』は舎人《とねり》親王らが天皇家の歴史を中心にまとめた歴史書で，奈良時代の720年に完成した。712年に完成した『古事記』と合わせて「記紀」とよばれる。なお，アは平安時代の1086年，イは戦国時代，ウは飛鳥時代の607年のできごと。

問５　源頼朝は1180年に平氏打倒をめざして挙兵するとともに，本拠《ほんきょ》地とした鎌倉(神奈川県)で武家政権の基盤《きばん》づくりを始めた。1185年の壇ノ浦《だんのうら》の戦いで平氏を滅ぼすと，国ごとに守護，荘園と公領ごとに地頭を置くことを認められ，武家による支配体制を確立した。そして1192年に征夷《せいい》大将軍に任じられ，名実ともに鎌倉幕府を成立させた。

問６　ア　保元の乱は，平安時代後半の1156年に起こった。なお，北条義時が第２代執権《しっけん》を務めていた1221年には，承久《じょうきゅう》の乱が起こっている。　イ　第３代執権の北条泰時は1232年，初の武家法として御成敗《ごせいばい》式目を定めた。よって，正しい。　ウ　1297年，鎌倉幕府は生活に苦しむ御家人を救うために永仁の徳政令を出したが，かえって経済が混乱し，御家人と幕府の信頼関係はゆらいだ。　エ　２回行われた蒙古襲来《もうこしゅうらい》(元寇《げんこう》)のうち，1274年の１回目を文永の役，1281年の２回目を弘安の役という。

問７　1392年，室町幕府の第３代将軍足利義満は，長く争っていた南北朝の統一をはたした。義満は将軍職を子の義持にゆずったあとも実権を握《にぎ》り続け，1404年には明(中国)との間で勘合《かんごう》(符《ふ》)という合い札を用いた日明貿易(勘合貿易)を始めた。なお，アは藤原頼通《よりみち》，イは足利義量《よしかず》について述べた文。ウについて，日野富子は室町幕府の第８代将軍足利義政の妻で，第９代将軍足利義尚《よしひさ》の母である。

問８　Ⅰ　1573年，織田信長は室町幕府の第15代将軍足利義昭を京都から追放し，室町幕府を滅ぼした。そのため，足利義昭は室町幕府最後の将軍となった。　Ⅱ　応仁の乱(1467～77年)後の風潮について正しく説明している。

問９，問10　1635年，江戸幕府の第３代将軍徳川家光は武家諸法度《しょはっと》を改定し，参勤交代を制度化した。これによって大名は１年おきに領地と江戸を往復し，妻子は江戸に住むことが義務づけられた。往復や江戸滞在《たいざい》にかかる費用は，大名にとって大きな負担となった。なお，徳川家康は初代将軍，徳川吉宗は第８代将軍，徳川慶喜《よしのぶ》は第15代将軍。

問11　ア　江戸幕府では，将軍の下に政治の実務を行う老中が置かれ，これを若年寄が補佐した。よって，正しい。　イ　目付は旗本・御家人の監察《かんさつ》を担当する役職で，朝廷の監視は京都所司代《しょしだい》が行った。　ウ　大目付は，大名の監察などを行った。江戸幕府の財政は，勘定奉行《かんじょうぶぎょう》が担当した。　エ　非常時には，老中の上に臨時の最高職として大老が置かれた。

問12　Ｘは1837年，Ｙは1685年(最初の法令が出された年)，Ｚ(島原・天草一揆《いっき》)は1637～38年のできごとなので，年代の古い順にＺ→Ｙ→Ｘとなる。

問13　1914年に第一次世界大戦が始まると，日本は1902年にイギリスとの間で結んだ日英同盟を理由とし，連合国側でこれに参戦した。日本軍は中国を拠点にしていたドイツ軍と交戦して勝利し，ドイツが中国や太平洋に持っていた権益をゆずり受けた。

問14　ア　日清戦争(1894～95年)のあと，ロシアはドイツとフランスをさそって，日本が清(中国)からゆずり受けた遼東《リャオトン》半島の返還を求める三国干渉《かんしょう》を行った。　イ　1905年に日露戦争の講和条約として結ばれたポーツマス条約について，正しく説明している。　ウ　甲午農民戦争は1894年に朝鮮半島で起こった暴動で，これをきっかけとして日清戦争が起こった。　エ　日露戦争終結後，ポーツマス条約で賠償《ばいしょう》金を得られないことがわかると，これに不満を持った人々の一部が暴徒化し，日比谷焼き打ち事件を起こした。

問15　Ⅰ　第一次世界大戦後のできごとを正しく説明している。　Ⅱ　日本は第一次世界大戦中の1915年，中国に二十一か条の要求を示し，そのほとんどを認めさせた。

問16　Ｘは1940年，Ｙは1936年，Ｚは1932年のできごとなので，年代の古い順にＺ→Ｙ→Ｘとなる。

３　2021年のおもなできごとを題材とした問題

問１　カーボンニュートラルとは，人の活動によって排出される二酸化炭素などの温室効果ガスの排出量から，植林や森林の管理によって生まれる吸収量を差し引き，全体でゼロにすることをいう。なお，カーボンナノチューブは，炭素だけで構成された直径がナノメートル(10億分の１メートル)サイズのチューブ(円筒《えんとう》)状の物質。カーボンプライシングは，排出される炭素に価格をつけることによって，炭素の排出者の行動を変えようとする政策で，たとえば電気や燃料を利用し，二酸化炭素を排出した場合，これに課税するような取り組みを指す。カーボンエミッションは，炭素排出量のことである。

問２　鹿児島県の奄美《あまみ》大島・徳之島と，沖縄県の沖縄島北部・西表《いりおもて》島は，世界的に貴重な固有種や，絶滅《ぜつめつ》のおそれのある動植物の生育地として非常に重要な地域であることから，「奄美大島，徳之島，沖縄島北部及《およ》び西表島」として2021年にユネスコの世界自然遺産に登録された。

問３　三内丸山遺跡は青森市郊外で発掘《はっくつ》された縄文時代の大規模集落跡で，大型掘立柱《ほったてばしら》建物跡や大型住居跡，植物の栽培跡など多くの遺物が見つかっている。2021年には「北海道・北東北の縄文遺跡群」の１つとして，ユネスコの世界文化遺産に登録された。なお，岩宿遺跡(群馬県)は旧石器時代の遺跡，登呂《とろ》遺跡(静岡県)と吉野ヶ里遺跡(佐賀県)は弥生時代の遺跡。

問４　2011年に発生した東日本大震災のさい，東京電力福島第一原子力発電所で，放射性物質が外にもれ出すという重大な原子力事故が起こった。これにより，全国の原子力発電所が点検などのために稼働《かどう》を停止したが，その後，基準が厳しくなったこともあり，再稼働できた原子力発電所はきわめて少ない。そのため，2011年以降，日本の一次エネルギー供給割合に占《し》める原子力の割合は大きく減少し，水力(グラフ中のエの右側)を下回る程度となった。なお，アには石炭，イには石油，ウには天然ガスがあてはまる。

問５　ア　日本では，婚姻《こんいん》した夫婦の大部分は夫の姓を選択《せんたく》し，女性が改姓することが多い。イ　民法で，婚姻した夫婦は同じ姓にすることが規定されているので，正しい。　ウ　婚姻した夫婦が同姓・別姓を選択できるという選択的夫婦別姓制度の導入は，議論の対象となっているが，2022年１月時点で導入はされていない。　エ　2021年６月，最高裁判所は，夫婦同姓制度は憲法に違反していないという判断を下した。

問６　2020年にアメリカ合衆国で大統領選挙が行われ，民主党のバイデン候補が，共和党で現職のトランプ候補に勝利した。そして翌21年１月，アメリカ合衆国第46代大統領に就任した。

問７　2021年２月，東南アジアのミャンマーで国軍がクーデターを起こし，政権を掌握《しょうあく》した。ミャンマーはもともと軍が政権を握っていたが，その後，民主的な国づくりへと移行した。今回のクーデターは，軍事政権に逆もどりするものとして，国内外から強い反発を受けた。

問８　2021年，アメリカ合衆国のバイデン大統領はおよそ20年にわたって駐留《ちゅうりゅう》したアフガニスタンから，軍を撤退《てったい》させると表明した。これを受けて反政府組織のタリバンが勢いを強め，８月には首都カブールを制圧した。

問９　戦争や災害，人種や宗教の違いによる迫害《はくがい》などで自国に住むことが難しく，別の国へ逃《のが》れた人々を難民という。2021年，アフガニスタンでタリバン政権が復活したさいも，多くの人々が難民となって国外へ逃れた。

理 科　＜総合一貫第１回試験＞（30分）＜満点：50点＞

解 答

[1] 問１　(イ)　問２　(ウ)　問３　(ア)　問４　(エ)　問５　(イ)　問６　(イ)　問７　(エ)　問８　(イ)　問９　(ア)　問10　(ウ)　問11　(ア)　問12　(ア)　問13　(イ)

[2] 問１　(1)　(イ)または(ウ)　(2)　(ア)，(イ)，(ウ)　問２　②　(エ)　③　(ア)　問３　葉緑体　問４　デンプン　問５　(イ)　問６　(例)　花粉がめしべの柱頭につくこと。

[3] 問１　①　(エ)　②　(イ)　問２　(例)　石灰水に通すと白くにごる。　問３　(ウ)　問４　(ア)　問５　17 kg　問６　(例)　化石燃料は一方的に二酸化炭素を放出するが，バイオ燃料はもとになるとうもろこしが成長するさいに光合成をおこなうことで二酸化炭素を吸収している分，大気中の二酸化炭素が増えないため。

[4] 問１　15 g　問２　4 cm　問３　72 g　問４　5 cm　問５　ばね…9 cm　おもり…125 g　問６　ばねア…1.8cm　ばねイ…3 cm

解 説

[1] 小問集合

問１　(ア)はリチウムイオン電池の発明により2019年のノーベル化学賞，(イ)は気候モデルの作成と二酸化炭素濃度《のうど》の増加がもたらす地球温暖化への影響《えいきょう》の予測により2021年のノーベル物理学賞，(ウ)はiPS細胞《さいぼう》の研究・開発により2012年のノーベル生理学・医学賞，(エ)は免疫《めんえき》のしくみを利用したガン治療《ちりょう》薬の研究により2018年のノーベル生理学・医学賞をそれぞれ受賞した。

問２　2020年12月22日には，望遠鏡で見たときに木星と土星が同時に見られる(同じ視野に入る)ほど，地球から見て木星と土星が最も接近した。なお，ここでの「接近」は，地球からの距離《きょり》が短くなることではなく，木星と地球，土星と地球をそれぞれ結んだときにできる角度が小さくなることを意味する。

問３　(ア)はオリオン座，(イ)はおおいぬ座，(ウ)はおとめ座，(エ)はこと座の一等星である。

問４　それぞれの天気記号は，(ア)が「○」，(イ)が「⦶」，(ウ)が「◎」，(エ)が「●」である。

問５　日本のはるか南の暖かい海で発生した上昇《じょうしょう》気流によって熱帯低気圧が発生し，それがさらに発達すると台風になる。ふつう台風は日本には夏から秋にかけてやってくる。

問６　塩酸，レモン水，食酢《す》は酸性の液体，セッケン水はアルカリ性の液体である。

問７　石灰岩は，主に炭酸カルシウムでできたたい積岩である。炭酸カルシウムを多く含《ふく》む殻《から》を持つ生物(サンゴなど)がたい積したり，海水中の炭酸カルシウムが沈殿《ちんでん》したりすることでできる。

問８　現在の日本では，総発電量のおよそ$\frac{3}{4}$が化石燃料(石油，石炭，天然ガス)などを利用した火力発電となっている。

問９　成層火山の例としては，富士山，浅間山，桜島などがあげられる。なお，有珠《うす》山の山頂部や雲仙《うんぜん》普賢岳《ふげんだけ》には溶岩《ようがん》ドームが見られる。ハワイのマウナロアは楯状《たてじょう》火山として有名である。

問10　マグマが地下深くでゆっくり冷え固まってできた岩石を深成岩といい，そのうち(ウ)の花こう岩は全体的に白っぽい色をしている(白地に黒いはん点が散らばっている)。なお，(ア)，(イ)，(エ)はマグマが地上または地下の浅いところで急に冷え固まってできた岩石(火山岩)である。

問11　川から運ばれてきた土砂が河口から海に出ると，大きく重いつぶほど早く沈《しず》むので，河口に近いほどつぶの大きいものがたい積する。つまり，つぶの大きいれきが河口に最も近いところに，つぶの小さい泥《どろ》が河口から最も遠いところにたい積する。

問12　示相化石にはサンゴをはじめアサリ，ハマグリ，ホタテガイなどがある。なお，ほかの化石は地層ができた時代を推定する手がかりとなる示準化石であり，三葉虫は古生代，マンモスは新生代，アンモナイトは中生代の示準化石である。

問13　大都市の都心部の気温は周辺部よりも高くなりやすい。これをヒートアイランド現象という。

２　アサガオの発芽と成長についての問題

問１　(1)　はじめに種子から根が伸《の》び，続いて種子の皮がやぶれて中から子葉（ふた葉）が出てきて地上で開く。　(2)　種子が発芽するには，空気（酸素），発芽に適した温度，水の３つが必要である。

問２　②の最初に出てくる葉は子葉といい，アサガオの子葉は(エ)のような形をしている。また，その後次々につける新しい葉は本葉で，アサガオの本葉は(ア)のような形をしている。

問３　光合成は，葉などの細胞の中にある葉緑体という緑色をした部分でおこなわれる。

問４　光合成では，水と二酸化炭素を材料に，光のエネルギーを使ってデンプンを作り出す。このとき同時に酸素もでき，気こうから放出される。

問５　アサガオの花は合弁花で，５枚の花びらがくっついてラッパ状になった形をしている。

問６　おしべで作られた花粉がめしべの柱頭につくことを受粉といい，受粉すると，子房《しぼう》が成長して実となり，子房の中のはいしゅが種子となる。

３　気体の発生についての問題

問１　(ア)では酸素，(イ)では水素，(ウ)ではアンモニア，(エ)では二酸化炭素がそれぞれ発生する。

問２　石灰水には，二酸化炭素と反応して白くにごる性質がある。よって，気体が二酸化炭素かどうかは石灰水に通すことで確認できる。

問３　スチールウールは鉄なので，炭素をほとんど含んでおらず，燃焼しても二酸化炭素を発生しない。それに対して，砂糖，紙，石油は成分に炭素を含むため，燃焼すると二酸化炭素を発生する。

問４　水は水素と酸素が結びついてできている。水を図のような装置で電気分解すると，その結びつきが解かれて，－極側に水素が，＋極側に酸素がそれぞれ集まる。このとき集まる気体の体積比は，（水素）:（酸素）＝２：１となる。

問５　500kgの水素吸蔵合金は，その質量（重さ）の3.4％の水素を吸収できるので，最大で，500×0.034＝17（kg）の水素を吸収する。

問６　化石燃料を燃焼させると，大気中の二酸化炭素が増えるだけである。しかし，バイオ燃料を燃焼させても，その原料となる植物が光合成をしたときに吸収した二酸化炭素を，燃焼によって大気中にもどしただけと見なすことができ，大気中の二酸化炭素は増えないと考えることができる（このことをカーボンニュートラルという）。したがって，化石燃料よりもバイオ燃料の方が，大気中の二酸化炭素を増やさないですむので良いといえる。

４　力のつり合いについての問題

問１　棒の左端《はし》を支点とし，ひもを引く力を□ｇとしたとき，棒を回転させる力のつり合いの式は，60×４＝□×（４＋12）となる。よって，240＝□×16，□＝240÷16＝15（ｇ）と求められる。

問２　棒の右端を支点と考え，ばねに加わる力を□ｇとすると，棒を回転させる力のつり合いの式は，□×(５＋10)＝300×10となる。したがって，□×15＝3000，□＝3000÷15＝200(ｇ)になる。よって，ばねの伸びは，$2\times\frac{200}{100}=4$(cm)である。

問３　輪軸《りんじく》がつり合っているときは，(小さい滑車《かっしゃ》にかかる力)×(小さい滑車の半径)＝(大きい滑車にかかる力)×(大きい滑車の半径)という関係式が成り立つ。よって，ひもを引く力を□ｇとすると，つり合いの式は，120×６＝□×10となり，□＝720÷10＝72(ｇ)とわかる。

問４　ばねに加わる力を□ｇとすると，つり合いの式は，□×６＝150×10になる。したがって，□＝1500÷６＝250(ｇ)なので，ばねの伸びは，$2\times\frac{250}{100}=5$(cm)である。

問５　棒のつり合いにおいて，右端を支点とし，ばねに加わる力を□ｇとすると，棒を回転させる力のつり合いの式は，□×(６＋18)＝600×18となるので，□＝10800÷24＝450(ｇ)とわかる。よって，ばねの伸びは，$2\times\frac{450}{100}=9$(cm)になる。また，棒の右端をひもが引く力は，600－450＝150(ｇ)となるから，動滑車にかかるひも(動滑車と輪軸をつなぐひも)に加わる力は，150÷２＝75(ｇ)である。したがって，輪軸のつり合いにおいて，おもりの重さを△ｇとすると，つり合いの式は，△×６＝75×10となり，△＝750÷６＝125(ｇ)と求められる。

問６　動滑車にかかるひも(動滑車と輪軸をつなぐひも)に加わる力は，180÷２＝90(ｇ)だから，ばねアは90ｇの力で引かれ，$2\times\frac{90}{100}=1.8$(cm)伸びる。また，輪軸のつり合いにおいて，ばねイが引く力を□ｇとすると，つり合いの式は，90×10＝□×６となる。したがって，ばねイは，□＝900÷６＝150(ｇ)の力で引かれるので，$2\times\frac{150}{100}=3$(cm)伸びる。

国　語　＜総合一貫第１回試験＞（50分）＜満点：100点＞

解　答

一　**問１**　を覚えた。　**問２**　(例)　委員長を決める投票で，ぼくがおっとりとした様子の女の子の名前を書いたこと。　**問３**　すっかり仰天してしまった(から。)／腕力の強そうな男の教師に怯えた(から。)　**問４**　Ⅰ　ウ　Ⅱ　ア　Ⅲ　オ　Ⅳ　イ　**問５**　**Ａ**　オ　**Ｂ**　ア　**Ｃ**　エ　**問６**　**１**　クラス全員が委員長になり得る　**２**　エ　**問７**　彼は，ぼく～いていた。　**問８**　**ア**　○　**イ**　×　**ウ**　×　**エ**　×　**オ**　×　**二**　**問１**　**ａ**　おくじょう　**ｂ，ｃ，ｅ**　下記を参照のこと。　**ｄ**　がんらい　**問２**　**Ａ**　イ　**Ｂ**　オ　**Ｃ**　エ　**Ｄ**　ウ　**Ｅ**　ア　**問３**　**Ｘ**　(例)　地味　**Ｙ**　(例)　外向　**問４**　(例)　日本人は，派手なものは下品であると考えているから。　**問５**　ウ　**問６**　ア　**問７**　(例)　(人が来れば自分と対話させ，歩き回る世界にさそい込んで)人を思わず考えさせ，楽しませる(役割)　**問８**　この離宮庭～のである。　**問９**　イ　**問10**　ウ，オ　**三**　**問１**　イ　**問２**　十四時　**問３**　運動広場　**問４**　一時間　**問５**　エ　**四**　**漢字一字**…心　(1)　エ　(2)　オ　(3)　ウ　(4)　ア

●**漢字の書き取り**

二　**問１**　**ｂ**　大役　**ｃ**　放射　**ｅ**　曲折

解　説

一　**出典は山田詠美《やまだえいみ》の『ぼくは勉強ができない』による。**高校のクラス委員を決める選挙のさいに，

「ぼく」が，小学校のときの選挙のことを思い出したこととその後のようすを描《えが》いた文章である。

問1　小学校五年生の「ぼく」は，クラス委員長の選挙のことで担任の教師と言い合いになり，「初めて，大人を見くだすことを覚えた」のである。そのことを思い出していたとき，「書記は，～時田くんと沢田さんになります」と急に自分の名前が呼ばれたので，「ぼく」は，我に返ったのである。

問2　転校してきたばかりだった「ぼく」は，クラスの事情がよくわからないまま，クラス委員長を決める投票で，「おっとりとした様子の女の子の名前」を書いた。「そのこと」が，「まるで重大事件のように扱《あつか》われ」たのである。

問3　担任の教師は，伊藤友子の名前を書いた生徒がいることに腹を立てたようすで，「立ち上がり，大声で怒鳴《どな》った」のである。「ぼく」は，「すっかり仰天《ぎょうてん》してしまった」と共に，「腕力《わんりょく》の強そうな男の教師に怯《おび》えた」ために，「返事をする機会を失ってしまった」のである。

問4　**Ⅰ**　「ぼく」が伊藤友子の名前を書いてはいけない理由を尋《たず》ねているのだから，隣《となり》の男子生徒の返事として適切なのは，理由を表す「～から」という形で結ばれているウである。　**Ⅱ**　「ぼく」が教師に，伊藤さんに投票してはいけない理由を尋ねたにもかかわらず，教師は答えなかった。そのため「ぼく」は，伊藤さんが勉強ができないからかと質問を続けたのである。　**Ⅲ**　書記に選ばれた「ぼく」は，最初に，自分が勉強はできないと断った。桜井先生も，「ぼく」のことを「勉強出来ない人気者」であると認めている。　**Ⅳ**　「ぼく」のことを「忌々《いまいま》しく」思っている脇山《わきやま》は，普通《ふつう》なら欠点であるはずの勉強ができないことを利用して，人気者になろうとするなと言ったのである。「逆手に取る」は，“自分にとって不利益なことを，自分の利益または相手の不利益にする”という意味。

問5　**A**　「茶化す」は，“冗談《じょうだん》のようにしてしまう”という意味。　**B**　「端《たん》を発する」は，“そこから物事が起こる”という意味。　**C**　「下剋上《げこくじょう》（下克上《げこくじょう》）」は，立場が下の者が上の者に打ち勝ち，上位に立つこと。家臣が主君をたおし，自ら主君になること。

問6　**1**　ぼう線部③の後に，「ぼく」が教師の怒《いか》りに対して「混乱」して，「クラス全員が委員長になり得る，そういうことから，投票で決めることになっていたのではなかったのだろうか」と思ったことが書かれている。　**2**　投票では全員が委員長に選ばれる可能性があるにもかかわらず，「ぼく」が伊藤さんに投票したことが明らかになると，担任の教師をはじめとして，クラスの全員が，「ぼく」の行動を受け入れようとしない態度を取ったので，「ぼく」は，次第《しだい》に腹が立ってきたのである。よって，エが合う。

問7　「ぼく」と桜井先生の会話を聞いて，「誰もが笑っていた」が，脇山だけは，「ぼくの言葉を耳に入れるのも嫌《いや》だというように不愉快《ふゆかい》な顔で下を向いていた」のである。

問8　**ア**　「ぼく」は桜井先生を，「いい顔」をしていて「女にもてる」と考えており，また「いい顔をしていて女にもてる男を無条件に尊敬する」とも述べているので，正しい。　**イ**　母親は，「しゃぶしゃぶを御馳走《ちそう》になって来る」と言って出かけたが，「ぼく」は，祖父と二人で目玉焼きごはんを食べたのだから，誤りである。　**ウ**　「ぼく」たちが部活動をしているとき，「いつもベンチに座《すわ》って本読んでる」のは桜井先生だと「ぼく」が言っているので，合わない。　**エ**　「クラス委員長は，ぼくと三票の差で，脇山茂《しげる》に決まった」と問題文の初めにあるので，誤り。　**オ**　「ぼく」は，貧乏が「気にならないと言えば，嘘《うそ》になるが，どうということもない」と感じており，貪欲《どんよく》な人間ではないので，不適切である。

二　出典は中西進《なかにしすすむ》の『日本人の忘れもの　1』所収の「にわ　人間を主役とする日本庭園」による。ヨーロッパの庭園と比べて，日本の庭園の特徴《とくちょう》を指摘《してき》し，そこに見られる日本人のものの感じ方や考え方について考察した文章である。

問１　**a**　ビルなどで屋根にあたる所を平らにつくり，利用できるようにした場所。　**b**　大切な役割。　**c**「放射」は，光や線などを一点から四方八方に放つこと。「放射状」は，そのようなさま。　**d**　本来。もともと。　**e**　曲がりくねっていること。

問２　**A**　空らんの前まででは最近の人間と庭との関係について述べ，空らんの後では話題を変えて，「日本人はどんな庭を造ってきたのか」という疑問を提示している。よって，“もともと，そもそも”という意味の「いったい」が合う。　**B**　空らんの前で述べられた，花の「配置や組み合わせに工夫があって，人びとは歓声《かんせい》をあげながら花の美しさに見とれる」という内容を，空らんの後で「花が主役といっていい」と言いかえている。よって，前に述べた内容を“要するに”とまとめて言いかえるときに用いる「つまり」がよい。　**C**「魂《たましい》は蝶《ちょう》になる」ということなので，邸《やしき》の主人は，「父が蝶になって飛んできてほしい」と思って，庭に花を植えたのである。よって，前のことがらを受けて，そこから導かれることがらに移るときに用いる「そこで」がふさわしい。　**D**　噴水《ふんすい》は，「みずからが主役を演じることで人びとを引きつけ，よろこばせる」が，それとは対照的に，回遊の池は「人がやってくるかどうかは，人にまかせている」とある。よって，前のことがらを受けて，それに反する内容を述べるときに用いる「しかし」が選べる。　**E**　空らんの前では「借景」の思想が「日本の庭の根底にある」と述べ，空らんの後では「借景」が「庭園にきた人間の心を遠く遊ばせる仕組みであり，庭園自体はけして主役を演じてはいない」という説明をつけ加えている。よって，前のことがらを受けて，さらにつけ加える意味を表す「そして」が合う。

問３　**X**　ヨーロッパ庭園と日本人の庭は，「あらゆる意味で逆の性格をもつ」とあることから考える。ヨーロッパ庭園は，華《はな》やかで人目をひく「派手」なものであると述べられているので，日本の庭は反対に，控《ひか》えめで，人目をひこうとしない「地味」なものであると考えることができる。　**Y**　日本の庭は，心のはたらきが自分の内面に向かう「内向」的なものだと述べられているので，ヨーロッパ庭園は外部に向かって積極的にはたらきかける「外向」的なものであると言える。

問４　日本人は，「派手で目立ちたがり屋は下品」であると考えるために，「淡白《たんぱく》な精神を美徳」として，「『かれる』という性格」を好むのである。

問５　松尾芭蕉《まつおばしょう》（1644～94年）は，江戸《えど》時代前期の俳人《はいじん》。『おくのほそ道』は，その俳諧《はいかい》紀行文。『人間失格』は太宰治《だざいおさむ》の，『坊《ぼ》っちゃん』は夏目漱石《なつめそうせき》の小説。『世間胸算用《せけんむねさんよう》』は，井原西鶴《いはらさいかく》の浮世草《うきよぞう》子《し》。『枕草子《まくらのそうし》』は，清少納言《せいしょうなごん》の随筆《ずいひつ》。

問６　ヨーロッパでは，「昔の暮らしが泉を中心」としており，「泉を中心として放射状に街が発達した」のである。そのため，ヨーロッパの庭園の中心には池があり，池の中央には，「庭園の王者」である「大噴水がそびえ，あたりに水をまき散らす」のである。

問７　「回遊の池」は，「人がやってくるかどうかは，人にまかせて」おり，「故意に人をひきつけたりしない」が，「人が来れば，自分と対話させたり，歩きまわる世界にさそい込《こ》んで，思わず考えさせ，楽しませる」という役割をはたしている。

問８　須磨離宮《すまりきゅう》公園の「庭はあきらかにフランスのベルサイユ宮殿《きゅうでん》の庭をまねたもので，中央にカナル（運河）が造られている」が，「瀬戸内海《せとないかい》を借景としてとり入れることで，カナルは壮大《そうだい》な水流と化し，とうとうと瀧《たき》をなして大海に流れ込むこととなった」のである。つまり，「この離宮庭園はヨーロッパの庭園をまねながら，借景という伝統によって，見事に超越《ちょうえつ》的な庭園を造り上げた」のである。

問９　「無味乾燥《かんそう》」は，何の趣《おもむき》も味わいもないこと。「無為《むい》自然」は，作為がなく，ありのままであること。「意味深長」は，深い意味があること。または，表面的な意味の裏に，別な意味があること。「興味本位」は，おもしろいかどうかだけをものごとの基準とする傾向《けいこう》のこと。「興味津津《しんしん》」は，興味がたえずわいてきて，つきることがないこと。

問10　「最近はガーデニングがさかん」であり，「狭《せま》くてもいろいろ趣向をこらして花を植えたり木を育てたり」していると第五段落にあるので，アは正しい。「ヨーロッパの庭園は，よく花壇《かだん》を作」り，「幾何学《きかがく》模様に区画を作り，とりどりに花を咲《さ》かせる」と，ぼう線ｂの次の段落にあるので，イも合う。石庭は「欧米《おうべい》人を魅了《みりょう》する」と，ぼう線ｂの前の段落にあるので，ウはふさわしくない。日本の庭には，「遠く見える風景を借りてしまう」借景とよばれる方法もあると，ぼう線部⑤の四つ前の段落で述べられているので，エは正しい。「昨今の都会生活では，無味乾燥なビル群ばかりが遠景」だが，「夜景はきれいだという人は，すでに借景の中にいる」とあり，「窓の外にひろがるビル」も，日本の庭の構成要素と考えることができるので，オは合わない。

三　資料と会話文の読解

問１　Ｂさんは，学校集合の八時三十分より，「遅《おそ》くても十分前には到着《とうちゃく》するように家を出る」と言っている。

問２　「だいたい城西公園から学校までは一時間かかるはず」なので，十五時に学校に到着するためには，十四時に城西公園を出発すればよい。

問３　オリエンテーリングが終わったら，「運動広場」に集合することになっている。

問４　Ｂさんが，「お昼の時間は一時間ある」と言っている。

問５　「先生」は，生徒にとっては目上の存在なので，尊敬語「おっしゃる」を用いるのが正しい。先生が話をしたのは「昨日」なので，エの「おっしゃっていた」が選べる。

四　慣用句の知識

⑴　「心を痛める」は，思いなやむ，心配するという意味。　⑵　「心を打たれる」は，心を強くゆり動かされるという意味。　⑶　「心をこめる」は，愛情や配慮《はいりょ》をふくませるという意味。
⑷　「心が通う」は，たがいに理解し合っていて，気持ちが通じるという意味。

Memo

2025年度用

中学スーパー過去問

■編集人 声の教育社・編集部
■発行所 株式会社 声の教育社
〒162-0814 東京都新宿区新小川町8-15
☎03-5261-5061(代) FAX03-5261-5062
https://www.koenokyoikusha.co.jp

※本書の内容についての一切の責任は当社にあります。内容・解説・解答・その他は当社ホームページよりお問い合わせ下さい。

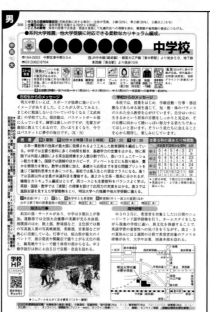

カコを追いかけ
ミライをつかめ

よくある解答用紙のご質問

01

実物のサイズにできない

　拡大率にしたがってコピーすると，「解答欄」が実物大になります。配点などを含むため，用紙は実物よりも大きくなることがあります。

02

A3用紙に収まらない

　拡大率164％以上の解答用紙は実物のサイズ（「出題傾向＆対策」をご覧ください）が大きいために，Ａ３に収まらない場合があります。

03

拡大率が書かれていない

　複数ページにわたる解答用紙は，いずれかのページに拡大率を記載しています。どこにも表記がない場合は，正確な拡大率が不明です。

04

１ページに２つある

　１ページに２つ解答用紙が掲載されている場合は，正確な拡大率が不明です。ほかの試験回の同じ教科をご参考になさってください。

城西川越中学校

【別冊】入試問題解答用紙編

解答用紙は本体からていねいに抜きとり、別冊としてご使用ください。

※　実際の解答欄の大きさで練習するには、指定の倍率で拡大コピーしてください。なお、ページの上下に小社作成の見出しや配点を記載しているため、コピー後の用紙サイズが実物の解答用紙と異なる場合があります。

●入試結果表

年度	回	項目		国語	算数	社会	理科	2科合計	4科合計	2科合格	4科合格
2024	総合一貫第1回	配点(満点)		100	100	50	50	200	300	最高点	最高点
		合格者平均点	2科	60.3	55.1			115.4		162	257
			4科	63.1	61.6	33.0	29.1		186.8		
		受験者平均点	2科	53.1	44.3			97.4		基準点	基準点
			4科	60.5	55.8	31.2	28.0		175.5	96	142
		キミの得点									
	特別選抜第1回	配点(満点)		100	100			200		最高点	
		合格者平均点		51.0	70.8			121.8		145	
		受験者平均点		40.6	55.4			96.0		基準点	
		キミの得点								111	
	特別選抜第2回	配点(満点)		100	100	50	50	200	300	最高点	最高点
		合格者平均点	2科	51.0	76.3			127.3		149	248
			4科	42.1	62.1	30.0	26.8		161.0		
		受験者平均点	2科	38.7	45.2			83.9		基準点	基準点
			4科	37.2	52.1	27.5	23.3		140.1		
		キミの得点								101	123
2023	総合一貫第1回	配点(満点)		100	100	50	50	200	300	最高点	最高点
		合格者平均点	2科	58.8	51.2			110.0		163	255
			4科	57.8	52.7	35.6	29.1		175.2		
		受験者平均点	2科	52.7	39.0			91.7		基準点	基準点
			4科	55.1	48.5	33.7	27.9		165.2	89	134
		キミの得点									
	特別選抜第1回	配点(満点)		100	100			200		最高点	
		合格者平均点		51.7	46.7			98.4		150	
		受験者平均点		43.9	31.5			75.4		基準点	
		キミの得点								86	
	特別選抜第2回	配点(満点)		100	100	50	50		300		最高点
		合格者平均点		67.9	55.3	31.9	33.0		188.1		240
		受験者平均点		62.2	48.4	29.2	30.7		170.5		基準点
		キミの得点									156
2022	総合一貫第1回	配点(満点)		100	100	50	50	200	300	最高点	最高点
		合格者平均点	2科	70.3	49.7			120.0		149	264
			4科	70.3	56.4	34.6	32.7		194.0		
		受験者平均点	2科	63.8	41.3			105.1		基準点	基準点
			4科	65.0	49.5	31.7	29.3		175.5	101	159
		キミの得点									

※　表中のデータは学校公表のものです。ただし、２科合計・４科合計は各教科の平均点を合計したものなので、目安としてご覧ください。

声の教育社

2024年度 城西川越中学校 総合一貫第1回

算数解答用紙

番号 | 氏名 | 評点 /100

1

(1)	(2)	(3)
(4) 点	(5) 人	(6) ドル
(7) 通り	(8) A = 　　, B =	

2

(1) 度	(2) cm^2
(3)(i)	(ii) cm^3

3

(1) g

(2)【求め方】

答え %

(3)【求め方】

答え g

4

(1)	(2)

(3)【求め方】

答え

(4)【求め方】

答え

（注）この解答用紙は実物を縮小してあります。189%拡大コピーをすると、ほぼ実物大の解答欄になります。

〔算　数〕100点(学校配点)

1　40点　2　20点　3　20点　4　20点　(以下推定配点)　1　各5点×8　2　各5点×4　3　(1), (2)　各6点×2　(3)　8点　4　(1), (2)　各4点×2　(3), (4)　各6点×2

2024年度 城西川越中学校 総合一貫第1回

社会解答用紙

番号		氏名	

評点	/50

1

問 1	問 2
問 3	問 4
問 5	問 6
問 7	問 8
問 9	問 10(1)
問 10(2)	問 11
問 12	問 13
問 14	問 15(1)
問 15(2)	問 15(3)
問 16	問 17

2

問 1		
A	B	C
問 2(1)	問 2(2)	問 3
X：　　%　Y：　　%		
問 4	問 5	問 6(1)

問 6(2)

支持する　・　支持しない

理由：

（注）この解答用紙は実物を縮小してあります。192%拡大コピーをすると、ほぼ実物大の解答欄になります。

〔社　会〕50点(学校配点)

1　35点　2　15点　(以下推定配点)　1　問1～問9　各2点×9　問10　各1点×2　問11～問14　各2点×4　問15　各1点×3　問16，問17　各2点×2　2　問1，問2　各1点×5<問2の(1)は完答>　問3～問6　各2点×5<問4は完答>

２０２４年度　城西川越中学校　総合一貫第１回

理科解答用紙

番号		氏名	

評点
／50

1

問 1		
水	土	室温
問 2	問 3	問 4

2

問 1	問 2	問 3
		およそ　　倍
問 4	問 5	問 6

3

問 1	問 2	問 3
問 4	問 5	問 6
問 7		

4

問 1	問 2	問 3
g	g	cm
問 4	問 5	問 6
cm	cm	cm

（注）この解答用紙は実物を縮小してあります。185％拡大コピーをすると、ほぼ実物大の解答欄になります。

〔理　科〕50点(学校配点)

1　12点　2　12点　3　14点　4　12点　（以下推定配点）　1　各２点×6＜問２は完答＞　2　各２点×6　3　各２点×7　4　各２点×6

2024年度 城西川越中学校 総合一貫第一回

国語解答用紙

番号 / 氏名 / 評点 /100

一

問一 Ⅰ Ⅱ Ⅲ Ⅳ

問二 a b c

問三

問四

問五 A B

問六

問七 ア イ ウ エ

二

問一 (ア) (イ) (ウ) (エ) (オ)

問二 という主張。

問三

問四 ・ こと。 ・ こと。

問五 A B C D E

問六

問七

問八

三

問一 Ⅰ Ⅱ Ⅲ

問二

問三

四

① 漢字 意味 ② 漢字 意味 ③ 漢字 意味

④ 漢字 意味 ⑤ 漢字 意味

(注) この解答用紙は実物を縮小してあります。179%拡大コピーをすると、ほぼ実物大の解答欄になります。

〔国 語〕100点(学校配点)

一 40点 二 40点 三 10点 四 10点 (以下推定配点) 一 問1 各2点×4 問2～問4 各3点×5 問5 各2点×2 問6 5点 問7 各2点×4 二 問1, 問2 各2点×6 問3 5点 問4, 問5 各2点×7 問6～問8 各3点×3 三 各2点×5 四 各2点×5<各々完答>

2024年度　城西川越中学校　特別選抜第1回

算数解答用紙

番号		氏名		評点	/100

1

(1)	(2)	(3)

2

(1)	(2)	(3)
人	g	回
(4)	(5)	
cm^2	cm^2	

3

(1) 分速　　　m

(2)【求め方】

答え　8時　　　分

(3)【求め方】

答え　分速　　　m

4

(1)

(2) △＝　　　，□＝

(3)【求め方】

答え

(4)【求め方】

答え

5

(1) (あ)　(い)　(う)　(え)　(お)　(か)

(2)【求め方】

答え　　　cm^2

(3)【求め方】

答え　　　cm^2

（注）この解答用紙は実物を縮小してあります。192%拡大コピーをすると、ほぼ実物大の解答欄になります。

〔算　数〕100点(学校配点)

1 15点　2 25点　3 20点　4 20点　5 20点　(以下推定配点)　1 各5点×3　2 各5点×5　3 (1), (2) 各6点×2　(3) 8点　4 (1), (2) 各4点×2＜(2)は完答＞　(3), (4) 各6点×2　5 (1) 各1点×6　(2) 6点　(3) 8点

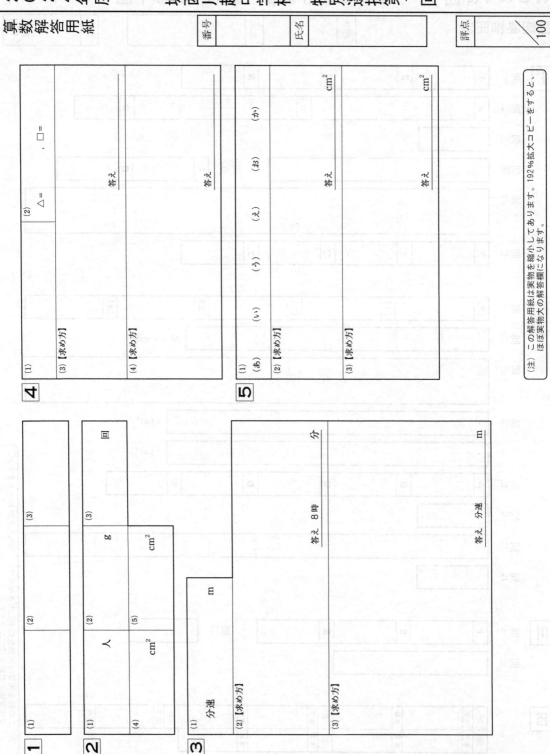

2024年度 城西川越中学校 特別選抜第一回

国語解答用紙

番号　　氏名　　評点 /100

一

問一 A　B　C　D

問二 α　β

問三 〜

問四 (i)　(ii)

問五 (i)　(ii)

問六 1　2　3　4

問七　問八　問九

二

問一 (a)　(b)　(c)　(d)　(e)

問二 Ⅰ　Ⅱ　Ⅲ

問三 X　Y　Z

問四 A　B　C　D　E　F

問五　問六

問七 〜

問八

問九

問十

問十一　問十二

(注) この解答用紙は実物を縮小してあります。189%拡大コピーをすると、ほぼ実物大の解答欄になります。

〔国　語〕100点(学校配点)

一　50点　二　50点　(以下推定配点)　一　問1, 問2　各2点×6　問3　3点　問4　(i)　3点　(ii)　4点　問5　(i)　4点　(ii)　3点　問6〜問9　各3点×7　二　問1〜問3　各2点×11　問4　4点 <完答>　問5〜問7　各2点×3　問8　4点　問9　各3点×2　問10〜問12　各2点×4

２０２４年度　城西川越中学校　特別選抜第２回

社会解答用紙

番号		氏名	

評点	/50

（注）この解答用紙は実物を縮小してあります。189%拡大コピーをすると、ほぼ実物大の解答欄になります。

1

問 1	問 2
問 3	問 4
問 5(1)	問 5(2)
問 6(1)	問 6(2)
問 7	問 8
問 9	問 10
問 11	問 12
問 13	問 14
問 15(1)	問 15(2)
問 16(1)	問 16(2)

2

問 1	問 2	問 3	
問 4	問 5	問 6	問 7
問 8			

〔社　会〕50点(学校配点)

1　35点　2　15点　(以下推定配点)　1　問1〜問5　各2点×6　問6　(1)　1点　(2)　2点　問7〜問14　各2点×8　問15, 問16　各1点×4　2　問1〜問7　各2点×7　問8　1点

2024年度 城西川越中学校 特別選抜第2回 理科解答用紙

番号		氏名		評点	/50

（注）この解答用紙は実物を縮小してあります。192%拡大コピーをすると、ほぼ実物大の解答欄になります。

1

問1　問2　問3

問4　記号　理由

問5　cm

問6　記号　理由

2

問1　問2 (1)　mL

問2 (2)

問3　問4 (1)　問4 (2)

問5

3

問1　問2　問3　年かかる

問4　問5

問6　問7

〔理　科〕50点（学校配点）

1　18点　2　16点　3　16点　（以下推定配点）　1　問1～問3　各2点×3　問4　記号…2点，理由…3点　問5　2点　問6　記号…2点，理由…3点　2　問1　2点　問2　(1)　2点　(2)　3点　問3，問4　各2点×3　問5　3点　3　問1～問4　各2点×4　問5　3点　問6　2点　問7　3点

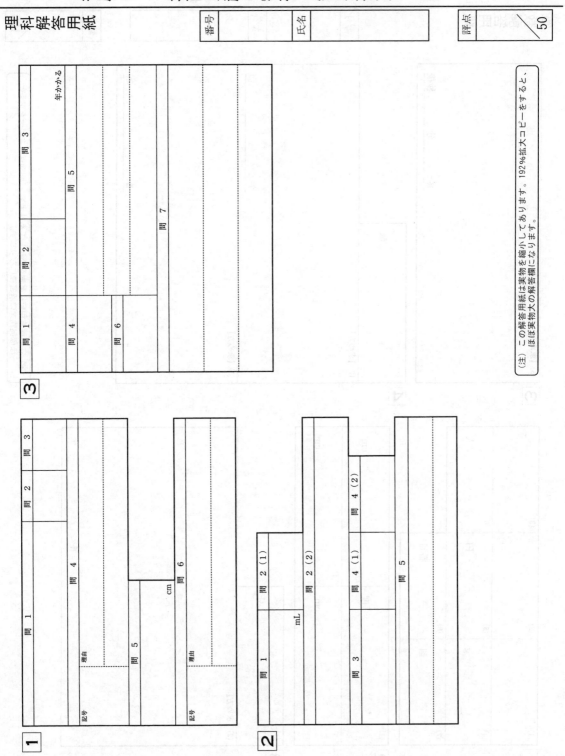

2023年度 城西川越中学校 総合一貫第1回

算数解答用紙

番号		氏名		評点	/100

1

(1)	(2)	(3)
(4) g	(5) 円	(6) 人
(7) 個	(8) 番目	

2

(1)	(2)
度	cm^2
(3) cm^2	(4) cm

3

(1) 分

(2)【求め方】

答え m

(3)【求め方】

答え 分 秒後

4

(1) 個

(2)【求め方】

答え 個

(3)【求め方】

答え 本

(注) この解答用紙は実物を縮小してあります。189%拡大コピーをすると、ほぼ実物大の解答欄になります。

〔算 数〕100点(学校配点)

1 40点 2 24点 3 18点 4 18点 (以下推定配点) 1 各5点×8 2 各6点×4 3 各6点×3 4 各6点×3

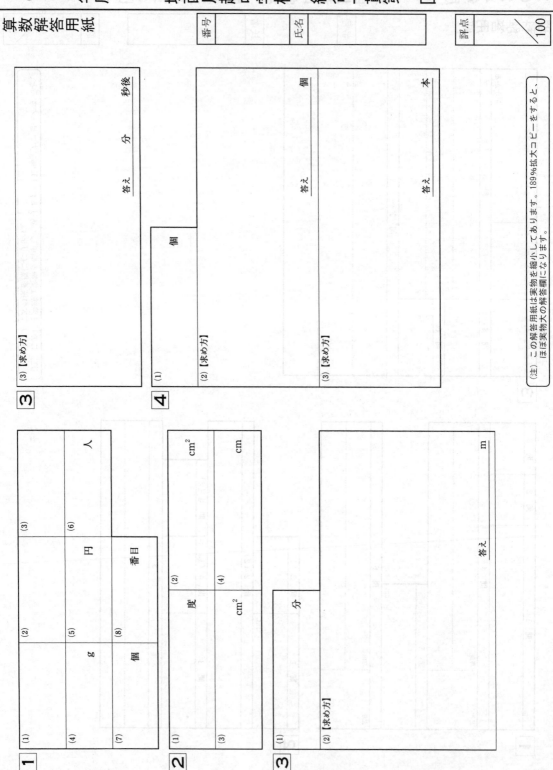

2023年度　城西川越中学校　総合一貫第1回

社会解答用紙

番号		氏名		評点	/50

1

問1	問2
問3	問4
問5	問6
問7	問8
問9	問10
問11	問12
問13	問14
問15	問16

2

問1 A	新幹線 B	大統領 C　島
D	首相 E	女王
問2	問3	問4
問5	問6	問7
問8	問9	問10
問11	問12	
問13		

（注）この解答用紙は実物を縮小してあります。192%拡大コピーをすると、ほぼ実物大の解答欄になります。

〔社　会〕50点(学校配点)

1　20点　2　30点　(以下推定配点)　1　問1　2点　問2～問4　各1点×3　問5　2点　問6～問8　各1点×3　問9　2点　問10～問12　各1点×3　問13　2点　問14～問16　各1点×3　2　問1　各2点×5　問2～問6　各1点×5　問7～問12　各2点×6<問12は完答>　問13　3点

２０２３年度 城西川越中学校 総合一貫第１回

理科解答用紙

番号		氏名	

評点	/50

（注）この解答用紙は実物を縮小してあります。189％拡大コピーをすると、ほぼ実物大の解答欄になります。

1

問 1	問 2	問 3	問 4
問 5	問 6	問 7	問 8
問 9	問 10		

2

問 1	問 2		
問 3	問 4	問 5	
問 6			
問 7			

3

問 1	問 2	問 3	問 4
問 5	問 6	問 7	

〔理　科〕50点(学校配点)

1　20点　2　16点　3　14点　(以下推定配点)　1　各２点×10　2　各２点×８<問６は各２点×２>　3　各２点×７

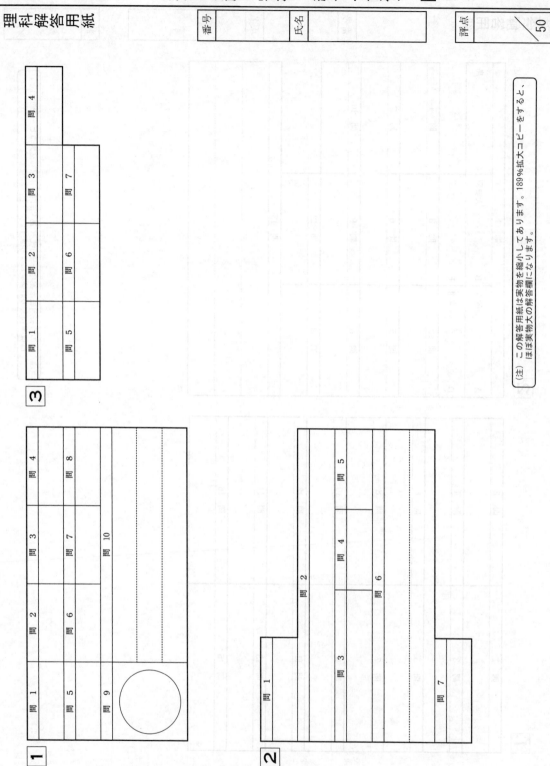

二〇二三年度　城西川越中学校　総合一貫第一回

国語解答用紙

番号　　氏名　　評点 /100

一

問一 A　B　C　D　E

問二 〜

問三 (a)　(b)

問四

問五

問六

問七

問八

問九 ア　イ　ウ　エ　オ

二

問一 (ア)　(イ)　(ウ)　(エ)　(オ)

問二 A　B　C　D　E

問三

問四

問五

問六 という性質。

問七

問八

問九 〜

問十

三

ア　イ　ウ　エ　オ

四

①　②　③　④　⑤

（注）この解答用紙は実物を縮小してあります。189%拡大コピーをすると、ほぼ実物大の解答欄になります。

〔国　語〕100点(学校配点)

一 40点　二 40点　三 10点　四 10点　(以下推定配点)　一 問1　各2点×5　問2　3点　問3　各2点×2　問4, 問5　各3点×2　問6, 問7　各2点×2　問8　3点　問9　各2点×5　二 問1, 問2　各2点×10　問3　3点　問4, 問5　各2点×2　問6, 問7　各3点×2　問8　2点　問9　3点　問10　2点　三 各2点×5　四 各2点×5

2023年度 城西川越中学校 特別選抜第1回

算数解答用紙

番号		氏名		評点	/100

1

(1)	(2)	(3)

2

(1)	(2)	(3)
円	： ：	通り
(4) cm^2	(5) 白球は　度　黒球は　度	

3

(1)	(2)
時速　km	時速　km

(3)【求め方】

答え　時　分

4

(1)	(2)
cm	cm

(3)【求め方】

答え　cm

5

(1)ア	イ	ウ	エ
オ	カ	キ	ク
(2)ケ	コ	サ	

(3)【求め方】

答え

(注) この解答用紙は実物を縮小してあります。192%拡大コピーをすると、ほぼ実物大の解答欄になります。

〔算　数〕100点(学校配点)

1　18点　2　28点　3　18点　4　18点　5　18点　(以下推定配点)　1　各6点×3　2　(1), (2)　各5点×2　(3)～(5)　各6点×3<(5)は完答>　3　各6点×3　4　各6点×3　5　(1)　各1点×8　(2)　ケ, コ　各1点×2　サ　2点　(3)　6点

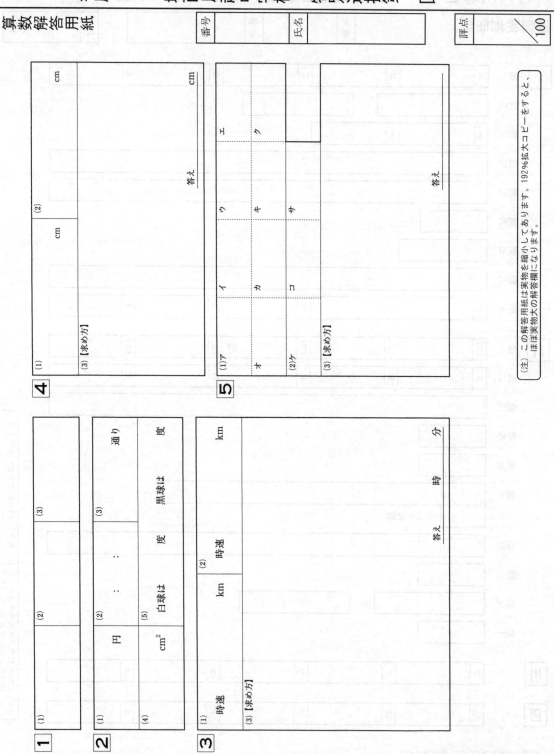

二〇二三年度 城西川越中学校 特別選抜第一回

国語解答用紙

番号 ／ 氏名 ／ 評点 ／100

一

問一 I II III IV V VI

問二 A B C D

問三 i ii

問四 ② の に は

③ 目 を く し た

⑤ た が わ ず に

問五 問六 問七

問八

問九

二

問一 (a) (b) (c) (d)

問二 A B C D

問三

問四 問五

問六 (1) (2)

問七 I II 問八

問九 (1) (2) 問十

問十一 a b c d e f

(注) この解答用紙は実物を縮小してあります。182%拡大コピーをすると、ほぼ実物大の解答欄になります。

〔国　語〕100点(学校配点)

一 50点 二 50点 (以下推定配点) 一 問1, 問2 各2点×10 問3～問9 各3点×10 二 各2点×25

2023年度　城西川越中学校　特別選抜第2回

社会解答用紙

番号		氏名	

評点	/50

（注）この解答用紙は実物を縮小してあります。189%拡大コピーをすると、ほぼ実物大の解答欄になります。

1

問 1 A	問 1 B
問 1 C	問 1 D
問 2	問 3
問 4	問 5
問 6	問 7 (1)
問 7 (2)	問 8
問 9	問 10
問 11	問 12

2

問 1	問 2
問 3	問 4　満　　歳以上
問 5	問 6 (1)
問 6 (2)	問 7
問 8	問 9
問 10	

〔社　会〕50点(学校配点)

1　20点　2　30点　(以下推定配点)　1　問1　各2点×4　問2～問12　各1点×12　2　問1～問3　各3点×3　問4　2点　問5　3点　問6　各2点×2　問7～問10　各3点×4

2023年度　城西川越中学校　特別選抜第2回

理科解答用紙

番号		氏名		評点	/50

1

問1		
(1)　　性	(2)　　性	(3)　　性

問 2	問 3	問 4	
プレート		(1) i	(1) ii

問 4		
(2)	(3)	(4)　　cm^3

問 5

2

問 1				問 2
(ア)　　個	(イ)　　個	(ウ)　　個	(エ)　　個	

問 3

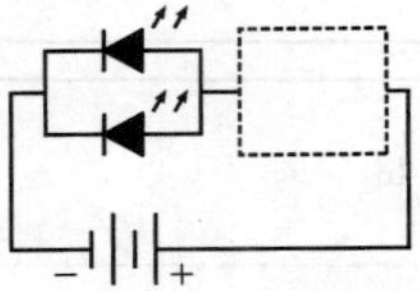

問 4

問 5

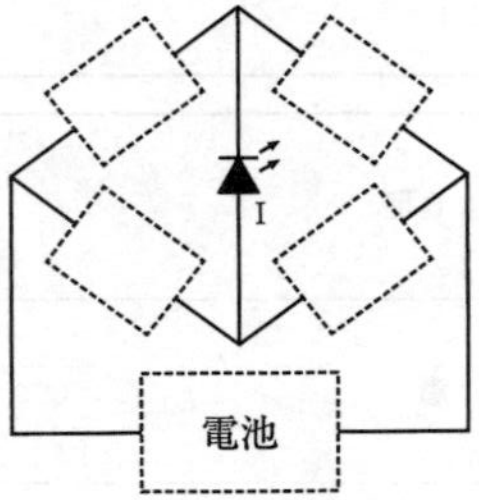

3

問 1	問 2

問 3

問 4	
1	2

問 5

問 6

問 7

（注）この解答用紙は実物を縮小してあります。192%拡大コピーをすると、ほぼ実物大の解答欄になります。

〔理　科〕50点(学校配点)

1　18点　2　16点　3　16点　(以下推定配点)　1　問1　各1点×3　問2，問3　各2点×2　問4 (1)　各1点×2　(2)～(4)　各2点×3　問5　3点　2　問1　各1点×4　問2～問5　各3点×4<問2，問4は完答>　3　各2点×8

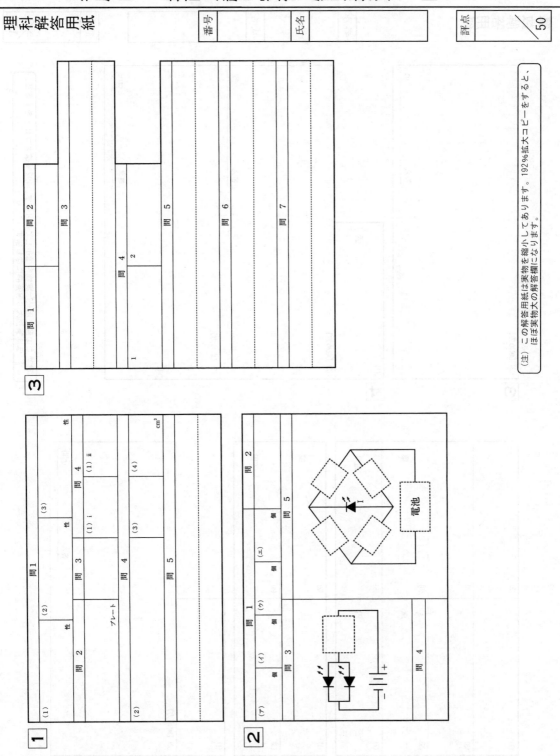

2022年度 城西川越中学校 総合一貫第1回

算数解答用紙

番号		氏名		評点	/100

1

(1)	(2)
(3)	(4)
(5) 点	(6) 票
(7) 円	(8) 通り

2

(1) 点	(2) 度
(3) cm²	(4) cm

3

(1) m

(2)【求め方】

答え 分間

(3)【求め方】

答え m

4

(1) 個

(2)【求め方】

答え 個

(3)【求め方】

答え cm²

（注）この解答用紙は実物を縮小してあります。192%拡大コピーをすると、ほぼ実物大の解答欄になります。

〔算　数〕100点(学校配点)

1 40点 2 24点 3 18点 4 18点 (以下推定配点) 1 各5点×8 2 各6点×4 3 各6点×3 4 各6点×3

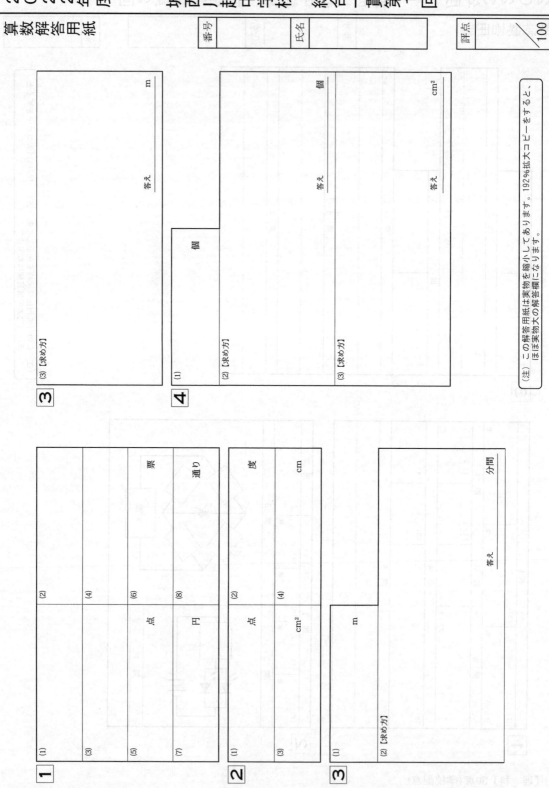

2022年度　城西川越中学校　総合一貫第1回

社会解答用紙

番号		氏名		評点	／50

1

問1		問2	
(1)	(2)	(1)A	B

問2	問3	問4
(2)		

2

問1	問2	問3	問4
問5	問6	問7	問8
問9	問10	問11	問12
問13	問14	問15	問16

3

問1	問2	問3	問4	問5

問6	問7
問8	問9

〔社　会〕50点(学校配点)

1 15点　2 20点　3 15点　(以下推定配点)　1 問1～問3　各2点×6　問4　3点　2 問1　2点　問2～問4　各1点×3　問5　2点　問6～問8　各1点×3　問9　2点　問10～問12　各1点×3　問13　2点　問14～問16　各1点×3　3 問1～問3　各1点×3　問4～問9　各2点×6

2022年度　城西川越中学校　総合一貫第1回

理科解答用紙

番号		氏名		評点	／50

1

問1	問2	問3	問4	問5
問6	問7	問8	問9	問10
問11	問12	問13		

2

問1		問2	
(1)	(2)	②	③

問3	問4	問5

問6

3

問1	
①	②

問2

問3	問4	問5
		kg

問6

4

問1	問2	問3	問4
g	cm	g	cm

問5		問6	
ばね　cm	おもり　g	ばねア　cm	ばねイ　cm

〔理　科〕50点(学校配点)

1 13点　2 13点　3 12点　4 12点　(以下推定配点)　1 各1点×13　2 問1　(1)　1点　(2)　2点<完答>　問2　各1点×2　問3～問6　各2点×4　3 問1　各1点×2　問2　2点　問3　1点　問4，問5　各2点×2　問6　3点　4 各2点×6<問5，問6は完答>

二〇二三年度　城西川越中学校　総合一貫第一回

国語解答用紙

番号		氏名		評点	/100

一

問一

問二

問三　・　から。　・　から。

問四　Ⅰ　Ⅱ　Ⅲ　Ⅳ

問五　A　B　C

問六　1　2

問七　〜

問八　ア　イ　ウ　エ　オ

二

問一　a　b　c　d　e

問二　A　B　C　D　E

問三　X　Y

問四

問五　問六

問七　役割

問八　〜

問九　問十

三

問一　問二　問三

問四　問五

四

漢字一字　意味　(1)　(2)　(3)　(4)

（注）この解答用紙は実物を縮小してあります。182%拡大コピーをすると、ほぼ実物大の解答欄になります。

〔国　語〕100点(学校配点)

一　40点　二　40点　三　10点　四　10点　(以下推定配点)　一　問1　2点　問2　4点　問3〜問8　各2点×17　二　問1, 問2　各2点×10　問3　各1点×2　問4　3点　問5, 問6　各2点×2　問7　3点　問8〜問10　各2点×4　三　各2点×5　四　各2点×5